中央高校基本科研业务费专项资金资助（Supported by the Fundamental Research Funds for the Central Universities）

西安交通大学人文社会科学学术著作出版基金资助（Supported by the Foundation for Publishing Academic Works of Humanities and Social Sciences of Xi'an Jiaotong University）

西安交通大学马克思主义学院基本科研业务费专项资金资助（Supported by the Special Fund for Basic Scientific Research Business Expenses of Marxism College of Xi'an Jiaotong University）

普罗提诺宗教哲学研究

寇爱林 著

中国社会科学出版社

图书在版编目（CIP）数据

普罗提诺宗教哲学研究 / 寇爱林著． —北京：中国社会科学出版社，2023.7
ISBN 978-7-5227-1888-0

Ⅰ.①普… Ⅱ.①寇… Ⅲ.①普罗提诺（Plotinos 约 204-270）—宗教哲学—研究 Ⅳ.①B502.44②B920

中国国家版本馆 CIP 数据核字（2023）第 079015 号

出 版 人	赵剑英	
责任编辑	孙　萍	
责任校对	夏慧萍	
责任印制	王　超	

出　　版	中国社会科学出版社
社　　址	北京鼓楼西大街甲 158 号
邮　　编	100720
网　　址	http://www.csspw.cn
发 行 部	010-84083685
门 市 部	010-84029450
经　　销	新华书店及其他书店
印　　刷	北京明恒达印务有限公司
装　　订	廊坊市广阳区广增装订厂
版　　次	2023 年 7 月第 1 版
印　　次	2023 年 7 月第 1 次印刷
开　　本	710×1000　1/16
印　　张	26.5
插　　页	2
字　　数	382 千字
定　　价	139.00 元

凡购买中国社会科学出版社图书，如有质量问题请与本社营销中心联系调换
电话：010-84083683
版权所有　侵权必究

目　　录

导言　作为生活方式的哲学与宗教 ………………………………（1）

上篇　生活方式的选择：普罗提诺及其世界

第一章　普罗提诺的生平和著作 ………………………………（7）
　　第一节　普罗提诺的生平 …………………………………（7）
　　第二节　普罗提诺的著作：《九章集》……………………（16）

第二章　喋血如海的生活世界 …………………………………（23）
　　第一节　元首制与罗马帝国的兴亡 ………………………（24）
　　第二节　喋血如海的三世纪 ………………………………（29）

第三章　兼容并蓄的宗教世界 …………………………………（40）
　　第一节　古希腊宗教 ………………………………………（41）
　　第二节　罗马宗教 …………………………………………（47）
　　第三节　东方的神秘主义宗教 ……………………………（53）
　　第四节　巴勒斯坦地区宗教 ………………………………（72）

第四章　文化融合的思想世界 …………………………………（94）
　　第一节　希腊先贤：从前苏格拉底到斯多亚学派 ………（94）
　　第二节　犹太神学：斐洛 …………………………………（110）

1

目录

第三节　早期基督教神学：亚历山大里亚学派 …………………（119）

中篇　心向上帝的旅程：普罗提诺宗教哲学

第五章　三一本体 ……………………………………………（141）
第一节　hypostasis 解义 ……………………………………（141）
第二节　太一 …………………………………………………（148）
第三节　理智 …………………………………………………（160）
第四节　灵魂 …………………………………………………（169）

第六章　灵魂的下降及恶 ………………………………………（179）
第一节　形体世界 ……………………………………………（179）
第二节　形体世界中的灵魂 …………………………………（195）
第三节　恶 ……………………………………………………（210）

第七章　灵魂的上升 ……………………………………………（225）
第一节　回归的必然性 ………………………………………（225）
第二节　德性 …………………………………………………（234）
第三节　美 ……………………………………………………（243）
第四节　爱 ……………………………………………………（252）
第五节　辩证法 ………………………………………………（260）

第八章　灵魂与上帝的神秘合一 ………………………………（270）
第一节　迷狂之境 ……………………………………………（270）
第二节　神秘合一 ……………………………………………（281）
第三节　灵魂的下降之路与上升之路是同一的 ……………（288）

目录

下篇 古希腊哲学与基督教神学之桥：普罗提诺宗教哲学的影响

第九章 普罗提诺与新柏拉图主义 ……………………… （303）
  第一节 波菲利和罗马学派 ………………………………… （304）
  第二节 杨布利科和叙利亚学派 …………………………… （309）
  第三节 普罗克洛和雅典学派 ……………………………… （314）
  第四节 希帕提娅和亚历山大里亚学派 …………………… （321）

第十章 普罗提诺与基督教 ……………………………… （326）
  第一节 普罗提诺的宗教神秘主义与基督教神秘主义 …… （326）
  第二节 普罗提诺与基督教异端：诺斯替派和
         阿里乌斯主义 ……………………………………… （334）
  第三节 普罗提诺与基督教正统派：卡帕多西亚教父和
         奥古斯丁 …………………………………………… （344）
  第四节 西方神论中的普罗提诺：古希腊哲学与中世纪
         神学之桥 …………………………………………… （360）

结语 哲学生活方式与宗教生活方式的合流与分流 ……… （373）

参考文献 ……………………………………………………… （386）

附录一 《九章集》各卷篇目编排次序和写作顺序对照表 … （400）

附录二 人名、神名译名对照表 …………………………… （404）

后 记 ………………………………………………………… （416）

3

导言　作为生活方式的哲学与宗教

自从公元 2—3 世纪的基督教教父德尔图良（Tertullian，150—230 年）提出"雅典与耶路撒冷有什么相干？"[①] 的问题以来，直到现在哲学与宗教的关系都是一个不断被反复提起却争论不休的话题。[②] 2004 年，哈贝马斯（Jürgen Habermas）和拉辛格主教（Joseph Kardinal Ratzinger）分别代表哲学界和宗教界在慕尼黑天主教学院进行了一场对话和交锋，试图化解哲学与宗教之间的僵局与对立。显然，一次对话不可能消除二者之间"长达若干世纪的紧张和冲突"[③]。但它至少让我们认识到，即使在 21 世纪的今天，哲学与宗教的关系仍然是我们必须严肃面对的问题。

无论是宗教还是哲学，归根结底都是一种生活方式的选择。宗教，作为一种生活方式，无论是在历史上还是在现实中都已经清楚地表明了这点，甚至在宗教（Religion）这个词产生之时，就意味了一

[①] ［古罗马］德尔图良：《反异端的法规》7 章，载《德尔图良著作三种》，刘英凯、刘路易译，上海三联书店 2013 年版，第 12 页。

[②] 当代德国基督教神学家潘能伯格（Wolfhart Pannenberg）在他集数十年之功的名著《神学与哲学》中对历史上关于哲学与神学的关系比较完备地总结为四种类型：神学与哲学对立，神学与哲学相等同，神学高于哲学，哲学高于神学。（参见［德］潘能伯格《神学与哲学》，李秋零译，商务印书馆 2014 年版，第 14 页）严格来讲神学不等同于宗教，但潘能伯格对二者关系的概括也同样适用于哲学与宗教，直到今天关于二者关系的诸多主张仍没有超出这四种类型。本文无意再创造出一种或几种新的类型来阐说宗教与哲学的关系，只是试图从二者的不同与冲突中寻求某种和解与合流的基础。当然，寻求二者和解的努力在基督教产生之始就已开始并一直在持续。

[③] 曹卫东：《在雅典和耶路撒冷之间》，《读书》2004 年第 5 期。

导言　作为生活方式的哲学与宗教

种生活方式。宗教的词源是拉丁文的 religare 或 religio，本意为联系、结合，后引申为虔诚、具有虔诚、对神的敬畏和尊崇、拜神的礼仪、神圣性、圣地、圣物等意思。因而就 religion 的本意而言，宗教首先是一种生活方式，是人对神或神圣者的信仰和情感及其相关的理论认知和修行实践相统一的生活方式。作为生活方式，宗教要求信徒进行灵魂的修炼，信仰神并按照神的道照顾和安顿好自己的灵魂，过一种皈依神的生活。哲学（Philosophy）这个术语在公元前 4 世纪被柏拉图创造出来时也意味着某种生活方式。哲学的词源是希腊文 *philosophia*，本意是热爱和追求智慧。这表明人并不智慧，从事哲学的人不能称为"智慧者"，而只能称为"爱智者"，因为"智慧者""这个名称只有神才当得起"。[①] 哲学也并不是智慧，不过是热爱智慧的人为了智慧而进行的"精神修炼"。这种精神修炼（spiritual exercise，又译作"灵性修炼"或"灵修"），在法国哲学家、古代哲学和普罗提诺研究的权威皮埃尔·阿多（Pierre Hadot，又译哈道特或哈德特）看来，"可以是物理学意义上的，如饮食养生；或者是推理方面的，如对话和沉思；或者是直观上的，如静观（contemplation）"[②]。显然，所有的这些修炼都意味着一种生活方式的选择和践行，因而哲学首先不是一种静态的理论和知识，而是一种活动和生活方式。即使作为理论，哲学也是源于生存的抉择和生活方式的选择，总与一定的生活方式联系在一起。"哲学尤其是一种生活方式，是那种与哲学论辩紧密相联系的生活方式。"[③] 哲学，无论是被视为与某种生活方式相联系的一种特别的理论，还是被看成是与某种特别的论辩相联系的一种生活方式，都旨在通过对智慧的热爱与追求的精神修炼，安顿自己的灵魂以

---

① ［古希腊］柏拉图：《斐德罗篇》278d，王晓朝译，载《柏拉图全集》（第二卷），人民出版社 2003 年版，第 202 页。
② ［法］皮埃尔·阿多：《古代哲学的智慧》，张宪译，上海译文出版社 2012 年版，"前言"第 6 页。
③ ［法］皮埃尔·阿多：《古代哲学的智慧》，"前言"第 4 页。

获得内心的平静、精神的自由和真正的幸福，从根本上改变或提升自身的整体性存在，进而超越自身的有限性并趋向于至高的超越者（神）而成为永恒。由此，哲学与宗教在古代的本源之处就具有了天然的联系，都是精神修炼的生活方式。

当然，哲学与宗教的精神修炼不同。简单来讲，哲学的"精神修炼"更多的是"依照理性的生活"，既要沉思世界的本质，也要认识人自身，更要观照至高的超越者或神圣者，旨在超越个体的有限性而在对大全（the Whole）的神秘静观中改造和提升自己成为永恒。宗教的"精神修炼"则是"顺从神的生活"，从忏悔自己的罪责开始进而沉思神的王国，经过检查自己的激情进而思考如何荣耀上帝，最终从罪中摆脱出来，净化自身而走向上帝。虽然前者有时也把其目标和顶点称为神或神圣者，但这个神毕竟不同于宗教中的具有人格或人格化的神。

无论是哲学还是宗教的精神修炼，都旨在回答"人应当过什么样的生活?"换言之，"什么样的生活才是值得过的?"在古希腊的城邦时期，哲学与宗教都同样深深地嵌入公民的个人生活和城邦的公共生活之中。人们在自己的生活中，比如哲学论辩与参政议政、祭祀与节日庆典、神话与悲剧演出中遭遇着哲学与宗教。因而这时，哲学的生活方式与宗教的生活方式未发生实质性的竞争，而是与城邦的政治生活一起构成了古希腊人的美好生活。但是，在希腊化和罗马时期情况发生了变化。城邦丧失了自己的独立性而最终瓦解，古希腊人熟悉的城邦生活在统一的大帝国没有了空间，而且这个帝国还是动荡不宁的。于是那种美好的生活一去不复返了，与那种美好生活联系在一起的人的生命意义及其归宿也被抛入无所依托的深渊。生命的意义何在？怎样才能过上"美好的生活"？这个问题是古代晚期的人们所面对的，也是那个时代的"爱智者"们所追问和一再思考的，同时也是那个时代形形色色的神秘宗教和秘仪所欲求与践行的。

导言　作为生活方式的哲学与宗教

普罗提诺（Plotinus）[①]被看作是古代伟大哲学家中的最后一位,[②]同时也常常被看作是一个宗教学家。之所以如此，一个很重要的原因在于他准确地找到了哲学与宗教的契合点——作为一种精神修炼的生活方式，并且在其宗教思想中以自己的方式对这个时代问题做出了自己独特的回答。普罗提诺的问题缘于他所处的时代困惑，即选择什么样的生活方式。具言之，选择哲学生活方式还是宗教生活方式才能使人过上"美好的生活"？进而言之，人如何才能逃离充满了恶与苦难的现实世界而抵达善与美好的彼岸世界，回到神/上帝那里？普罗提诺既没有执拗于传统的理性主义，也没有热衷于神秘宗教的各种秘仪，而是致力于人如何依照理性进行精神的修炼而趋向神并最终与上帝合一，通过把哲学神圣化而哲学地过宗教生活，从而在"喋血如海"的世界过上"美好的生活"。他以自己的生活和理论最为典型地诠释和践行了作为生活方式的哲学（理性的生活方式）与宗教（信仰的生活方式）相谐和的古代智慧，开启了作为理性生活方式的古希腊哲学和作为信仰生活方式的基督教之合流，并为古代晚期从古希腊的哲学生活方式转向基督教的宗教生活方式做好了准备。普罗提诺就是一座桥，通过这座桥，柏拉图和奥古斯丁相遇，希腊思想和基督教神学相通，哲学生活方式与宗教生活方式交汇，古代世界和中世纪乃至近现代世界相连，同时也为当下世界的人们启示了一种灵魂脱困的生活方式从而找到并过上自己的美好生活。

[①] Plotinus，国内有人译作"柏罗丁"，如贺麟、王太庆（黑格尔的《哲学史讲演录》第三卷）和赵敦华（《柏罗丁》）；有人译作"普洛丁"，如朱光潜（《西方美学史》）；也有人译作"普罗提诺斯"，如缪灵珠（《缪灵珠美学译文集》第一卷）。现在通常都音译为"普罗提诺"。本书采取最后一种译名。关于普罗提诺其人其事，我们主要是通过他的学生波菲利写的《普罗提诺的生平和他的著作顺序》了解的，本书将在第一章的第一节进行详细的交代。

[②]［英］罗素：《西方哲学史》（上），何兆武、李约瑟译，商务印书馆1997年版，第358页。

上篇
生活方式的选择：
普罗提诺及其世界

  劳埃德·P. 格尔森（L. P. Gerson）在他编写的《剑桥普罗提诺导读》的扉页写道："普罗提诺是在亚里士多德和奥古斯丁之间700年中最伟大的哲学家。"① 他继承了古希腊哲学中最为积极的因素，创立了古代晚期最重要的新柏拉图主义学派，同时也是一位极具原创性的思想家，开启了作为生活方式的哲学与宗教的合流，是从古希腊哲学到中世纪基督教乃至近现代世界的重要桥梁。作为古代精神修炼生活方式的典范，普罗提诺的哲学与宗教来自他对生活方式的选择，来自对"美好生活"的渴望及其"如何过上美好生活"的时代问题之回答。普罗提诺宗教思想的核心问题是我们的灵魂如何走向上帝以达到灵魂与太一、人与上帝的合一。为什么普罗提诺会以这个问题作为自己的核心问题呢？这既是由普罗提诺自身的修炼体验和生活选择所促成的，更是由他所处世界的生活方式决定的。因此，在本部分，我们先叙述普罗提诺作为个体的精神修炼生活，即他的生平经历和灵魂修炼；然后叙述普罗提诺所生活时代之生活方式及其转变，即普罗提诺的生活世界、宗教世界和思想世界。

---

  ① Lloyd P. Gerson, *The Cambridge Companion to Plotinus*, Cambridge University Press, 1996, title page.

第一章 普罗提诺的生平和著作

一个人的思想和理论，即使以通常的看法看作是种理论活动，但归根结底也是由思想者的生活方式或生存选择来决定的。就此而言，普罗提诺的思想以及表达其思想的文本不能仅仅被看成是自在地和自为地存在的实在事物，因为它们总是与普罗提诺的生存体验和生活选择密不可分的，是不可以独立于形成它们的普罗提诺及其生活方式而加以研究的。因此，我们要研究和理解普罗提诺的宗教思想，首先就必须了解普罗提诺的生平和著作。

第一节 普罗提诺的生平

关于普罗提诺（Plotinus，204/205—270年）的生平，相对于大多数古代的希腊哲学家而言，他是幸运的，他的著作及其传记都被完整地保留了下来。古希腊哲学家的生平介绍我们大都是通过3世纪的第欧根尼·拉尔修（Diogenes Laertius）的《名哲言行录》以及一些著作残篇来了解的，而在拉尔修之后的古希腊罗马哲学家的生平，其中很多人我们就知道得少而又少了。但是，普罗提诺的著作《九章集》[①] 和他的爱

[①] 《九章集》的原文是希腊文，现在通行的英译本主要有两个：一个是洛布丛书中由阿姆斯庄编译的希英对照本（Plotinus, *The Enneads*, Vols. 7, trans. A. H. Armstrong, London：Harvard University Press, 1989. 引用时按惯例以 Armstrong1989 标明），又称洛布本（the Loeb Classical Library）；一个是企鹅丛书中由麦肯纳翻译的英译本（Plotinus, *The Enneads*, trans. Stephen Mackenna, Abridged by John Dillon, London, NewYork：Penguin Group, 1991. 引用时按惯例以 MacKenna1991 标明），又称企鹅本（the Penguin Books）。本书撰写的主要依据就是洛布本和企鹅本，其中的译文主要以阿姆斯庄为主，有些地方会参照或使用麦肯纳的译文。

徒兼朋友波菲利（Porphyry，233/234—305年）为他所写的《普罗提诺生平》①却被完整地保存至今。另外，我们也不能否认波菲利的《生平》留下了许多难以解释的问题。换言之，波菲利笔下的普罗提诺究竟在多大程度上是普罗提诺本来的形象？波菲利是在30岁时才改投普罗提诺门下的，受过很好的教育，有着自己的思想。他在第一次听普罗提诺的演讲后，就写文回答，两人反复争论了几次之后，波菲利这才心悦诚服地拜投在普罗提诺门下。（生平，18章）因而，《生平》中有一些东西不排除是他自己的假定和想象而非普罗提诺本人的。麦肯纳（Stephen Mackenna）把波菲利的笔误或遗漏分成了三类：一是忽视了一些细节，如普罗提诺早年的生活；二是遗漏了一些我们希望知道的事实，如普罗提诺在罗马时的经济、社会背景；三是掩饰了某些事情，如他取代阿美琉斯（Amelius）成为普罗提诺的继承者，再如"柏拉图城邦"计划流产的准确原因。②另外，里斯特（J. M. Rist）对此的解释是，波菲利的目的不是要告诉我们他所知道的关于普罗提诺的每一件事情，而是选择了普罗提诺生活和经历中最易与圣贤形象相适合的那些部分；他略掉的是普罗提诺在当时的社会中不被欢迎的事情或者对普罗提诺在社会中的地位会造成误解的事情。③无论做出如何解释，我们对普罗提诺生平的了解还是必须依据波菲利的传记，而对这些情况的说明，也许有助于我们理解普罗提诺生平中某些含混不清的问题，至少有助于解释略去某些重要细节的抱怨。

关于普罗提诺的出身和家庭背景等，我们并不清楚。波菲利在

---

① 这篇传记的全名是《普罗提诺的生平和他的著作顺序》，一般排在各种版本的《九章集》之前，以下简称《生平》。凡出自此传记的引文仅在正文中以夹注标明出处，如生平的第二章就写作（生平，2章）。而凡引自《九章集》正文的文字，也不再注明《九章集》，而是按照卷、章、节的顺序在正文中以夹注标注。如V.1.8指《九章集》第五卷第一章第八节。需要说明的是，由于洛布本的《九章集》希英对照的行数之间并非完全对应，企鹅本只有英文且未标出行数，因而本文的出处一般也不标出行数；在个别情况下，如某个词的出处会根据洛布本加上行数，如V.1.8.25，就是指《九章集》第五卷第一章第八节第25行。

② 参见麦肯纳为其英译《九章集》所做的导言。Mackenna 1991, p. lxxxiv.

③ See J. M. Rist, *Plotinus, the Road to Reality*, Cambridge University Press, 1967, p. 2.

《生平》一开始就说，普罗提诺似乎耻于肉身的存在，因而从不谈起他的种族、父母和故国。（生平，1章）波菲利的例证是普罗提诺甚而不愿意让人给他画像，他对劝他的学生阿美琉斯说，我们已有了一个影像，为什么还要"影像的影像"呢？（生平，1章）根据后来的传记作家欧那庇乌（Eunapius，约345—420年）的《哲学家与智者生平》，我们知道普罗提诺来自当时隶属于罗马帝国的上埃及的吕科坡利斯（Lykopolis），[①] 也就是现在的埃及的亚西乌特（Assiut），但这并不能肯定普罗提诺就是埃及人。因为从希腊化时期开始，许多希腊人和拉丁人到了中东地区，唯一可以确定的是普罗提诺早年在当时希腊文化的中心——埃及的亚历山大里亚城接受过教育（生平，3章）。麦肯纳从"普罗提诺"是一个拉丁姓氏推断出他应该是一位罗马公民，有着一个很好的家庭[②]。里斯特推测普罗提诺可能出生于希腊或至少是希腊化了的贵族家庭。[③] 格尔森则认为普罗提诺很可能是一个出生在埃及的希腊人，虽然他可能来自一个希腊化了的埃及人或罗马人家庭。[④] 事实上，普罗提诺究竟是哪里人，家庭如何，我们并不能确切地知道。

我们也不能确知普罗提诺生于何年，波菲利说他的老师因耻于肉身而从不为自己举行寿辰庆祝，也从不对别人说起自己的生日，虽然他为苏格拉底和柏拉图庆祝生日。（生平，2章）在《生平》中，波菲利说普罗提诺是在罗马皇帝克劳狄乌斯（Claudius Ⅱ，268—270年在位）即位的第二年年底（公元270年）去世的，终年66岁。（生平，2章）由此可推测出，普罗提诺生于公元204年至205年之间，卒于公元270年，然而，一些学者对此颇有怀疑。虽然波菲利提到了普罗提诺的不同年龄，但这些信息显然不是直接来自普罗提诺本人。普罗提诺去

[①] 一些学者对此持有疑义，认为不能肯定，因为欧那庇乌是如何发现并确知这一情况是不清楚的。参见 Mackenna 1991, p. lxxxv；以及 Rist 1967, p. 248, n. 8。

[②] MacKenna 1991, p. lxxxv.

[③] Rist 1967, p. 4.

[④] Gerson, *Plotinus*, London and New York: Routledge, 1994, p. xiii.

◈ 上篇 生活方式的选择：普罗提诺及其世界

世时波菲利并不在场，是普罗提诺的另一位学生，医生欧斯托斯（Eustochius）告诉他普罗提诺死时66岁，因而有些学者推测普罗提诺并没有波菲利告诉我们的那么老。[1] 当然也许普罗提诺在生命的最后时刻打破了沉默，向医生说出了他的生日，这也就不得而知了。但无论如何，年龄之谜并不影响普罗提诺在其一生中的哲学活动。

普罗提诺的一生主要在罗马度过，因而我们就以罗马生活为界，把普罗提诺的生平分为前罗马时期、罗马时期和后罗马时期三个阶段。

关于普罗提诺早年的生活，我们知之甚少，虽然在《生平》第三章一开始，波菲利说普罗提诺在讨论课上经常自然地告诉学生一些他早年的事情。[2] 但波菲利只是提道，普罗提诺在8岁时已经上学了，但还要吃乳母的奶，而当有人告诉他那是件不光彩的事时，他感到了羞愧便不再吃奶了。（生平，3章）在28岁，即公元232年前后，普罗提诺对哲学产生了浓厚的兴趣，就遍访亚历山大里亚最负盛名的老师，他从一个学校到另一个学校，但都不满意。在他失望而苦恼之际，一个朋友把他引荐给了一个叫阿谟纽斯·萨卡斯（Ammonius Saccas，175—242年）[3]的教师，他听过他的讲演后对朋友说"这才是我要找的人"。（生平，3章）阿谟纽斯唤起了他的哲学热情，他跟随他学习了11年之久。39岁时，即公元242年，为了熟悉和了解波斯与印度的智慧，[4]

---

[1] 参见 Rist 1967, p. 3.，但里斯特本人认为这一想法也是危险的。

[2] 由此可见，波菲利说普罗提诺因耻于肉身存在而没有说过自己的出生、父母、祖国等是不能成立的。也许普罗提诺是说过自己的生平的，只是波菲利不在场而已。而且在《九章集》中，普罗提诺对身体的态度并不认为是羞耻的，参见 D. J. O'Meara, *Plotinus*: *An Introduction to the Enneads*, Oxford: Oxford University Press, 1993, p. 2。

[3] 关于阿谟纽斯，我们所能知道得并不多，只知道他曾是基督徒，后来改信希腊宗教。他没有写过书，只是口头教导学生。在他的学生中除了普罗提诺，著名的还有艾尔纽斯（Erennius）、基督教护教士奥利金（Origen）以及柏拉图主义的奥利金（Origen）。参见 Armstrong 1989, Vol. I, p. 8, n. 1; p. 10, n. 1 以及 W. R. Inge, *The philosophy of Plotinus*, Vol. 1, London: Longmans, Green and Co., 1923, p. 94。

[4] 关于东方智慧和印度思想对普罗提诺的影响，学者的意见不一。一些学者撰文肯定了这一影响。（可参见 R. Baine Harris ed., *Neoplatonism and Indian Thought*, New York: State University of New York Press, 1982）但也有相当一部分学者认为不能给予过高估计，它们之间的联系很难确定。（可参见 John Gregory, *The Neoplatinists*: *A Reader*, London and New York: Routledge, 1999, pp. 3-4）

第一章　普罗提诺的生平和著作

他加入了戈尔迪安皇帝（Gordian Ⅲ，238—244年在位）亲征波斯的军队，然而皇帝在美索不达米亚（Mesopotamia）就被部下暗杀。（生平，3章）普罗提诺好不容易逃了出来，先是逃到安提克（Antioch），最终在菲利普（Philip，244—249年在位）成为罗马皇帝后，他在40岁那年，即244年最终落脚并长期定居于罗马。[①]（生平，3章）

罗马是普罗提诺此后生活的中心，在这里，他一直待到晚年。普罗提诺在罗马建立了自己的学校，他兴趣广泛，研究过几何学、数学、机械学、光学和音乐，（生平，14章）但他最爱和最擅长的还是哲学。在课堂上，他经常采取谈话讨论的方式上课，在阅读讨论柏拉图、亚里士多德的著作外，也阅读同时代逍遥学派、柏拉图学院派哲学家的作品，如朗吉努斯（Longinus）、努美纽斯（Numenius）等人的文章。（生平，14章）他教学方法自由，有点像苏格拉底或维特根斯坦，喜欢和他的学生一起探讨一个复杂的问题，而不是自以为权威地长篇大论。（生平，13章）他鼓励讨论，对学生提出的反对意见也耐心细致、加以尊敬，波菲利就曾用三天时间问他同一个问题。（生平，13章）

普罗提诺的教学很有魅力，吸引了许多人。在他的听众中，有哲学家、医生、诗人、仆人、妇女和相当数量的帝国参议员，既有罗马人，也有埃及人和阿拉伯人。（生平，7、9章）以他为中心，形成了一个相当广泛的社交圈子。阿美琉斯来自伊特瑞亚（Etruria），在普罗提诺定居罗马的第三年，即247年投入普罗提诺门下。他曾在斯多亚派的莱亚马卡斯（Lysimachus）那里接受过哲学训练，而且对当时很有名望的努美纽斯颇有研究。他做了普罗提诺在学校演讲的笔记，

[①] 为什么普罗提诺没有回到亚历山大里亚，或者去哲学氛围更浓的雅典，而是到了罗马呢？学者对此的解释是不同的。英奇（Inge）的解释是阿谟纽斯还活着并且仍在亚历山大里亚教授哲学，他不愿另开学校而成为老师的对手。（参见Inge 1923. Vol.1，p.115）里斯特进一步补充说，如果阿谟纽斯死了，那么他感到自己和亚历山大里亚的联系也就中断了。阿多认为是因为普罗提诺与罗马元老院的贵族们取得了联系，并保持密切关系的结果。（参见Pierre Hadot, Plotinus: Or the Simplicity of Vision, trans. Michael Chase, The University of Chicago Press, 1993, p.78）

◈ 上篇　生活方式的选择：普罗提诺及其世界

并且把这些笔记整理成了许多卷（生平，3 章），但这些笔记并未流传下来。当有人与普罗提诺争论时，一般都由他出面写文作答。当有人说普罗提诺剽窃了努美纽斯时，他写文进行了驳斥，指出了二者的不同。（生平，17 章）普罗提诺死后也是他写了向阿波罗神请教老师灵魂何在的谕文。他作为普罗提诺的主要助手在学校中起领导作用（生平，18 章），但据《生平》，作为普罗提诺继承者的并不是他，而是波菲利。① 波菲利的家乡是叙利亚，自称泰尔（Tyre，今天的黎巴嫩）的波菲利。他在 30 岁时（即公元 263 年）才成为普罗提诺的学生，之前曾在雅典求教于朗吉努斯，他是"普罗提诺最亲密的朋友之一"，受普罗提诺之信任编订了他的作品。（生平，7 章）约在公元 268 年，他有了自杀的念头，在普罗提诺的劝说下去了西西里（Sicily）进行治疗休养。（生平，11 章）在普罗提诺去世时，只有医生欧斯托斯（Eustochius）陪伴在他身边。欧斯托斯来自亚历山大里亚，在波菲利之前也似乎编订过普罗提诺的作品②，只是没有流传下来。在普罗提诺的听众中，还有一个阿拉伯人泽苏斯（Zethus），他娶了阿谟纽斯一个朋友的女儿为妻。泽苏斯也是一个医生，是普罗提诺的一个亲密朋友，曾力劝普罗提诺转向政治。③ 他把自己在康帕尼亚（Compania）的乡间别墅提供给普罗提诺居住，这座房子以前属于卡斯崔纽斯·菲尔姆斯（Castricu Firmus），一个非常崇拜普罗提诺的人，他是阿美琉斯和波菲利的亲密朋友，后者把他当作兄弟。（生平，7 章）普罗提诺在罗马时，住在一个富有的寡妇吉米纳（Gemina）家里，她有一个与她同名的女儿，热爱哲学，关于她的情况我们就不得

---

① 波菲利没有交代这个原因和详细情节。据麦肯纳分析，虽然波菲利谈起阿美琉斯时充满深情，但他们之间有时存在相当大的紧张关系，最后阿美琉斯做出了让步，在 269 年去了叙利亚的阿帕米亚（Apamea）。

② 可惜，只有一点线索留了下来，证明在波菲利的版本外还有另一个版本。参见 MacKenna 1991, p. 316, n. 73；以及 Armstrong 1989, Vol. Ⅰ, p. ix; p. 224, n. 2; Vol. Ⅳ, p. 224, n. 2。

③ 麦肯纳认为，他在亚历山大里亚时就与普罗提诺相识，并且认识新皇帝——暗杀了戈尔迪安皇帝的菲利普，也许普罗提诺选择定居罗马与此有关。参见 MacKenna 1991, p. lxxxviii。

而知了。另外，诗人兼批评家佐提库斯（Zoticus），总做错事的西索波利斯（Siythopolis），先是雄辩家后研究哲学但又舍不得赚钱放高利贷的亚历山大里亚的亚拉皮尼（Serapion），以及热爱哲学的妇女阿菲瑟琳（Amphicle）和波塔玛（Potaman）都与普罗提诺交往。

普罗提诺的交往圈子里有许多罗马帝国的达官贵人和元老院议员，他们也是普罗提诺的听众。一个叫拉甲提努斯（Rogutianus）的元老院议员，在听了普罗提诺的讲演后，他辞去公职散掉家产、释放奴仆，过着节制的生活，结果获得了身体的健康，因患痛风而难以伸展的双手竟然比能工巧匠的手更加灵活自如，普罗提诺盛赞他是践行哲学生活的典范。另外，马塞拉斯·俄戎提斯（Marcellus Orrontius）和萨比尼卢斯（Sabinillus）是学习哲学最努力的两个人，（生平，7章）甚而连罗马帝国的皇帝伽利埃努斯（Gallienus，253—268年在位）和他的妻子萨罗尼娜（Salonina）也非常尊敬和欣赏他。[1] 普罗提诺力图充分利用与他们的友谊，计划在康帕尼亚按照柏拉图的《法篇》建立一座"柏拉图城"（Platonopolis），但是最终流产了，波菲利认为是由于一些弄臣的嫉妒和恶意阻挠所致。（生平，12章）但里斯特认为不是因为这原因，问题出在柏拉图城的居民上，因为罗马士兵没有人会愿意生活在柏拉图的法律下，这个计划是不切实际的。[2] 哈德（Harder）的解释是皇帝对元老院的贵族心有戒备，害怕他们在外地形成新的政治中心。[3]

在波菲利的笔下，普罗提诺德行高洁、颇有众望。他待人亲切友善，在罗马居住的26年里从未有过公开的敌人。他处事公正，为人们排解纷争，充当仲裁和调停人。（生平，9章）他也是一个有节制的禁欲主义者，不杀生，甚而不吃家养的动物。（生平，2章）那些

---

[1] 一些学者认为萨比尼卢斯是罗马皇帝伽利埃努斯的幕僚，也许是他把普罗提诺引荐给了皇帝和他的妻子，但波菲利没有给出这一背景信息。参见 MacKenna 1991, p. 1xxxvii。
[2] 参见 Rist 1967, pp. 13 – 14。
[3] 转引自赵敦华《柏罗丁》，台湾东大图书公司1998年版，第4页。另外，里斯特和麦肯纳也持类似的观点。参见 Rist 1967, pp. 7, 13；以及 MacKenna 1991, p. 1xxxvii。

◈ 上篇 生活方式的选择：普罗提诺及其世界

具有很高地位的人认为他是一个神圣的像神一样的守护者，因而在他们临终之前就把他们的孩子送来，让他做孩子们的监护人，管理他们的财产。他也许并不想成为一个著名的公众人物，不愿意让人给他画像。但他并非是离群索居、闭门避世，在他住的吉米纳的房子里有许多妇女和儿童，在罗马他有一个包括各色人等的社交圈子。

这个热心于日常的公正道德事务的哲学家，还有着另一方面不可忽视的特征或形象，即他的超凡力量和奇能异事。有一次，一个叫奥林庇亚斯（Olympias）的家伙用巫术攻击普罗提诺，使他感到腹部疼痛，但由于普罗提诺的灵魂是如此有力和强大，把巫术的力量又以更大的力反击给了奥林庇亚斯，反而使他受到更大的伤害，迫使他不得不停止施行巫术。还有一次，一个从埃及来的教士劝他到伊西斯（Isis）神庙去看自己的守护精灵，这个教士用招魂术招到的却是另外一位神。普罗提诺的学生、虔诚的阿美琉斯请他去神庙拜神，但普罗提诺却说"他们应该来拜我，而不是我去拜他们"，学生们对此大感不解却又不敢去问。① （生平，10章）波菲利还记载说，他的老师通过凝神注视就在一群奴仆中确认出了窃贼，为一个寡妇找回了项链。普罗提诺能准确预言和他生活在一起的每个小孩的未来，甚而波菲利自己也受惠于这种超凡的能力，被说服放弃了因忧郁症而要自杀的念头。（生平，11章）虽然俗务缠身，但普罗提诺从未间断过精神修炼，进行理智沉思，以达到与神合一的神秘境界。据波菲利说他自己只达到过一次，而普罗提诺曾经四次进入了这种神秘境界，他举证说当普罗提诺走错路时神会引他走上正道。② 这里需要强调的是，一方面，波菲利关于灵异的记载说明在普罗提诺的时代盛行巫术和对神秘事物的信仰。普罗提诺或许受到这一时代思潮的影响，他在《九章

---

① 阿姆斯庄根据普罗提诺在《九章集》（Ⅲ.4.6）中的思想解释说，当哲学家生活在理智的等级时，是以太一为守护神，自然比那些低等的精灵要高级。（参见 Armostrong 1989, Vol. Ⅰ, p.35, n.1）这从一个侧面表明学生们并没有真正理解老师的哲学。

② 阿姆斯庄认为波菲利把他老师的成功总是归之于神的感召和引导，在《九章集》中找不到证据，因为普罗提诺通常强调的是哲学家没有这类外在帮助可以达到神圣的等级的。

集》四卷四章第 40—45 节中,承认至少在接近灵魂的低等部分和自然界有精灵的位置;但另一方面,波菲利的记载也不能说明普罗提诺就相信或信仰当时流行的巫术和魔力,至少那些所谓的灵异事件是不真实的,这只是波菲利把在学校中流传的一些逸闻虚构成某种虚假的神奇力量加诸老师身上,是对老师的神化,因而只能停留在一种虔诚的闲聊上。①

据波菲利所说,普罗提诺晚年忍受着肠部疾病的痛苦,但他不愿接受灌肠法的治疗,因为那不适合于老年人;他也拒绝服用动物血肉制成的药,因为他是个禁欲主义者;他远离公共浴室,每天在家里要按摩师为他按摩治疗。在公元 268 年,波菲利遵照老师的盼咐、离开罗马治疗忧郁症前普罗提诺的病并不严重。大约与此同时或稍晚一年,阿美琉斯也离开了普罗提诺前往叙利亚的阿帕米亚(Apamea)。② 这样,普罗提诺最得意的弟子都离开了他,普罗提诺学园也就此关闭。③ 也就是在这段时间,罗马暴发了大瘟疫,普罗提诺的按摩师死了,他也就停止了按摩治疗。不久他又患上了非常严重的白喉,其症状是声音含混不清、视力模糊、手脚溃疡。(生平,2 章)根据这种症状,有人认为是麻风病的一种皮病,④ 吉莱(P. Gillet)却认为是一种肺结核。⑤ 不管到底是何种病,朋友们走的走,避的避,死的死。

普罗提诺于是离开罗马,到了康帕尼亚,孤独地住在已去世的老朋友泽苏斯的房子里,直到 270 年去世,享年 66 岁。(生平,2 章)他去世时只有医生欧斯托斯陪伴着他。他对欧斯托斯说"努力把我们

---

① 参见 Rist 1967, p. 15;以及 Macknna 1991, p. 1xxxvii。
② 阿美琉斯离开的原因,里斯特认为部分原因可能是为了逃避瘟疫(参见 Rist 1967, p. 19),但布里松(L. Brisson)则认为他事先去了在泰尔的季诺比亚(Zenobia)女王的宫廷,朗吉努斯在那里(参见 Hadot 1993, p. 99)。
③ 阿多引文特(M. Wundt)的观点认为普罗提诺学园在 269 年的解散可能与支持他的皇帝伽利埃努斯被暗杀有关。(参见 Hadot1993, p. 99, n. 11)那么,波菲利与阿美琉斯的离开也许是出于老师的决定。
④ Armstrong 1989, Vol. I, p. 5, n. 1.
⑤ See Rist 1967, p. 19.

上篇 生活方式的选择：普罗提诺及其世界

中的神带回到大全里的神中！"①（生平，26章）在说这句话时，一条蛇从普罗提诺躺着的床下爬过，消失在墙壁的洞中，他也咽下了最后一口气。（生平，2章）

在普罗提诺死后，学生阿美琉斯做了一篇谕文（the oracle）向太阳神请教老师的灵魂何往？阿波罗回答说，他在狂风恶浪汹涌之时逃离了这个喋血如海的世界（the bitter wave of this blood‐drinking life），逃离了这个令人作呕的混乱世界，去往了美好的神圣世界。（生平，22章）

虽然许多现代人斥之以荒谬而甚是不屑，但它至少向我们点出了普罗提诺所处的生活世界的某些事实：普罗提诺生活的3世纪，对于整个罗马世界，即使帝国的首都——罗马都不是一个幸福的岁月，而是一个空前灾难的世纪。但这一切，在普罗提诺的著作《九章集》中都没有出现。

第二节 普罗提诺的著作：《九章集》

《九章集》是普罗提诺为了教学而书写的讲稿，目的在于对学生进行灵性的指引，因而教学与书写也是种精神修炼的生活方式，同样文本的阅读和评注也意味着某种生活方式的选择，意味着学习一种生活方式并且去践行它。普罗提诺在教学中对柏拉图著作的阅读和注释次序，以及波菲利在编订老师作品的次序都是按照灵性从低到高的进步与提升次序进行的。

依据波菲利写的《普罗提诺的生平和他的著作顺序》，普罗提诺的写作开始得比较晚，《九章集》的成书也持续十多年的时间。普罗

---

① 这句话的翻译存在分歧。阿姆斯庄如是译；麦肯纳则译为"我努力使在我自己之中的神圣者回到在全体中的神圣者中去"（参见 Mackenna 1991，p. ciii）；英奇译作"我努力使在我之中的神圣者离开而去与宇宙中的神圣者合一"（参见 Inge 1923. Vol. 1，p. 121）；里斯特译成"我努力使在我自己中的神圣者回到在宇宙中的神圣者中去"或者"努力让在你自己中的神圣者回到宇宙中的神圣者中去"（参见 Rist 1967，p. 20）。麦肯纳在脚注的译文中也有后一种译法，并认为是更好的版本。（Mackenna 1991，p. ciii）

提诺的老师阿谟纽斯（Ammonius）只是口头教导学生，从未写过书，因而普罗提诺与另外两位同学奥利金（Origen）[1]和艾尔纽斯（Erennius）约定不公开发表老师传授给他们的教义。他在定居到罗马后仍然恪守这一协定，只是在艾尔纽斯和奥利金相继开始写作之后，他在从事教学10年后，即公元253年或254年，才开始写作，这时他已经49岁了。当波菲利于公元263年投入其门下时，他已经写了21篇。波菲利在他身边的6年（263—268年），他在波菲利和阿美琉斯的劝说下又写了24篇。在波菲利离开后到去世，他又写了9篇，并分成两次寄给了波菲利：公元269年寄了5篇，剩下的4篇是在死前不久寄的。这样，普罗提诺就在他生命的最后16年，也是他的思想充分发展和成熟的16年，为我们留下54篇作品。

波菲利说他受老师之委托来安排和编订他的手稿（生平，2、24章），但他在老师去世30多年[2]（约301年）后才出版他编订的手稿。在大约相同时期，欧斯托斯（Eustochius）也出版了他编订的普罗提诺著作，只是没有流传下来，现在只有一些线索可循。[3] 波菲利在编订老师的手稿时，借鉴了雅典的阿波罗多鲁（Apollodorus）编辑厄庇卡玛斯（Epicharmus）的作品、安德罗尼科（Andronicus）编订亚里士多德和塞奥弗拉斯特（Theophrastus）的作品所采用的原则，即按主题而不是写作的年代顺序来编订。[4] 据此，他把普罗提诺的54篇手稿分为6卷，每卷9章（篇），这就是《九章集》名称的由来。[5]

---

[1] 这个奥利金是指柏拉图主义者奥利金，而非基督教护教士的奥利金，虽然后者也曾到阿谟纽斯门下求学。（参见 A. H. Armstrong 1989, Vol. I, p. 10, n. 1；以及 MacKenna1991, p. civ, n. 6）。

[2] 波菲利在为出版《九章集》而写的《生平》中说自己68岁（生平，23章），而他是在263年他30岁时投入普罗提诺门下的，那么这时应是301年，普罗提诺是在270年去世的，相距31年。

[3] 参见 MacKenna 1991, p. 316, n. 73；以及 Armstrong 1989, Vol. I. p. ix; p. 224, n. 2。

[4] 但波菲利在《生平》中给出了这些作品的年代顺序。（生平，4—6章）

[5] 九章集 Enneads 这个单词在希腊语中是 enneas，其意即为"九个一组"。

◈ 上篇　生活方式的选择：普罗提诺及其世界

他又给每一章加上了一个标题，以及评论和提要。①（生平，26 章）按照波菲利的想法，第一卷的主题是伦理问题，第二、第三卷是自然哲学或宇宙论，第四卷的主题是灵魂，第五卷是理智，第六卷主论太一，兼论存在与数目。（生平，24—26 章）

　　波菲利之所以选择六—九的划分编排是因为他喜欢这两个完美的数字，（生平，24 章）目的是想把普罗提诺的思想体系化。虽然普罗提诺的思想具有某种系统性，但他的作品却不是，因为他的作品带有很大的讲稿性质，是在他针对教学过程中的问题进行思考而后诉诸笔端完成的，旨在对学生进行灵性修炼。虽然他的作品没有采取典型的一问一答的对话形式，但显然具有讨论的性质。根据波菲利的说法，一般先是普罗提诺提出问题，大家讨论，考虑不同的答案，然后他再总结，有时一些重要而有趣的问题会反复在课堂上讨论。这样，普罗提诺的作品在内容上、主题上的重复、交叉就在所难免，即使在波菲利按主题编排后仍存在。比如，对"太一"的讨论，并不只是在第六卷中出现，在第二卷第九章时就已讨论，在其他卷中，也不断出现。另外，如灵魂、理智、美等主题亦是如此。格尔森比较客观地指出，波菲利编排顺序的方式是明白清晰的，但在某种程度上又是令人误解的。② 实际上，《九章集》中的各章，某些原本只是一篇，波菲利为凑成完美的"九"，把它们拆分开来。比如，Ⅲ.2~3, Ⅳ.3~5, Ⅵ.1~3, Ⅵ.4~5，更有甚者，他把普罗提诺作为"反诺斯替派"的一篇文章拆成了四章，分属于不同的卷中，即Ⅲ.8、Ⅴ.8、Ⅴ.5 和Ⅱ.9③。由此看来，普罗提诺的作品数目实际上是 45 篇而不是 54 篇。

　　普罗提诺在选择、评注柏拉图的对话和在教学中，非常注重精神

---

①　我们现在所见的只有波菲利的标题，而评论和提要没有保留下来。（参见 Armstrong 1989, Vol. Ⅰ p. 87, n. 1）
②　Gerson 1994, p. xiv.
③　参见 Armstrong 1989, p. xi; Vol. 2, p. 22 的节要，以及 Mackenna 1991, Vol. 2, p. 108 之摘要。

练习和进步的次序,而他的文章也被波菲利编排成一个从地上到天上、从较低级的存在逐步上升到超越的最高本体——太一的体系,以对应灵性进步的相应阶段。在古代哲学那里,哲学被分成伦理学、物理学和形而上学或神学三个部分,代表着灵魂从现实上升到超越的精神修炼之旅:伦理学确保灵魂的纯洁并为灵魂的上升做好了最初的准备;物理学使人确知世界具有一个超越的原因,因而灵魂应抛开自我的有限而把自己提升到宇宙大全(*to hólon*,① the Whole),去追求那个无形体的实在;形而上学或者神学是灵魂上升和回归的终点,最终担当起对上帝的静观。据此,波菲利没有按照老师写作的编年体顺序,而是依据灵性进步的次序来编辑《九章集》。阿多认为波菲利这样编排的真实意图是反映灵魂完善的三个阶段:伦理道德是灵魂净化的开始,同时也表明了灵魂还必须进一步净化;自然哲学通过显示可感对象的虚无完成了灵魂的净化;最后形而上学使完全净化了的灵魂达到了至高者,它启示了神圣的神秘事物。②就普罗提诺的写作年代顺序而言,学者大多认为这些文章是普罗提诺思想成熟之后写的,因而它们的思想应该是一致的。但也有学者主张不同时期的思想是不同的。例如,文特认为,普罗提诺早期是柏拉图主义,中期随着学生的提问而使问题深化,更接近亚里士多德,而晚期则回到了斯多亚的世界观。③我们认为,就普罗提诺的写作来看,可以分为三个时期;就其思想内容而言,三个时期讨论的主题有交叉、重复,基本思想是一致的,但各个时期讨论的重点有差异。具言之:第一时期(253/254—262年),包括1—21篇论文(生平,4章),主要讨论了灵魂、理智和太一三个本体;第二个时期(263—268年),包括22—45共24篇文章(生平,5章),在进一步讨论三个本体的同时,批驳逍遥

---

① 本书引用的希腊语原文都转写为拉丁字母拼写,并用斜体字标明,以和英文有所区别。
② Pierre Hadot 1993, pp. 121 – 122.
③ 参见 M. Wundt, Plotin: Studien Zur Geschicte des Neuplatonismus, Leipzig, 1919, p. 13, 23, 26。转引自张映伟《普罗提诺论恶——〈九章集〉一卷八章注评》,博士学位论文,北京大学,2003年,第13页。

上篇　生活方式的选择：普罗提诺及其世界

学派、斯多亚学派，尤其是诺斯替派的观点；第三时期（269—270年），包括46—54篇，共9篇文章（生平，6章），讨论了在前面两个时期讨论过的一些问题，如恶、幸福、天命以及爱等问题。① 基于上述原因，本文的写作将不拘泥文本的顺序，在解释某一观点的时候从《九章集》中自由选取，这也许不可避免地会造成一些引文的重复。

普罗提诺是继柏拉图、亚里士多德之后，古希腊最为重要的思想家。他的《九章集》也是公认最难理解的哲学著作之一，其中的原因是多方面的。其一，普罗提诺的眼睛有问题，视力不好，从来不重读他写的东西，更不要说修改了，因而存在一些拼写的错误。（生平，8章）其二，普罗提诺具有一种"意识流"的写作特点，波菲利说老师连续写作的时候就像从另一本书上复制一样，（生平，8章）这样一种夸张的说法暗示了普罗提诺在写作时很可能会忽视正常的词法和语法。其三，普罗提诺的作品具有谈话问答的方式，这使他并不能总是注意到命题之间的逻辑联系。其四，普罗提诺行文简洁，重思想而不重修辞，思想超过了语词，（生平，13章）一些关键性的术语模棱两可、充满了歧义，如 *psyche* 既是本体的灵魂，又作为个体的灵魂。这些使他的作品即使在同时代人那里也很难被理解。当波菲利把普罗提诺的作品送给以前的老师朗吉努斯看时，后者抱怨看不懂，认为充满了书写错误。波菲利的解释是因为他不熟悉普罗提诺习惯的表达方式。（生平，19、20章）其五，普罗提诺所处的时代以及他所属的流派——长期以来，人们把普罗提诺哲学看作是柏拉图哲学或者柏拉图主义传统的延续——也造成了人们对他的误解，使他在很长一段时间，被中外研究者，尤其是被中国学术界冷落了。

普罗提诺虽然是个罗马帝国时代的人，但他的《九章集》却是用希腊文写就的，因没有拉丁文译本而在中世纪几乎湮没无闻，普罗提

---

① 关于《九章集》各章的标题以及波菲利编排的顺序与普罗提诺的写作顺序见附录一。

第一章 普罗提诺的生平和著作

诺的名字也被人们遗忘了。但在奥古斯丁（Augustine）、波埃修斯（Boethius）和伪狄奥尼修斯（pesudo - Dionysius，又译托名的狄奥尼修斯）的作品中人们可以看到他的身影。在拜占庭，由于麦克·普赛洛斯（Michael Psellus）的工作，普罗提诺在11世纪成为广为人知的作者。在近东，普罗提诺享有"匿名的力量"，其意思是他的名字鲜为人知，但他的作品广为人知。在阿拉伯世界，在公元9世纪巴格达著名的翻译家伊本·伊萨克（Ibn Ishaq）就把《九章集》四至六卷翻译成阿拉伯文，以《亚里士多德神学》的名义出版了。12世纪，希腊哲学从阿拉伯世界回到欧洲。15世纪上半叶，意大利的学者和人文主义者收集到了《九章集》的希腊文稿。[1]但是直到1492年费奇诺（Marsilius Ficinus）把它译成拉丁文后，欧洲学者才重新认识了普罗提诺。现在最好的希腊文本是亨利（P. Henry）与施魏策尔（H - R. Schwyzer）校订的版本。另外，德文译者理查德·哈德（Richard Harder）校订的希腊文本[2]以及布雷耶（E. Brehier）校订的希腊文本也是经常使用的版本。自1492年普罗提诺被欧洲学者重新认识后，翻译《九章集》就是研究普罗提诺的重要部分。英、德、法、意、西班牙和荷兰文以及日文的《九章集》相继都被各国学者所译介。英译本中公认最好的《九章集》全本是洛布古典丛书系列（Loeb Classical Library）中由阿姆斯庄（A. H. Armstrong）编译的希英对照七卷本，它以亨利和施魏策尔校订的希腊文版本为主。此外，由史蒂芬·麦肯纳（Stephen MacKenna）翻译，佩奇（B. S. Page）修订的企鹅丛书（Penguin Books）版的《九章集》（六卷本）也是非常流行的英译本。前者力求忠实希腊原文，准确却略显生涩；后者则在不改变原文意思的情况下，笔走轻灵，语言优美。相对而言，汉语学界对《九章集》的翻译和研究就更为滞后了。在2004年之前，只能在一些西方哲学原著、伦理学辑译或美学译文中看到《九章集》的小部分文

---

[1] D. J. O'Meara 1993, pp. 113 - 115.
[2] 哈德完成了21篇后就去世了，剩余的由博伊特勒（R. Beutler）和泰勒尔（W. Theiler）校订完成。

上篇 生活方式的选择：普罗提诺及其世界

字。随着 21 世纪初国内对两希文明的重视，石敏敏女士先是在 2004 年出了《九章集》的选译本《论自然、凝思和太一》，后在 2006 年译出了《九章集》（精选本），终在 2009 年出版了全译本的《九章集》，①对推动国内普罗提诺研究居功至伟。

总之，普罗提诺是幸运的。相对于许多古代哲学家而言，他的生平及其著作都在波菲利编定的《九章集》中得以保存并流传至今。我们也是幸运的，有普罗提诺的同时代人而不是隔了数百年的后来者为他作的传记，有他完整的作品而不是残篇，作为我们研究普罗提诺及其思想的原始文本和可靠依据。当然，对这位古代最后一位伟大思想家的研究，我们必须依赖并忠实于《九章集》，但也不能仅仅局限于它。毕竟，普罗提诺的问题缘于他所处的时代困惑和问题，即选择什么样的生活方式。因而我们不仅要考察他的个人经历，更要考察他的生活世界、思想世界及其宗教世界，完整把握他所处时代的生活方式变化，如此才能真切理解和完整把握普罗提诺及其宗教思想。

---

① 因为本书的主体是在 2005 年本人的博士学位论文《心向上帝的旅程——普罗提诺宗教思想研究》（复旦大学，2005 年）的基础上完成的，而当时石敏敏的汉译本尚未出版，故而本书的《九章集》引文主要以阿姆斯庄的英译本为主，没有采用该书的译文，但在修改时对照了该书的某些译文，并对直接引自该书的译文以注释加以注明。

第二章　喋血如海的生活世界

　　一种伟大的理论和思想，首先是思想家个人精神修炼生活的结晶，但不可能仅仅是卓越的个人所做出的独立思考，也是他所处时代生活方式选择的结果，是其"时代的社会环境和政治制度的结果"。① 因而，对普罗提诺时代的社会生活和政治制度进行一番考察，对我们理解其生活方式的选择和把握其宗教思想是非常必要的。在普罗提诺的生平中我们知道他生活在公元3世纪，这个世纪是古罗马帝国历史上最黑暗、最多灾多难的时期，一个喋血如海的世界。就世俗的观点来看，普罗提诺实在是不幸的，帝国盛世他还没有出生，帝国乱局他几乎完整经历，帝国中兴却没赶上。② 当然，对于普罗提诺这样的思想家来讲，未必就是大不幸。正所谓"生于忧患，成于乱世，死于安乐"，他虽然生于大不幸的时代，但这样的时代生活方式却造就了其伟大，其思想的光辉泽被后世。

　　自公元前753年传奇的罗慕路斯（Romulus）建立罗马城开始到普罗提诺所生活的时代，罗马已经历了王政时代（753BC—510BC）、共和国时代（510BC—27BC），进入帝国时代（27BC—476年）也已经200多年了。这200多年得佑于奥古斯都及其创立的元首制，以及

---

① ［英］罗素：《西方哲学史》（上），英国版序言，第5页。
② 普罗提诺生于公元204年或205年，卒于270年。据吉本，安东尼时代（98—180年）是罗马帝国的太平盛世，从康茂德继位到戴克里先登基（180—284年）是帝国动荡不宁的黑暗时期，戴克里先皇帝开始了帝国的中兴，在君士坦丁大帝时期帝国再现昔日的辉煌。就此来看，在帝国盛世结束后的24年，普罗提诺出生，在他去世后的14年帝国复兴，他不幸而躬逢乱世。

◈ 上篇　生活方式的选择：普罗提诺及其世界

和奥古斯都一样贤良的几个皇帝，成为罗马帝国历史上内政修平、四境安稳、民富国强的繁华盛世，被赞为"和平年代"。然而，200年后的公元3世纪，也就是普罗提诺所生活的世纪却是罗马帝国由盛而衰、最黑暗的动荡乱世，被称为"黑暗的三世纪"，也得祸于元首制。著名的历史学家爱德华·吉本认为罗马帝国的鼎盛与衰亡及其由盛而衰，"关键在于罗马帝国的政治制度：'奥古斯都体制'"。① 因此，关于普罗提诺的生活世界，我们就从奥古斯都体制，也即元首制开始。

第一节　元首制与罗马帝国的兴亡

罗马帝国在政治上主要实行元首制（Princips Senatus），也叫"奥古斯都制"（Augustus Senatus），是由屋大维（Octavian，63BC—14年）创立的一种个人独裁的专制体制。"元首"（Princeps）并不是屋大维的发明，在罗马也不是什么新鲜事物，这个称谓由来已久。在共和制时代，元首是指在元老院名单中排名第一的元老，即首席元老，一般是由监察官根据财产、名望和声势等在元老院的成员中挑选出来的，当时的权力也只是在执政官征询意见时有权第一个发言而已。在罗马共和国的"前三头政治"②时期，"古代某些史学家和近代大多数学者都肯定认为凯撒打算建立一种真正的君主政体，不仅以罗马公民团体为其基础，而且要以整个罗马帝国为其基础。他们都认为庞培与凯撒相反，认为他所体现的理想是获得罗马上层社会广泛同情的，那就是希望建立一种'元首制'或者说由群贤——即指元老院议员阶

---

① ［英］爱德华·吉本：《罗马帝国衰亡史》（第I卷），席代岳译，吉林出版集团有限责任公司2011年版，杨肃献的导读，第9页。
② 在古罗马共和制历史上，有"三头政治"之谓，指在共和末期前后两次出现的由当时最有权势的三个人物联合执掌国家最高权力的政治体制，亦称"三头同盟'。前三头指在公元前60年—前40年由凯撒、庞培、克拉苏三个人结成的政治联盟，以凯撒建立独裁统治结束；后三头指在公元前43年—前30年由屋大维、安东尼、雷必达三人结成的政治同盟，以屋大维建立元首制而告终。

级的成员——之首来统治。"① 而西塞罗（Cicero）则倾向于在一定政治和经济基础之上建立各阶级（贵族、骑士等）的完美联合政制。这三种不同的政治理念最终由"屋大维把他们合而为一，称之为元首政治，那就是融合西塞罗的理论、庞陪的作风、凯撒的政策为一体"。②

史家一般把公元前27年1月13日作为元首制开始的时间。在这天，屋大维经元老院授权，把执政官与最高统帅、最高行政权力和最高军队统帅权力集于一身。三天之后，元老院又正式授予屋大维"奥古斯都"的头衔。奥古斯都（Augustan），拉丁文意为"神圣""庄严"。这与罗马的创立者罗慕路斯有关，他通过庄严神圣的占卜（augusto augurio）建立起了罗马城。苏维托尼乌斯（Gaius SuetoAnius Tranquillus）在他的《罗马十二帝王传》中予以了详细解释，"当有人建议，作为罗马的第二个缔造者，他应被称作罗慕路斯时，穆那提乌斯·普兰库斯提议，最好取名为奥古斯都，理由是，这个称号不仅是新的，而且还是个更荣誉的称号，因为圣地，以及那些通过占卜可献祭任何东西的地方被看作是'庄严的'（augusta，奥古斯塔）；它源于庄严的'增强'（auctus）或源于'飞鸟的动作或啄食'（avium gestus gustusve）。"③ 另外，奥古斯都和"权威"（auctoritas）有着同样的词根，意味着一个优秀的罗马人"在物质、智力和道德方面的卓越"。因而，奥古斯都的称号意味着元首具有神圣的权力和至高的权威，只有当元首的权威得到维护时，国家的政治统治才可以保持稳定。在被授予奥古斯都的称号后，屋大维的名字由"盖乌斯·屋大维·图里努斯"（Gaius Octavian Thurinus）改作"盖乌斯·屋大维·奥古斯都"（Gaius Octavius Augustus），"奥古斯都从罗马奴隶主阶级

---

① ［美］M. 罗斯托夫采夫：《罗马帝国社会经济史》（全两册），马雍、厉以宁译，商务印书馆1985年版，第49页。

② ［美］威尔·杜兰：《奥古斯都时代》，台北幼狮文化公司译，东方出版社2005年版，第4页。

③ ［古罗马］苏维托尼乌斯：《罗马十二帝王传》，张竹明、王乃新、蒋平译，商务印书馆1995年版，第49页。

◆ 上篇 生活方式的选择：普罗提诺及其世界

那里获得权力和荣宠达到了无以复加的地步。"① 元首制也随之被称为"奥古斯都制"，在随后的岁月里逐步成熟、巩固并达到了巅峰。罗马也开始了一个新的时代，由共和时代转向了帝国时代。正如古希腊和罗马史权威罗斯托夫采夫（M. Rostovtzeff）所指出的，无论如何"奥古斯都是一位伟大的人物，他替罗马国家创立的那种政体遵循着他所奠定的道路继续发展下去至少有二百年之久，这是毫无疑问的。古代世界的历史因他而开辟了一个新纪元，即我们通常所谓罗马帝国时代的纪元，这也是毫无疑问的"。②

屋大维成为罗马帝国的第一位皇帝，采取了各种措施加强集权专制。首先，他改革元老院，虚置公民大会，使共和国时期的权力机关和立法机关日益沦为元首命令与意志合法化的一个御用工具和皇帝手中的橡皮图章。这意味着奥古斯都个人权威的加强，元首的权力不再受到实质性的制约。其次，他总揽大权，实行皇帝专制。他利用元老院和罗马人民授予的诸多头衔，如"最高统帅""元首""首席元老""奥古斯都""祖国之父""大祭司长"等称号，"合法"地拥有了军队最高统帅、执政官（权）、保民官（权）、行省总督、最高行政长官、最高法官、大祭司长等身份，逐渐把帝国的政治、法律、经济、军事、宗教等诸多大权集于一身。元首制实际上就是披着共和外衣的君主专制，民主共和已经名存实亡。再次，利用传统突出元首个人权威，让人们向他宣誓效忠。奥古斯都表面上采取了符合传统的伪装形式，利用凯撒继承人的身份，凭借自身的能力、才干和手腕，得到军队、元老院阶级、骑士阶级以及所有罗马人民认可，作为他们的最高统帅和领袖，并因此而获得了世界性权力。最后，使用各种宣传机器，大搞元首崇拜，神化皇帝。③ 奥古斯都利用民众对他的拥戴，积极引导和控制文学艺术对自己的歌颂，希望自己能随着那些作品的流

---

① 李雅书、杨共乐：《古代罗马史》，北京师范大学出版社 1994 年版，第 271 页。
② ［美］M. 罗斯托夫采夫：《罗马帝国社会经济史》，第 63 页。
③ 由于帝王崇拜是罗马宗教的主要内容和形式之一，而屋大维实际上开了罗马帝国帝王崇拜和神化皇帝之先例，故而这里我们稍加展开。

第二章 喋血如海的生活世界

传而不朽。先是诗人,接着是建筑家、雕塑家,以及所有艺术家们都参与到颂扬和神化奥古斯都的服务中。维吉尔(Virgil)的史诗《埃涅阿斯纪》、贺拉斯(Horaces)的颂歌、李维(Livy)的《历史》和普罗佩提乌斯(Propertius)的哀歌都是对奥古斯都及其元首制回应与讴歌的最佳表达。元老院公元前13年为屋大维在马尔斯广场建立的和平祭坛把对奥古斯都的崇拜和神化推向了高潮,并且以法令规定一切行政官员、祭司和维斯塔贞女每年的周年日要向之献祭,①从而将奥古斯都的权威与国家的和平、宗教的祭仪结合在了一起。奥古斯都死后,元老院立即宣布他为神,建立了一座神殿来奉祀,并且专门设置了奉祀奥古斯都的一个新的祭司团。②

这样,屋大维凭仗自己有些神化的个人权威、军队的效忠、高超的政治手腕,成功地从元老院和公民大会那里拿到了所有的权力并且集权于自身,开始了罗马帝国假共和真专制的元首制。而且正如威尔·杜兰(Will Durant)所评价的,"对这种共和掩盖下的独裁政体没有人说个不字。商人们在太平盛世之际都把握机会发财,知道屋大维曾经掠夺埃及的元老们,拥有屋大维所赐土地的士兵们,在凯撒立法封派及遗嘱之下的受益人等等——都一致同意荷马'一人统治最为上策'之说法。至少,像屋大维那样慷慨大方,像他那样勤奋尽职,像他那样献身于国,一人统治是不会错的。"③ 威尔·杜兰的这段话道出了元首制的实质就是君主独裁,我们或许可以再补充得具体些,是以共和为名义的、由军队首领统治的君主专制政体。奥古斯都创立元首制的过程、手段和途径,都明白无误地指向了这个实质。

但关于元首制还有如下几个特点需要注意,因为这些对于奥古斯都之后,尤其是3世纪的乱局有密切的关系。第一,元首制至少在形

---

① 参见《世界史资料丛刊·罗马帝国时期》(上),李雅书选译,商务印书馆1985年版,第9页。
② 参见[古罗马]塔西佗《编年史》(上),王以铸、崔妙因译,商务印书馆1981年版,第12页。
③ [美]威尔·杜兰:《奥古斯都时代》,第9页。

27

◈◈ 上篇 生活方式的选择：普罗提诺及其世界

式上保留了共和的外衣，不同于完全的君主专制。奥古斯都是以"复兴共和国"为名义登上权力的巅峰，"他的独裁虽然在有关的每一个方面都丝毫不比凯撒逊色，但却能以表面符合要求的足够古老的伪装形式把专制主义掩盖起来"。① 也就是说，元首在事实上集所有政治、法律、军事、经济、宗教文化等权力于一身，只是在形式上所有的这些权力都必须经由元老院根据公民大会通过的法令正式授予。即使在奥古斯都之后，元首继承的方式五花八门，也都要走走当众"宣告"的"准予程序"，以示"合法化"。因此，奥古斯都及其继任者们在通常情况下都对元老院采取了礼貌和形式上的尊重。第二，元首制的核心基础是军队。奥古斯都是靠着军队起家的，依靠军队并成为军队的最高统帅掌控军队，是奥古斯都能够总揽罗马大权的决定性力量。"从根本上说，他的权力既不是出于他的议会特权，也不是出于他自身的权威，而是继父传给他的军团的忠诚。"② 因而奥古斯都登上大宝就改革了常备军，新建了禁卫军，前者是帝国持久稳定繁荣的保证，后者是皇帝身家性命的护命符。军队成为帝国重器中的最重要力量，谁能成为帝国元首最终的决定权在军队，尤其是禁卫军手中。手握大权的奥古斯都意识到军权对他是一把"双刃剑"，成败均系于此，在有生之年他成功地掌控、发挥了军队的正向作用。但在他之后，尤其是普罗提诺生活的三世纪，军队却成为了帝国乱局之源。第三，元首制的成败与元首个人的人格与德行才干密切相关。奥古斯都是罗马史上不多的几个德才兼备的明君，他节制自律、生活俭朴、善于权谋、勤于政事，生为国父、死为神明，备受罗马人的推崇与歌颂，而深深打上其个人烙印的奥古斯都制（元首制）也成为维护罗马帝国二百多年太平盛世的政治体制。普列汉诺夫曾言，"个人因其性格的某些特点能够影响社会的命运。"③ 这句话不仅可以用在奥古

---

① ［美］罗斯托夫采夫：《罗马帝国社会经济史》，第116页。
② A. H. M. Jones, *Augustus*, London: Chatto & Windus, 1970, p. 82.
③ ［俄］普列汉诺夫：《论个人在历史上的作用问题》，王荫庭译，商务印书馆2010年版，第37页。

斯都身上，也可以用在奥古斯都的继承人身上。对于元首个人人格的依赖，既是元首制的优点，也是它的缺点。因为人性是善变而难以捉摸的，罗马帝国历史上的皇帝，为善者可以说是"人类最高尚完美的典型"，而为恶者是"人类最无耻堕落的范例"。因而"若只依赖个人品格，人民的幸福无法永保。施加于大众利益的绝对权力，一旦被放纵任性的幼帝或猜忌严酷的暴君滥用，必然带来破坏的后果，致命时刻立即临头。"①

在奥古斯都之后，罗马人已经习惯并满足于奥古斯都体制带给他们的好处，对于共和已不再执着，军队的权欲在膨胀但基本上还在皇帝的掌控中。因而从公元前27年（屋大维被封为奥古斯都）开始直到公元180年（著名的哲学皇帝马尔库斯·奥勒留去世）的这200多年，尤其是秉承了开国者的文才武略和德行才干的"五贤帝时期"②，罗马帝国不断发展和壮大，是一个横跨欧亚非三洲的庞大强盛的国家。帝国大体上是稳定而和平的，生活在元首制下的罗马人基本上也是幸福而充满希望的。然而，在公元180年那个斯多亚派皇帝去世之后，元首制的弊端显露无遗，各种矛盾不断爆发且层出不穷，强大的帝国由盛而衰，三世纪的帝国无可挽回地沉入深深的黑暗中。以至于史学家吉本悲哀地写道，"在那个悲惨的时期，每一个时刻都触目惊心，由于蛮族的入侵和军队的暴动，罗马帝国的每一个省都战乱不止，衰败的帝国似乎已到了分崩离析的最后也是最致命的时刻。"③

第二节　喋血如海的三世纪

对于罗马世界而言，成也元首制，衰也元首制。帝国的奥古斯

---

① ［英］爱德华·吉本：《罗马帝国衰亡史》（第Ⅰ卷），第65—66页。
② 指罗马帝国历史上安东尼王朝的五位皇帝，即涅尔瓦（Nerva，96—98年在位）、图拉真（Trajan，98—117年在位）、哈德良（Hadrian，117—138年在位）、安东尼·皮乌斯（Antoninus Pius，138—161年在位）、马尔库斯·奥勒留（Marcus Aurelius，161—180年在位）。
③ E. Gibbon, J. Bury ed., *Decline and Fall of the Roman Empire*, Vol. 1, London, 1899, p. 237.

上篇　生活方式的选择：普罗提诺及其世界

都制既带来了罗马的和平时代，也造成了罗马的黑暗时代。史家们把罗马帝国历史上的三世纪称为"黑暗的三世纪"，一个政权更迭频繁、经济萧条、外族入侵、内战连绵，社会动荡的喋血如海的时代。

一　政治动荡与政权更迭

奥古斯都所创立的元首制在某种意义上把罗马帝国的命运系于皇帝一人身上，而皇帝个人的人格德行往往影响甚而决定了帝国的命运。为善与贤明的皇帝，如"五贤帝"固然能建设一个内政修明、物阜民康、和平繁荣的黄金时代，但为恶与暴虐的皇帝也可以将帝国置于朝政失修、政权频变、民不聊生、危险动荡的境地。这后一方面从安东尼王朝的末代皇帝康茂德（Commodus，180—192 年在位）开始直到戴克里先（Diocletian，284—305 年在位）的 100 多年里，也就是普罗提诺所生活的年代里，表现得尤为突出，整个帝国政治混乱，政权更迭频繁。公元 192 年，背弃先祖德政而为万民所痛恨的末代皇帝康茂德在一场宫廷内乱中喝下毒酒后被一个摔跤手扭断了脖子。在之后的六个月中，近卫军通过刺杀和拍卖帝位的方式拥立了两个皇帝，大不列颠、叙利亚、潘诺尼亚等行省驻军首领也纷纷自立为帝。经过一场长达四年（193—197 年）的王位争夺战，潘诺尼亚军团拥立的塞普提米乌斯·塞维鲁（Septimius Severus，193—211 年在位）取得了内战的胜利，建立了塞维鲁王朝（193—235 年）。塞维鲁和其子为扩大税源授予帝国所有的自由民以罗马公民权，为讨好士兵大幅度提高军饷。然而，公元 235 年塞维鲁王朝还是被暴乱的士兵推翻，蛮族出身的色雷斯农夫马克西明（Maximinus，235—238 年在位）篡位为帝。这个出身低贱、忘恩负义、阴鸷嗜杀的暴君只统治了三年就被士兵所杀。而之后短短的几个月内，包括被元老院胁迫而以 80 多岁高龄紫袍加身为帝的戈尔迪安一世（Gordian I，238 年在位）、戈尔迪安二世（Gordian Ⅱ，238 年在位）在内的六位皇帝死于士兵

第二章 喋血如海的生活世界

的刀剑下。公元238年，年轻的戈尔迪安三世①（Gordian Ⅲ，238—244年在位）补位为帝，在他的修辞学老师、岳父、后被擢升为首席大臣和禁卫军统领的米西特姆斯（Misitheus）帮助和规劝下，亲率大军征讨来犯的波斯人。但不幸的是米西特姆斯却在征途中死了，或因疟疾，或因中毒。总之年轻皇帝的大业付诸东流了，而且于244年在美索不达米亚被新任禁卫军统领菲利普煽动叛乱的士兵杀害，年仅19岁。阴谋得逞的阿拉伯人菲利普（Philip，244—249年在位）被军队拥立为帝，在对波斯人做了很大让步之后，匆匆结束了波斯战争。为抹去谋害恩主的罪恶记忆，菲利普在公元248年4月21日举行了罗马历史上第五次也是最后一次规模宏大的"百年祭"②，试图通过铺张壮观、神秘的宗教祭祀典礼让民众忘掉他的丑行而迷醉于歌舞升平之中。然而，一年之后，即公元249年菲利普就死于梅西亚军团叛乱的战场上。在公元249—253年的这短短几年间，帝国先后换了六位皇帝。

公元253年，年近60岁的瓦列里安（Valerian，253—260年在位）临危受命，紫袍加身为帝。或许因感到自己年老力衰，便把当时还默默无闻的儿子伽利埃努斯任命为共治帝，和自己一起打理帝国政事。公元260年，老皇帝在抵抗波斯人的战场上被俘后屈辱的死去，伽利埃努斯又继续独立执政了8年。他是和我们的哲学家普罗提诺关系最为密切的皇帝，不仅经常讨论哲学问题，而且曾打算把康帕尼亚一个受损很严重的城市交给哲学家来治理，以证明柏拉图的理想国究竟能否实现。因而，关于这位皇帝，我们就更需要浓墨一笔了。

---

① 因为我们的哲学家普罗提诺参加了戈尔迪安三世皇帝的亲征，因而关于这位年轻的皇帝我们多说两句。当然，随着皇帝的被杀，普罗提诺想一窥波斯与印度文化的梦想也随之落空了。基于同样的理由，我们对普罗提诺生平中提到的菲利普和伽利埃努斯皇帝也要多用点笔墨。另外，普罗提诺生于塞维鲁摄政的第13年，即公元205年，大约死于克劳狄乌斯当政的第二年年末，即约公元270年，（生平，2章）因而对塞维鲁到克劳狄乌斯的这段时间，我们也会大略地勾勒下，而在普罗提诺死后的帝国及其政权更替则一笔带过。

② 前四次是奥古斯都、克劳狄乌斯、图善密和维塞维鲁皇帝在位时举行的。这第五次的时间，吉本认为史料的记载非常可疑而且不清楚，故且据吉本用之。参见［英］爱德华·吉本《罗马帝国衰亡史》（第Ⅰ卷），第157页。

◆ 上篇　生活方式的选择：普罗提诺及其世界

　　伽利埃努斯（Gallienus，公元253—268年在位）先是和父亲共治7年，又独自执政8年，前后一共15年。在那个动荡不堪的年代，尤其是考虑到当时罗马帝国面临着法兰克人、阿曼尼人、哥特人和波斯人的虎视眈眈和不断侵犯，能在位这么久殊为不易。然而，或许出于共和的立场以及对安东尼时代的执着，吉本似乎对这位年轻的帝王甚是不满。因为他在个性上缺乏男子气概、脾性冷漠、性情多变、颐指气使，是一位很有才华却不善治国的宋徽宗式的皇帝。"任何一种技能只要他想学，以他天赋的才华都可以做得很出色，但由于他只有天才而缺乏判断力，变成想到什么就做什么，除了作战和治国这两项最重要工作不会以外，他通晓很多新奇而无实用价值的技能。他是辩惊四座的演说家，也是风格典雅的诗人，是善于养花莳草的园艺家，也是手法出众的厨师，但却是个不足取的皇帝。当国事危殆需要他亲临指导和加强呼吁之际，他却与哲学家柏罗丁高谈阔论，把时间消磨在细琐和无聊的消遣上，不然就是准备体验希腊的神秘仪式，或是在雅典的最高法院参加辩论。""在伽利埃努斯的一生中，有几回受到强烈的刺激，变得像一个英勇的军人和残酷的暴君。"[①] 或许，对哲学有着浓厚兴趣的伽利埃努斯由于受到普罗提诺以及当时其他希腊化哲学对外物淡然处之而追求内在灵魂的安宁之思想的影响，相对于那些真正的暴君和贤帝，他显得有些温和与不够果敢。然而，他并不是一个懦弱无能的皇帝，也曾进行过诸多的政治改革和军事改革，以期应对外族的入侵和挽救帝国的颓势。这在罗斯托夫采夫的笔下得到了凸显，伽利埃努斯不再是吉本笔下的那个只懂风花雪月、无用技艺却无能误国的坏皇帝。相反，他是一个励精图治的好皇帝，一个懂得并顺应历史变化的改革者和帝国的挽救者。虽然，他本人"是元老院议员贵族阶级中人，是一个有着知识分子的兴味并受过良好教育的人。"但"他最先充分认识到"自塞维鲁以来，即使想维护安东尼时代的制度之妥协已不可能，因为元老院所代表的城市"资产阶级太弱了，

[①] [英]爱德华·吉本：《罗马帝国衰亡史》（第Ⅰ卷），第224—225页。

第二章 喋血如海的生活世界

它的组织太松弛了，它已不足以给予中央权力以有效的支持"。作为贵族阶级中的一员，他认识到"这个痛苦事实"，但并未退缩不前，而是破除上层阶级的愿望和利益，顺应当时的政治社会现实，逐步"着手建立一个奠基于军队之上的军事化的国家机构"。他也是"第一个推测到罗马官僚机构彻底军事化政策的后果的人。正是他，把元老院议员阶级坚决排斥于军队统帅职位之外；正是他，采取了正式任命骑士阶级成员（以前的兵士）担任外省总督这一决定性步骤。"① 无论对伽利埃努斯的政治主张和政策有什么样的分歧，吉本和罗斯托夫采夫都承认在帝国危急的紧要关头，"加列努斯（伽利埃努斯——引者注）的精明强干和坚忍不拔的精神挽救了罗马帝国。他被迫放弃了高卢的一部分地区，但他同手下的日耳曼兵士和不列颠兵士一起终于能击败日耳曼人的一次入侵而保住了意大利，并且在多瑙河上击败了两个先后称帝的僭位者英杰努乌斯和雷加利亚努斯（公元258年）。"② 吉本还提道：当阿勒曼尼人入侵时，一个他认为不可靠的史料说，在米兰附近的会战中，伽利埃努斯率领 1 万罗马人击溃了 30 万的敌人；而在他看来比较可靠的是：皇帝是通过有辱罗马人光彩的和亲而使敌人放弃侵略的。③ 无论是哪种，伽利埃努斯都使得罗马免于了阿勒曼尼人的蹂躏，而和亲的策略并不独伽利埃努斯采用，算不得是个坏皇帝的佐证。他不是一个畏战之辈，最后在公元 268 年的 3 月 20 日黑夜战死于疆场；而且，还有识人之明，在临终之时将帝国托付给克劳狄乌斯。④ 克劳狄乌斯（Claudius Ⅱ，268—270 年在位）"具有多方面的美德，不论是他的勇气、和蔼、公正、节制以及珍惜名声，热爱国家，使他名列确能为罗马紫袍增添无限光彩的少数皇帝"。⑤ 只是不幸的是，也许在那个时代算是幸运的，他没有死于谋

---

① 以上引文见［美］罗斯托夫采夫《罗马帝国社会经济史》，第 635—636 页。
② ［美］罗斯托夫采夫：《罗马帝国社会经济史》，第 616 页。
③ ［英］爱德华·吉本：《罗马帝国衰亡史》（第Ⅰ卷），第 212 页。
④ ［英］爱德华·吉本：《罗马帝国衰亡史》（第Ⅰ卷），第 233 页。
⑤ ［英］爱德华·吉本：《罗马帝国衰亡史》（第Ⅰ卷），第 239 页。

◆ 上篇 生活方式的选择：普罗提诺及其世界

杀，而是（在多瑙河）死于瘟疫。无独有偶，根据里斯特的分析，普罗提诺得意门生之一的阿美琉斯离开罗马城的部分原因也是瘟疫。虽然没有证据表明普罗提诺的死亡和罗马城的瘟疫有关，但我们的哲学家也是在公元270年逝去的。

在伽利埃努斯当政期间，在帝国其他地方割据称王的先后超过三十人，史称"三十僭主"时代。但吉本不同意，认为只有十九个，并且一一列举出了他们的名字。① 克劳狄乌斯虽然是个不错的皇帝，但从他开始，帝国还是出现了一连串的皇帝，并且在他们每一个人统治时期，在帝国的各个不同地区都出现了僭位的人，而他们的命运也都何其相似。"历代罗马皇帝不论有无建树，命运都是同样悲惨，在世时有的纵情逸乐或是高风亮节，有的严肃苛刻或是温和忠厚，有的怠惰渎职或是百战荣归，最后的下场都是不得善终，几乎每个朝代的替换，都是可耻的篡夺者进行叛逆和谋害所致。"②

二 军队暴乱与弄权干政

黑暗的3世纪，罗马帝国在政治上的动荡、政权的频频更迭，帝国军队的傲慢贪婪和弄权干政是个重要原因。奥古斯都深知，元首制必须依靠武力，需要通过军队对凯撒家族的誓言、对元首或最高统帅的效忠和丰厚的军饷报酬来掌控军队。在奥古斯都活着时，甚而在他去世后的100多年里，这一切都不成问题。除了一些激烈却短暂的军事骚乱之外，从奥古斯都至康茂德的这两个多世纪，军队还算安分守己，没有完全忘记自己的誓言和荣誉，不曾沾染上过多内乱的鲜血，帝国大体上维系了几百年的和平时期。但在康茂德之后，当军队意识到自己的强大和元老院及其文官政府的软弱，甚而连皇帝及其性命都操纵在自己手里之后，就不知忠诚为何物，眼里只有肆意的权力和对金钱无尽的贪欲，原本是元首制安稳基石的因素变成了皇帝的噩梦和

---

① 参见［英］爱德华·吉本《罗马帝国衰亡史》（第Ⅰ卷），第225—226页。
② ［英］爱德华·吉本：《罗马帝国衰亡史》（第Ⅰ卷），第260页。

帝国动荡不宁的罪魁祸首。而塞维鲁皇帝通过提高军饷来保证士兵的忠诚更是饮鸩止渴，因为金钱买不来忠诚，换来的只是杀掉前任以获取更大的好处。于是，各省驻军纷纷拥立自己的指挥官登上王位，而禁卫军则直接或谋杀或出售帝国皇位，致使国家政局混乱、政权更迭、内战频仍、民不聊生。其中，尤其以奥古斯都在军事改革中新建的禁卫军为首恶，正是由于他们对帝国首都皇帝的刺杀，才导致或加剧了各省驻军的觊觎与内战。

禁卫军是屋大维开始建立的，主要目的是保护自己的安全，同时威吓和压服元老院，当然也要防止叛乱和扑灭暴乱。禁卫军享受双薪，具有相当大的特权。初时只有三个支队的少量兵力驻扎在罗马城内，其余支队分散驻扎在罗马近郊的城镇，且没有命令不得擅自进入首都。但是，奥古斯都的继任者提比略（Tiberius，14—37年在位）在罗马城西北方向靠近城墙的地方为禁卫军建立了大本营，把分散的禁卫军集中了起来，并配有严密强大的工事。这实际上就把首都的安危、皇帝本人的安全、元老院的权力、国家的金库和皇帝的宝座等等，都置于禁卫军的虎视眈眈和掌控之下。于是禁卫军以金钱为转移，屡屡上演或谋杀某个皇帝或拥戴某人为皇帝甚而公开拍卖帝位的"好戏"，"从公元235年到284年这一段时间里，有过近24个皇帝，可只有一个是因为年老或患病而死"。[①] 帝国的政治混乱不堪，帝位成为烫手的山芋和最危险的位置。皇帝除了同意和服从军队的要求外，没有其他的办法；元老院面对刺刀，除了拥护也再无事可做；至于公民大会，见鬼去吧！军队才是国家真正的主人，而他们的"违法乱纪和干政篡谋，是罗马帝国衰亡的征兆和起因。"[②]

三 人民起义和蛮族入侵

军队的反复无常和暴乱，帝位的争夺和政权的频频更迭，致使帝国

[①] [美]斯塔夫里阿诺斯：《全球通史：1500年以前的世界》，吴象婴、梁赤民译，上海社会科学出版社1998年版，第242页。

[②] [英]爱德华·吉本：《罗马帝国衰亡史》（第Ⅰ卷），第87页。

上篇　生活方式的选择：普罗提诺及其世界

陷入内忧外患的糟糕苦境。帝国境内，民不聊生，广大人民陷入了灾难重重的苦难深渊，被迫揭竿而起。整个3世纪人民的起义连绵不绝，先是最底层的没有公民权的奴隶，接着是贫苦的自由民、农民、工厂的工人和市民。公元206年，被称作"强盗"的布拉率领600多人的起义队伍驰骋于意大利，攻城拔寨，杀富济贫，甚得民众的支持，坚持斗争了两年之久。公元238年，北非的奴隶、隶农和当地土著居民（柏柏尔人）不满罗马税吏的横征暴敛，发动起义。公元263年，西西里也爆发了由奴隶、隶农和城市贫民参加的大规模起义，当局惊呼这是昔日斯巴达奴隶起义的重现。公元273年，罗马造币厂工人发动起义，得到城市贫民响应。他们在战斗中英勇顽强，致使罗马官兵损失达7000人之多。3世纪持续时间最长、规模最大的起义是高卢的巴高达运动。巴高达（Bagaudae，高卢语意为"战士"）主要由奴隶和隶农组成，也有农民和高卢士兵。起义军在马特努斯的领导下席卷高卢大部分地区，所到之处，夺庄园，分田地，杀富豪，一度攻占了高卢重镇奥尔良，并曾计划潜入罗马刺杀暴君康茂德，后因叛徒告密而失败。这次起义坚持了三年之久，终被镇压，但巴高达运动并未停止活动。公元283年，巴高达运动以更大的规模发展起来，起义的中心仍是高卢，很快遍及整个高卢行省。他们推举自己的领袖为皇帝，自铸货币。最终被戴克里先皇帝的共治者马克西米安（Maximianus，约250—310年）镇压，然而到了公元408年时又再起，直到公元449年又被再次镇压。

与此同时，帝国的边境失去防御，以前只是流窜骚扰、零星叩边的异族纷纷入侵。3世纪，罗马最危险的异族敌人有帝国东部的波斯人、西部和西北部的古日耳曼人各部族。3世纪中期，罗马人与波斯人发生了几次大战。先是戈尔迪安三世在幼发拉底河被杀（公元244年），阴谋篡位成功的菲利普立即与波斯签订了包括进贡、赔款在内的对罗马不利的和平条约，暂时换得了和波斯之间的和平。接着年事已高的瓦列里安皇帝在与入侵的波斯人作战时被活捉（公元260年），后在波斯人的监牢里悲惨地死去。最后由于帕尔米拉（Palmyra）的叛变，伽利埃努斯皇帝丢掉了帝国东部诸省的管辖权和统治权，直到戴克里先大帝时才收回并取得了对波斯人的优势。古代的日耳曼人主要分布在莱茵河以东、维斯瓦河以西、多瑙河以北地区，从事游猎、畜牧为主，包括法兰克人、伦巴德人、盎格鲁人、撒克逊人、汪达尔人、哥特人、阿勒曼尼人等。这是个好战的游牧民族，"能用武力可以抢到手的东西却要用劳力去换取，这是对日耳曼精神的极度藐视。"[①] 但自公元9年日耳曼行省总督瓦鲁斯（Varus）在条顿森林战败自杀到德西乌斯（Decius，249—251年在位）临朝的这200多年里，日耳曼人没有对帝国进行大规模的袭击。然而，到了三世纪中期，尤其是248—268年的二十年间，"罗马的行省几乎没有片刻可以免于入侵蛮族和横暴军队的肆虐，残破的帝国似乎已濒临最后瓦解的紧急关头。"[②] 公元251年，多瑙河外的哥特人在击毙罗马皇帝德西乌斯后，跨过巴尔干，袭取拜占庭，侵扰小亚细亚，肆虐爱琴海地区。差不多同时，法兰克人出现在莱茵河下游，占据高卢和西班牙，蹂躏雅典，把以弗所的狄安娜神庙付之一炬。阿勒曼尼人也在这个时期蹚过多瑙河，翻过阿尔卑斯山，长驱直入伦巴第平原，进占拉文纳，在罗马城的视野之内耀武扬威，挥舞着蛮族胜利的旗帜。后来，伽利埃努斯皇帝或者通过一场不可思议的以少胜多战役，或者通过娶了蛮族的公主的和亲政策终止了这场侵袭。但最终并未能阻止日耳曼人持续不断地涌入罗马，没有防卫力量的各行省也不能抵御蛮族的长驱直入。异族的铁蹄遍布帝国境内，更加剧了三世纪罗马帝国的动荡不宁。

四 经济萧条和社会动荡

混乱不堪的政权、连绵频仍的战事、日益膨胀的官僚体系以及皇帝贵族淫逸奢靡的生活，使帝国的财政几乎崩溃。单举一个公共庆典的例子，就可见政府财政负担的负重。"据统计：一世纪时，罗马全年的节日为66天。二世纪时增加到123天。四世纪时增至175天。

[①] [英] 爱德华·吉本：《罗马帝国衰亡史》（第Ⅰ卷），第181页。
[②] [英] 爱德华·吉本：《罗马帝国衰亡史》（第Ⅰ卷），第194页。

◈◈ 上篇　生活方式的选择：普罗提诺及其世界

在节日里，演出奴隶角斗、斗兽、戏剧、海战和骑战等，所有开支皆由国库支出。"① 为了缓解国库空虚、财政的困窘，进一步搜刮钱财、扩充军饷，当局使用了各种手段。直接和有效的方法，就是通过富人的捐献和抄没外省贵族、政治犯的财产来丰盈国家的金库。但这毕竟不是长久之计，最有效和稳定的办法当然就是增税。然而随着税负的日益加重，一些富人为了避税而离开家园，民众不堪重负屡屡杀死收税人员，负责收税的官员则常常弃官而逃。与赋税平行但更暴虐更组织严密的是对粮食、原料、手工业品、钱币、船舶、牲畜和力夫等的征发制度。此外，一种隐蔽而无耻的方式就是降低金、银、铜诸铸币的成色以及发行劣质货币。其结果就是金币开始绝迹于市场，银元开始逐渐贬值。据罗斯托夫采夫记载，"在一世纪时，一个银元约折合八个半便士，到二世纪时只稍为贬了一点点值，而到了将近三世纪中叶时竟抵不了一个法寻"。② 货币的贬值必然会导致物价的上涨，出现了恶性的通货膨胀、猖獗的投机倒把，乃至于物物交换的现象，甚而国家的课税也"越来越采用了征收实物的办法"。③ 随之而来的，就是商业萧条、城市经济的普遍衰败与农业经济的衰落。而农业的凋敝、奴隶的普遍逃离使得奴隶制的大农庄难以为继，只得放弃大规模经营，把土地分成小块分租给隶农。隶农是由破产的自由农民、奴隶或被释奴隶所形成的新阶级，他们被固定在土地上，对大庄园主有一定人身依附关系，通过交租之后的剩余产品而获得生活资料。这样，隶农制就出现了，最终导致罗马奴隶制社会的崩溃和西欧封建社会的形成。

所有的这些情况，最终都导致了"帝国的生产力稳步下降，而帝国感到自己不得不加强采取暴力和强制的行动"。④ 但是，皇帝们以军队为工具对民众采取的恐怖强暴手段，即使发展成为稍有条理的行

---

① 杨共乐：《罗马史纲要》，商务印书馆 2007 年版，第 237 页。
② ［美］罗斯托夫采夫：《罗马帝国社会经济史》，第 648 页。
③ 参见［美］罗斯托夫采夫《罗马帝国社会经济史》，第 590 页。
④ ［美］罗斯托夫采夫：《罗马帝国社会经济史》，第 655 页。

第二章 喋血如海的生活世界

政制度，除了加重人民的负担之外，全都徒劳无效，反而使社会危机日趋严重，引起社会各阶层的反抗。奴隶和隶农们不断进行起义，城市平民和农民则遍受饥寒之苦，中产阶级不堪重负而日渐贫困，贵族们不满自己的土地被充作军饷也纷纷反抗，在各省宣布起义。繁荣一时的亚历山大里亚，在长达12年之久的、不断的暴乱中彻底地荒芜了。屋漏偏逢连阴雨，人祸又遇天灾，瘟疫、饥荒、战争使得帝国的人口减少了1/3左右。在公元250—265年遍及帝国的那场大瘟疫中，"中间有一段时间，仅在罗马差不多每天就有5000人死亡，许多曾逃脱野蛮人屠戮的城市却因瘟疫而灭绝人烟。"[1]

在这个危机重重的黑暗三世纪，政治混乱，经济萧条，社会动荡，军队动辄暴动政变，皇帝不是被羞辱就是被谋杀，老百姓流离失所民不聊生，帝国灾祸接连，处于内忧外患、四面楚歌的苦境，陷入屈辱和毁灭的谷底。庞大的帝国摇摇欲坠，直到戴克里先继位，罗马世界才得以中兴，最后于公元324年由君士坦丁（Constantine，307—337年在位）大帝完成统一，罗马世界再一次统一到一个君主的权威之下。这两个能干的皇帝挽救了罗马的危局，使帝国得以延续。

然而，普罗提诺没有赶上帝国的"中兴盛世"，他的一生"几乎是和罗马史上最多灾多难的一段时间相始终"。[2] 虽然普罗提诺在他的著作里没有对时代的苦难做什么描画，但却力图摆脱这个喋血如海的现实世界，去观照和追求那个善与美的永恒世界。只是如何从苦难重重的此岸世界抵达幸福而完美的彼岸世界呢？换言之，选择一种什么样的生活方式才能使人像神一样过上永远幸福美好的生活呢？于是，"一种深沉的、强烈的、解放灵魂的要求越来越为世人所觉察，那是一种超越凡尘的饥渴，那是一种无与伦比的宗教热忱。"[3]

---

[1] 参见［英］爱德华·吉本《罗马帝国衰亡史》（上卷），黄宜思、黄雨石译，商务印书馆1997版，第184页。
[2] ［英］罗素：《西方哲学史》（上卷），第358页。
[3] ［德］文德尔班：《哲学史教程》（上），罗达仁译，商务印书馆1987年版，第283页。

第三章 兼容并蓄的宗教世界

在一个政治混乱不堪、社会动荡不宁、经济萧条困顿的时代,在一个充满了恐惧、无助而绝望的世界,宗教的生活方式便趋流行,宗教成为人们最好也最方便的避难所。正如多德斯(E. R. Dodds)所言,"当现实世界堕落到无可救药时也就是新的宗教情感最为狂热之时。"① 形形色色的神秘事物、能够解脱灵魂的种种说教,都被人们狂热地追求着、狂热地崇拜着、狂热地依赖着,渴望着超越邪恶、乏味的可感世界抵达完善美好的神圣世界,与神一起或者像神一样过上幸福的生活。普罗提诺就生活在这样一个充满了宗教精神的时代。在波菲利的《生平》中我们可以感受到这种精神:波菲利对巫术、灵异和魔力的津津乐道,阿美琉斯对宗教祭仪的乐此不疲,普罗提诺虽不像学生们如此热衷,但他从没有放弃对超感世界的精神修炼,在一生中有四次达到了与神合一的神秘境界。(生平,23章)

当亚历山大大帝东征西讨之际,东西方诸多民族的文化就在希腊化的世界开始接触交汇、相互影响。到了普罗提诺所生活的三世纪时,以地中海为中心,东西方的社会政治、经济贸易、科学文化和宗教艺术等已经形成了一股浩浩荡荡的文化综合主义潮流。因此,普罗提诺的宗教世界是丰富而多元的,不可避免地会带有世界主义和混合

---

① E. R. Dodds, *Pagan and Christian in an Anxiety*, London: Cambridge University Press, 1965, p. 3.

主义的时代特征。罗斯托夫采夫精辟地指出：这个时期的宗教不是静止的，而是变化着的，组织起了新的崇拜，出现了新的宗教思想，崇拜新的神灵，其中有许多是异国的神灵；新爆发的宗教感席卷希腊主义世界，在城市生活的危急时刻，相信祖先的神的显灵；希腊资产阶级（城市工商业奴隶主阶级——引者注）对泛希腊和城市神祇的崇拜真正反映了他们的宗教感情，不下于对"机会"、对伟人们、对某些异国神祇的崇拜。[1] 在这一宗教图景中，既有希腊诸神，也有波斯的密特拉神；既有对帝国统治者的崇拜，也有对来自埃及的萨拉比斯和伊西斯的崇拜；既有奥菲斯教、摩尼教、犹太教、基督教、诺斯替教等严格意义上的宗教，也有巫术、灵异、占星术和祭仪宗教等充满迷信色彩的信仰崇拜。

显然，在普罗提诺所生活的时代，基督教还没有成为罗马帝国的唯一宗教，包括基督教在内的各种宗教，罗马的本土宗教和异域的东方宗教，帝国的官方崇拜与民间的神秘宗教，低级的巫术、占星术等信仰与高级的犹太教基督教，共同存在，彼此无碍。诸多不同的甚而相互对立冲突的各种宗教之所以能够和睦共存，在很大程度上得益于罗马帝国兼容并包、开放宽容的宗教政策。它使整个帝国成为宗教整合的大熔炉，各种类型的异质宗教及其思想彼此交流、相互碰撞、同化融合，最终铸造了帝国的新宗教——基督教。

第一节　古希腊宗教

著名希腊思想史专家里斯特在他的《希腊宗教》一文中指出，"罗马帝国的文明不是意大利的而是希腊的。"[2] 罗马文化在与希腊文化的接触、同化过程中，罗马人汲取希腊人的神话，把希腊人所信奉

---

[1] 参见［美］罗斯托夫采夫《罗马帝国社会经济史》（下卷），马雍等译，商务印书馆1985年版，第41页。

[2] R. Rist, "Greek's Religion", in R. W. Livinstone ed., *The Legacy of Greece*, Oxford: Clarendon Press, 1921, p. 16.

◈ 上篇　生活方式的选择：普罗提诺及其世界

的神附会为自己的神。我们可以在罗马神话中发现，许多拉丁神都可以找到相对应的希腊神。因而，关于古罗马的宗教图景，关于普罗提诺的宗教世界，我们就先从古希腊宗教说起。古希腊人的宗教，有占主导地位的奥林帕斯教，还有在这种正统宗教以外的民间宗教，如狄奥尼索斯教和奥菲斯教、厄流息斯教等。

奥林帕斯教（Olympus Religion），是古希腊大多数城邦信奉的正统宗教，因诸神被想象居于奥林帕斯山而名；又称荷马宗教（Homeric Religion），其因则在于古希腊的宗教是以诗人和艺术家的丰富而颇具创造性的想象为基础的，而荷马（Homer）"汇聚了各种流行的神灵观念，用神话故事把这些神灵观念编织起来，描写出希腊人对神灵的看法和神人关系的看法。这项工作的意义在于为当时的希腊居民提供了对神灵崇拜的解说和具体的对象，从而促使希腊远古宗教向更高阶段发展，也使奥林帕斯教的形成有了准教义性的经典。"① 后来，赫西奥德（Hesiod）继承了荷马的工作，编订了《神谱》，按照世系叙述了诸神的谱系，说明了奥林帕斯诸神的起源，以及人们所生活的世界之产生和秩序，开始了对宇宙的系统化探索。奥林帕斯教所崇拜的十二位主神，以宙斯为首，有男有女，相互之间都有亲属关系，构成一个位居诸神和万民之上的"神圣家族"。成员起初有天神宙斯（Zeus）、天后赫拉（Hera）、海神波塞冬（Poseidon）、智慧女神雅典娜（Athena）、光明之神阿波罗（Apollo）、狩猎女神阿耳忒弥斯（Artemis）、爱神阿佛洛狄忒（Aphrodite）、商业之神赫耳墨斯（Hermes）、农神德墨忒耳（Demeter）、战神阿瑞斯（Ares）、匠神赫淮斯托斯（Hephaestus）和灶神赫斯提亚（Hestia）。但后来，狄奥尼索斯（Dionysus）取代了赫斯提亚的位置，进入神圣家族，成为十二个主神之一。这些以宙斯为首的神都是天神，高居于奥林帕斯神山。与之相对应的还有居于地下冥界的神灵，以宙斯的兄长冥王哈得斯（Hades）为首，掌管人的死亡以及死后的生活。

---

① 王晓朝：《希腊宗教概论》，上海人民出版社 1997 年版，第 187 页。

第三章 兼容并蓄的宗教世界

每一位主神都有一种或几种身份和象征意义，反映和体现了古希腊人的社会分工、政治理想和民族精神。这里有必要提一下在宙斯即位前的两个旧神，乌剌诺斯（Uranus）和克洛诺斯（Cronos），在《九章集》中，普罗提诺用他们和宙斯说明太一、理智和灵魂三大本体。前者是宙斯的祖父，在实际生活中没有形成对他的崇拜，只有在为宙斯续族谱时才提到他。后者是宙斯的父亲，对他的崇拜一直延续到了希腊化时代以后。根据赫西奥德的《神谱》，克洛诺斯是在阉割了他的父亲乌剌诺斯之后取得了统治权，但地母盖娅（Gaia）预言他也会被自己的一个儿子推翻。于是他将妻子瑞亚（Rhea）所生的孩子一个个吃掉。瑞亚在生下宙斯时秘密地把他送到克里特岛的洞穴，由其他神灵，即俄刻阿诺斯（Oceanus）和泰西斯（Tethys）这对夫妻来抚养。宙斯长大后重访母亲，推翻了克洛诺斯的统治，成为第三代众神之王。总体上来说，荷马宗教本质上说来是一种神人同形同性论的多神论宗教，具有强烈的想象性特征和非道德化倾向，诸神善恶无状，喜怒无常；它宣扬"命运"，推崇理性（logos），甚而诸神，包括众神之王也须遵从"定数"，这就为希腊理性主义的发展奠定了基础，导致了希腊哲学和科学的产生。但与此同时，它又对人的激情造成了某种压抑。作为一种官方性的、公共性的宗教，无法充分满足个人化宗教的愿望与要求。所有这些都表明，除了城邦的共同的宗教信仰外，古希腊人还需要非官方的、私人性的信仰以填充奥林帕斯教的不足。

因而，在古希腊，除了城邦的奥林帕斯信仰外，希腊人还有大量的民间信仰和宗教。它们流传于民间，并不面向所有的民众而是有其特定的对象，教徒们必须保守秘密，不得向外人透露该教的内容和祭仪等，因而在此意义上也被称作秘教（Mystery Religion，神秘主义宗教，也译作祭仪宗教或礼仪宗教）。民间宗教信仰的代表是厄流息斯教、狄奥尼索斯教和奥菲斯教，它们是古希腊神秘主义的典型，也是古希腊人追求个性解放与自由的代表。它们通过神秘的祭仪及其肉体上的迷醉、精神上的狂喜，"着眼于个体，寻求个人的纯洁与解救，

◈ 上篇 生活方式的选择：普罗提诺及其世界

引导人们同上帝相结合。"①

厄流息斯教（Eleusis Cults）大约出现于公元前 7 世纪，因其活动的中心厄流息斯城而得名，它崇拜的主神是掌管农业和丰收的地母之神德墨忒耳（Demeter）。女神和宙斯生的女儿珀耳塞福涅（Persephone）被冥王哈得斯抢去，她悲痛万分，遍寻不得，于是降灾人间，世间万物枯零。后来在宙斯的干预下，冥王不得不将珀耳塞福涅放回，但珀耳塞福涅因吃了哈得斯的一颗石榴籽而丧失了完全的自由，所以每年必须有 1/3 的时间和冥王在一起，其余时间才能和母亲团聚。这样，四季的变化与万物的生灭就与珀耳塞福涅的回归与离开相对应：当女儿回来时，德墨忒耳满心欢喜、充满力量，于是万物也焕发生机、开始茁壮生长；当女儿离开时，女神就满心伤悲、了无生趣，于是万物便也失去生机、开始凋零枯灭。这一神话传说既表明了古希腊人对万物生长与凋谢的形象理解，也表明了他们对生命的生死轮回的神秘之探询和对生命之永生的追求。这种神秘探求在厄流息斯教模仿德墨忒耳寻找女儿的过程之祭仪中明显地表现了出来：通过禁食，教徒们分享了女神的痛苦，体验了德墨忒耳寻找女儿的艰辛；通过用水净身，意味着灵魂的净化和道德的提升，为与神合一而准备；通过神婚的戏剧表演，象征了教徒们与神的神圣结合，超越了尘世而进入了神圣的世界。显然，厄流息斯教秘仪（Eleusis Mysteries）不仅表达着古希腊人对自然现象和万物生灭的理解，更渴望个体的解脱，期待与神的同在与神合而为一。这与后来的神秘主义强调个体得救、人神合一如出一辙。事实上，厄流息斯教正是神秘主义的源头之一，后来的神秘主义正是以它和其他古希腊秘教为基础而发展起来的。

从一种严格的意义上说，厄流息斯教与狄奥尼索斯教是密切相联、不可截然分开的。狄奥尼索斯教（Dionysus Cults）因崇拜的主神是酒神狄奥尼索斯而得名。按照神话传说，他的父亲是宙斯，但他的

---

① ［美］伊迪丝·汉密尔顿：《希腊方式》，徐齐平译，浙江人民出版社 1988 年版，第 258 页。

母亲是谁就说法不一。有说是德墨忒耳的,也有说是珀耳塞福涅的,还有说是伊俄(Io)或狄俄涅(Dione)的,但更通常的说法是凡妇塞墨勒(Semele)。但不管是哪种说法,人们一般认为狄奥尼索斯最初是一位外来神,远古时期传入希腊,后与希腊原有的神灵混同而逐渐希腊化,并跻身为"神圣家族"的一员。狄奥尼索斯教予以信徒一种新的神人沟通的方式,不靠与天神的血缘关系,也不靠英雄业绩,更不靠顶礼膜拜,只要你侍奉狄奥尼索斯、按这位神的行为方式去做事,那么你自己就是狄奥尼索斯,你自己便是神圣的神。像厄流息斯教一样,狄奥尼索斯教徒力图通过对所信奉的酒神之效仿来分享狄奥尼索斯的快乐与痛苦,并以此达到与神合一。"对狄奥尼索斯的崇拜本质上就是对热情的崇拜,这种崇拜通过肉体上的迷醉和精神上的狂喜而引向与神合为一体。"① 这种盛宴美酒、载歌载舞、率性肆意的庆典和祭仪在打破了奥林帕斯教建立起来的神人界限的同时,又使信徒们忘却现实、自由自在,在与神合一的体验中获得了精神上的解放。狄奥尼索斯教的这种平民性使它易于为大众所接受,成为在希腊民间广泛流传的宗教。后来当狄奥尼索斯被接受为十二主神时,该教也出现了与奥林帕斯教相融合的迹象。与此同时,一些信徒对此非常不满,便努力规范和改革其教义和仪式,结果使它演变成或者说发展成了另一种更具影响力的民间宗教——奥菲斯教。

奥菲斯教(Orphism,或译俄耳甫斯教)因其创始人、诗人奥菲斯(orphcus)而得名,但历史上是否真有其人尚无定论。在神话传说中,他半人半神,是艺术女神的儿子,善于音乐和诗歌。据传,奥菲斯曾为该教创制了教义,在柏拉图、亚里士多德的著作中有关于奥菲斯其人其思的叙说。此外,新柏拉图主义者在与早期基督教的争论中也摘引、阐述、汇编了奥菲斯的古代作品。在教义上,奥菲斯提出了与奥林帕斯教教义不同的主张。荷马宗教偏重尘世,也没有原罪的观念。奥菲斯教则相信来世,崇拜冥神,认为人带有原始的罪恶。因

---

① [英]W. C. 丹皮尔:《科学史》(上卷),李珩译,商务印书馆1995年版,第43页。

上篇　生活方式的选择：普罗提诺及其世界

为在该教信徒看来，人的灵魂是神圣的、不死的，因为它是由狄奥尼索斯的肉变来的；而人的身体是罪恶的，因为它是由邪恶的提坦（Titan）的灰变来的。灵魂依附于身体是对以往罪过的惩罚，身体是灵魂的牢笼。只有通过灵魂的净化才可以赎罪，死亡能使灵魂获得最终的解脱，但只有当灵魂在身体中为这种原罪偿清全部债务以后，才能脱离身体。因此生活的目的是维持神圣的灵魂，尽可能使身体纯洁，直至灵魂得到自由、回到它神圣的来源。在祭仪上，奥菲斯教消除了狄奥尼索斯教的原始特征，加强了涤罪仪式，要求用洁净的泉水净身、戒食肉食（除非作为举行仪式时的圣餐）、禁杀生、血祭等等，并且使祭仪增添了秘密的性质。奥菲斯教作为一种神秘主义宗教，其影响一直延续到公元4世纪后才绝迹。"由于对他（狄奥尼索斯）的崇拜便产生了一种深刻的神秘主义，它大大地影响了许多哲学家，甚至对于基督教神学的形成也起过一部分的作用。"①

无论是正统的荷马宗教还是民间诸宗教，相对于后来的宗教（尤其是基督教）而言，古希腊宗教具有如下的几个主要特点。（1）古希腊人的宗教是由诗人、艺术家等深陷世俗生活的希腊人创造和发展起来的，而不是由远离世俗生活又具有特别神性的祭司、先知、圣人等创造发展而来。（2）古希腊宗教没有自己权威的圣书宝典、统一的教规、正统的教义，也没有至高无上的神祇。虽然名义上宙斯为诸神之首、执掌神界的最高权力，但却无权过问波塞冬、哈迪斯的海洋和冥界事务，而且以雅典娜、阿耳忒弥斯为城邦神的雅典人和以弗所人也对此抱有不同意见。（3）古希腊宗教的神是希腊人基于对自然和人事的现世考量而非心理情感的罪责意识所产生，因而古希腊人的神是神人同形同性的、集人之优点与缺点于一身的感性神灵。（4）古希腊的宗教更强调实践而非信仰，希腊人把各种节日、献祭、祭祀、巡游和密仪都纳入宗教框架之内，在肃穆与狂欢中既取悦于神又与神做交易以获得想要的好处，甚而把颂诗、戏剧、体育竞技等活

---

① ［英］罗素：《西方哲学史》（上卷），第37页。

动也纳入这个宗教体系之内。（5）古希腊宗教提供的不是来世的灵魂救赎与信仰（充其量也不过是冥界的欢乐），而是获得现实的帮助，或者个人的财富与成功。（6）宗教并不独立于政治、战争和私人生活，而是深度嵌入了公共领域和私人领域，并对城邦和个人的事务起到关键性的决定作用。

如果说奥林帕斯教所体现的观念在古希腊民族精神中起着主导的作用，代表了古希腊精神中理性主义的一面，体现了作为公民的古希腊人对城邦公共生活的参与和责任，那么这些民间宗教则代表了古希腊民族精神中次要的一面，展示了希腊精神中的神秘主义方面，反映了作为个体的古希腊人对个性解放和自由的追求和情感要求。正如罗素所指出的，"在希腊有两种倾向：一种是热情的、宗教的、神秘的、出世的；另一种是欢愉的、经验的、理性的，并且是对获得多种多样事实的知识感到兴趣。"[①] 这两种精神或倾向在普罗提诺那里都产生了巨大的影响，也使得他的思想既闪耀着理性主义的光辉，又弥漫着神秘主义的气息。这是因为在普罗提诺的时代，就整体而言，随着希腊与罗马两种文化的交融日深，希腊宗教在神祇、祭仪、内容等诸多方面都深深影响了罗马宗教，两种宗教系统已经揉为一体。

第二节　罗马宗教

罗马宗教与古希腊宗教有着千丝万缕的内在联系，但在源头上却有着古罗马人自己的民族起源。自公元前753年罗马建城开始，罗马宗教便在罗马建城神话和拉丁人的英雄史诗中，伴随罗马城邦和罗马国家的不断扩张，以及与外来宗教的碰撞和融合而不断演化和发展。

像世界上其他古老的民族一样，古罗马人最初信奉的也是万物有灵的多神论宗教，只是把它称为"努玛宗教"（the religion of Numa）。"这是非常接近于巫术的一种宗教，其祭司制度严格考究，并十分注

[①] ［英］罗素：《西方哲学史》（上卷），第46页。

意符咒、禁忌和解读征兆"。① "努玛"是一种超乎寻常的力量，充塞于诸神、人类和万物之中。"在罗马人的概念里，每一件物体和每一种现象都有自己的灵魂、自己的神。每一条河、森林、十字路口、门、绳索、每一座房屋的门坎都有自己的神。每一个人也都有自己的本命神、保护神，每家也都有自己的维斯塔、即女灶神。随便一个过程的每一个时机也有自己的神。"② 罗马人认为，人与神之间的关系就是由努玛相互传递在众多的神灵中。比如，灶神，维斯塔（Vesta）非常典型地体现了在罗马原始宗教中人和神的相互依存关系。维斯塔是家庭的守护神，"每家每户都有一个祭坛，整个家庭围绕在祭坛的四周。每天清晨，整个家庭齐聚与于此，向圣火献上一天中最初的祈祷，傍晚时再最后一次向圣火祷告。""每座房屋的主人都有保持坛火日夜燃烧、永不熄灭的神圣义务。……只有在整个家庭灭绝之时，坛火才会熄灭。"③ 在罗马人的宗教观念里，虽然每个神都有着充沛的努玛，但诸神所具有的努玛的多少是不同的，这决定了其神力大小和地位高低。据此，罗马人在众多的神灵中选择了朱庇特（Jupiter）、马尔斯（Mars）和奎里努斯（Quirinus）作为他们信奉的三个主神。当然，这也是罗马人与当地部落关系的现实使然。

根据传说，罗马建城之初，罗慕洛斯为得到萨宾女人而与当时意大利半岛上的土著萨宾人（Sabine）开战。最后两个民族讲和，共建祭祀体系，就形成了最早的罗马"三联神"：朱庇特—马尔斯—奎里努斯。其中，朱庇特是天帝，代表宗教、政治、法律的社会功能；马尔斯是罗马人的部落神和战神，代表军事功能；而奎里努斯则是萨宾人的部落神，代表经济和物产丰饶的功能。天神朱庇特与马尔斯、奎里努斯共治的三联神宗教形式反映了当时罗马人与萨宾人的部落联盟

---

① ［美］约翰·B. 诺斯，戴维·S. 诺斯：《人类的宗教》，江熙泰等译，四川人民出版社2005年版，第77页。

② ［苏］科瓦略夫：《古代罗马史》，王以铸译，生活·读书·新知三联书店1957年版，第222页。

③ ［法］菲斯泰尔·德·古朗士：《古代城市——希腊罗马宗教、法律及制度研究》，吴晓群译，上海世纪出版集团2006年版，第67、50页。

关系，揭示了当时罗马社会分化为三种阶层的理想模式，"这三种阶层就是祭司、武士和牧民/农民。"① 到了王政后期，伊特鲁利亚人（Etrusco 或 Etruscans）统治下的罗马由原始部落社会向共和国家过渡，朱庇特—马尔斯—奎里努斯三联神被新的朱庇特—朱诺（Juno）—密涅瓦（Minerva）三联神所取代。朱庇特仍然是天帝，所代表的主要功能没变且有所扩展，具有了战神的功能，但对他的祭祀却发生了很大变化。在新的祭拜仪式中，在战争中凯旋的将军成了朱庇特的化身，头戴桂冠，身佩象征朱庇特的饰物，驾着战车前进，接受众人的欢呼和崇拜。朱诺是天后，朱庇特之妻，是女性、婚姻和母性之神，主要职责是掌管妇女生活，但与神圣王权、军事力量和丰产都有关系。密涅瓦是通过伊特鲁利亚人进入罗马人的生活，被称作月亮女神和智慧女神，是艺术家和手工业者的守护神。新三联神是伊特鲁利亚人为适应已经变化了的世界和生活而创造的，而"伊特鲁利亚文化，特别是伊特鲁利亚宗教很早就吸收了意大利和希腊的成分。"② 虽然这在当时是由于罗马人向外不断进行扩张的情势所造成的，但事实上也开始了罗马人的传统宗教与被征服地区其他民族的宗教相互碰撞、相互融合的历史。伊特鲁利亚人早在王政时期就受到了希腊文化的影响，把希腊神话中的宙斯、赫拉、雅典娜等神祇作为摹本来描绘和雕塑罗马诸神，特别是在艺术中两者被大量混同。天帝朱庇特摇身一变成了希腊众神之王宙斯的模样，卷曲的头发、浓密的胡须。朱诺本非天后，只是一位在伊特鲁里亚人中广为传颂的女性神和养育神，现在因与希腊天后赫拉相等同，于是成为天帝朱庇特的妻子。密涅瓦最初并非朱庇特的女儿，也不是智慧女神，现在经过艺术加工之后就与雅典娜相雷同。

到了罗马共和时期，罗马宗教的希腊化进程被进一步大大加快了。古希腊的阿波罗神在公元前431年就被罗马接纳，起因是当时罗

---

① ［美］米尔恰·伊利亚德：《宗教思想史》，晏可佳、吴晓群译，上海社会科学出版社2004年版，第536页。

② ［美］伊利亚德：《宗教思想史》，第548页。

上篇　生活方式的选择：普罗提诺及其世界

马城暴发大规模疫情，罗马人就把阿波罗当作"医药之神"引了进来，后来逐渐也被当作了罗马人的太阳神、光明之神、预言之神和艺术之神。古希腊的农神德墨忒耳则是在公元前5世纪末的一次大饥荒中被罗马人引进的，后来逐渐和当地的克瑞斯神（Ceres）合为一体，并于公元前493年建庙供奉。可以说"在希腊宗教的影响之下，罗马和希腊万神殿里的神都等同了起来。罗马宗教在这里逐渐失去自己起初的性质。他们获得了人性，有了个人的特性并获得了神话上的修饰。"① 希腊的海神波塞冬（Poseidon）被等同于罗马的尼普顿（Neptune），灶神赫斯提亚（Hestia）被等同于罗马的维斯塔（Vesta），火神赫淮斯托斯（Hephaestus）被等同于罗马的伍尔坎（Vulcan），狩猎女神阿尔忒弥斯（Artemis）被等同为罗马的狄安娜（Diana），商业之神赫尔墨斯（Hermes）改名为罗马的墨丘利（Mercury），美神阿弗洛狄忒（Aphrodite）改名维纳斯（Venus）。于是，以希腊的奥林帕斯十二主神的神谱为蓝本，罗马人仿建起了自己的十二主神。根据公元前2世纪的罗马诗人昆图斯·恩尼乌斯（Quintus Ennius）的记载，罗马的十二个主神是朱庇特、朱诺、维斯塔、密涅瓦、克瑞斯、狄安娜、尼普顿、维纳斯、马尔斯、墨丘利、伍尔坎、阿波罗。他们成为罗马国家宗教的主要祭祀对象。② 公元前217年，罗马在与迦太基统帅汉尼拔（Hannibal，247 BC—183BC）之战中吃了败仗。为了获得神灵的庇佑以保证获得胜利，罗马城举办了一次盛大的祭神仪式，并列供奉了十二主神的雕像。诸神之间的等级和相互关系完全依照希腊神谱中奥林帕斯十二主神来决定和安排。就此而言，这次事件是罗马宗教完成希腊化的标志，因为希腊宗教浇铸了罗马宗教的特质，罗马诸神的传说也由希腊神话的故事谱就。公元前1世纪的罗马诗人维吉尔（Virgil，70BC—19BC）模仿《荷马史诗》写作了《埃涅阿斯记》，将罗马人的始祖埃涅阿斯（Aineias）追溯为希腊的特洛伊英

---

① ［苏］科瓦略夫：《古代罗马史》，第227页。
② 参见［苏］谢·亚·托卡列夫《世界各民族历史上的宗教》，魏庆征译，中国社会科学出版社1985年版，第483页。

雄，使罗马的神话与罗马的历史有机结合；而另一位罗马诗人奥维德（Ovid，43BC—17BC）则做了与赫西奥德相类似的工作，通过模仿古希腊神话，把罗马的民间神话故事汇编为《变形记》，成为罗马人的"神谱"。这样，希腊人的神祇成了罗马人信奉的神灵，而罗马宗教实际上也就成了希腊—罗马的一体化宗教。

　　随着罗马从共和制向元首制的转变，帝国时期的罗马宗教本身发生了重要变化，帝王崇拜与官方祭仪日盛。帝王崇拜早在苏拉独裁执政的时候就已经开始了，当时的他被看作是"神之骄子"。凯撒独裁后，罗马人为他举行了封神仪式，他声称自己所属的尤里乌斯家族是维纳斯女神和埃涅阿斯的后裔。人们对维纳斯的崇拜就是对皇帝本人的敬拜，并且上升为爱国精神的表现，是每个罗马公民应该履行的义务。屋大维成为罗马事实上的王者后，接受了"奥古斯都"的名号，全国各地都供奉有他的雕像。他的塑像，在宗教活动和仪式中被当作神而接受人们的祭拜；他的生日，在帝国是所有罗马人的节日；他的名字，被贺拉斯等诗人写入赞美诗而与诸神一起被传颂；他进入罗马城的伟大日子，更是帝国最为神圣的日子，年年都要举行祭仪；他的健康，每隔5年都有罗马人进行大规模的祈福。他死后被封为神，与诸神同列。[①] 在他之后，帝王崇拜被历代皇帝所仿效，并被元老院和罗马人所认可。"任何一位生前死后没有被视为暴君的皇帝，崩殂后会被元老院正式公告跻身神明之列，这已成为惯例。"[②] 像克劳狄乌斯（Claudius，41—54年在位）、维斯帕西安（Vespasianus，又译为韦帕芗，69—79年在位），以及提图斯（Titus，79—81年在位）等皇帝就是如此。疯狂的盖乌斯·卡里古拉（Gaius Caligola，37—43年在位）虽然死后没有被神化，但他在活着时就自称朱庇特，要求人们像拜神一样拜自己，下诏以自己的头像取代神像之首。尼禄（Nero，

[①] See S. A. Cook, F. E. Adcock, M. P. Charlesworth, eds., *The Cambridge Ancient History*, Vol. X: *The Augustan Empire*, 44 B.C.—A.D. 70, London: Cambridge University Press, 1934, Repeinted, 1979, pp. 482–483.

[②] ［英］吉本：《罗马帝国衰亡史》（第Ⅰ卷），第58页。

上篇　生活方式的选择：普罗提诺及其世界

54—68 年在位）在自己的"金屋"前立了一座高达 120 米、具有他本人特征的太阳神像。① 当帝国的皇位继承制在公元 2 世纪被正式确立下来之后，那些有作为的皇帝就都被神化了。到了公元 2 世纪后期，帝王崇拜就成了帝国官方宗教崇拜的核心。对此，罗斯托夫采夫评论说，"奥古斯都氏王朝所有皇帝都迫切地感到需要巩固他们的权力，需要在单纯的法律基础以外替他们的权力找寻更多的基础。……奥古斯都的继承者们，特别是卡里古拉和尼禄一再努力倡导对皇帝的宗教崇拜并使之成为一种国家制度，其道理就在于此。……这些办法的目的正是要把帝国国民的宗教感情同在世的皇帝本身联系起来。"②于是，帝王崇拜和祭仪在罗马帝国迅速地升温和大大地发展起来。皇帝是万能的创世主在人间的代表，其形象越来越多地通过一位宇宙性的太阳神的观念来表达。罗马皇帝卡勒卡拉（Caracalla，211—217 年在位）被尊称为"世界之主"和"萨拉比斯的情人"。③ 帝王崇拜和帝国祭仪不仅成了罗马国教的主要部分，而且是一种国家制度。帝国疆域内的所有人，不管你是帝国的公民还是非公民都必须遵奉和崇拜，一旦对它有任何的不恭和亵渎都会被视为是对帝国的不忠和对社会的威胁。

在罗马帝国建立之初，"官方的祭仪还在敬拜古代的神祇，丘庇特（Jupiter）、朱诺（Juno）、密涅瓦（Minerva）"④ 等。但经过古典时期哲学的启蒙、文学的嘲讽，到了普罗提诺生活的时代，传统的希腊罗马宗教在知识阶层中成为被讥笑的谈资。虽然城邦保护神的观念还在大众心里以及官方奉行的宗教祭仪之中残留，但对传统神灵观念怀疑的加深，促使传统宗教走向了衰微，时代呼唤一种新的生活方式。与此同时，皇帝们翻手为云、覆手为雨，操弄民意，扭曲和滥用宗教功能，帝国传统宗教的神祇越来越刻板、冷漠和无情，而官方的

---

① See *The Cambridge Ancient History*, Vol. X, p. 497.
② [美] 罗斯托夫采夫：《罗马帝国社会经济史》（上卷），第 121—122 页。
③ 王晓朝：《罗马帝国文化转型论》，东方出版社 1997 年版，第 102 页。
④ 王晓朝：《基督教与帝国文化》，东方出版社 1997 年版，第 7 页。

祭仪也越来越形式化、肤浅化，这些都使得罗马人对官方宗教及其祭仪越来越疑虑、淡然和失望了。然而，社会的动荡不宁、现实的苦难不幸、生活的窘迫无着，仍然需要有某种东西为看不到希望的人们提供某种精神上的安慰。于是，在当时的罗马世界，上层贵族和知识分子更多地转向了致力于治疗灵魂的伊壁鸠鲁派、斯多亚派和皮浪主义等伦理哲学以期找到生命的意义和归宿，而下层平民则更倾向于向来自东方的各种神秘主义宗教寻求安慰和解脱。

第三节 东方的神秘主义宗教

从共和国的晚期开始，罗马人对宗教的心理需求在增加，但传统宗教却不能满足。而异域的宗教，尤其是来自东方的各种神秘主义宗教，却通过某种神秘的仪式和说教有效地激起了人们庄严而恐怖的想象力、宗教性的情感和道德净化后的神秘体验，从而很好地迎合人们的这一需求，迅速填补了罗马传统宗教衰微留下的空白。随着罗马疆域的不断扩大，小亚细亚的大母神崇拜、埃及的伊西斯崇拜、各种波斯古教等都被带到了罗马。这些东方的神秘宗教虽然大异其趣于罗马宗教，但"每种崇拜都在某种程度上提供了宗教体验和不死的希望，这是国家宗教所无力唤起和保持的"[①]，因而在横跨欧亚非三洲的庞大帝国，包括帝国的首都罗马，它们大行其道，以各自不同的演变方式和轨迹与异质的本土宗教分化融合，勾画着罗马世界的宗教图景和宗教生活。

一 小亚细亚的大母神崇拜

"神秘主义崇拜来自东方，它能使人的感情获得更大的满足。最早的神秘主义崇拜是对大母神（Magna Mater），即库柏勒（Cybele）

---

① ［美］约翰·B. 诺斯，戴维·S. 诺斯：《人类的宗教》，第86页。

的崇拜。"① 库柏勒相当于古希腊神话中的大地之母盖娅（Gaia），在小亚细亚的神话传说中，她是众神之母，又孕育和生产万物，能使自然万物死而复生并赐予丰收。库柏勒爱上了阿提斯（Attis），但是当阿提斯不再爱她而和一个凡人女子结婚时，她大闹婚礼，并使所有在场的人发疯。发狂的阿提斯在一棵松树下自阉而死，三天后复活。女神非常后悔自己的善妒，悲伤失去的情人，于是便有了阿提斯哀悼节或大母神节。这个节日在每年的3月15日到28日进行，模仿阿提斯的受难与复活，先是悲伤与哀悼，然后是欢笑与狂欢。其间要举行库柏勒和阿提斯秘仪，一个血腥的救赎仪式："库柏勒的加鲁斯祭司（Gallio）和新入教者跳起狂野的舞蹈，沉醉于笛子、铙钹和手鼓的音乐里，鞭笞自己直到流出血来，用刀割他们的手臂；当狂热达到最高潮时，一些新入教者就割下他们的生殖器，作为供品献给女神"，从而获得关于"不死的生命"的承诺。② 许多人为了今生与来世去寻求女神的帮助，因而对库柏勒的崇拜在小亚细亚十分盛行。

在罗马与迦太基之间的第二次布匿战争期间，元老院在公元前205年宣告西比拉预言书（Sibylline Books）启示，只要能将大母神接到罗马，汉尼拔就会离开意大利。③ 于是，罗马派出使团，到叙利亚的弗里吉亚（Phrygia）取回了一块从天上掉下来的神圣巨石，而库柏勒就住在这块石头里。巧合的是，汉尼拔果然在同一年离开了意大利。自此，对大母神库柏勒的崇拜便在罗马开始了。当罗马的统治者对大母神有了更加深入的了解之后，他们甚为反感那种血腥的阉割仪式和邪性的祭司，于是以法律禁止罗马公民充当大母神的祭司，因为这通常意味着要被阉割。但"阿提斯和库柏勒崇拜使人们有可能重新发现性、肉体的折磨和流血的宗教价值。门徒的忘我状态能使自己从

---

① ［美］约翰·B.诺斯，戴维·S.诺斯：《人类的宗教》，第86页。
② 参见［美］伊利亚德《宗教思想史》，第669页。
③ ［美］威尔·杜兰：《世界文明史·凯撒与基督》，东方出版社1999年版，第74页。

规范和习俗的权威之下解脱出来,在某种意义下,那就是自由的发现。"① 这些在罗马的传统宗教中都难以觅得,因而对于当时的罗马人来说,无疑非常具有吸引力,因为他们正迫切地需要某种个人的宗教经验以摆脱外在的束缚、现实的苦难和生活中的种种不幸。

在库柏勒之后,发源于色雷斯的酒神巴库斯(Bacchus)神秘宗教,也就是我们上文说到的狄奥尼索斯教也传入了罗马,并且很快在整个意大利半岛刮起了酒神神秘祭仪的风潮。但是元老院却憎恨酒神节的狂欢醉饮,尤其是在听说酒神秘仪有饮酒性交的狂欢时,便在公元186年通过了一条禁止这种崇拜仪式的法令,逮捕了7000名信徒,处死了数百人。② 但是后来它又死灰复燃,并且在帝国持续地存在了下去。

二 埃及的伊西斯神秘教

埃及的宗教传统源远流长,自从屋大维征服埃及之后,埃及宗教便在帝国官方支持下成为罗马世界宗教图景中的重要一员。其中,埃及的伊西斯神秘教对渴望新宗教的罗马人产生了极其重要的影响。

伊西斯神秘教源于古埃及的伊西斯神话和传说,因而主要崇拜的是伊西斯女神。伊西斯(Isis)是埃及古代神话中的大神奥西里斯(Osiris)的妹妹和妻子。奥西里斯是远古时代一位贤明的国王,却被弟弟塞特(Set)谋杀,后又复活而成为冥界之王。作为冥王的奥西里斯经常以萨拉比斯神(Sarapis)的名义出现,因而后来伊西斯也常常作为萨拉比斯的妻子出现。萨拉比斯神是埃及人的阿比斯神牛(Apis Bull)、奥西里斯和希腊的宙斯之混合而成的合成神,并因奥西里斯和伊西斯崇拜的流行而大获成功,最终作为拯救神③而被埃及人和希腊人普遍接受。后来,萨拉比斯的崇拜传入罗马也曾盛行一时,但远不及对伊西斯的崇拜那么热烈和持久。伊西斯崇拜的盛行在很大程

---

① [美]伊利亚德:《宗教思想史》,第671页。
② [美]威尔·杜兰:《世界文明史·凯撒与基督》,第75页。
③ 萨拉比斯的"来世得救"源自奥西里斯的死而复活和对冥王的崇拜。

度上得益于伊西斯的角色与职能。在古代埃及,伊西斯本身就是生命、魔法、婚姻和生育女神,但她的重要地位也离不开她与古埃及众神的角色关系:冥界之主奥西里斯是她的丈夫和兄弟,乱世之主塞特是她的兄弟和追求者,现世之主荷鲁斯(Horus)是她和奥西里斯的遗腹子,长大成人后,打败赛特而执掌王权。在另一套神话体系中,她还是太阳神拉(Re)的女儿和帝位继承者。当然,伊西斯之所以普遍受到欢迎,更重要的在于她的职能和人性魅力。她既是慈爱的母亲、忠诚的妻子,又是法力无边的拯救者;她既是低贱的奴隶、犯法的罪人、普通的平民以及一切受压迫者的朋友,同时又能倾听有钱的富人、无辜的少女、高傲的贵族和威严的统治者的祷告。因而,无论是在彼岸的宗教世界还是此岸的世俗世界,伊西斯都具有尊崇的地位,是高高在上的。特别是伴随古埃及社会的进化和文明的发展,伊西斯不断把埃及诸多女神以及某些男神的职司与特点集于一身,渐渐成了最受民众膜拜的无所不能的大神。在克里奥帕特拉七世(Cleopatra Ⅶ,69BC—30BC)和托勒密十四世(Ptolemy ⅩⅣ,60BC—44BC)共治时期,伊西斯超越奥西里斯和萨拉比斯,几乎成为唯一的主神,是埃及众神中被推崇时间最长的神之一。

伊西斯崇拜在希腊化罗马时代达到了最高潮,伊西斯则在经过希腊主义化后演变为"地中海沿岸各国的最高女神,最后则成为基督教圣母玛利亚的原型"。[①] 公元前4世纪时,伊西斯崇拜传入希腊。伊西斯被等同于希腊神话中的德墨忒尔女神,在俄耳甫斯秘仪中被赞美和祈求;同时她又被看作是神秘的自然之象征,在她的长袍下掩藏着自然的奥秘,只有那些信教者(入会者)才可能通过秘仪得见一些真容。在公元前3世纪,伊西斯崇拜传到了西西里岛。公元前2世纪伊西斯崇拜传到了亚平宁半岛。当公元前1世纪托勒密王朝被奥古斯都征服之后,伊西斯崇拜盛行,遍及罗马帝国的各个角落。"她的圣像曾经在多瑙河、莱茵河和塞纳河各流域等地有所发现。在伦敦,曾

---

① 范明生:《晚期希腊哲学和基督教神学》,上海人民出版社1993年版,第48页。

第三章 兼容并蓄的宗教世界

经出土一座伊西斯神庙。"① 在庞贝城，发现了这座城市在毁灭之前16年修复的一座神庙，被考古学家看作是属于伊西斯的②。在叙利亚的安提卡，出土了一幅马赛克镶嵌画，上面有当时伊西斯崇拜仪式的场景，说明当时伊西斯崇拜在这一地区也很盛行。这种盛行也表现为对古埃及神秘宗教和伊西斯的崇拜仪式，不仅流行于僧侣祭司和普通民众阶层。比如，波菲利就记载说有个到罗马的埃及祭司特意选择伊西斯神庙为普罗提诺举行招灵仪式却失败了，阿美琉斯也喜欢参观神庙和参加诸神的节日活动，有次还邀请普罗提诺却被拒绝了。（生平，10章）而且帝国的皇帝有些也非常崇拜伊西斯，甚而把自己对女神的崇拜变成国家意志。比如皇帝卡里古拉把伊西斯神秘教定为罗马的正式宗教，批准为伊西斯建立神庙，举行隆重的祭拜庆典。皇帝奥托（Otho，69年在位）"经常穿祭神的亚麻服，公开参加伊西斯女神的仪式。"③ 另外，在罗马时期的一些作品中也描述与记录了伊西斯教。比如，罗马著名史学家普鲁塔克（Plutarch，46—120年）不仅在他的史学著作里给我们留下了关于伊西斯崇拜的种种情形，而且还专门写有《伊西斯与俄赛里斯》，④ 这是流传下来的关于埃及古老的宗教礼仪的主要文献，描写了奥西里斯的生与死以及死而复生的故事。再如柏拉图主义的哲学家、作家阿普列乌斯（Apuleius，124—170年）本人就是伊西斯神秘教的忠实信徒，在其名著《金驴记》（又译为《变形记》）中以第一人称的手法描述了一个贵族青年因为自己的贪欲变成了一头驴子，从而以旁观者的身份观察人世之种种，最终在伊西斯神力的帮助下重新变回人形的故事。这本书的"第2卷被公认为是所

---

① ［美］威尔·杜兰：《世界文明史·凯撒与基督》，第388页。
② ［瑞士］雅各布·布克哈特：《君士坦丁大帝时代》，宋立宏、熊莹、卢彦名译，上海三联书店2006年版，第128—129页。
③ ［古罗马］苏维托尼乌斯：《罗马十二帝王传》，张竹明等译，商务印书馆1995年版，第287页。
④ 俄赛里斯是奥西里斯的另一种译法。这部著作在国内有翻译。［古希腊］普鲁塔克：《论埃及神学与哲学：伊西斯与俄赛里斯》，段映红译，华夏出版社2009年版。

有古代关于秘仪的最有价值的文献。"①

当然,伊西斯崇拜在罗马世界的传播并不是一帆风顺的。伊西斯秘仪以及其他神秘宗教很容易被罗马元老院和某些皇帝当作让人厌恶和猥琐的迷信活动而加以禁止。比如,奥古斯都因政敌安东尼和埃及艳后克利奥帕特拉的关系,就非常厌恶向任何埃及女神献祭敬拜;皇帝提比略取消了外来祭仪,尤其是埃及和犹太的祭仪。萨拉比斯神庙和伊西斯神庙都曾经被毁坏过,它们的祭司也都曾遭受过处罚,它们的信徒也曾被驱逐出罗马和意大利。"但是盲目信仰的狂热却战胜了软弱无力的宗教政策。被放逐的人回来了,信徒的数目成倍增长了,重新修复的庙宇比原来的更为堂皇,萨拉比斯和伊西斯终于在罗马神祇中占据了一席之地"。②特别是到了公元2世纪之后,由于帝王和上层奴隶主阶级的更多参与,伊西斯祭仪变得愈加的正式和庄严。皇帝哈德良在位时期(117—138年),许多埃及的艺术形式通过宗教而被大量引入罗马,其中与伊西斯相关的圣物是最受欢迎的。"伊西斯和俄赛里斯,正是由于秘仪的神学家的最新解释,以及新柏拉图主义哲学家的重新评价,在此后的几个世纪里,一直被认为是忠实地、最深刻地表现了埃及的宗教文化"。③

三 波斯古教

在《普罗提诺生平》中,波菲利说当时的一些宗派主义者④伪造琐罗亚斯德的书,以使人们相信"他们选择信奉的教义就是古代琐罗亚斯德的教义。"(生平,16章)琐罗亚斯德教是古代波斯的宗教,由它衍生出了密特拉教和摩尼教,它们都在罗马与波斯帝国间断性的连年战争中相继传入罗马。尤其是密特拉神秘宗教在帝国非常流行,

---

① [美]伊利亚德:《宗教思想史》,第673页。
② 王晓朝:《罗马帝国文化转型论》,第104页。
③ [美]伊利亚德:《宗教思想史》,第675页。
④ 这些宗派主义者实际上是一些诺斯替教徒。这一方面表明诺斯替教与琐罗亚斯德教之间有着密切的关系,同时也说明波斯古教在当时的罗马世界相当流行。普罗提诺对诺斯替派进行了专门而系统的批判。我们将在下文展开论述。

在其发展到顶峰的公元 3 世纪，罗马帝国从皇帝、贵族到军人、奴隶，几乎都是它的信徒。而摩尼教甫入帝国，就成了基督教的对手，其影响一直延续到中世纪。

1. 琐罗亚斯德教

琐罗亚斯德教（Zoroastrianism，又称祆教，拜火教）是以其创始人琐罗亚斯德（Zoroaster，628BC—551BC，又译苏鲁支、查拉图斯特拉）命名，奉《阿维斯塔》（Avesta）[①]为圣典，坚信只有光明之主阿胡拉·马兹达（Ahura Mazda）[②]是唯一值得崇拜的真神。祆教与我们前面提到的大母神崇拜、伊西斯崇拜不一样，它反对多神崇拜，有自己明确的作为历史人物的创教者，是一种救世的启示宗教。"祆教教义的出发点就是全能、神圣和至善的阿胡拉·马兹达的启示。"[③]

阿胡拉·马兹达是至高无上的神，是许多神祇（如正义之神、善良之神、虔诚之神、健康之神、国王与权力之神等）的父亲，并被他们护卫，同时也是善灵斯潘塔·曼纽（Spenta Mainyu）和恶灵阿赫里曼·曼纽（Angra Mainyu）这对孪生精灵的父亲。根据《伽泰》记载，太初之时，斯潘塔选择了善、光明与生命，而阿赫里曼选择了恶、黑暗与死亡。这样，世界就被一分为二：一方是善和光明之神，以阿胡拉·马兹达为首，代表正义的力量；另一方则是恶和黑暗之神，以阿赫里曼为首，代表邪恶的力量。这两种对立的力量处于不停的战斗之中，直至光明战胜黑暗、善战胜恶。马兹达的信徒必将在世界末日享有胜利的荣光、升入天国，而阿赫里曼的徒众必然坠入地狱。

从严格的意义上来说，基于琐罗亚斯德的教诲，"祆教可说就是

---

① 波斯古经，琐罗亚斯德教的圣典，是由祆教教徒汇集琐罗亚斯德的教训、祷文，只是遗憾的是全经的3/4已经遗失，所幸据说是琐罗亚斯德本人所做的《伽泰》（Gathas）得以保留。

② Ahura Mazda，也译作阿胡拉马自达（Ahuramazda）、奥尔马自达（Ohrmazd）、奥尔马自德（Ohrmazd）、阿沃马自德（Hourmazd）、豪尔马自德（Hormazd）、胡尔穆滋（Hurmuz）等。

③ ［美］伊利亚德：《宗教思想史》，第 267 页。

上篇　生活方式的选择：普罗提诺及其世界

一神教，或者说非常接近一神教。它和以一神教著称的基督教可说并无二致。"① 因为作为最高神的马兹达并没有一个与之对立的神，善与恶、光明与黑暗、神圣的善灵和毁灭的恶灵，都源自马兹达，他们只是出于各自的本性做出了正义与邪恶的不同选择。就此而言，最高神是超越于所有的对立之上的，不应为恶的出现负责，当然也不用为尘世的恶负责，因为那也是人自由选择的结果。但是光明之神与邪恶之神、马兹达的信徒与阿赫里曼的信徒之间的紧张关系却很快使一神教走向了多神教，一元论发展成了二元论，并极大影响了之后产生的密特拉教和摩尼教。

琐罗亚斯德教起源于公元前2000多年前的印度和波斯的雅利安人共同信仰的多神教，兴起至迟不晚于公元前6世纪。② 大流士一世（Darius I，550BC—485BC）时被定为国教，兴盛约200多年时间，其影响遍及地中海沿岸，甚而远至印度。但在公元前4世纪，亚历山大大帝征服波斯之后，琐罗亚斯德教遭受沉重打击，其势头被密特拉教取代。琐罗亚斯德教在3世纪萨珊王朝时有所复兴，7世纪穆斯林征服伊朗，祆教教徒被迫改信伊斯兰教，从此一蹶不振。

2. 密特拉教

在希腊化时期，琐罗亚斯德教逐渐被其派生的密特拉教取代。密特拉教（Mithraism）是一个以奉祀密特拉神（Mithra）为中心的神秘主义宗教。人们对密特拉的崇拜很早就有了。密特拉神源于古印度—波斯的密多罗神（Mitra）。在印度圣书《吠陀经》中，他经常以密多罗的形式出现，古印度教的伐楼那（Varuna）是他的变体，是"代表

---

① ［美］威尔·杜兰：《世界文明史·文明的建立》，东方出版社1998年版，第252页。

② 关于琐罗亚斯德教的产生时间，学界有争议。有人主张在公元前2000年前后，有人主张在公元前1000—前600年，不一而足。但最迟不会晚于公元前6世纪，因为史料明确记载在公元前522年，大流士一世独尊阿胡拉·马兹达，立祆教为国教。具体的争议情况可参看伊利亚德《宗教思想史》第259页，以及威尔·杜兰《世界文明史·文明的建立》第250页。

第三章　兼容并蓄的宗教世界

守信和忠诚并享有高度德性的神,但它最初或许是一位太阳神"。[①]在琐罗亚斯德教中,密特拉最初是阿胡拉·马兹达的儿子,一个小神,父亲大战阿赫里曼等群魔时的副手。但随着地位的提升,他越来越具有多义性,这在波斯古经《阿维斯塔》的颂诗《密特拉颂》(Mihr Yast)[②]里就表现了出来。据说,密特拉有千眼千耳、全视全听全能。他是契约之神,只要承诺崇拜他,他就可保信徒不会遭受毁约。他也是太阳神,与光有关,也就成了光明之神。他还被说成是战神,率领父亲的门徒打败众魔,对恶魔和不信神的人尤其暴烈而残忍。他也是世界的守护者,能确保土地和牲畜的繁衍兴旺。正是由于密拉特的神职广泛、与人们的生活密切相关,因而获得了波斯人的认同,在波斯人的心目中地位越来越高,最终取代了阿胡拉·马兹达成为了最受崇拜的大神。

由于古代文献材料非常少,我们不知道在《密特拉颂》中被崇拜的密特拉是如何转变成密特拉秘仪的,甚而也很难确定它的教义,学者主要是"从有图画的纪念碑去了解密特拉秘仪的神话和神学"。[③]在密特拉教中,密特拉与琐罗亚斯德教中的传说有所不同。密特拉不是阿胡拉·马兹达的儿子,而是从岩石中出生的,头戴着弗里吉亚人(Phrygian)的帽子,左手持着火炬,右手握着剑。马兹达创造了一头公牛,太阳神索尔(Sol)让乌鸦传令密特拉盗牛献祭。经过一番搏斗后,密特拉抓住了公牛,并骑在牛背上,把它带回到洞穴[④]并杀死,

---

[①] [美]约翰·B.诺斯,戴维·S.诺斯:《人类的宗教》,第106页。
[②] 《密特拉颂》是波斯古经《阿维斯塔》的第三卷《亚什特》(Yast)中专门纪念密特拉的长篇赞美诗,即第十篇"梅赫尔·亚什特",这里密特拉被称为梅赫尔(Mihr)。[伊朗]贾利尔·杜斯特哈赫选编:《阿维斯塔:琐罗亚斯德教圣书》,元文琪译,商务印书馆2005年版。
[③] [美]伊利亚德:《宗教思想史》,第696页。
[④] 这个洞穴就是密特拉教的神庙——太阳洞(Mithraeum)。不同的洞穴、塑像、祭坛、壁画及其摆放位置或有不同,但整个太阳洞的核心位置都是供奉在壁龛里的密特拉神屠牛图,当然也不能少了杀牛者密特拉的像。像前是祭坛,拱顶上画有布满星星的天空,因为在他们看来,洞穴即代表世界,故而大都绘有太阳、月亮、黄道十二宫和五大行星,以及风和四季的符号。这样,太阳洞实际就是"星人交感"的圣所,可以通过占星术来观测星语、卜知吉、凶、祸、福,在神秘的星人交感中获知神意。

◈ 上篇　生活方式的选择：普罗提诺及其世界

但从杀死的公牛中却产生了苍穹星月、植物动物等万事万物。最后密特拉与太阳神索尔①结盟，享用了牛宴之后，驾着马车升天，进入了光明世界。② 这就是著名的"密特拉屠牛创世神话"，在许多太阳洞的考古发现中都能看到反映其的图画，但学者对这个神话的解释以及由此而对密特拉教的教义和秘仪的解释各异，甚而性质相反。密特拉教的研究鼻祖、19世纪末的比利时学者弗兰兹·库蒙特（Franz Cumont）在他的两卷本巨著《密特拉秘仪的文本和纪念碑形象》③ 中，认为密特拉教是来自东方的宗教，是波斯太阳神崇拜的变体，并从密特拉神杀公牛以创世的神话中推导出密特拉教的整套教义体系。而美国学者大卫·乌兰瑟（David Ulansey）在《密特拉神秘教的起源——古代世界的宇宙论与拯救说》④ 中则认为，密特拉教是东方波斯文化和西方希腊罗马文化相结合而形成的新宗教，屠牛图中的密特拉神形象就是希腊英雄帕修斯（Perseus），密特拉神通过杀死金牛而向世人宣告自己重建了宇宙的秩序。但罗杰·贝克（Roger Beck）在《罗马帝国的密特拉宗教》⑤ 中却认为密特拉教就是西方旧时代"希腊—罗马"众神体系的延续，乌兰瑟等人太看重屠牛图，而完全忽视了古代的历史条件以及神庙建在山洞（以模仿世界）等史实。太阳洞是通过模拟宇宙并与罗马人迷信的星象相联系进行"星人感应"，从而感知神明意志以卜知天命祸福。此外，也有学者主张密特拉教是混合了

---

① 索尔本是罗马本土的太阳神，可能来自叙利亚，后来逐渐与希腊太阳神赫利俄斯（Helios）相混同，最终两个都完全被阿波罗取代。当密特拉教传入罗马帝国后，密特拉被罗马人当成太阳神来崇拜，对于2、3世纪太阳神崇拜在帝国的流行乃至成为官方祭仪起到了很大作用。

② 关于密特拉的这个神话传说，版本众多，不一而足。这里参照了曼弗雷德·克劳斯的《罗马人的密特拉崇拜》第8章和第9章，伊利亚德《宗教思想史》第696—698页，龚方震、晏可佳的《祆教史》第181页。

③ 这本书的结论部分在1902年单独出版。英译本见Franz Cumont, *The Mysteries of Mithra*, trans. Thomas J. McCormack, New York：Dover Publications, 1956。

④ David Ulansey, *The Origins of the Mithraic Mysteries——Cosmology and Salvation in the Ancient World*, Oxford：Oxford University Press, 1989.

⑤ Roger Beck, *The Religion of the Mithras Cult of the Roman Empire*, Oxford：Oxford University Press, 2006.

第三章　兼容并蓄的宗教世界

古代印度、波斯、希腊罗马多种宗教元素在内的集合体。如曼弗雷德·克劳斯（Manfred Clauss）在《罗马人的密特拉崇拜——密特拉神及其秘仪》①中认为密特拉教就是混合了自然崇拜、多神论、一神论的一个"大杂烩"。本文同意大多数学者的意见，密特拉宗教起源于古代波斯的密特拉崇拜，只是同时它又把那个时代在古印度、埃及、巴比伦等地流行的太阳神崇拜、膜拜仪式、占星术和末世论、救世思想等相混合，并成功地与希腊罗马宗教整合起来。这既导致了密特拉教具有了不同于祆教的教义和仪式，成为一种神秘主义气息浓厚的秘仪宗教，同时也是它能在罗马帝国迅速流行和发展起来的原因之一。

随着古代波斯与古希腊、罗马之间的此起彼伏的战争，以及东西方日益频繁的经贸往来和文化交流，密特拉教随之逐渐进入罗马人的宗教文化和精神生活，成为异域宗教在罗马帝国中影响最大的外来宗教之一。关于密特拉教首次传入罗马的确切文献史料是普鲁塔克的《希腊罗马名人传》。他在"庞培传"中说，公元前67年，庞培率军打败并俘虏了一批信奉密特拉秘仪的西里西亚海盗，把密特拉教传到了西方世界。②现在能够确定罗马帝国境内出现最早的密特拉教太阳庙是在公元90年，考古学家在今天距离德国法兰克福不远的赫登海姆（Heddernheim）境内发现了罗马第32军团的一个百夫长进行密特拉教祭祀遗迹。③密特拉教到达罗马城的时间一般被确定为图拉真皇帝（Trajan）在位的公元98—117年，现藏于大英博物馆的密特拉屠牛雕塑是由当时禁军首领利维安努斯（Livianius）的仆人奥西姆斯（Alcimus）所制作。④这就是说，最迟不超过117年，密特拉教已经传入帝国的首都罗马城。从2世纪中期开始，密特拉教在整个罗马帝

---

① Manfred Clauss, *The Roman Cult of Mithras ——The God and His Mysteries*, Edinburgh: Edinburgh University Press, 2000.

② 参见［古希腊］普鲁塔克《希腊罗马名人传》（第二卷），吉林出版集团有限公司2011年版，第1132页。

③ See Manfred Clauss 2000, p. 21.

④ M. J. Vermaseren, *Mithras, The Secret God*, London: Chatto & Windus Ltd 1963, p. 30.

◆◈◆ 上篇　生活方式的选择：普罗提诺及其世界

国迅速传播和扩张，在普罗提诺所生活的 3 世纪达到鼎盛。考古发现，密特拉教的太阳洞和献给密特拉神的纪念碑，"遍布罗马帝国，只有黑海、苏格兰山和撒哈拉沙漠才能挡住它。"① 可以说，密特拉教遍布"罗马帝国绝大部分，北至高卢，南抵西西里，此外还有莱茵河流域、多瑙河地区及法国、比利时、英国、地中海沿岸港口城市。信仰者主要是罗马军人，其他还有文官、商人"②，另外帝国的好些皇帝出于各种原因都支持密特拉教。如马可·奥勒留和他的儿子康茂德都是密特拉教的爱好者，甚而以祭祀太阳神的名义把个人对密特拉教的信奉与帝国的官方信仰相结合；戴克里先和当时其他奥古斯都出于政治原因在卡尔努图（Carnutum）设祭坛供奉"帝国的恩人"密特拉；而朱利安（Julian，361—363 年在位）等皇帝干脆就称自己是密特拉教的教徒。③ 皇帝都如此热衷，自然就会便宜那些或真诚或假意信奉密特拉教的政客，譬如一个密特拉教的最高级僧侣在康茂德皇帝时就是骑士阶层的祭司。④ 至于臣民，也把对不可战胜的（invictus⑤）密特拉的崇拜当作是对皇帝——"不可战胜的太阳神索尔、元首"（Sol Invictus Imperator）——的崇拜。密特拉教在罗马世界的好运和昌盛随着君士坦丁大帝（Constantine I，307—337 年在位）皈依基督教而在 4 世纪走向衰落。虽在朱利安皇帝统治时期有过回光返照，但不久"格拉提安（Gratian）在 382 年颁布的敕令结束了官方对于密特拉教的支持。与所有的救赎宗教和秘教集会一样，密特拉的秘密仪式也遭到禁止和迫害，从历史上消失了"。⑥

但无论如何，密特拉教在公元 3 世纪的盛行与显赫给人印象深刻，以至于恩斯特·勒南（Ernest Renan）心有余悸地说道，"如果基督教在成长过程中因致命的疾病而受阻，那么整个世界就都是密特拉

---

① Franz Cumont 1956，p. 43.
② 龚方震、晏可佳：《祆教史》，上海社会科学院出版社 1998 年版，第 179—180 页。
③ 参见［美］伊利亚德《宗教思想史》，第 701 页。
④ See Manfred Clauss 2000，p. 25.
⑤ 康茂德之后，新出现的对密特拉的形容词。
⑥ ［美］伊利亚德：《宗教思想史》，第 701 页。

教徒了。"① 对于我们的主人公普罗提诺及其新柏拉图主义的门徒波菲利等人而言，他们恐怕会更乐意一个密特拉教的世界而非基督教的世界。我们的哲学家普罗提诺对于密特拉教是不狂热的，但并不反对太阳神的祭仪；而他门下的弟子们对各种秘仪都有兴趣，波菲利尤其青睐于密特拉教。他在《论苄芙的洞穴》（On the Cave of the Nymphs）这篇文章中指出，密特拉教的原始神庙是一个拥有喷泉的天然洞穴，是琐罗亚斯德在波斯山脉中发现，并把它奉献给世界和万物的创造者密特拉；并解释说这个洞穴是世界的象征，与天体星座有着隐秘的感应关系；进而与柏拉图的洞穴喻联系起来，以说明灵魂只有借助光明之神密特拉的拯救，才能从黑暗的威胁中不断超越原本的星宿等级，②上升抵达无限永恒的境界。这在某种程度上揭示了密特拉教起源于琐罗亚斯德教，同时也证明了太阳洞与宇宙星象之间的关系。贝克就认为波菲利的这篇文章是"古代关于密特拉秘教的意旨以及实现其意旨的手段之唯一明确的记载和证据"。③ 此外，波菲利还熟悉我们现在所知不详的密特拉教的入会礼仪。波菲利在《论苄芙的洞穴》15节说，"狮子"阶层要往入教者手中倒上蜂蜜，舌头上也要抹上一些。在《论素食》4.6中他又分析说：在密特拉屠牛神话中，乌鸦是信使，将太阳神要求杀死公牛的命令带给了密拉特；而"新娘"等级的象征是一把火炬（婚姻的火炬）、一盏灯，象征指引参加入会者的新光。可见，波菲利对密特拉教是相当熟悉的，也深受其影响，甚而不惜借之与他们那个时代已经逐渐强大起来的基督教为敌。

---

① Ernest Renan, *Marc - Auréle et la fin du Monde Antique*, Paris: Calmann - Lévy, 1923, p. 579. 转引自 David Ulansey1989, p. 6。

② 依据古特曼的研究，进入太阳洞的七层台阶意味着密特拉教入会礼的七个等级，即乌鸦（corax）、新娘（nymphus）、武士（miles）、狮子（leo）、波斯人（Perses）、太阳密使（heliodromus）和长老（pater）。这七个等级都各有一颗行星来保护，水星保护乌鸦、金星保护新娘、火星保护武士、木星保护狮子、月亮保护波斯人、太阳保护太阳密使、土星保护长老。不仅如此，这七个等级也是信徒经过重重的修炼，在死之后，他们的灵魂按照各自的级别爬升到相应的星辰和神祇。参见伊利亚德《宗教思想史》，第698、699页。

③ Roger Beck2006, p. 17.

3. 摩尼教

除了密特拉教外，源于琐罗亚斯德教的还有另外一个著名的宗教——摩尼教。摩尼教（manichean）的创始人是波斯人摩尼（Mani, 216—277 年）①，他与普罗提诺是同时代人，天生体弱多病，约 4 岁时随父亲加入当地基督教诺斯替教派的一个支派，即浸礼教团（又称曼达派，Mandaeism），长达 20 年。在公元 240 年，受大明尊神的启示，创立了摩尼教（故也被称为"明教"或"明尊教"）。后因遭到以琐罗亚斯德教祭司为代表的传统势力的嫉恨和迫害，摩尼在 277 年被枭首剥皮，躯壳填草，悬于甘第沙普（即今天伊朗卡泽伦附近）的一座城门上，后世称之为"摩尼门"。② 摩尼教也被镇压，教徒惨遭迫害，几于断绝。然而，在摩尼"殉教之后不到十年或二十年，他的教义就传到了罗马帝国"，③ 后来更是传到了遥远的中国和世界各地。

严格来讲，摩尼教不是秘仪宗教，虽然它首先是某种神秘的知识，但他的创教者却致力于创造一种普世性宗教，人人皆可以入教，而不仅仅是向入会的信徒秘传教义。这有点类似于基督教，但摩尼教不能说是基督教的一个派别。虽然摩尼在一个充满基督教狂热的环境里生活了 20 年，深受基督教诺斯替派的影响，而且自称是"耶稣基督的使者"，④ 但是摩尼的宗教活动和思想的核心观念与基督教的神学、末世论以及仪式等方面却是对立的，而更多地来自波斯的琐罗亚斯德教。或者，更确切地说，"摩尼依据波斯人固有的宗教信仰，吸收祆教、基督教、诺斯替教派以及佛教的一些思想材料，创立了摩尼教。"⑤

---

① 关于摩尼的生平及其传教活动，说法不尽相同，现在学界通常多采用伊朗学者塔吉扎代（S. H. Taqizadeh）在《摩尼和摩尼教》中的说法。见元文琪《二元神论——古波斯宗教神话研究》，中国社会科学出版社 1997 年版，第 331 页。
② 参见林悟殊《古代摩尼教》，商务印书馆 1983 年版，第 11 页。
③ ［瑞士］布克哈特：《君士坦丁大帝时代》，第 150 页。
④ 龚方震、晏可佳：《祆教史》，第 198 页。
⑤ 林悟殊：《古代摩尼教》，第 7 页。

摩尼教是种二元论的宗教，其核心教义通常被归约为"二宗三际论"。其中，"二宗"是指世界的两个本原。摩尼教不承认有一个唯一的、至上的、绝对存在者，而主张世界有两种在本质上绝不相同的各自独立自在的本原，即光明和黑暗、善与恶，它们既相互对立又势均力敌。大明尊是光明、善和精神的代表，而黑暗魔王正相反，是撒旦、恶和物质的代名词。"三际"是指世界发展的三个时期，即初际（过去）、中际（现在）和后际（未来）。在太初之际，也就是"初际"，统治北方的大明尊和统治南方的黑暗魔王互相对峙，互不侵犯，井水不犯河水。中际时期，黑暗侵入光明之境，大明尊决意驱逐反击。在明暗相交、善恶相济的大混战中产生了世界和人类。到后际时期，光明最终战胜黑暗，公义的教会取得胜利并进行最后的审判：基督、被拣选的信徒以及所有善的化身都将上升到天国；而物质及其一切化身、恶魔、牺牲者、受诅咒者，将被封在"球体"里、投入大坑底、用石头封住；这个被恶污染的世界经大火焚烧和洁净，1468 年之后彻底毁灭。这次，光明与黑暗两个本原将彻底分离，一切就恢复到初际的那番光景，黑暗将永远被囚禁，再也没有机会入侵光明王国了。

摩尼教认为，不仅世界是由光明与黑暗、善与恶两个相反相成的本原所创造，我们人自己也是。人类的始祖亚当和夏娃就是由光明分子和黑暗物质混合而造，其中光明分子构成了人的灵魂、黑暗物质构成了囚禁光明分子的肉身。大明尊为了拯救人类的灵魂便派遣了很多使者降临人间。比如，派耶稣拯救亚当（人类），派佛陀去印度，派琐罗亚斯德到波斯，派柏拉图到希腊，而摩尼自己则是最后一位，其使命就是传播"二宗三际"的教义，使全人类的灵魂都得到拯救。从这种善恶二元论出发，摩尼教提倡不杀生、不吃肉、只吃（蕴含更多光明分子）蔬菜的禁欲主义，以便拯救出被囚禁在黑暗中的光明分子或者被诱陷在肉体中的灵魂。这既是上帝创造世界和解救自己的奥秘和荣耀，也是灵魂堕落与救赎的教诲和启示。

教诲与启示就是摩尼之道。在公元 3 世纪，尤其在 4 世纪，摩尼教传教士把摩尼之道传遍整个欧洲、北非和小亚细亚。奥古斯丁在成

上篇　生活方式的选择：普罗提诺及其世界

为基督徒之前，就曾是摩尼教的信徒。直到他读到了普罗提诺的著作以后，才抛弃了摩尼教。但是，由于摩尼教的唯我独尊、蔑视罗马的传统宗教又不肯与既有宗教和睦共处，更由于它被怀疑与帝国的诸多骚乱有关，因而在摩尼教甫一传入罗马帝国时便遭到官方的禁止。尤其是"戴克里先的措施堪称严厉：他下令焚烧摩尼教的领袖及其典籍，而其他参与者要么被处死，要么被发配去采矿（如果他们属于上等人或担任显要职位的话），并将财产充公"。① 经此一劫，更主要的是基督教的天下一统，摩尼教在 5 世纪大为衰退。但在 5 世纪中期摩尼教曾一度有所抬头，成为基督教最危险的敌人。到了 6 世纪之后，摩尼教在欧洲已经销声匿迹。但"'摩尼教倾向'始终是欧洲宗教精神的一个组成部分"，同时，"我们也不能忽视这一事实，那就是摩尼教被基督徒视为异端，它还受到猛烈的批评，这些批评不仅来自麻葛、犹太人、穆斯林，也来自像曼德教那样的诺斯替教以及哲学家——例如普罗提诺等"。② 摩尼教是基督教的敌人，敌人的敌人便是朋友。但我们的哲学家和他的新柏拉图学派似乎是个例外，他们把敌人和敌人的敌人都看成是自己的敌人，不仅批判基督教，尤其是诺斯替派，同时也毫不留情地批判摩尼教。

四　占星术、占卜、巫术与迷信

从希腊化以来，直到基督教兴起，罗马帝国民众的宗教需要主要是依靠各种神秘宗教来满足的。"那些渴望宗教的人，大多数接受了东方宗教，特别是那些具有救世性质，充满神秘主义，注重仪式的宗教。由于交通便利，特别是共和政体后期，大量奴隶从东方被送往罗马帝国西部地区，更促进了东方宗教的传播。在最初三个世纪，由于这些不属于基督教，且在某种程度上与之竞争的信仰的流传，当时的

---

① ［瑞士］布克哈特：《君士坦丁大帝时代》，第 151 页。
② ［英］伊利亚德：《宗教思想史》，第 750 页。

罗马帝国到处充满了浓厚的宗教气氛。"[1] 受这些来自东方的大母神崇拜、伊西斯崇拜、密特拉教等神秘宗教影响，到了普罗提诺所生活的三世纪，整个帝国弥漫着神秘主义的气息。与之相伴随的迷信色彩也越发严重了，占星术、巫术和各种祭仪宗教也在这个时代大行其道。

占星术（Astrology），也称为星占学。占星术士通过观测天象、日月星辰的运行和变化，对世间万物的产生、发展和变化进行解释和预测，以期预卜、改变人类自身的行为和命运。在古代各民族和地区，如巴比伦、埃及、印度、波斯、中国、希腊、阿拉伯等，占星术都很流行，只是人们通常认为最早的占星术产生于公元前3000年前后两河流域的古巴比伦，特别是迦勒底人的"迦勒底星占学"（Chaldaean astrology，又译为查尔丹星相学）最为有名，"以至于在西方语言中，'迦勒底人'成了'星占家'、'预言者'、'先知'的代名词"。[2] 公元前539年迦勒底星占学传到了波斯，亚历山大大帝东征时传入埃及和地中海沿岸各国，公元前280年前后由巴比伦僧侣柏罗索斯（Berossus）带到了希腊，从此就在希腊化国家中迅速传播开来。迦勒底占星术将人事及其命运与行星在黄道十二宫中所处的各种可能的位置联系起来，通过星象来预知人类生活的各个方面。罗马人把东方传来的占星术和本民族的神祇相联系。如，把水星等同于Mercury（墨丘利，商业神），金星等同于Venus（维纳斯，美神），火星等同于Mars（马尔斯，战神），木星等同于Jupiter（朱庇特，众神之主），土星等同于Saturn（萨图恩，农耕之神），等等。其目的在于"把著名的神的名字分配给各个行星，因此，诸行星就具有了与神同名的特性。例如，水星跟旅行、商业和盗窃发生了联系，金星跟爱情有联

---

[1] [美] 威利斯顿·沃尔克：《基督教会史》，孙善玲、段琦、朱代强译，中国社会科学出版社1991年版，第11页。

[2] 江晓原：《12宫与28宿——世界历史上的星占学》，辽宁教育出版社2004年版，第4页。

上篇 生活方式的选择：普罗提诺及其世界

系，火星跟战争有关系，木星与力量和'健爽'有联系。"① 这样，俗世尘务就与该神所对应的行星的运转相联系在一起，通过对星象的观察和推断就可以预知人类及其社会生活的方方面面，后来干脆认为一切都要受命运的支配，无论是人，还是星宿，抑或神莫不如此。到了公元4世纪，占星术，连同占卜、巫术等其他秘密技艺都被看作是迷信，一起受到皈依的皇帝和基督教会的全面禁止和迫害。但它仍然以各种名义留存着，直到哥白尼和牛顿的时代也没有完全消失。

与占星术相关联的是占卜（divination）。占卜流行于全世界各个时代的民族文化中，而且方法多种多样。占卜很大程度上依赖于神的灵感，或是通过直接与神的交通，或者通过类似于古希腊人所相信的那些德尔斐神庙的神谕，或是通过龟壳、岩石、泥土、风向、水流、动物内脏以及铜钱、竹签、纸牌等自然和人造物的观察，或是通过对诸如鸟儿的飞行、雷声、梦境、幻觉、彗星出现、日月食、星象、事故、暴卒等现象做出解释，以便即刻而直接地理解神灵力量的意图和倾向，从而推断出吉凶祸福，指点迷津，避厄向利，改变命运。罗马人对占卜并不陌生，在罗马建城时罗慕路斯兄弟就是通过老鹰来占卜罗马城的主人和名称。另外，伊特鲁里亚人很早就热衷于通过动物内脏来占卜，有专门的脏卜师。这些脏卜师在公元1世纪时差点消失无踪，但最终却留存下来，甚而在公元3世纪愈加流行和显赫。帝国负责占卜的祭司团体在从事解释梦境和从自然事件发现兆头之外，也特别热心解释羊肝中显示的兆头。因为他们认为，诸神的意志和意图都显示在羊肝表面的皱纹上和里面的有形特征上。后来随着时间推移，包括脏卜在内的各种占卜逐渐与其他迷信，尤其是占星术合流了。

在这个时代，与占星术、占卜同样流行的还有巫术（Witchcraft）。如果星象和占卜能决定人类的命运，那么使用和凭借某种特定手段应该也可以起到利用和控制自然、星宿和天体诸神的作用，如此就不用

---

① ［英］爱德华·泰勒：《原始文化》，连树声译，上海文艺出版社1992年版，第139页。

去祈求而是迫使神灵来改变人们的命运。巫术就是通过念诵一套咒语或履行一套动作或者二者兼而有之的仪式，使某种神秘的力量或精灵受制于或服从于人的意志，以满足某种目的。关于巫术，泰勒（E. B. Tylor）在他的《原始文化》、弗雷泽（J. G. Frazer）在他的《金枝》、马林诺夫斯基（Malinowski）在其《巫术、科学、宗教与神话》等著作中都有充分地论述和分析，限于篇幅，我们在这里就不再做过度地展开与论述。只是强调，巫术在人类历史发展的各个阶段和世界各个地区与民族那里，都广泛存在，在古希腊罗马也是。荷马在《奥德赛记》里就说到女巫喀耳刻（Circe）把奥德赛的同伴变成了猪。[①] 早在罗马王政时代，图鲁斯（Tullus，673BC—642BC 在位）试图通过念咒把朱庇特招到自己面前，却不知道确切的咒语而多番打搅众神之王，朱庇特不胜其烦，便用闪电将他劈死了。大约在公元前2世纪前后，巫术从亚述、巴比伦、小亚细亚、波斯、巴勒斯坦等地逐渐汇聚到了埃及，然后席卷了整个希腊化世界。古罗马的博物学家老普林尼（Plinius Secundus，23—79 年）在他的《博物志》第 28 卷和第 30 卷里对巫术、许多迷信与使人康复的治病疗法相结合做了大量的描述。此外，罗马人还相信巫术可以使田地着魔、控制天气、引发爱憎、把人变成动物以及造成其他的奇迹，等等。在希腊化后期，巫术的盛行与当时观念的变化有很大关系：当时的人们普遍认为，巫术与宗教虽然不可分，但它比传统的一般宗教更加迷人——宗教是人祈求于神灵，而巫术却可以让人强迫神灵满足人的愿望，屈从人的利益，更好地战胜命运的支配。其结果就是，巫术几乎发展成为一种宗教制度。[②]

当占星术、占卜、巫术与来自东方的神秘主义宗教齐聚希腊化罗马世界时，就进一步使神秘宗教不仅在普罗大众中有了大量的追

[①] ［古希腊］荷马：《荷马史诗·奥德赛》，王焕生译，人民文学出版社 2003 年版，第 10 卷第 135—545 行；第 12 卷第 8—164 行。

[②] W. W. Tarn, G. T. Griffith, *Hellenistic Civilisation*, Cleveland and New York: The World Publishing Company, 1964, p. 353.

随者，甚而在知识界也有了众多的信徒，以至于研究者感叹到，"把希腊主义和罗马时期称为神秘主义宗教的时代是再恰贴不过的了。"① 人们普遍相信祭仪宗教可以克服物质欲望、死亡和命运的威胁，并能提供使人分享神圣力量的途径。普罗提诺的弟子们，包括波菲利、杨布利科、普罗克洛等在内的新柏拉图主义者把糅合了迦勒底占星术和巫术的祭仪宗教发展成了通神术（theurgy），用以对抗基督教。但总体上，正如丹皮尔所言，"从公元前二世纪起，人们的宗教意识就深化了，到基督教兴起以前，他们的宗教需要大体是依靠种种祭仪宗教来满足的。"② 祭仪宗教直到罗马帝国晚期时依然兴旺流行，只是当基督教成为帝国唯一的统治性的宗教之后，它们才逐渐衰落了。

第四节 巴勒斯坦地区宗教

就历史的发展而言，在罗马帝国的宗教图景里，最耀眼、最重要、也是我们最熟悉的宗教莫过于产生在巴勒斯坦地区的基督教，以及它所从出的犹太教了。鉴于基督教在帝国宗教世界中的重要性以及与我们研究主题的相关性，我们以"巴勒斯坦地区宗教"为题，单列一节来讲犹太教、早期基督教以及诺斯替派——在普罗提诺生活的时代，基督教中最活跃的派别，也是被普罗提诺激烈抨击的宗教派别。

一 犹太教

我们已经看到，在罗马的宗教世界里，充斥着来自东方的神灵和宗教，它们最大的共性就是神秘主义。但"在这些东方宗教中，有一

---

① Helmut Koester, *Introduction to the New Testament*, Vol. 1, Berlin and New York, 1982, p. 202.
② ［英］丹皮尔：《科学史》（上），第80页。

个具有相当的广泛的吸引力，却没有神秘成分的宗教，这就是犹太教。"① 当然，这里所谓的犹太教没有神秘成分只是相对于上文提到的那些神秘主义宗教而言的。事实上，在犹太教的信仰、教义和礼仪中也有许多神秘主义的因素。我们在《圣经·旧约》中就可以看到所记载的诸如埃及十灾、过红海、二十块饼吃饱百人等种种"神迹"，也可以看到亚伯拉罕、摩西等希伯来先知们与"神"际会的诸多神秘体验。

犹太教（Yahaduth）是犹太人，也就是以色列人或希伯来人②的信仰与生活方式。"以色列人的宗教完全是《圣经》的宗教"，③《圣经·旧约》不仅记载了犹太教的圣史与上帝之道，也叙说了犹太民族的历史与生活。自希伯来人在亚伯拉罕的带领下由沙漠进入巴勒斯坦地区以来，在数千年的历史中，除了公元前11—10世纪扫罗、大卫和所罗门时代的王朝时期外，就没有摆脱过外族人的统治和奴役，曾先后受制于埃及人、非利士人、亚述人、巴比伦帝国、波斯帝国、马其顿帝国、埃及托勒密王朝、叙利亚塞琉西王朝以及罗马帝国的统

---

① ［美］沃尔克：《基督教会史》，第11页。
② 这三种称呼是对犹太人在不同历史时期的称谓。"希伯来人"（Hebrew），意思就是"渡过河而来的人"。当犹太人从两河流域迁徙到巴勒斯坦地区时，被当地人称作"哈比鲁人（Habiru）"，后转音为Hebrew，意为"从大河那边过来的人"。从公元前2000年直到公元前13世纪摩西带犹太人出埃及的这段时间，古犹太人便被称为"希伯来人"。"以色列人"（Israelite），其意思就是"与神摔跤的人"。根据《旧约》，犹太人的祖先雅各在异乡兴旺发达后，率妻儿返回故乡。途中忽然有一人来与他摔跤，雅各获胜。那人实为神的使者，他便向雅各祝福道："你的名字不要再叫雅各，要叫以色列，因为你与神与人角力都得了胜。"雅各后来生了12个儿子，形成了以色列人的12个支派。从此，希伯来人，也就是雅各的12个儿子以及他们的后代就被称为"以色列人"（Israelites）或"以色列的儿女"（Bene Israel）。（《圣经·创世纪》，32∶29）以色列人主要用于从摩西到犹大国家灭亡时（约13BC—6BC）的古代犹太人。(需注意的是，在英语中，圣经时代的以色列人与现代以色列国家的居民是两个有区别的词。古以色列人用的是"Israelite"，而现代以色列人用的是"Israeli"，但两者译为中文后都是"以色列人"。) "犹太人"（Judean, Jew），意为"犹太王国的遗民，或来自犹太地区的人"，该词来自雅各的第四个儿子犹大（Judah）。以色列人的12个支派中，有11个支派早已消亡了，只有犹大支派所建的犹大王国延续到公元前588年才被巴比伦人消灭，而其居民成为了之后的希伯来民族的唯一来源。因此在公元前6世纪后，犹太人（Judean）这个称谓就成了整个希伯来（或者说以色列）民族的通称。
③ ［美］伊利亚德：《宗教思想史》，第140页。

治，长期以来一直处于失国状态。这使犹太人经常追问自己：既然上帝已经应允亚伯拉罕会护佑犹太人，为何大卫、所罗门的王国会被摧毁？为何犹太人一次又一次地遭逢劫难、流离失所？有些人就开始反省自己：犹太人也曾答应要遵守上帝的戒律，但以色列人并没有严格遵守。所以犹太人不把失落家园的原因归于外族的侵略，而是归咎于自己祖先的不洁和对上帝的不诚而招致的天罚结果。后来，有一些先知说：总有一天上帝会对以色列进行最后的审判，即"末日审判"或"末日预言"；而另有一些先知预言上帝将派遣使者，也即弥赛亚来拯救他的子民，即"救赎预言"。在《旧约》关于犹太教圣史中，犹太人集中表述了这种基于民族苦难的不幸意识之上的"原罪"或罪孽感的宗教思想。

正是这种原罪意识或罪责感促成了犹太人从多神论的古希伯来宗教向一神论的犹太教之转变。在摩西之前，作为犹太教前身的古希伯来人的宗教是多神教。他们既敬拜岩石草木、山川河海、天体星辰等自然事物，尤以月亮为最；他们也崇拜动物牲畜，尤以对牛的崇拜最为虔诚，甚而把牛的形象当成上帝耶和华崇拜；同时他们也崇拜农田神巴力（Baal）、丰产女神阿施塔特（Ashtart）等人格化的神灵。但早在亚伯拉罕时，他就已经放弃了这些多神崇拜，而以"割礼"的方式与耶和华（Jehovah）① 订立契约：希伯来人世代只信仰唯一的神耶和华，而上帝则应许犹太人子嗣繁多、在流淌着奶和蜜的地方永享幸福的生活。（《圣经·创世记》17）为了表达自己对耶和华的信，亚伯拉罕甚至要把自己的独子以撒献祭给神。（《圣经·创世记》22）但是，在他那里还只是一种信仰一位主神的朦胧思想，更谈不上整个民族的一神信仰。特别是在埃及被奴役400多年后，很多犹太人已经

---

① 在犹太人的语言中，更常用的词是 Yahweh（雅赫维）。因不能直呼上帝之名的避讳缘故，在后来的传统书写和读音上被误称为 Jehovah（耶和华）。但这一语音错误直到十九世纪中叶才被欧洲学者发现，而人们早已熟悉了用耶和华来讳称上帝了。参见卓新平《中西天人关系与人之初》，《基督教文化学刊》，1999年第1期，第42页。

淡忘了"亚伯拉罕的上帝"。① 即使在摩西听从耶和华的召唤带他们走出埃及之后,很多人仍然在信仰上摇摆不定,崇拜金牛犊等偶像。为了坚定和统一犹太人的信仰,于是摩西在西奈山重新和上帝立约,为犹太人制定了"摩西十诫"。其具体内容为:

(1) 我是神圣的上帝,是我把你们带出埃及,摆脱奴役,除了我,没有别的上帝;
(2) 你们不要制造任何偶像;
(3) 不要妄称神圣上帝的名字;
(4) 记住安息日为圣日;
(5) 孝敬父母;
(6) 不许杀人;
(7) 不许奸淫;
(8) 不许偷盗;
(9) 不许做假证;
(10) 不许贪恋别人的妻女和财产。(《出埃及记》20:2-17)

这些诫律强调了对唯一的上帝的唯一的绝对的信仰和忠诚。出埃及被看成是犹太教历史上最重要的事件,它标志着犹太人的宗教从多神教转变为以耶和华为唯一神的一神教。正因如此,我们可以说犹太教是人类最早的一神教,是由带领犹太人出埃及的摩西所创立的。摩西为犹太教创制了最初的教义、教规和专门的祭司制度,并以律法形式规定了希伯来人的宗教信条和生活行为、礼仪道德等准则,成为犹太人不可违背的基本行为规范和犹太教的律法基石。后来经过许多国

---

① 即耶和华。在《圣经·旧约》中,类似的套语还有"你父亚伯拉罕的上帝"(《创世记》26:24,等)、"以撒的上帝"〈《创世记》28:13〉、"我父亲以撒的上帝"(《创世记》32:10〉,或"亚伯拉罕、以撒和雅各的上帝"《创世记》32:24,等),等等。除了套话外,更有可能也是在强调子孙后代都承认直系祖先的上帝,从而在"子孙和上帝之间"建立起"祖先和上帝之间"同样的关系:子孙后代信仰唯一的上帝,上帝给他们与其祖先一样的应许。

◆ 上篇　生活方式的选择：普罗提诺及其世界

王、先知、祭司与偶像崇拜的不断斗争，特别是以利亚（Elijah）、以赛亚（Isaiah）、耶利米（Jeremiah）、以西结（Ezekiel）、但以理（Daniel）等伟大先知的不懈努力，著名大祭司和文士以斯拉（Ezra）在公元前444年编写了《摩西五经》，巩固了一神教信仰。"摩西五经"是指记载"摩西十诫"的五部经典，即《出埃及记》《创世记》《利末记》《民数记》和《申命记》。其中，《创世记》主要是上帝创造世界和人类及万物的起源；《出埃及记》主要是摩西率领犹太先民离开埃及回到上帝应许的迦南地之民族史；《利未记》是犹太人的祭祀或先知的法典；《民数记》主要是关于犹太民族的人口数量和人口普查；《申命记》则重申了律法。据说它们都是摩西传下来的，构成了《旧约》全书的前五章，犹太人也称为"托拉"（Torah）。摩西律法（Mosaic Law）是犹太教最早的经典或"律法书"，既是犹太人的宗教戒律，又是民法。

犹太教的历史大致可以分为以下几个阶段。从犹太教建立到公元70年第二圣殿被毁，这段时间一般被看作犹太教历史上的圣经时代，也是最重要的阶段。它不仅为其后各个时代的犹太教提供了最为根本的信仰和基本律法，而且也是基督教之母，对伊斯兰教的产生也起了重大影响。从第二圣殿被毁的公元70年到西罗马帝国灭亡的公元476年，一般称为"拉比犹太教"，是以拉比和口传律法为中心的犹太教。拉比（Rabbi）原意是"老师"（master，teacher），主要指那些熟悉犹太律法，尤其是口传律法的犹太教知识分子。口传律法（Oral Torach）是相对于成文律法——《圣经·旧约》而言的，主要指拉比文献《塔木德》。塔木德（Talumd）是犹太教的口传律法，相对于成文律法《圣经》而言的不成文的律法、习俗。塔木德是口传律法的最高文字表达形式，主要是对成文律法的解释和补充，以使犹太律法能适应不断变化的政治社会环境和生活方式。因而它的内容不仅仅是律法，而且也涉及天文数学、人文地理、医药、农业等社会生活的方方面面。《塔木德》按照体裁可分为《密西那》（Mishna）和《革玛拉》（Gemara）两部分。前者在公元200年前夕由著名拉比犹大·

哈—纳西（Juda Ha‐Nasi）编纂完成，被看作拉比犹太教产生的标志；后者是对《密西那》的评注、讲解。《塔木德》按内容又可分为哈拉哈（Halachah）和阿加达（Agadah）两类。前者指按照律法所行的生活之道，涉及《密西那》和《革玛拉》中所有的律法、礼仪和教义；后者讲解非律法内容，叙述和补充有关轶事并探究经文要旨。自公元5—12世纪，由拉比们布道而整理形成的《密德拉什》（Midrash）以阿加达为主。从西罗马帝国灭亡到文艺复兴，是犹太教发展的中世纪阶段。而文艺复兴以来则是现代阶段，犹太教及其犹太民族遭受了更多的挫折与苦难，但也传遍了世界，为西方文明与世界文化做出了自己的贡献。

不同时期的犹太人的宗教活动或有不同，但他们一般都坚持以下的基本教义。（1）信仰独一的神耶和华。（2）相信以色列民族是与神立约的特选子民。（3）除信仰《圣经·旧约》外，还有《塔木德》，认为律法书代表了神的旨意，集中体现为摩西十诫。（4）相信救世主弥赛亚将拯救犹太人。弥赛亚（Messiah），原意是"受膏者"，指的是被上帝所选中、具有特殊的权力、被委任担当特别职务的人。在犹太人失国漂泊的苦难岁月里，犹太人普遍相信：苦难已到尽头，上帝将会指派一位受膏者来帮助以色列人复兴犹太国。这个复国救主就是上帝的使者弥赛亚，他不久就会降临，将公义带到人间，在世界末日进行审判，让耶和华的选民蒙福，给犹太人带来"千年至福"，而给那些迫害以色列人的外邦人予以惩罚和降罪。正是受到这种末世论的弥赛亚观念之鼓舞与影响，犹太人屡败屡战，不断起了反抗外来统治者、复兴犹太国的武装起义。

犹太教强调启示，但也重视律法，有自己的一整套的祭司和礼仪制度。犹太教有自己的祭司制度。本来上帝是要犹太人都做祭司，但是可惜，因他们拜金牛犊的缘故，致使他们不配做祭司，神就拣选了利未支派亚伦家来做祭司。因此，祭司就是神与人之间的中介，人要到神面前，必须经过祭司。犹太教有一套律法，除了摩西十诫外，还有许多律例和典章要遵行。凡有犹太教之处，必有会堂，既是为了祷告和敬拜神，也是为了让犹太人更好地懂得律法、践行律法。所有犹太男性，一年中必须至少有三次去耶路撒冷的圣殿敬拜神，除了耶路撒冷的圣殿，再不能随便在任何地方献祭敬拜神。犹太人要遵守各种禁忌，每日在早晨、下午和晚上做三次祈祷。犹太教的礼拜仪式相对比较简单，包括祷告、诵读律法和先知书、翻译并有时加以讲解（讲道），然后是祝福。

犹太教在自身漫长的历史演进中形成了很多派别，在普罗提诺生活的时代主要有撒都该派、法利赛派、艾赛尼派以及奋锐党等。它们早在第二圣殿被毁之前就已开始出现，随着罗马治下的巴勒斯坦地区社会分化的日益严重，以及东西方文化与宗教的交流融合，最终在拉比时代形成。撒都该派（Sadducees）是亚伦的后裔，由祭司贵族组成，其首领是大祭司，代表犹太社会的上层。他们只信"托拉"，坚持《圣经》和摩西律法的绝对权威，而对口传律法一概否认。该派一般以圣殿作为宗教活动的中心，不相信天使与魔鬼，也不承认人死后复活的教义，他们更关心政治和权力，与罗马当局合作。法利赛派（Pharisees）属于以色列的中产阶级，由文士和律法人员组成，推崇成文律法，但也相信口传律法，相信灵魂不死与肉身复活，盼望救世主"弥赛亚"降临，要求维护传统和规范，反对希腊罗马化和世俗化。奋锐党（Zealots）是当时的激进派，由当时犹太社会下层的无产者、贫苦手工业者和小商贩等组成，相信并宣传"弥赛亚"的很快降临，在政治上多次武装反抗罗马人的统治，但都失败了。艾赛尼派（Essenes）主要由社会下层的农牧民等劳动人民组成，曾积极参加反抗塞琉古王朝的起义斗争。但在起义胜利后地位没得到改善，却受到当权者的迫害。于是他们离开社会，隐居于偏僻山村和死海的旷野，热衷于修道院的隐修，过着严格的禁欲生活，相信救世主和灵魂的死而复活。据信，《死海古卷》就是居住在库姆兰山洞里的艾赛尼派所作，另外耶稣也是出自该派。

二　早期基督教

犹太教是基督教的母亲，基督教脱胎于犹太教。基督教最初被看

第三章 兼容并蓄的宗教世界

作是犹太教的一个小支派，它的创始人耶稣及其直接门徒都是犹太人。关于耶稣的生平，我们的资料主要甚而全部都来自《圣经》。"圣经的作者有几十名，其时间跨度约为1500年"。① 因而对于耶稣的描述多有不尽一致的地方，我们尽量调和其冲突择要述之。圣经包括《旧约全书》和《新约全书》。犹太教只承认前者为其圣书，而不承认后者是自己的圣典。《旧约》讲述了上帝创造世界、人的产生与堕落、上帝与亚伯拉罕立约，以及亚伯拉罕的后裔即犹太人的民族历史。基督教从犹太教那里继承了《旧约全书》，并将它作为自己的圣史。同时，基督教在创立之初又创立了自己的新圣典《新约》。其中的"四福音书"② 讲述了耶稣的生平、传道、受难和复活。而"使徒行传"则记述了公元1世纪前后的早期教会。还有"书信集"是保罗、彼得、约翰、雅各和犹大写给公元1世纪基督徒的信件，对基督教的教义做了概括，并包含了对基督徒生活的实际劝诫。

根据《圣经》，基督教的创始人耶稣（Jesus），约在公元前37—前4年希律王统治时期，由马利亚因圣灵感孕所生。30岁时，耶稣在约旦河接受了施洗者约翰的洗礼，开始传道，并收了12个门徒。在逾越节前夕，犹大以30块钱将老师出卖给犹太教的祭司长，耶稣被罗马总督彼拉多以"谋叛罗马"罪钉上十字架。但死后第三天，耶稣又从坟墓里复活。第40天升天，与上帝在一起。关于他，历史的记载是有限的。历史上的耶稣并不等于信仰中的基督，因而对耶稣，我们的重点不是他的出生，而是他的传道、死亡和复活。耶稣接受洗礼，就表明他成了基督，是上帝的独生子；他的降临，就是要传播上帝之道、拯救世人。当耶稣上十字架而蒙难之时，他的门徒中有一些人因一时的软弱而逃离了。而当他们发现当局并没有株连他人时，门徒们就又重聚一起，并增补马提亚代替了出卖耶稣的犹大，并

---

① ［美］马可·泰勒：《简明基督教全书》，李云路等译，中国社会科学出版社1999年版，第4页。
② 即《圣经·新约》中的《马太福音》《马可福音》《路加福音》和《约翰福音》，主要记述了耶稣的生平及其事迹。

上篇　生活方式的选择：普罗提诺及其世界

同耶稣的母亲、兄弟和一些妇女聚会，这些人构成了最早的基督教会的核心。但使基督教从贫苦的犹太人传向世界则开始于法利赛人保罗。保罗（Paul）早年认为耶稣威胁犹太教，曾参与过迫害基督徒的行动。在35岁那年，耶稣在强光中向其显现，嘱他停止迫害基督徒，由此确信被钉死在十字架上的耶稣已经复活，开始在犹太人和非犹太人之中宣讲耶稣的教义。60岁左右被罗马皇帝尼禄处死殉教。大约在公元1世纪中期，保罗在希腊罗马各地游历布道，宣讲以基督为救主的信仰，尤其是来到雅典，与伊壁鸠鲁派、斯多亚学派的哲学家谈话，并在雅典发表了演讲，使基督教传遍世界。

从保罗到雅典传教开始，基督教会就逐渐从巴勒斯坦地区扩展到地中海沿岸各地，从犹太人传向非犹太人，并最终从犹太教的母腹中脱颖而出，成了一个独立的世界性新宗教。最初，基督教会的成员主要是处于社会底层的穷苦穷人和奴隶，罗马统治者对之疑虑重重，把基督教会视为一种敌对的力量而予以限制和镇压。罗马皇帝尼禄就曾怀疑罗马城的大火是基督教徒所为，而对基督徒进行了大规模的迫害和屠杀。后来，基督教吸引了一批知识分子和富裕的上层人士皈依，尤其是当劝人顺从、希冀来世的逆来顺受思想取代仇视富人、反对当局的暴力抗争思想而成为基督教主流时，罗马帝国改变了对基督教的政策，由坚决遏制、血腥镇压转向宽严相兼、恩威并施。最后，在公元313年皇帝君士坦丁颁布米兰敕令，基督教获得了在帝国的合法地位。325年又在君士坦丁大帝的主持下，召开了基督教会史上第一次大公会议——尼西亚大公会，统一了基督教教义。392年，皇帝狄奥多西（Theodosius，379—395年在位）独尊基督教为罗马国教，禁止其他一切形式的异教。基督教终于在帝国取得了统治地位，并成为此后在西方占主导地位的文化，就像儒家伦理文化在中国的地位一样。公元395年，狄奥多西皇帝去世，罗马帝国分裂为西罗马和东罗马帝国。前者以罗马城为首都，后者以君士坦丁堡为首都。基督教会也随之分裂为西部的天主教和东部的东正教。公元476年，西罗马帝国灭亡，西方进入了基督教一统天下的中世纪。

第三章　兼容并蓄的宗教世界

随着罗马帝国的分裂和后来的宗教改革，基督教分裂成了大大小小诸多不同派别，但他们都以《圣经》作为自己的圣典，都信奉独一的上帝，遵循和传播耶稣基督的教导与福音，并从中获得前行的力量、决断和信心，用来指导自己灵魂修炼的实践、解决自己遇到的各种问题。他们也基本同意和坚持如下的最基本教义：世界是上帝创造的（创世说）；上帝是唯一的真神，具有圣父、圣子、圣灵三个位格（三位一体）；人类从始祖亚当、夏娃开始就犯了罪，并在罪中受苦（原罪说）；耶稣是上帝的独生子，是上帝派遣到人间的救世主，即弥赛亚、基督（道成肉身）；耶稣基督凭借他的出生、死亡和复活来使那些信奉他的人从罪和苦的处境中解脱出来，蒙上帝之救恩（救赎说）；许多人还期待着耶稣基督的再次降临，进行最终的公义审判（末日审判）。

虽然基督教直接起源于犹太教，它坚持犹太教的一神论而非古希腊的多神论，强调犹太人的禁欲守德而非罗马人的纵欲肆为，尤其在宗教的形式，如圣教历史、律法、圣经、礼仪圣事等方面都与犹太教一脉相承。[①] 当然，这并不否认基督教和犹太教在宗教形式和一些基本观念上也存在分歧。具而言之，基督教与犹太教在如下几个主要方面存在区别与联系、批判与继承的关系。

其一，圣典。记叙上帝开天辟地、创造万物以及犹太人历史的《旧约》也是基督徒的圣史，只是犹太教还尊奉《塔木德》，而基督教则适应时代发展在传教需要和希腊哲学影响下编纂出了《新约·圣经》。按照基督徒，《旧约》是上帝通过摩西和以色列人在古代的立约，而《新约》则是上帝通过耶稣和基督徒在新时代的立约，新约胜过并要取代旧约。

其二，节日。当基督教还是犹太教内部的一支派别时，也守安息日和逾越节；而当它从犹太教中脱离出来后，就改安息日为礼拜日，

[①] 罗素认为在基督教中包含的最重要的犹太因素有圣史、上帝选民、公义、律法、弥赛亚、天国六个方面。参见罗素《西方哲学史》（上），第392—393页。

改逾越节为复活节,又增加了与纪念耶稣相关的圣诞节、受难节以及其他节日。

其三,教会。基督教的教堂是犹太教圣堂的变形,也袭用了犹太教的教会这种组织形式,但认为教堂是"上帝在人间的居所",教会是"基督的身体",并发展出了一套教会论。

其四,圣事礼仪。基督教沿用了犹太教的祈祷、唱诗、读经、讲道等礼拜仪式和禁食、洁净等习俗,但取消了献祭和割礼等严格戒律和繁琐礼仪,实行较为简便的宗教仪式。

其五,上帝和启示的观念。基督教继承了犹太教关于上帝的"至高一神""救世主"等人格神观念,也继承了相信"先知""启示"等信仰观念,放弃了雅赫维(耶和华)是犹太民族"唯一之真神"以及只有犹太人才是神的"特选子民"的观念。在对犹太教神学观念的扬弃和对古希腊理性神学的汲取之基础上,基督教发展出了"三位一体"的上帝观,坚持耶稣是上帝的独生子,是希腊哲学中的道或逻各斯(logos),凡信奉上帝的人都为其"选民",都会蒙上帝之恩。

其六,道德伦理。犹太教要求恪守"摩西十诫"等律法是种效果论的道德观,强调外在行为及其后果必须符合律法,否则就予以惩罚。基督教也承认"摩西十诫",却是种动机论的道德观,强调"你要尽心、尽性、尽意、尽力,爱你的上帝。其次就是说,要爱人如己。再没有比这两条戒命更大的了"。(《新约·马太福音》,22:37—40)这就把爱神、爱人看作是所有诫命中首要和最大的戒律,通过一种肯定的方式即自我良心来协调人的行为,强调内心动机与外在行为效果的一致。

其七,犹太教的核心是"因行成义",认为一个人能否成为义人,不重在其信仰,而在于其行为,即是否恪守律法、做符合上帝意志的善行。[①] 基督教的核心则是"因信成义",认为仅有戒律是不够的,

---

① 按照傅有德教授的分析,犹太教在《圣经》和拉比阶段,只有律法,没有信条,至少没有明确的普遍认可的信条,只是后来受到希腊哲学以及基督教的影响,斐洛及之后的迈蒙尼德等人才为犹太教确立了信条。参见张志刚主编《宗教研究指要》之第三章"犹太教",北京大学出版社 2005 年版,第 93 页。

还要超越律法,凭借对上帝的信、望、爱才能成为义人,"人称义是因着信,不在乎遵行律法。"(《圣经·罗马书》3:28)

其八,末世论与救赎说。基于犹太民族的苦难史,犹太人普遍相信"末世论",认为"大卫王的后裔""复国救主""受膏者"弥赛亚会受上帝的差遣而降临,重新复兴犹太人的国,给以色列人带来"一千至福年"。这种信念鼓舞着当时中下层犹太人屡次掀起弥赛亚运动、反对塞琉西王朝和罗马帝国的统治,以便在有生之年进入上帝之国永享幸福。基督教在最初时也接受了弥赛亚主义的"末世论",但后来随着公元1世纪保罗教派的崛起而逐渐以"救赎说"取代。基督徒因着耶稣基督的道成肉身,受难与复活而有了获救的希望,有罪之人可以凭借对基督的信仰而得到救赎和解脱。"基督·耶稣化成了一个能使凡人化为不朽的神灵。他把天国从现世搬到了来世。"[①] 因而这种解脱不是如犹太教在现世而是在来世,不是在地上而是在天国,不是肉体的得救而是灵魂的得救。正如赵林所指出,"从犹太教'末世论'到基督教'救赎说'的理论发展意味着基督教最终摆脱了犹太教的浅薄的现世主义和狭隘的民族主义藩篱,成为一种关于灵魂得救(彼岸主义)的福音和普世主义的宗教。"[②]

其九,犹太人与基督徒。犹太人常常以上帝的"特选子民"自傲,有非常浓厚的民族优越感,排斥和看不起其他民族,严禁犹太人与没有割礼的外族人结婚。而基督教作为一种世界性的宗教,坚持各民族之间是平等的,更没有不得与异族人通婚的规定。但在保罗派的基督教派成为基督教的主流之后,开始出现了敌视犹太人的倾向。耶稣基督不再承认自己仅是犹太人的王,而宣称"我的国不属于这个世界",(《新约·约翰福音》,18:36)迫害耶稣的不只是犹太上中层的祭司阶层而成为整个犹太人。尤其是到公元2世纪,诺斯替派把基督徒和犹太人截然对立,斩断基督教与犹太教的联系。虽然

---

① [美]罗伯逊:《基督教的起源》,宋桂煌译,生活·读书·新知三联书店1958年版,第133页。
② 赵林:《论基督教与犹太教的文化差异》,《宗教学研究》1997年第2期。

◆ 上篇　生活方式的选择：普罗提诺及其世界

遭到教会的否定，但却埋下基督教世界仇视和破坏犹太人的种子。

尽管基督教与犹太教有着千丝万缕的联系，但是基督教作为一种以内心信仰为基础的世界性宗教，与民族性宗教的犹太教有着许多根本性差异。因而，在它产生后没有多久，基督教就脱离犹太教走出巴勒斯坦地区，作为争先恐后地向新建立的罗马帝国效忠的外来宗教之一，出现在这个帝国中。在普罗提诺生活的三世纪，已经"有很多的基督徒"，（生平，16章）只是基督教还没有取得后来的至尊地位，甚而"有些正直和善良的人们不愿同基督徒说话"。① 在普罗提诺之前，就有许多基督教的护教士；在他所生活和居住的亚历山大里亚与罗马，有许多基督徒的聚居区。他最年长的学生奇尼特例努斯（Tuscan Amelius Gentilianus）对《约翰福音》很感兴趣，而波菲利本人写有批驳基督教的著作。显然普罗提诺应该对他那个时代的基督教是比较熟悉的，但他在《九章集》中几乎没有提到基督教，只是用相当的篇幅对基督教当时的一大派别、后被正统教会定为异端的诺斯替教进行了激烈批驳。②

三　诺斯替教

"诺斯替教"或"诺斯替主义"（Gnosticism，又称灵智派或神知派），来源于希腊词 gnosis，即奥秘的知识或灵知，"这个名称是用于指称在基督教的关键性的第一世纪出现于它的内部与周围的众多派别学说的一个集合标题"，"把知识当作获得拯救之手段，乃至于当作拯救的形式本身而加以强调，并且宣称自己的清晰教义之中拥有这种知识，这是诺斯替运动在历史上表现出来的众多派别所共同具有的特

---

① ［英］约翰·麦克曼勒斯：《牛津基督教简史》，张景龙等译，贵州人民出版社1993年版，第42页。
② 阿姆斯庄、赵敦华等认为波菲利在《生平，16章》所说的基督教就是指诺斯替教。（见 Armstrong1989, Vol. Ⅰ, pp. 44-45, n. 2；赵敦华：《柏罗丁》，第20页）《九章集》中对诺斯替的批驳主要是在二卷九章，但依据前文的说明，应该还有被波菲利分开的三卷八章和五卷的第五章及第八章。

征。"① 诺斯替主义一般指向古代基督教的那些特定的异端和督教教会之外的诺斯替教派。只是随着研究的不断深入，尤其是1945—1946年在埃及尼罗河上游的拿戈·玛第镇发现诺斯替主义经书《拿戈·玛第文集》（The Nag Hammadi Library）后，这个概念的外延被进一步扩大为一种在各个时代都存在的宗教类型。当然，最集中体现诺斯替主义精神和思想原则的还是公元2、3世纪古代的诺斯替教。在普罗提诺生活的时代及其前后，大多数诺斯替派群体都称自己为基督徒，他们自认为体现了关于耶稣私下教授门徒的秘教传统。实际上，"诺斯替主义又是（而且目前仍然是）由多种成分杂凑而成的神智论。在其思想体系中，秘教、东方神秘主义不但与占星术、巫术、犹太教传统哲学相揉合，还吸收了带有悲观情调的、关于人的真正家园并非寓于有形世界之中的柏拉图学说，尤其渗进了基督教中关于基督救赎的认识和理解。"② 诺斯替主义，作为一种宗教，它把神置于理性之上；作为一种哲学，它又坚持二元论，把精神与物质、灵魂与肉体严重地相对立起来。他们认为既然这个世界是恶的，那么创造这个世界的神也是恶的，因而要摆脱肉体生活和物质及感官世界的罪恶，只有通过"一种神秘的知识（灵智）才能使人得救"，③ 从而逃离这个恶和苦难的非理智世界，永享幸福。因此，他们难以相信在基督之中的永恒上帝会让道成肉身和承受十字架来玷污自己，而且他们也拒绝承认诸如浸水礼和圣餐这类圣礼。此外，诺斯替派主张道德上的禁欲苦行，但有时又像历史上蔑视身体的那些宗教一样，主张废弃道德。④ 因为他们坚信自己是被上帝拣选出来的"智者"（Gnostikos⑤），已蒙恩得救了，也就无所谓道德善行之类了。

古代诺斯替教可以说是一种运动，"开始于使徒时代，在第二世

---

① ［美］汉斯·约纳斯：《诺斯替宗教》，张新樟译，上海三联书店2006年版，第26页。
② ［英］约翰·麦克曼勒斯：《牛津基督教史》，第27页。
③ ［美］G. E. 穆尔：《基督教简史》，郭舜平等译，商务印书馆1981年版，第58页。
④ See Inge1923, Vol. 1, pp. 104 – 105.
⑤ Gnostikos，即 knower，一个拥有 gnosis 或秘传知识的人。

纪后期达到顶点，然后逐渐衰落"①，大约在公元6世纪消失（这只是就西方的迹象而言）。诺斯替派又可以分为许多个教派，其中"最主要的派别是：塞特派（Sethians）（最经典的诺斯替派）；瓦伦廷学派（Valentinian School）；圣多马教派（School of St. Thomas）（来自北美索不达米亚的传统基督教）；巴西里德派（Basilides）；赫尔墨斯教（Hermetics）（后两个派别影响过瓦仑廷）；马克安派（Marcion）；摩尼教（Manichaeism）；曼达派（Mandaeans）（流传至今的惟一派别）"。② 这里，我们需要对瓦伦廷派多说两句，不仅因为它是古代最大、最有影响力的诺斯替教派，而且也因为我们的普罗提诺在《九章集》中把它作为批判的主要靶子。③

瓦伦廷派的创立者是公元2世纪的基督教教师瓦仑廷（Valentinus）。关于他的生平，我们知之甚少，虽然在早期的基督教教父们的著作中他所开创的学派学说不断被提及和大篇幅的描写。他可能出生于埃及，在亚历山大里亚接受了希腊教育，却皈依了具有诺斯替色彩的基督教。大约在公元135—160年活动并任教于罗马。后来，由于未得到主教的职位而离开罗马，并与教会分裂，④ 被斥责为异端。他的门徒众多，他的学派一直存在到公元4世纪。朱利安皇帝（Julian，361—363年在位）时，在叙利亚的爱德沙（Edessa）该派和阿里乌斯派（Arians）还有争论。⑤

瓦伦廷像大多数诺斯替主义者一样，主张一种关于神的三重结构理论。诺斯替主义者把神称作永在者或永世存在者（Aeo，也译作"移涌"），有三个层次，但神的数目在不同的诺斯替者那里不同。有的认为是365个以对应一年的天数，而瓦伦廷认为神的数目总共只有

---

① ［美］G. E. 穆尔：《基督教简史》，第59页。
② 张新樟：《诺斯与拯救：古代诺斯替主义的神话、哲学与精神修炼》，生活·读书·新知三联书店2005年版，第19页。
③ 参见 John Gregory, *The Neoplatinists: A Reader*, London and New York: Routledge, 1999, p. 19. 也可参见阿姆斯庄在其英译《九章集》第二卷第九章的提要。
④ 参见［美］伊利亚德《宗教思想史》，第737页。
⑤ 张新樟：《诺斯与拯救》，第68页。

30个。瓦伦廷认为第一层的永在者是自生或永生的，包括圣父和寂静、努斯和真理、逻各斯和生命、人和教会四对8个永在者；第二层是由逻各斯和生命流溢（emanate）或生出的，包括深部和混合、永生和统一等五对10个永在者；① 第三层是由人类和教会流溢出的，包括圣灵与信心、期待与智慧等在内的六对12个永在者。② 这三层十五对30个永在者又分别被称为八个一组（Ogdoad）、十个一组（a Decad）和十二个一组（Duodecad），共同构成了三个等级的神圣体系。

从神的三重结构理论出发，瓦伦廷论述了他关于世界的创造与拯救的神学体系。瓦伦廷把绝对而且超越的第一原理称为圣父（*Propator*，Fore-father），他是开端之先，是无形的、永恒的、永生的，而且不可测度、无法理解。因而，他的另一个名字就是"深渊"（*Bythus*，Abyss，是个阳性名词），与他融为一体的配偶是"寂静"（*Sige*，Silence，阴性名词），也叫意念（*Ennoia*，Idea，阴性名词）或恩典（*Charis*，Grace，阴性）。他们的结合就流溢或生下了努斯（*Nous*，Mind，阳性），他与生他者相像且平等，而且只有他能认识圣父及其伟大，因而也被称为"独生子"（*Monogenes*，Only-Begotten）、"父"（Father）、万物之源（Beginning of all beings），和他一起被创造的是其配偶真理（*Aletheia*，Truth，阴性）。这第二对又生下了"逻各斯"（*Logos*，Word，阳性）和"生命"（*Zoe*，Life，阴性）这对融合体。从他们又生出了"人"（*Anthropos*，Man，阳性）和"教会"（*Ecclesia*，Church，阴性）这第四对永生者。这是第一层的8个一组，每一组都是阳性—阴性的融合体。每一对也想通过自己的创造

---

① 这第二层五对10个永在者的具体名称是：Bythius（Deep）——Mixis（Mingling）；Ageratos（Undecaying）——Henosis（Union）；Autophyes（Self-existent）——Hedone（Pleasure）；Acinetos（Immoveable）——Syncrasis（Blending）；Monogenes（Only-Begotten）——Macaria（Happiness）。

② 它们具体是：Paracletus（Advocate）——Pistis（Faith）；Patricos（Ancestral）——Elpis（Hope）；Metricos（Metrical）——Agepe（Love）；Ainos（Praise）——Synesis（Understanding）；Ecclesiasticus（Ecclesiastical）——Macariotes（Felicity）；Theletos（Desiderated）——Sophia（Wisdom）。

◇❖ 上篇 生活方式的选择：普罗提诺及其世界

来荣耀圣父，于是就从逻各斯—生命流溢出了 10 个一组的阳性—阴性融合体，从人—教会流溢出了 12 个一组的阳性—阴性融合体。这十五对 30 个永在者就构成了神圣的三重结构体系，即"普累若麻"（*Pleroma*①，Fullness，完满）。它既神秘地各行其职，又能代表一个独一神（a signal God head）的不同层面。最后一个永在者，索菲娅（Sophia，智慧）因无知——不知道父是不可认识和不可思议的——而胆大妄为地超出自己的界限想去认识圣父，在她快要接近目标时被"局限"（Limit，也就是"十字架"）所阻止，被抛出了普累若麻，于是出现了邪恶和欲望。为了避免索菲娅的错误，圣父让独生子努斯又创造了一对永在者，即基督（Christ）和他的女伴圣灵（the Holy Sprint）。基督将父不可知的奥秘启示给了众永在者，使他们安于自己的等级，重新使普累若麻达到和谐。作为他们重新统一的果实，各永在者拿出自己本质中最好的部分产生了（没有配偶的）永在者耶稣（Jesus），他也被称为救世主、逻各斯。索菲娅从普累若麻中被抛出来之后，因她的冲动与失误所引起的畸形创造物（没有受孕的流产儿）实体化为低等的智慧（Lower Sophia）或阿卡玛多（Achamoth）。阿卡玛多处于黑暗之中，她渴望光明却不得不饱受各种困惑、痛苦、恐惧等情感。她向基督哀求与祈祷，基督便派了耶稣做她的配偶。耶稣被圣父赋予了一切力量，是整个普累若麻世界的代表。他传授给低级索菲娅以知识，平息了她的各种情感。她的痛苦的情感凝固成了低级世界的物质元素（*hyle*, matter），而从她的皈依的情感中产生了属魂的质料（*psyche*, soul），从她在净化之后对救世主之光明的接受中产生出了属灵的质料（*Pneuma*, 普纽玛）。救世主下降到低等的区域，用产生于阿卡玛多的物质元素创造"无形的物质"，用魂的元素创造出巨匠造物神，即德穆革（Demiurge），也就是《创世记》里的上帝。德穆革全然不知还存在一个更高的世界，而认为自己就是唯一的神。德穆革创造出有形的物质世界，接着又用物质和魂创造了动物

---

① 指围绕着太初之神的精神世界或灵性世界，由所有的"永在者"所组成。

第三章　兼容并蓄的宗教世界

和人，（阿卡玛多在德穆革不知情的情况下通过德穆革）把灵性（秘密地）吹入他们的灵魂之中。但是，灵魂由于转向和渴望肉体的快乐而遗忘了自己的身份，对自己从前的住所和神圣的存在一无所知。为了拯救这些沉溺和囚禁于物质里面的灵，耶稣装扮成人体降临人世，① 启示了解脱的知识，即灵智或诺斯（gnosis）：只有通过对肉体的苦行修炼，并获得使心灵得救的奥秘知识，才能从身体中逃脱出来、摆脱物质世界的束缚，成为纯粹的灵性实体，从而得到永生。当这个世界的所有属灵元素都得到了耶稣带来的知识的传授与启示，从无知中被唤醒，并达到完美之后，灵就脱去了他们的羁绊，与母亲阿卡玛多一起回到普累若麻的世界。神性的普累若麻世界恢复了它的完整，而作为堕落之表现的物质与灵魂，连同它们的有组织的体系——世界，将在大火中被焚毁，停止存在。

显然，瓦伦廷的教义（也包括其他的诺斯替派）是东方文化与西方文化、基督教与希腊哲学的混合。在这种混合主义体系里：上帝从自身流溢出灵魂，而且也从自身产生出整个物质世界，并使之与自身相对立；虽然灵魂及其所处的这个世界充满了灾难、痛苦与罪孽，且远离甚而遗忘了它的起源，却依然是神圣的；这个世界是下降或堕落的灵魂获得救赎、回归并且与上帝重新和解而必然要经历的否定性的中间环节。因此，"诺斯替教传授的救赎知识就是揭示关于世界起源和创造、恶的起源、救世主降临人间拯救世人的故事，以及超越的上帝的最后胜利（这个胜利将表现为历史的终结和宇宙的毁灭）的'神秘历史'（更确切地说，就是教外人无法知道的历史）"。②

然而，诺斯替教关于救赎的神话与上帝胜利的历史却受到来自两个方面的批评。一个是基督教方面。虽然诺斯替派关于恶的起源、人在世界中的位置、知识的作用、创造与拯救之间的关系、灵与肉的关系等诸多问题被基督教神学所吸纳，但它关于上帝的性质、道成肉

---

① 需要说明的是，耶稣的这个血肉之躯并不是真实的，只是其外表而已。因而，诺斯替派认为耶稣并没有真实诞生，也没有真正受难和殉难，当然更不可能有肉身复活。
② ［美］伊利亚德：《宗教思想史》，第732页。

◆❖ 上篇　生活方式的选择：普罗提诺及其世界

身、对世界的仇视等核心观念以及狭隘的秘传性在后来的教会史中一再地成为破坏性的力量，以至于正统基督教会认为它是基督教所遇到的三大危机中最大的危机，对教会的影响极大，直接危及教会的生存，教父们经过了长期的斗争才成功地战胜它。[①] 因而，诺斯替教的衰亡主要来自基督教会的批判及其利用国家权力的打击。另一个是古代晚期最有影响的哲学派别新柏拉图主义。我们很容易就能在新柏拉图主义的创立者普罗提诺的《九章集》中发现诺斯替教的痕迹以及对它的强烈反感和批判。普罗提诺总体上把诺斯替主义归之于崇拜迷信，对它的矫揉造作、荒诞可笑极尽嘲讽和挖苦，对其悲观厌世的消极人生态度非常不屑，对其堕落的灵魂创造了世界等观点表达了强烈的不满，但在他之后的新柏拉图主义却颇受诺斯替派的影响。

我们不可能也没有必要在这里对罗马世界的所有宗教一一列举和勾勒，上面所谈到的种种宗教已经为我们勾画出了罗马世界的宗教图景，把种种宗教的灵魂修炼生活呈现在我们眼前。总之，在这个时代，无论是带有神秘主义色彩的各色宗教，乃至于巫术和占星术，还是较高级的犹太教和基督教，实际上都反映了人们面对这个灾难重重的世界而对自身所处境遇的思考：如何脱离这个灾难深重的世界回到神那里，抵达完善美好的彼岸世界？与此相关，人们也不得不思考完美的神和这个世界的关系，这个世界真是神创造的吗？人们的回答是肯定的，但完善的神怎么会创造出这样一个充满苦痛与灾难的世界呢？

虽然他们的答案不尽相同，甚而相互对立，但却能在帝国和睦共存、彼此无碍。除了基督徒毫不宽容别的神外，对其他人而言，只要别的神不是非人道的、不道德的或反社会的，那就不厌弃它。[②] 此外，当然也得益于罗马帝国所实行的兼容并包的宗教宽容政策。

[①] 参见 J. M. Robinson, *The Nag Hammadi Library in English*, San Francisco: Harper & Row, 1988, pp. 2-3. 古代基督教会的三次危机，第一次指早期启示热情的丧失，第二次是基督教的普世主义之争，第三次就是诺斯替主义危机。

[②] Inge 1923, Vol. 1, p. 48.

第三章　兼容并蓄的宗教世界

在罗马的王政和共和时代，没有专门而明确的宗教政策，信奉多神的罗马人喜爱自己的本土宗教，也毫无障碍地认可并尊重外邦人的宗教信仰。奥古斯都改制后，曾着手进行各种改革，其中也有宗教改革：既推崇罗马人的传统宗教，推行帝国祭仪，大搞帝王崇拜；同时，对外来宗教仍保持一贯的宽容自由政策。在他之后的帝国皇帝，直至"在独尊基督教之前，在宗教信仰问题上向来是自由开放和兼收并蓄的"。[1] 虽然帝国各色人等对宗教或者不同的宗教抱有不同的看法，但整个帝国宗教宽容自由的程度甚至超乎我们现代人的想象。"各种宗教仪式在境内流行，对于一般民众来说，它们是同样的真实；对于哲学家来说，则是同样的虚妄；对于地方行政官来说，是同样的有用。如此宽容所带来的结果，不仅是彼此间的迁就，更重要的是宗教上的和谐。"[2] 在这种和谐的宗教图景里，基督教或许是个例外，它对其他宗教的不宽容导致了帝国官方对它的不宽容及其信徒的迫害。在普罗提诺之前，有两个迫害基督徒的事件比较典型和具有代表性。一个是皇帝尼禄在64年因罗马城大火而杀害基督徒，另一个是帝国比萨尼亚行省时任总督小普林尼在112年因献祭而迫害基督教。[3] 但是，在前一个事件中，尼禄为罗马城大火寻找替罪羊，而基督徒不幸成了那个被拣选者；在后一个事件中，图拉真和小普林尼主臣二人的通信[4]明确说到只要基督徒向罗马的神明献祭就可安然无恙。就此而言，至少到2世纪初，罗马帝国对基督教就像对待其他外来的宗教

---

[1] 郭长刚：《罗马帝国基督教政策探析——兼论基督教文化的本位主义特征》，《齐鲁学刊》，2002年第2期，第128页。

[2] ［英］吉本：《罗马帝国衰亡史》（第Ⅰ卷），第23—24页。

[3] 学界一般把罗马政府对基督徒的迫害以公元250年为界划分为两个时期。其中，前期的迫害是孤立的、区域性的，每次的时间比较短；后期的迫害则是全帝国范围内的，每次持续的时间相对也长，著名的有"德修斯迫害"以及由皇帝戴克里先、伽勒里乌斯、马克西米安颁令进行的"大迫害"。正文中提及的两次对基督徒迫害都发生在普罗提诺出生前，属于第一个阶段；而关于第二个阶段则发生在普罗提诺之后，鉴于本文的主题，不做赘述。

[4] 图拉真皇帝和小普林尼的通信，见 Jo-Ann Shelton, *As the Romans Did: A Sourcebook in Roman Social History*, Oxford University Press, 1988, pp. 410–411。

◈ 上篇　生活方式的选择：普罗提诺及其世界

一样，是宽容的，并没有明确针对基督教的迫害政策，既没有出自当局要求实施的专门反对基督教的有效法令，也没有出自元老院公布的禁止基督教及其传播的正式训令，甚而都不曾有令人印象深刻的具有权威性的反基督徒的法庭判例。这点，即使那些曾目睹帝国当局杀害基督徒的护教士们也没有予以否认。譬如，3世纪的基督教护教士、虔诚的米努西乌斯·费勒克司（Minueius Felix）是这样评价罗马的宗教政策和状况的："在整个罗马帝国，不论是它的行省还是市镇，我们到处都可以看到当地民族遵从着他们自己的宗教礼仪，崇拜着他们各自的神明。例如，埃琉息斯人（Eleusinians）拜克瑞斯（Ceres），弗里吉亚人（Phrygians）信大母神（Great Mother），埃皮道伦人（Epidaurians）奉阿斯克勒庇俄斯（Aesculapius），迦勒底人（Chaldaeans）尚巴力神（Baal），叙利亚人（Syrians）敬阿斯塔特神（Astarte），陶利安人（Taurians）爱狄安娜（Diana），高卢人（Gauls）尊墨丘利（Mercury）。而罗马人则崇拜世界上所有的神明。他们的权力已及世界的最遥远的角落，他们的帝国已越过了太阳的轨迹和大海的边缘……每当他们攻取一座城市，尽管胜利者的野蛮行径不可避免，但他们却总能对被征服者的神明膜拜有加。他们把世界各地的神灵都迎接到罗马城，把它们变成自己的神……于是，当罗马人接纳了其他民族的宗教及其礼仪时，也就使自己拥有了一个世界性帝国。"[1]确实，在罗马宗教自由并蓄的政策庇护下，在广袤的帝国疆域里，罗马人有罗马的宗教，希腊人有希腊的宗教，被罗马军队征服的波斯人、巴比伦人、埃及人、以色列人等，都各有自己信奉的神和民族的传统宗教，但大体上都是和睦共处、交流融合。这也是帝国皇帝们所愿意看到的，皇帝哈德良在下令重建罗马万神殿时就说，"我想把这块所有神祇的圣地建造得能够象征地球和天穹，永恒之火的种子存在于地球之中，天穹则涵盖万物。"[2]

---

[1] Jo–Ann Shelton 1988, p. 453.
[2] 王晓朝：《罗马帝国文化转型论》，第103页。

第三章　兼容并蓄的宗教世界

虽然，多神论的宗教能使许多人感到满足，神秘主义宗教也能使许多人感到精神上的解脱。然而还有一些人想要一种比哲学或秘仪更为深刻的宗教，一种更为严肃的信仰生活方式。这样，"罗马帝国在消灭各民族政治和社会独特性的同时，也消灭了他们独特的宗教"[①]，也使得在宗教中寻求某种统一的体系成了一种必然。"基督教在当时，作为犹太教和希腊主义——地中海世界两种最突出的、彼此在许多方面互相对立、因而互相补充的文化——的混合物，是古代文明整个过程中的、当然的意识形态的产物"[②]。然而，基督教所提供的信仰的生活方式就能使人免于外部世界的动荡恐怖而过上美好的生活吗？至少在普罗提诺所生活的时代，有相当多的罗马人和深受希腊文化熏染的知识分子对此抱有疑虑。但不管怎样，基督教在庞大的罗马帝国已经得到官方的认可，发展成为一种世界性的宗教。在这一过程中，既有基督教创始人耶稣因创教而"牺牲与复活"，也有保罗等早期领导者为传教而初心不改和身体力行，以及奥利金等早期护教士们为护教而持守的高贵情操和不懈努力，但必须承认希腊罗马哲学也在理论上推进了这一过程。那么，普罗提诺在这一进程中起了什么作用，又是如何起作用呢？要回答这个问题，我们还必须了解他的思想世界。

[①]［德］恩格斯:《布鲁诺·鲍威尔和原始基督教》,《马克思恩格斯全集》（第25卷），人民出版社2001年版，第555页。

[②]［英］G. 汤姆逊:《古代哲学家》，何子恒译，生活·读书·新知三联书店1963年版，第385—389页。

第四章 文化融合的思想世界

在普罗提诺生活的罗马帝国，宗教世界里是各种宗教兼容并蓄，呈现一种世界主义和混合主义。思想文化的世界里亦是如此，古希腊哲学和犹太神学、早期基督教神学等思想纷然杂陈、相互混合。宗教的生活方式与哲学的生活方式相混合，东方的各种宗教与西方的古希腊哲学相遇，使综合主义成为这个时代思想文化的主导潮流。这种综合主义的潮流和生活方式对普罗提诺影响深远。他的一生中有两个至关重要的老师，一个是早已逝去的古希腊大哲、精神导师柏拉图，另一个是活着的亚历山大里亚授业恩师阿谟纽斯。前者使他扎根于希腊哲学的传统，汲取着希腊哲学的理性主义，秉持着哲学生活方式的精神修炼；后者使他与同时代，包括早期基督教教父在内的思想家们相联系，接纳了宗教生活方式的灵魂修炼，从而得以哲学地过宗教生活。

第一节 希腊先贤：从前苏格拉底到斯多亚学派

普罗提诺广泛地汲取了自公元前 6 世纪以来的希腊哲学传统，他非常谦虚地说自己的学说并不是什么新东西，他只是古代哲学，尤其是柏拉图哲学的解释者。他说自己的"这些学说不是新的，从古代起早就被公开宣布过了，虽然没有明确的展开过。我们只希望成为古人

的解释者，并用柏拉图自己的证据表明，他们和我们有相同的见解。"（V.1.8）

一 前苏格拉底哲学

普罗提诺对前苏格拉底哲学家只是有所提及罢了，他们充其量只是个小小的道具。当在讨论一个新的问题时，他们偶尔会被按照习惯只是作为一些名字而被列出。① 但对于我们在梳理普罗提诺的理论来源时，还是有必要进行简单的勾勒。

前苏格拉底哲学主要关注的是宇宙论，它们试图通过把杂多的现象世界的本原归源于构想出来的物质主义的或准物质主义的一个元素或一套原则以求发现世界的秩序、原因。比如，泰勒斯的水、阿那克西曼德的气、德谟克利特的原子等都是世界的本原，而首先明确地把心灵（Nous）② 作为物质世界本原提出来的是公元前5世纪的阿那克萨哥拉。他是"第一个把心灵置于质料之上的人，因为他在一篇高贵而富于吸引力的语言风格写成的论文的开头，他这样说，'万物混合在一起；然后产生出心灵，并将它们置于秩序之中。'这使得阿那克萨哥拉本人得到了奴斯或心灵的别名。"③ 他认为，在心灵的作用下，世界从由种子构成的混沌中产生；心灵不是万物中的一个，却推动着世界的运动变化，并给予其秩序。在他之前，赫拉克里特提出了万事万物的运动变化都要遵循"逻各斯"（logos），它通过对相反力量的平衡而使宇宙保持着理性的和谐秩序。他也认为"灵魂有它自己的逻各斯，它自行增长"，④ 逻各斯也在我们每一个人的灵魂之中，理解世界就是理解自我，从而把对外部世界的解释和自我的解释联系了起

---

① See Rist1967, p.178.
② 也被音译为"奴斯"（Nous），英译常作 Mind，普罗提诺使用该词作"理智"（Intellect）。
③ ［古希腊］第欧根尼·拉尔修：《名哲言行录》（上），马永翔等译，吉林人民出版社2011年版，第73页。
④ 这句话另一译法是"逻各斯属于灵魂，它自行增长"。参见汪子嵩、范明生、陈村富、姚介厚《希腊哲学史》（第一卷），人民出版社1997年版，第464页。

◆❖ 上篇　生活方式的选择：普罗提诺及其世界

来。巴门尼德是第一个把"存在"（*eimi*①）作为一个哲学概念提出并加以讨论的人，他区分了存在与非存在、真理与意见、感觉与思想（理智或心灵、逻各斯），认为感觉是和非存在相一致，而思想与存

---

① 希腊文的 *eimi* 是个动词原形，有着非常丰富的含义以及人称、时态、语态等方面的变化。作为系动词，相当于英文 be；它的第三人称单数形式是 *esti* 或 *estin*，相当于英文 is；它的动词不定式是 *einai*，相当于英文 to be；它的阴性分词是 *ousa*，中性分词是 *on*（在巴门尼德或早期希腊文那里写作 *eon*），英文中没有这种区分，都作 being；此外，分词前加冠词就成了名词 *to on* 以及 *ta onta*，相当于英文中的 the being 和 beings。在巴门尼德那里，*estin*、*eon*、*einai* 这些词都表示"存在"的意思，而且也不分系动词和实义动词，只是他本人很少用 *eon* 这个词，主要用的是 *estin*。后来，柏拉图和亚里士多德常用 *on* 来表示"存在"，尤其是亚里士多德明确地将 *on* 确定为最高的哲学范畴，将 *ousa* 写作 *ousia*，列为十个范畴之首而成为其他范畴的主体（*hypokeimenon*，substance，本体）。正是由于 *eimi* 及其变形的复杂变化、一词多义和一词多用，柏拉图和亚里士多德就已经明确地意识到关于 *on* 的问题是一个令人困惑的谜题。对于后来人来讲更是如此。甚而如何选择一个术语来进行准确的翻译对于中西方学者而言也都是个令人抓狂和充满争议的问题，特别是对中国学人来讲更是如此。因为 *eimi* 或 *on* 及其变形兼有的"在""有""是"等意思及其用法在汉语中各不相同，差异甚大。究竟用哪个汉词来翻译 *eimi* 或 *on*（拉丁语 ens，英语 being，德语 sein），在中国学界直到当下也还是个不断被争议的问题。西学东渐之初，严复把 being 音译作"庇因"；但在 20 世纪 50 年代之前更流行的翻译是借鉴自日文翻译且符合中国传统思想的"有"；50 年代之后由于受到把马克思主义经典作家著作中的德语 sein 译成"存在"的影响，being 也就被翻译成了"存在"，并成为主流；改革开放后，学者们重视起陈康在 1944 年的"柏拉图《巴曼尼得斯篇》译注"一文中反对把 *on* 译成"有"或"存在"而译成"是"的主张，又使 *on*（being）的翻译引起了学界热烈的讨论和争议。赵敦华依据宋继杰编的《BEING 与西方哲学传统》一书把汉语学界对 *on*（being）的译解归纳成五种：（1）Being 的一般意义是"存在"，如韩林合、孙周兴等；（2）Being 的一般意义是"有"，如叶秀山、邓晓芒等；（3）Being 的一般意义是"是者"，如王路、俞宣孟等；（4）Being 在希腊哲学中的一般意义是"是者"，但对在全部哲学史中是否有一般意义的问题则存而不论，如汪子嵩、王太庆等；（5）在希腊哲学和西方哲学史上 Being 都没有一般意义，"有""存在""是者"三种译法各有其合理性，应该根据具体情况选择合理的译法，如赵敦华本人以及陈村富等。具体的各种主张和观点可参见宋继杰主编的《Being 与西方哲学传统》（河北大学出版社 2002 年版）一书，以及赵敦华"BEING：当代中国哲学的一个基本问题——从《BEING 与西方哲学传统》说起"（《江海学刊》，2004 年第 1 期）和张法的"从比较哲学角度考察 *on*（Being，有/在/是）问题"（《河北学刊》，2010 年第 1 期和 2011 年第 4 期）两文的综评。本书同意陈村富、王晓朝的意见，根据古典作家的哲学原著和具体语境来选择使用汉译词。就本文而言，通常情况下，对 *eimi* 或 *on* 及其各种变形，在用作动词时译作"是""有"或"存在"；在作名词用时译作"存在者""是者"；有时为强调"真实的是者、存在者"的意思，会把 *to on* 和 *ta onta* 译作"实是""实是者"和"诸实是者"，尤其是在谈到柏拉图和普罗提诺及其柏拉图主义时，为突出理智世界的存在与可感世界的存在之间的区别，我也把前者译作"实在"。

在相同一，通过感觉只能获得意见，而只有通过思想才能认识存在。在他看来，矛盾根本上是用来描述现象世界，而真理必然是由理性（逻各斯）来思考的。没有矛盾而完满的真实存在必定是"一"，它没有杂多或变化，是单一的、均质的和无时间性的球体。

在这些关于奴斯、逻各斯和一的思想中，我们可以非常清晰地看到古希腊哲学从物质性的本原在逐步走向精神性的存在的观念。这在早期毕达哥拉斯派的数论中变成了真实，他们认为这个世界具有一种和谐的数学结构，是由一对原初而对立的元素，即奇数和偶数，或者有限与无限而产生的。他们将数看成是先于现实事物而可以独立自存的本体，这实际上就是将一般当作了单个的存在物，认为在现实世界之外还有一个独立的永恒不变的神圣世界。毕达哥拉斯派是前苏格拉底哲学中最为突出地把自己的哲学原则践行为自己生活方式的流派。他们主张灵魂不朽和灵魂轮回，认为可以通过禁欲、音乐、数学和哲学来净化和修炼灵魂，从而使人在活着的时候保持灵魂的和谐状态、在肉体消亡之后灵魂得以上升到永恒的神圣世界。在这些方面，柏拉图主义以及晚期新柏拉图主义都受惠于毕达哥拉斯派的思想。

早期哲学家在把世界的本原归结为物质或物质性的元素时，也把灵魂视为物质性的而非纯精神的，同时把灵魂的特征倾向于描述为推动事物运动的力量，或者事物内部的和谐。至于在灵魂与肉体的关系上，则还没有出现后来希腊古典时期和晚期哲学高扬灵魂、贬低肉体的倾向。这一切，在柏拉图的哲学里都得到了新的阐释和发展。

二 柏拉图哲学

今天柏拉图的哲学不再被视为一个完整而自洽的体系，而是一个不断自我解释和自我批判的过程。研究者对柏拉图的思想的分期有不同的意见，有人主张划分为四个时期，有人坚持三分期的划法。[①] 对

[①] 泰勒和罗斯等人坚持四分法，而康福德等则坚持三分法。关于柏拉图思想分期的具体争论，可参看汪子嵩等《希腊哲学史》（第二卷），人民出版社1993年版，第638—642页。

◈ 上篇　生活方式的选择：普罗提诺及其世界

于普罗提诺及其新柏拉图主义者而言，根本就不存在这种争议。因为在他们看来，柏拉图的思想虽然有时会显得含混不明，但从来都不是矛盾的，而是一个统一的整体。虽然普罗提诺没有对柏拉图做过系统的注释性工作，也没有以任何方式详细介绍过柏拉图的思想，但是柏拉图对普罗提诺思想的影响是全面的，其中影响最大的有：可感世界与理智世界的区分，灵魂的非物质性和不朽性，太一或至善的超越性，宇宙生成说，等等。在《九章集》中，普罗提诺很少提到柏拉图的早期对话，也较少提及《法篇》中关于伦理和政治的主张。他提到的柏拉图中后期对话有《国家篇》《斐多篇》《斐德罗篇》《会饮篇》《蒂迈欧篇》《巴门尼德篇》《斐莱布篇》以及"第二封信"。①

柏拉图认为理念（*edios*②）是世界的本原。简言之，理念就是脱离开人而独立存在的客观精神。据此，柏拉图把世界分成两个，可感世界和理智世界。理智世界是不可见的却是可知的真实实是的世界，而可感世界是可见的，处于实是与非实是之间，是因为分有前者才有实是的。理智世界因为是完全实是的世界因而是完善的，而可感世界由于混合了非实是因而不是完美的。柏拉图关于洞穴的比喻向我们清楚地说明了这两个世界之间的好坏等级，表明了只有理智的世界才是值得追求的，才能给人以美好的生活。

与两个世界的区分相仿，人也可分为可见的与不可见的两部分。可见的是人的身体，不可见的是人的灵魂。③ 不像早期自然哲学家，

---

① 这里柏拉图的思想分期按照三分期讲。参见 Rist1967，p. 182。
② 关于 *edios*，英译 Idea 或 Form，中译理念、形式、型、相等。但实际上，无论是就其含义而言，还是就其术语的翻译而言，在中外学界争论非常大，具体可以参看汪子嵩等在《希腊哲学史》（第二卷）第十四章第一节"idea 和 eidos"（该书第 659—661 页）中的详细分析和说明。虽然"相"或"相论"有其独到和合理之处，但"理念"在长期的使用中已经贴上了柏拉图的标签，并不影响人们对柏拉图主要思想的理解，故而本文循例仍使用"理念"。
③ 参看柏拉图《斐多篇》，79b。凡出自柏拉图的引文不作特别说明，中文均引自王晓朝翻译的《柏拉图全集》（四卷），人民出版社 2003 年版；并按照惯例列出篇名和国际标准页码。但是 Republic，若注明《理想国》则是由郭斌和、张竹明译，商务印书馆 1986 年版；若注明《国家篇》则仍引自王晓朝的译文。

第四章 文化融合的思想世界

柏拉图完全肯定，灵魂是种精神性的存在，它是生命和运动的源泉，而身体本身没有活动的能力，只有在灵魂的推动下才会运动，只有与灵魂相结合才有生命。灵魂是不朽的，而身体是可灭的，因为"灵魂与神圣的、不朽的、理智的、统一的、不可分解的、永远保持自身一致的、单一的事物最相似，而身体与凡人的、可朽的、不统一的、无理智的、可分解的、从来都不可能保持自身一致的事物最相似。"① 与《斐多篇》有所不同，在《理想国》中柏拉图把灵魂不是分成两个部分，而是从高到低区分为三个部分，即理性、激情和欲望。理性控制着思想，激情控制合乎理性的情感，欲望则支配肉体。理性是灵魂的最高原则，把人与动物相分，因而它在三者中起领导的作用。在《斐德罗篇》中柏拉图用了"灵魂马车"的比喻进一步说明三者之间的关系：灵魂被比作两匹马和一个驾车的人（驭手），其中理性是驭手，激情是匹驯服的马，而欲望则是桀骜不驯的劣马。② 灵魂的好坏善恶取决于是驭手驾驶着马车还是由着劣马的性子不受控制地拉着马车肆意狂奔。换言之，当灵魂为理性原则支配时，灵魂就是善的，合宜地统摄着身体；而当灵魂为欲望所支配时，灵魂就会受到身体的危害，变得邪恶了。身体是灵魂的阻碍，"首先，身体在寻求我们必需的营养时向我们提供了无数的诱惑，任何疾病向我们发起的进攻也在阻碍我们寻求真实的存在。此外，身体用爱、欲望、恐惧，以及各种想象和大量的胡说，充斥我们，结果使得我们实际上根本没有任何机会进行思考。发生各种战争、革命、争斗的根本原因都只能归结于身体和身体的欲望。所有战争都是为了掠夺财富，而我们想要获取财富的原因在于身体，因为我们是侍奉身体的奴隶。根据这些解释，这就是为什么我们几乎没有时间从事哲学。最糟糕的是，如果我们的身体有了某些闲暇，可以进行研究了，身体又会再次介入我们的研究，打断它，干扰它，把它引上歧途，阻碍我们获得对真理的观照。我们实

---

① ［古希腊］柏拉图：《斐多篇》，80b。
② ［古希腊］柏拉图：《斐德罗篇》246a~b。

上篇　生活方式的选择：普罗提诺及其世界

际上已经相信，如果我们想要获得关于某事物的纯粹知识，我们就必须摆脱肉体。由灵魂本身来对事物本身进行沉思。"① 因而也可以说身体就是灵魂的囚牢。"每一个寻求智慧的人都知道，当哲学接管灵魂的时候，他的灵魂似一个无助的囚犯，手脚被捆绑在身体中，只能透过灵魂的囚室间接地看到实体，在无知的泥淖中打滚。""因为每一种快乐或痛苦都像一根铆钉，把灵魂牢牢的钉在肉体上，使之成为有形体的，把被身体肯定的任何东西都当作真实的来接受。"② 总之，人的邪恶的原因在肉体，在于灵魂被囚禁在身体中。因此要净化灵魂，就必须先摆脱肉体，"包括尽可能使灵魂与身体分离，使之习惯于脱离与身体的所有接触，集中精力，在可能的情况下，在现在和将来，拥有自己独立的居所，摆脱身体的桎梏。"③ 在《政治家篇》中，柏拉图又以克洛诺斯（Cronos）的神话故事把恶的来源归结物质。他说，在克洛诺斯的时代，宇宙的运转是由神来推动的，和谐而有序，但后来神放弃推动，由宇宙自己来运动。但是由于宇宙中混杂了物质因素而忘记了神的教导，变得混乱无序了，于是便产生了恶，而且越来越多，而自然的恶又必然会影响到存在于宇宙中具有灵魂的生灵。④ 因而就形而上学的意义来看，恶的本原在于质料、肉体。但人自身的邪恶，人自身也负有一定的责任。因为人的灵魂原本是神圣、纯洁和善的，处在理智世界中，然而却经不住欲望的诱惑，坠落到可感世界，沉溺于肉体而乐不思蜀，遗忘了自己的神圣来源。但经过哲学的训练就会使灵魂变得纯洁起来，重新回忆起自己的过去，想起曾经见到的理念。在柏拉图看来，哲学就是要学习死亡，就是净化灵魂，因为"只有在死后，而非在今生，我们才能获得我们心中想要得到的智慧。"⑤ 但是，如果灵魂没有得到彻底的净化，仍然倾向于肉体，死

---

① ［古希腊］柏拉图：《斐多篇》，66b～e。
② ［古希腊］柏拉图：《斐多篇》，82d～83d。
③ ［古希腊］柏拉图：《斐多篇》，67c～d。
④ 参见［古希腊］柏拉图《政治家篇》，269d～273c。
⑤ ［古希腊］柏拉图：《斐多篇》，66e。

第四章 文化融合的思想世界

后就进入另一个身体而不断轮回。只有彻底净化的灵魂才能获得最高的智慧，柏拉图认为智慧就是这样的一种状态，即灵魂摆脱障碍、穿过多样性，进入纯粹、永恒、不朽的领域，并且在"绝对、永久、单一的王国停留。"① 就此而言，智慧就是死亡的练习，通过对死亡的精神修炼，灵魂从对肉身的依恋和对死亡的恐惧状态中解脱出来，转向理智的和灵性的生活，超越自身的有限性而升向永恒。

在理智的世界，灵魂，尤其是它的理性部分就可以认识理念，直接观照到最高的善的理念。在早期所谓的"苏格拉底对话"中，柏拉图把理念主要局限在伦理领域，理念被规定为"相关性质的完备"，② 是不完备者所追求的对象。这就是说，理念与分有该理念的事物在内容上是相同的，只是在完备与否上不同，这就是"同名"的假定。如大的理念和大的山、大的人在内容上是相同的，都是大的，只是前者完备而后两者不完备而已，后两者以前者为追求的目标，是对前者的分有或模仿。但在解释大之理念与后两者何以相似时，遇到了被亚里士多德称为"第三者"的问题，即如果需要用第三者来解释两个事物之间的关系，就需要设立无穷多的第三者。具言之，山的大和人的大之所以相似，在于它们分别分有了大的理念，而要说明前两者中的任一个和大的理念相似，又须假设另一个为它们所分有的理念，依此类推，以至于无穷。柏拉图自己也意识到了其中存在的问题，所以在后期他放弃了理念是相关性质的完备的想法，而主张理念和相关事物之间是一种"一和多"的关系，理念是一些"最高的种"或"通种"。在《巴门尼德篇》第二部分虽然没有涉及伦理学和与具体经验相关的种，但却提到了许多直接经验以外的本体论范畴，如一与多、整体与部分、有限与无限、同与异、静止与变动、时间、存在等。③ 在《智者篇》中柏拉图只保留了"是"与"不是"、

---

① ［古希腊］柏拉图：《斐多篇》，79d。
② 陈康：《陈康：论希腊哲学》，汪子嵩、王太庆编，商务印书馆1995年版，第123页。
③ 汪子嵩列出了19对，参见汪子嵩等《希腊哲学史》（第二卷），第890—891页。

◆ 上篇　生活方式的选择：普罗提诺及其世界

"运动"与"静止"、"相同"与"相异"三对六个"通种"，即最普遍的种或理念，它们之间既相互区别和对立，同时又相互贯通和联系。

在柏拉图看来，诸理念在总体上可以被排列成一个互有差异但又相互依赖的上升的等级序列，处于这个等级序列顶端的是善的理念。这样的等级序列也是灵魂修炼和提升所需经历的阶段，而善的理念（至善）就是精神修炼的顶点。在《理想国》中，善的理念被认为是高于正义、勇敢等其他的理念，只有理解了善才可能充分理解正义和美。每一个灵魂都追求善，都把它作为自己全部行动的目标。① 在太阳喻和洞穴喻中，善的理念就是太阳，它是"一切正义的、美好的事物的原因，它在可见世界中产生了光，是光的创造者，而它本身在可知世界里就是真理和理性的真正源泉，凡是能在私人生活或公共生活中合乎理性地行事的人，一定看见过善的型。"② 善本身不是实在，但它在地位和能力上都高于实在的东西。③ 在亚里士多德记载的关于柏拉图的不成文字的学说中，柏拉图把善和一相同一，而所有其他的存在都是它和另一个相反的原则，即作为多的来源而被称作"不定之二"（Indefinite dyad）所产生的。后来，普罗提诺把"善理念"提高到"太一"，作为自己哲学的最高原则和精神修炼的目标。

这里，我们尤其要关注下柏拉图在《巴门尼德篇》中对"一"的分析和论述。这篇对话对普罗提诺及其新柏拉图主义者有着非同寻常的意义，甚而按照陈康先生所说，"如若我们不能了解这篇里的哲学，我们即不能了解柏拉图的、亚里士多德的整个的理论哲学以及普罗提诺的玄学思想"。④ 在《巴门尼德》的第二部分，柏拉图讨论了"一"的各种情况，分成八组矛盾的命题，前四组假定"如果一存在"，其结论涉及"一"；后四组假定"如果一不存在"，其结论涉及

---

① ［古希腊］柏拉图：《理想国》，505e。
② ［古希腊］柏拉图：《国家篇》，517c。
③ ［古希腊］柏拉图：《理想国》，509b。
④ 陈康：《陈康：论希腊哲学》，第101页。

"其他的"。[1] 在前两组的展开过程中，柏拉图证明了"一"必定是没有部分的、无限的、无形体的、无空间的、无时间的，它没有任何性质也不是任何存在。[2] 约翰·格列高利（John Gregory）认为，这些思想以及接下来的主张被普罗提诺和新柏拉图主义者们作为肯定性的真理吸收进了他们的三大本体——难以言说的无限的太一、多中之一（one-in-many）的理智与一——多（one-and-many）的灵魂——理论中。[3] 另外，普罗提诺的三大本体思想显然也受到了《蒂迈欧篇》的影响，"新柏拉图学派的主要思想，如普罗提诺所讲的'太一'——努斯（亦即理智——引者注）——灵魂的学说，显然是从《蒂迈欧篇》中引申出来的"。[4]《蒂迈欧篇》是柏拉图最后完成的对话之一，也是他"仅有的一篇专门讨论自然哲学的对话"。[5] 在这篇创世神话中，柏拉图认为造物主（Demiurge，又译德穆革，柏拉图也称之为神、父亲）是至善的，希望万物都像他一样。当他发现整个可见世界处在无序中时，就依据作为原型的理念世界，把理念加诸"容器"或"接受者"（hypodoche，receptacle），利用水、土、火、气和以太创造出了有序的地球和天体。这个接受者是一些混沌的东西，在创世之前就已经存在，它没有具体的规定性，也没有固定的形状，是个无序的空间。在创造这个宇宙时，他看到理性比非理性要好，于是他就把理性放入灵魂，又把灵魂放入躯体，从而把宇宙造成了一个有理性和灵魂的生物。《蒂迈欧篇》中的这些思想不仅深深影响了普罗提诺关于质料的思想，而且也在很大程度上使普罗提诺肯定了不完美的形体世界的价值，而没有采取禁欲主义的鄙夷和弃绝的态度。

柏拉图死后，柏拉图学院在雅典继续繁荣发展，同时在一些其他文化中心，如亚历山大里亚也有许多柏拉图主义的教师。学者们一般

---

[1] 参见陈康《陈康：论希腊哲学》，第83页。
[2] 参见［古希腊］柏拉图《巴门尼德篇》，137a~155e。
[3] John Gregory1999，p. 8.
[4] 汪子嵩等：《希腊哲学史》（第二卷），第1016页。
[5] 汪子嵩等：《希腊哲学史》（第二卷），第1015页。

把柏拉图学园派分成老学园或早期学园、中期学园、晚期学园三个时期。老学园一般较多地接受了亚里士多德所提到的柏拉图的"不成文学说"。其领导者是柏拉图的外甥斯彪西波（Speusippus），他肯定"一"高于存在，因为一切存在都是从"一"与"不定之二"既对立又联系的关系之中产生的。中期学园主要发展了苏格拉底的怀疑主义、不可知论以及柏拉图对感性认知的批判等，最终走向了怀疑主义。中期学园的奠基人阿尔凯西劳（Arcesilaus）不满足于对辩证法的纯理论探讨，把"悬隔判断"作为口号。"悬隔"（epoche）最初是由怀疑主义者皮浪（Pyrhon）提出来的，意思是中止，既不肯定也不否定，主张由于事物本身的不确定性，因而要悬隔对事物的判断。阿尔凯西劳借以强调辩证法的对话问答式过程，反对以任何结论式的判断中止这一过程，否认有认识的标准；在现实生活中则把盖然性作为最高标准，主张生活的目的就是精神的安宁，即不动心。另一代表人物卡尔内德斯（Carneades）提出了盖然性理论，只承认可能的或盖然性的表象，认为哲人的理想就是对一切事物的"悬隔判断"。晚期学园的一个代表人物是安提俄克（Antioch），没有自己的创造性思想，所有的主张就是对前人思想，尤其是柏拉图和亚里士多德、斯多亚主义与新毕达哥拉斯主义进行折中综合，在其思想的主导下，晚期学园最终走向了折中主义。在他之后，学园的著名人物普鲁塔克（Plutarch，约350—430）的哲学里充满了神灵、天命、灵魂不朽、灵魂转世等宗教主题。他认为神是唯一的、纯粹的"一"，而其他事物都是"多"。此外，他认为神是全善的，与世界上的恶没有关系，但质料由于是没有任何确定的特征，并积极地推动着事物，因而也不可能是恶的。恶只能来自另一个精神力量，即恶灵。在普鲁塔克的领导下，雅典的晚期柏拉图学园开始成了新柏拉图主义学派的主要阵地。

三　亚里士多德哲学

尽管波菲利在生平中说，普罗提诺的著作中充满了隐蔽的斯多亚派和逍遥学派的学说，尤其是亚里士多德的《形而上学》，（生平，

14章）但在《九章集》中，普罗提诺没有提到过亚里士多德的名字和《形而上学》。实际上，他在对亚里士多德的思想进行诸多批评的同时，也采纳了亚里士多德的许多观点。根据亨利和施魏策尔的不完全统计，《九章集》中至少有150处直接提到了亚里士多德的《形而上学》，还有1000多处提到了亚里士多德的其他作品。而且，普罗提诺追随亚里士多德认为柏拉图有一个"不成文的学说"，他也经常把经过亚里士多德解释过的柏拉图作为权威接受下来，悄悄地接受了亚里士多德的术语、分析，甚而明确的结论。①

在亚里士多德看来，"世界表现为一个等级系列，其最高的一级是非物质的实体，而所有其他现实存在的事物是复合的事物。"② 整个世界按照从低级到高级的等级排列，首先是月下世界，是由土、火、水、气四种元素构成的可朽的运动实体，包括动物、植物以及人类学意义上的人，是生灭变化的，做直线运动；再向上是天体世界，是由第五种元素"以太"构成的永恒的运动实体，即天体，是无生无灭的，做圆周运动；最高的是永恒的、不动的实体，即神。前两类实体都是可感的、具体的物质实体，而神是非物质的实体，不是感觉的对象，是神圣的、完善的、自足的。在亚里士多德那里，神实际上是形而上学的最高原则和首要原因，他作了三个方面的规定。第一，神是不动的推动者或第一推动者，他永远是主动地推动万物运动的不动者，而不是被别的东西推动的被动者，他就是世界万物的终极原理和最终依据。第二，神是纯粹的形式、纯粹的思想或思想的思想，因为他是纯粹的现实性，没有任何形体，不需要依赖其他的东西，也不包含任何质料，只有他可以被设想为离开质料而独立存在。所以神只能是纯粹的思想，而且不能有任何外在的对象，只能以自身为对象。第三，神就是理性（nous），纯粹的理智，没有道德属性，也超越了德性。因为在他看来，神不是世界的创造者，一旦神涉及或进入质料

---

① See Gerson 1994, p. xv – xvi.
② ［英］W. E. 罗斯：《亚里士多德》，王路译，张家龙校，商务印书馆1997年版，第184页。

◈ 上篇　生活方式的选择：普罗提诺及其世界

的形式，世界就会降低自身的完美性，当然世界的持续运动必须有神的存在。因而他的神也无须像柏拉图的神那样操心世界的罪恶，相反那种把正义、勇敢之类的德性归之于神是再荒谬不过的事情。虽然人生活的最好状态是像神一样的生活，但人为恶还是为善只能由我们人自己负责。这些都以不同的方式影响了普罗提诺关于世界的划分、至善、理智（nous）与理智的对象是同一的等思想。

普罗提诺以亚里士多德的方式使用了亚里士多德潜能与现实的学说。① 亚里士多德认为，自然界的每一种对象都是形式和质料的合成物。形式相当于柏拉图的理念。质料（hyle，matter）② 并不是指物理意义上的有形物，因为物理意义上的有形物都具有某种程度的形体，而是指一种没有任何内容和规定性的基质（hypokeimenon，substratum）。它虽不是任何东西，却潜在的是任何东西，一旦被赋予了某种形式，它就实现为某物。至于这个某物，既可以是一个"这个"（即本体），也可以"是一些量或质，或是某些处所"。③ 亚里士多德把这个从潜能到现实的过程称作"隐德莱希"（entelecheia），意即事物自身实现自己。因而，我们可以说，这个质料是中性的，不确定的，自身没有善恶之分。它之善在于它接受了形式，它之恶源于它接受了缺乏。缺乏（steresis，privation）的"本性就是不存在"④，所以是缺乏而非质料才是自然世界中的无序力量，才是恶的本原。换言之，缺乏才是产生恶的东西，正如疾病是健康的缺乏而不在于身体，身体本身只是质料，而健康是正面状态，疾病却是正面状态的缺乏。

---

① Rist 1967, p. 179.
② 陈康先生认为，亚里士多德的质料（hyle）概念是以柏拉图的接受者（hypodoche）概念为前史的。详见陈康"从柏拉图的'接受者'到亚里士多德的'质料'"一文的分析。该文见《陈康：论希腊哲学》，第421—428页。
③ ［古希腊］亚里士多德：《形而上学》Z卷7章，1032a13~15。中文见吴寿彭译本（亚里士多德：《形而上学》，吴寿彭译，商务印书馆1995年版）。凡出自亚里士多德的引文，不加注明均出自苗力田主编的《亚里士多德全集》，中国人民大学1990年版。
④ ［古希腊］亚里士多德《物理学》192a6~7。中文引自张竹明译本。（亚里士多德：《物理学》，张竹明译，商务印书馆1982年版）要说明的是，steresis 在张竹明本译作"缺失"，而苗力田本译作"短缺"，本书统一作"缺乏"。

在伦理学上，亚里士多德重点关注了至善和幸福的问题。他认为，人们通常所讲的享乐和财富、权力和名声确实能在一定程度上给人以满足和快乐，但这些东西仅能给人以暂时的快乐而不会给人以真正的幸福，因为幸福不会以任何他物为目的，只以它自身为目的，是人的所有行为之最后目的。就此而言，幸福就是至善，但却不是柏拉图意义上的"善的理念"，因为幸福又与人的现实的行为有关。因此，在亚里士多德看来，"幸福就是合乎德性的实现活动"。[①] 德性即是"中道"（meson，mean），是相对于人的情感和行为而言的介乎于过度与不足之间的适中。人要怎样做才能在情感和行为上做到中道呢？亚里士多说这需要依赖选择的智慧。他把智慧分为"实践智慧"（phronesis，practical wisdom）和"理论智慧"（sophia，wisdom，常作"智慧"）两种。前者考虑的只是具体环境和事实，选择对人自己有益的事情；后者却思虑事实的原因，探究最高的原理和知识。前者以个别的事件为对象，是特殊而变化的；后者却是以普遍的本质为对象，是普遍而必然的。因此，最高的德性只能是理论智慧，符合这种德性的活动就是完美的幸福，这种活动就是思辨活动（theoretikos[②]）。这样，人的最高幸福只有在静观中才能实现，而思辨活动是爱好智慧的哲学家的生活方式，因此只有哲学家的思辨生活才是最幸福的。后来，普罗提诺和他的新柏拉图学派们继承并阐发了亚里士多德的这些伦理学思想，把依照精神的生活践行作为一种哲学的生活方式。

四 斯多亚学派

斯多亚派也是被普罗提诺在课堂上常常提到但在著作中没有提及的学派。据亨利和施魏策尔所言，普罗提诺在《九章集》中有数百

---

① ［古希腊］亚里士多德：《尼各马科伦理学》，1098b30。
② 这个希腊文 theoretikos，英译有 contemplate 和 speculate 两种译法，故而汉译又译作静观、沉思。

◈ 上篇　生活方式的选择：普罗提诺及其世界

处涉及斯多亚派的思想，但难以确定，因为后者的原始文本已遗失了。① 英奇也指出，普罗提诺从斯多亚学派那里得到的益处，只比得自柏拉图和亚里士多德的益处少些而已。斯多亚派盛行于罗马共和国的后期和罗马帝国前期，在普罗提诺生活的时代，作为一个学派它已经衰落了，但其思想仍混合在折中主义中而发挥着影响。它之所以衰落也许是因为它所提倡的严格而具有理性主义的伦理责任脱离了当时的宗教气氛。② 普罗提诺在许多方面公开批评了斯多亚派，泰勒尔——也许是最极力主张斯多亚化普罗提诺的学者——认为有如下几点：关于神和灵魂的唯物主义观点，范畴学说，时间观念，以及形体互渗（the interpenetration of bodies）的主张。与此同时，里斯特也认为斯多亚派的影响可以说是渗透进了普罗提诺的整个哲学体系，尤其是宇宙的同情或交感说（the sympathy of the universe）、种子—逻各斯说、天命论和道德伦理学等。③

在斯多亚派看来，宇宙是由两种本原构成的：一个是没有规定性的被动本原"物质"，另一个是主动的本原"普纽玛"（pneuma）或理性、逻各斯。物质本原只提供了物质基础，既无规定性，也不运动，它的性质和运动必须来自不同于它自身的原因，这个原因就是主动的本原。④ 这种主动的本原是运动的源泉，它不仅自身运动而且也推动物质运动，它是永恒存在的，就是神。因而，神就是世界万物运动的最终原因，也是一事物成为该事物的终极原因。斯多亚派又把在自身中拥有万物的能动的形式称之为"种子理性"（logos spermatikós，又译"种子逻各斯"、"形成的力"）。这样，一方面，种子理性就是神、逻各斯、理性，乃至天命，就是能动的本原，相当于亚里士多德

---

① 转引自 Gerson 1994，p. xv。

② See John Gregory 1999，p. 11，但策勒尔（E. Zeller）认为，斯多亚学派的整个思想体系中充满了神学和宗教气息。参见 E. Zeller, *Stoics, Epicurean, and Sceptics*, trans. O. J. Reichel, London: Longmans, Green, and Co, 1870, p. 371。

③ See Rist1967, p. 173.

④ See A. A. Long & D. N. Sedley, *The Hellenistic Philosophers*, Vol. 1, Cambridge University Press1987, p. 269.

108

的形式；另一方面，种子理性又被认为是物质的，像一粒种子那样在个别事物的形式中展现自己。整个宇宙就是在神、理性、天命支配下，由天、地及其中的自然界，或者说是由诸神、人类及其为人类而创造的东西所组成的单一的、活着的、相互联系的整体。万事万物都受到必然的、牢不可破的因果锁链制约着，按照一定的周期重复出现。这种必然性（ananke，necessity）斯多亚派用三个术语来表达。（1）"命运"（eimarméne，destiny）是由非人格的理性或逻各斯起决定作用，是最为严格的必然性，比如天体在固定的轨道上运行。按照"同类相知"的原则，命运为人类所理解。（2）"天命"（prónoia，providence）暗示了人格神的预见和前定。西塞罗解释说，"天命"这个词就是"神的天命"的缩略语，它肯定了神以预见统治着宇宙，故也作"神意"。（3）"幸运"（moira，fate）表示一种非严格决定的原因，是用来解释人类的道德选择和责任的。也就是说，虽然世界中的一切都为命运所决定，但人还可以自由选择行善以蒙福，作恶而不幸。[①] 在这种泛神论和天命观的影响下，斯多亚派提倡巫术、占星术、神人交感等迷信活动和神秘主义思想。他们认为，宇宙之所以是一个有机的统一体，是因为受到一种全能的力量支配，这种力量就是交感。人也是一个小宇宙，人的灵魂是以太的火花，因而彼此间能起到交感作用。再者，既然一切事情都按照天命的因果锁链发生，那么由于人的灵魂本性是神性的，人就可以通过占卜、星象所表现出的种种征兆来趋利避害。虽然这种迷信受到人们的嘲笑，但他们的种子理性、泛神论和神秘主义的思想却深深影响了后来的哲学家。

　　普罗提诺在对斯多亚派的泛神论和宿命论以及物质主义进行质疑、批判的同时，也深受斯多亚派道德哲学的影响。斯多亚派主张，人要"合乎自然的生活"，即"顺从我们每个人的以及宇宙的本性而

[①] 关于这三种必然性的分析，可参见赵敦华《西方哲学通史》（第一卷），北京大学出版社1996年版，第283—284页。

生活"。① 这个自然（本性）就是支配世界的神圣理性或逻各斯，因而按本性生活就是按照理性而生活。我们的本性引导我们趋向的最终生活目标就是德性，德性就是至善。幸福就在德性之中，因为德性是整个生活和谐一致的灵魂的一种状态。德性也不以谋求任何外在的利益为目的，它自身就是目的。因此，那些外在的东西，如健康、财富、名誉、权力等等都是无关紧要的，都可以漠然置之。但这只有哲人或圣人才可以真正做到，"哲人一无所求，只是反求诸己。"② 然而，这并不意味着在现实的日常生活中不要趋利避害，因为那样也不符合"合乎自然的生活"。斯多亚派的自然主义伦理学自古代开始就一直"被公认代表着希腊化罗马时代伦理学的主流"③，对后来的普罗提诺及其新柏拉图主义学派，以及基督教的伦理思想都产生了深刻的影响。

第二节　犹太神学：斐洛

普罗提诺及其新柏拉图主义是东西方文化交流混合的产物，而最先开始东西方文化融合且最具原创性和影响力的是犹太人斐洛。他非常熟悉柏拉图的著作，极其推崇和擅长柏拉图的哲学，在"摩西的身上他找到了柏拉图。"④ 不独如此，正如费布尔曼（J. K. Feibleman）所明确指出的，斐洛是"调和希腊哲学和希伯来《圣经》、理性主义和启示运动的顶峰。为了这种目的，他挑选了希腊哲学中最伟大的柏拉图。在这样做时，他为后世的神学家们树立了典范。首先是普罗提诺，遵循

---

① ［古希腊］第欧根尼·拉尔修《明哲言行录》7卷。这里的汉译采用了苗力田主编的《古希腊哲学》中的译文。见苗力田主编《古希腊哲学》，中国人民大学出版社1989年版，第602页。

② W. K. C. Guthrie, *A History of Greek Philosophy*, Vol. 1, London: Cambridge University Press, 1962, p. 20.

③ 汪子嵩等：《希腊哲学史》（第四卷），商务印书馆1995年版，第673页。

④ ［德］黑格尔：《哲学史讲演录》（第三卷），贺麟、王太庆译，商务印书馆1983年版，第163页。

第四章 文化融合的思想世界

斐洛调和柏拉图和希腊宗教；接着是奥古斯丁，调和柏拉图和基督教；再接着是阿尔—法拉比（Al - Farabi），调和柏拉图和伊斯兰教。"① 当然，普罗提诺不仅调和柏拉图和希腊宗教，也沿着斐洛的开辟方向致力于理性与信仰、哲学生活方式与宗教生活方式、东方文化与西方文化的调和与综合。

斐洛（Philo）首先是一个犹太人，其次是一个希腊化的亚历山大里亚人，因而通常被称为犹太人斐洛·尤迪厄斯（Philo Judeaus）或者亚历山大里亚的斐洛（Philo of Alexandria）。关于斐洛的史料记载很少，我们只能主要从犹太历史学家约瑟福斯（Flavius Josephus，37—100 年）和斐洛自己著作中的自述性文字来了解一些他的生平。斐洛出生并生活于亚历山大里亚城一个富裕而颇具声望的犹太人家庭，其生卒年月不详。研究者们依据其著作提到的事件推测他大约生于公元前 30 年，死于公元 50 年，大约与保罗，尤其是拿撒勒的耶稣是同时代人，但在其著作中没有提到过耶稣。② 他自小接受了良好的教育，兴趣广泛，热爱学习，似乎也热心于公众事务，但时刻不忘阅读犹太人的圣经，痴迷于哲学。公元 40 年，他率领犹太五人团出使罗马，向当时力图让臣民把自己当作神来崇拜的罗马皇帝盖乌斯·卡里古拉诉求：不要在犹太会堂摆放皇帝的塑像。结果以失败告终，当代表团还在罗马城时，"皇帝的巨幅雕像要竖在会堂的内殿中"③ 的命令就已下达。无论结局如何，这件事都表明，当时"斐洛是一个广

---

① J. K. Feibleman, *Religious Platonism*: *The Influence of Relation on Plato and the Influence of Plato on Religion*, London: Routledge, 1959, p. 102.
② 参见［英］罗纳尔德·威廉逊《希腊化世界中的犹太人：斐洛思想引论》，徐开来、林庆华译，华夏出版社 2003 年版，第 1—2 页。
③ Philo, *On the Embassy to Gaius*, 188. 斐洛著作的章节还没有统一公认的标准页，本文关于斐洛的引用以荣格的英译本（Philo of Alexandria, *The Works of Philo*: *Complete and Unabridged*, trans. C. D. Yonge, Hendrickson Publishers, 1993）为主，参照洛布丛书科尔森（H. Colson）和惠特克（G. H. Whitaker）所编译的 Philo 文集 10 卷本（Philo Judeaus, *Philo*, trans. F. H. Colson & G. H. Whitaker, Harvard University Press, 1929—1962）。关于这次出使事件，斐洛在他的《出使盖乌斯》（On the Embarrassy to Gaius）和《反弗拉库斯》（Against Flaccus）两部作品中做了叙述。

◈ 上篇　生活方式的选择：普罗提诺及其世界

为人知的伟大人物，不仅在我们的人民中出名，而且在异教的人民中出名。从种族上看，他是一个希伯来人，但不比任何一个出生于权贵豪门的亚历山大里亚人差。他耗费大量的精力，广泛而深入地研究了他的民族神学，这种神学实际上对一切人都有用。至于他在那个异教世界的哲学和自由研究中的地位我们不必多说什么，因为他超过了所有的同时代人，尤其是他在研究柏拉图和毕达哥拉斯的热情方面。"①

或许，正是由于亚历山大里亚东西文化交汇的生活方式与出使盖乌斯的失败，使斐洛终其一生都在致力于把东方的、本民族的犹太教与西方的、异教的古希腊哲学相融汇，留下了大量著作。与斐洛的生平资料缺乏形成鲜明对照的是，他的著作几乎都被完整地保存了下来。斐洛的作品大都与犹太人的生活或犹太教相关，基本上是对《旧约·圣经》的解释，这些解经作品主要由三类构成。第一类是对律法的问答式解释，主要是《创世纪问答》和《出埃及记问答》。这类文章以对一个圣经问题的简单回答为开头，然后给出引用经文的字面意思，接下来就是复杂精细的哲学解释以及冗长的寓意解释。第二类是对律法的寓意解释，主要有《论亚伯拉罕》《论雅各》《摩西传》《论摩西十诫》《论专门的律法》《论世界的创造》《论美德》《论赏罚》等，是斐洛作品中最难懂的部分。这类作品以圣经中一段经文为开始，然后用圣经中的字词句来旁征博引，也可以说是以摩西之言来解释摩西的话，最后从一种纯粹寓意解释的角度对相关经文展开详细的论证和说明。第三类是对律法的一般性说明，相对而言比寓意释经更易为人理解，主要有《为犹太人申辩》《出使盖乌斯》《善者皆自由》《论天命》《论世界的永恒》等。它们的主题广泛而分散，主要目的是要在一个广阔的背景中介绍犹太律法，强调习俗和诫律的象征意义和价值。②

---

① Eusebius, *The History of the Church from Christ to Constantine*, trans. G. A. Williamson, New York: Dorset Press, 1984, p. 77.
② See Philo of Alexandria, *The Contemplative Life*, *The Giants, and Selections*, trans. David Winston, Preface by John Dillon, New York/Ramsey/Toronto: Paulist Press, 1981, pp. 6-7, 302.

第四章 文化融合的思想世界

在这些著作中,斐洛运用"寓意释经法"(allegorical exegesis 或 allegorical interpretation)把犹太教与希腊文化、旧约与古希腊哲学、信仰与理性结合起来,力图通过对圣经文本字面的解读,进而揭示出这个文本背后更深刻的含义。斐洛并不是第一个使用寓意释经法的人,"这种方法并非是什么新东西,是希腊哲学家们早就用过的。"[①] 古希腊人最初用它来解读荷马和赫西奥德等古代诗人们的伟大作品,以寻找到早期诗歌中的象征性意义,同时用类似的方式来表达自己的理论。到了公元前5世纪末期,寓意解释达到了一个高潮,有了否定寓意解释和肯定寓意解释之分。其中,否定寓意解释(Negative allegory)是语法教师们所喜欢的,他们常常用它拿来解释和捍卫诗人们那些被认为是道德上无礼的文章。哲学家似乎更青睐肯定寓意解释(Positive allegory),他们除了用它来处理在道德方面有问题的文章及其章节外,也用以构建和论证自己的文章。但柏拉图对肯定寓意却抱以批判的态度,认为它在理性辩论方面没有多大的价值。在柏拉图之后,斯多亚学派继承和发展了哲学上的寓意解释,特别是克律西普(Chrysippus)用之来消除荷马传说中他们认为是不体面的内容。斐洛对旧约的寓意释经法就主要是从斯多亚派而来。然而,寓意解释从中期斯多亚学派那里开始,所受到的关注逐渐减少,直到新柏拉图主义才得以被重新重视了起来。此外,在斐洛本民族的希伯来文化传统中,寓意释经也早已有之。犹太拉比们很早就用寓意解经法来解释和调和古代律法以适用于当时的现实状况。例如,在"旧约次经(Apocrypha)中的《所罗门智慧书》(*The Wisdom of Solomom*)对寓意解经法的运用已十分明显。"[②] 斐洛汲取了古希腊和犹太教双重传统的滋养,既不拘泥于文字,也不随意解经;既揭示了隐藏在圣经文字中的意义,又表达了自己想要表达的思想;既秉承了他作为犹太人对从

[①] 范明生:《犹太教神学是东西方文化的汇合——论斐洛的神学》,《上海社会科学院学术季刊》,1991年第2期,第15页。

[②] 李磊:《信仰与理性的汇融——斐洛思想研究》,博士学位论文,2004年,清华大学,第93页。

◈ 上篇　生活方式的选择：普罗提诺及其世界

《圣经》得到的启示及其信仰之无比虔诚与信心，又坚持了他在文化综合主义的潮流中对从希腊罗马哲人们的理性研究中所洞察到的真理之忠诚与执着。比如，当亚当偷吃了智慧果，上帝怒道："你必吃田间的菜蔬（草）；你必汗流满面才得糊口（馒头）。"（《创世纪》3：18）斐洛这样来解释这句圣经文本。首先，从文本的字面意思上讲：上帝说草和馒头好像是同义词，也好像能相互等同，都是在强调人（亚当）因所犯的罪将要吃草以及艰苦劳作才能获得食物和生存。其次，寓意解释说：田间的草是非理性动物的食物，诅咒说人必吃田间的草，就是说人变成了动物，一个丧失了理性的被造物；被剥夺了理性的人是愚蠢的，仅仅追求感觉和物质的东西，而且只有通过辛苦的劳作才有可能获得自己所需要的食物和东西；那些愚蠢的人的生活之所以是烦闷沉重且充满了痛苦，就因为他总是贪婪地去追求和沉湎于那些能够带来肉体和感觉快乐的事物，而所有的这些都出于邪恶之使然。最后，斐洛进行了哲学的总结和说明：物质世界是人的感官所能感觉到的可见世界，使人离开了至高的上帝，①只有离开可见的感觉世界，净化心灵，才能到达真实存在的理智世界，获得永恒的幸福。②斐洛就通过对寓意释经法的这般运用，以古希腊哲学来诠释和揭示隐藏在《圣经·旧约》文本中的深刻寓意，将哲学与宗教、理性与信仰相结合，确立起了犹太教神学。"斐洛对《圣经》的喻意解释，不仅开创了犹太教基督教专业研究和诠疏《圣经》的学科'解经学'的漫长历史，更重要的是，为制定一种随心所欲解释《圣经》，用宗教神学来置代哲学的方法打下了基础。"③

斐洛几乎对旧约及其所载的每个事件都进行了寓意解释，并进而阐述了他的上帝观、逻各斯学说、创世说、来世说以及伦理观、政治观等神学思想。斐洛认为，宗教和最好的希腊哲学是同一的，因而他把犹太人的习俗、律法和古老的信仰与他最认可、最推崇的哲学，尤

---

① See Philo, *Allegorical Interpretation* Ⅲ, 251.
② See Philo, *On Dreams* Ⅰ, 185–187.
③ 范明生：《犹太教神学是东西方文化的汇合——论斐洛的神学》，第15页。

其是柏拉图哲学相融合,把圣经的字面文本显示通过后者按照寓意释经的法则进行解释,从而使人们从字面意思进入真理之域,从可见的感觉世界到达真理的理念世界,把目光转向神圣的创造者和统治者——上帝。

作为一个虔诚的犹太教徒,斐洛在《旧约》,尤其是"在律法书和先知们那里,他寻找到了他自己的上帝的概念,以及上帝和这个世界的种种关系。"① 斐洛在《论专门的律法》中提出,哲学家必须认真考虑如下两个主要问题:"一个是上帝是否存在,这是那些主张最坏的邪恶形式的无神论逼着要回答的问题;另一个问题是,上帝在本质上是什么。"② 对第一个问题,斐洛说不需要花多大力气就可以做出肯定的回答:上帝的存在是毋庸置疑的,他总是介入其子民和世界的历史中,以非凡的行为拯救犹太人。我们可以通过他的创造物,"通过他的作品而感觉到这个创造者",③ 并且意识到上帝是无所不在的。"上帝处处存在,这里、那里、别处以及每个地方,因为他已经整个且完全地充满于一切而不会遗漏任何地方。"④ 但是,人却不能认识上帝在本质上是什么,因为"向我们展示的可见的、无形的、到处存在的这个神圣的本质实际上是不可见的、不能被理解的,不在任何地方。"⑤ 我们只能说上帝不是什么,而不能说他是什么,而一旦说他是什么,就把有限之物的性质加在了超越的、无限之物上,就会把上帝变成有限的。但出于解释和辩护的需要,斐洛又力图以积极的、肯定的方式告诉人们上帝是什么。他认为,上帝就是太一(the One),⑥ 他是独一的、永恒的、无限的、自足的,"任何规定都不能

---

① E. Caird, *The Evolution of Theology in the Greek Philosophers*, Vol. 2, Glasgow: Glasgow University Press, 1901, p.14.
② Philo, *On the Special Laws* Ⅰ, 32.
③ Philo, *On the Special Laws* Ⅲ, 99.
④ Philo, *On the Sacrifices of Abel and Cain*, 67.
⑤ Philo, *On the Confusion of Tongues*, 138.
⑥ Philo, *Who is the Heir*, 216.

◈ 上篇 生活方式的选择：普罗提诺及其世界

加到神身上去，也不能说任何东西高于、低于或等于神。"①上帝出于爱和善，"他创造了世界，创造了这个独一无二的世界，就像他自己是独一无二的一样，他始终为他的受造物操心劳神，预虑先谋。"②在此意义上，斐洛说上帝是宇宙之父（the Father）、万物的创造者（the Maker）、工匠（the Artificer），也是万物的原因（Cause）或者最高因（the Highst Cause）、终极因（the Cause of All），他既在万物之外，又在万物之中。斐洛也经常把上帝说成是"救世主"（the Saviour），或者"人类的救世主"③，当然也是犹太人的救世主。上帝总是把他的爱和仁慈施于处于绝境中的人，向他恳求的人，尤其是犹太人，"他给予那些最无助的人以怜悯和同情，也不觉得给陌生人、孤儿和寡妇做裁决有失自己的尊严"，"上帝在本质上不会拒绝在他们处于绝望的状况下对他们的关照和爱护。"④

上帝在创造世界的过程中，首先创造了他的逻各斯，然后再用逻各斯创造了这个世界。逻各斯（Logos）正如我们在前文中所说到的，它在古希腊传统中有着非常丰富和复杂的含义。赫拉克利特最早赋予该词以神圣性，是人所不能把握的宇宙之道和隐秘智慧；后来的斯多亚派将它发展为其自然哲学的核心概念，用以说明统一和支配宇宙万物的普遍的理性法则。同时，在犹太教传统中也可以寻找到逻各斯的思想。七十士译本就把旧约中的"Memra"译为 logos，以表明耶和华是通过逻各斯来生活、说话、行为；另外"在《所罗门智训》9：1 中，也使用了 logos，因为在这一节宣称，万物皆由上帝之言所造。"⑤斐洛很自然地把这两个传统中的 Logos 结合起来，剔除了斯多亚派的泛神论色彩，而将普遍的理性与犹太教的神圣超验性相结合，形成了自己独特的逻各斯学说。首先，逻各斯是上帝创造的。逻各斯是上帝最古老

---

① Philo, *Allegorical Interpretation* Ⅱ, 3.
② Philo, *On the Creation*, 172.
③ Philo, *On Abraham*, 176, 137.
④ Philo, *On the Special Laws* Ⅰ, 308.
⑤ [英] 罗纳尔德·威廉逊：《希腊化世界中的犹太人：斐洛思想引论》，第96页。

的最特殊的创造物,[①] 比所有的被造物都要古老,[②] 是上帝的长子,[③] 仅次于上帝,[④] 是第二个上帝,[⑤] "那些不能真正而又全面了解他的人甚至把他称作上帝。"[⑥] 但是,逻各斯究竟是如何被造的,斐洛没有明确回答,只是说和创造人是不一样的,[⑦] 但明确地指出,"逻各斯是永恒的"。[⑧] 这也就是说,逻各斯虽然是被上帝创造的,有开始,但却是不死的,没有结束。其次,逻各斯是上帝和他的被造物之间的中介。上帝具有超越性,必然要有一个第三者把上帝和被造物联系起来,而逻各斯就充当了这个中介。一方面,逻各斯是上帝的逻各斯,是上帝的无形之言或思想(nous),是上帝的权能和影子或形象。甚而在一种不恰当的意义上逻各斯就是上帝,因为真正来讲上帝只有一个,而且"上帝本身是无名的,但逻各斯却又有诸多名称,其中之一就是上帝"[⑨],通过逻各斯人就能间接地知晓上帝。另一方面,逻各斯又内在于世界之中,作为自然的永恒法则而起作用,使世界万物相结合,成为一个和谐的整体。[⑩] 这样,逻各斯就在创造者和被造物、上帝和人之间起到了中介和沟通作用,"'我站在主和你们之间'(《旧约·申命记》5∶5),既不像上帝那样是非被造的,也不像你们那样被造,而是处于两个极端之间,作为两边的保证:对创造者来说,保证被创造物不会反对其统治,而且选择有序而不是无序;对于被创造物来说,增强他们的希望,保证仁慈的上帝永远不会忘记他的创造物,因为我是由上帝创造的用以平息战争、捍卫和平的信使。"[⑪]

---

① See Philo, *Allegorical Interpretation* Ⅲ, 175.
② See Philo, *On the Migration of Abraham*, 6.
③ See Philo, *On Noah's Work as a Planter*, 51.
④ See Philo, *Allegorical Interpretation* Ⅱ, 86.
⑤ See Philo, *Questions and Answers on Genesis* Ⅱ, 62.
⑥ Philo, *Allegorical Interpretation* Ⅲ, 207.
⑦ See Philo, *Who is the Heir*, 206.
⑧ Philo, *On the Confusion of Tongues*, 41.
⑨ [英] 罗纳尔德·威廉逊:《希腊化世界中的犹太人:斐洛思想引论》,第116页。
⑩ See Philo, *On Noah's Work as a Planter*, 9~10.
⑪ Philo, *Who is the Heir*, 206.

再次，逻各斯是上帝创造世界的原型和工具。"当上帝在创造世界的时候，他使用逻各斯就像使用工具一样。而且这个影子就如模型一样，是所有事物的原型。因为上帝自己是那形象的模型，而摩西把那个形象称为影子，因此那个形象是所有事物的模型。当他出现并开始给他的以色列人制定律法的时候，他说，'上帝根据他的形象创造了人，'由于形象是根据上帝来构造的，而且由于人又是根据形象来构造的，这样就获得了原型的权能和特性。"① 就此而言，逻各斯不仅是世界的原型，也是人类理性的原型，不仅是上帝创造万物的工具，也是赋予世界以秩序的原则和力量。最后，逻各斯也是人的理性灵魂的原型和救赎者。斐洛认为，每个人，就其有理性而言，都与神圣的逻各斯密切相连，因为我们的理性灵魂都是上帝以神圣的逻各斯为原型给予的馈赠。人与世界一样，都是上帝以逻各斯为原型而创造的创造物。当上帝在创世之初使神圣的逻各斯铭刻在宇宙中的时候，也就在人的理性灵魂中盖上了上帝这枚印章。② 人的理性灵魂来自上帝神圣的逻各斯，因而当灵魂朝向上帝、祈求上帝的时候，作为中介的逻各斯就如同天使那样，成为我们的灵魂走向上帝的伴侣、庇护者和拯救者。对于那些渴望见到上帝的灵魂，神圣逻各斯是天上不朽的食粮，他们期盼着神圣逻各斯的降临，为自己提供完全的庇护和拯救。对于那些因其理性而与神圣逻各斯相近似的人，不仅能够认识宇宙的本质，而且能以神圣逻各斯为中介去认识和理解不可见的上帝的存在。当然，并不是所有的人都能做到这点，"唯有那些凭借沉思使自己从下界成功上升到上界的人，才能够通过理性推测而形成一个关于创造者的概念，"③ 也只有那些坚持不懈地进行灵性修炼的人，那些通过禁欲苦修、德性净化而从肉体和物质世界中解脱出来的灵魂，才有可能在神秘的"迷狂"境界中洞见到上帝。

---

① Philo, *Allegorical Interpretation* Ⅲ, 96.
② See Philo, *On the Creation*, 146.
③ Philo, *On the Creation*, 8.

斐洛以自己的寓意释经法对犹太教圣经做出了极具启发性的希腊式解读，开启了东方的犹太教文化传统和西方的古希腊文化传统相融合之路，直接影响了新柏拉图主义、早期基督教护教士和基督教及其神学。正如凯尔德（E. Caird）所指出的，"斐洛在神学史中占有一种特殊位置，因为他超过了任何其他作者，给我们展示了这种历程。正是通过这种历程，来自希腊和来自犹地亚〈即巴勒斯坦中部地区——引者注〉的两股伟大思潮结合成一股。"[1] 斐洛所开启的哲学与宗教、理性与信仰相融合的方向为普罗提诺"这个公元3世纪伟大哲学家开辟了道路"。[2] 确实，无论是古希腊哲学与宗教的合流，还是关于上帝的"太一"规定、否定神学，抑或关于逻各斯、灵魂的回归、迷狂的神秘主义等方面，斐洛都深深地直接影响了普罗提诺，以至于查德威克（H. Chadwick）也指出"在许多方面上，斐洛看起来都像是普罗提诺的蓝图。"[3]

第三节　早期基督教神学：亚历山大里亚学派

斐洛的思想对基督教产生了广泛而深刻地影响，恩格斯就在评述布鲁诺·鲍威尔时认为他的研究成果正确地指出了，"公元40年前还以高龄活着的亚历山大里亚的犹太人斐洛，是基督教真正的父亲"。[4] 而斐洛对基督教最早最直接的影响是早期基督教神学家，即亚历山大里亚学派，"通过斐洛对《圣经》的解释，以及对希腊化—犹太宗教哲学的寓意解释，及其在伟大的亚历山大里亚神学家克莱门和奥利金

---

[1] E. Caird 1904, p. 184.

[2] Inge 1923, Vol. 1, p. 97.

[3] A. H. Armstrong ed., *The Cambridge History of Later Greek and Early Medieval Philosophy*, Cambridge, 1967, p. 154. 但英奇指出，没有证据表明斐洛对普罗提诺有过任何直接的影响，（Inge 1923, Vol. 1, p. 97）因为在那个时代只有基督徒才读斐洛的书，而普罗提诺并非基督徒。

[4] ［德］恩格斯：《布鲁诺·鲍威尔和原始基督教》，《马克思恩格斯全集》（第25卷），人民出版社2001年版，第551页。

上篇　生活方式的选择：普罗提诺及其世界

当中的继续，斐洛成为基督教、以及作为整体来看的基督教发展中最重要的因素之一。"①

亚历山大里亚学派（Alexandrian School）一般指公元2世纪中叶到4世纪以亚历山大里亚的基督教教理问答学校为中心的早期基督教神学派别。该学派发展了斐洛的寓意释经法，致力于希腊文化尤其是柏拉图哲学与基督教《圣经》的综合，运用希腊哲学的理论、方法乃至术语为基督教信仰辩护，对圣经中的灵性修炼、天国的福音、道成肉身等进行哲学化的解释，以期把基督教定义为一种哲学，即神学。"倘若研究哲学意味着与理性生活在一起，那么基督徒就是哲学家，因为他们与神圣的逻各斯在一起。"② 这些最早依据神圣的逻各斯（理性）而生活的人就是亚历山大里亚学派的教父们，该学派的主要成员或当过教理问答学校的校长，或者与问答学校有着千丝万缕的联系。这个学校的首任校长据说是初为斯多亚派哲学家后皈依基督教的潘代诺斯（Pantaenus，约190年前后去世），之后继任校长的是克莱门和奥利金。前者是亚历山大里亚学派的第一位神学家，后者则是该学派的理论集大成者，将基督教神学系统化。此外，该学派的主要成员还有亚历山大里亚的迪奥尼修斯（Dionysios of Alexandrian）、凯撒利亚的帕菲罗斯（pamphilus of Caesarea）、圣格里高利（St. Gregorius）、本都的塞奥多洛（Theodorus of Pontus）等。我们这里主要以亚历山大里亚学派的先驱殉道者查士丁和主要代表克莱门、奥利金为例介绍一下早期基督教神学思想。

一　查士丁

查士丁（Justin，约100—165年），出生于巴勒斯坦中北部的涅阿波利斯（今天的纳布卢斯），著有《护教首篇》《护教次篇》《与犹太人特里弗的对话》等著作。查士丁曾研读过斯多亚学派、

---

① H. Koester 1982, p. 280.
② ［法］皮埃尔·阿多：《古代哲学的智慧》，第257页。

第四章 文化融合的思想世界

亚里士多德学派、毕达哥拉斯学派的著作,却都深感失望。后为柏拉图学派的著作所吸引,成了一个热情的柏拉图主义者。最终皈依基督教,被皇帝奥勒留下令逮捕和处死。查士丁死后,受到基督教官方教会的高度评价,被称作殉道的圣徒,也被查德威克等研究者看作是早期基督教神学的最早代表,是"基督教哲学的第一次认真的开始"。①

查士丁对柏拉图和基督教都同样地了然于胸,并且坚信"在终极真理上,柏拉图主义和基督教真理有着本质上的契合"。② 正是基于这种考虑,查士丁继承了斐洛的思想,力图把柏拉图哲学和基督教神学相结合,认为柏拉图熟悉《旧约》里众先知的智慧,他是希伯来智慧通往希腊文化的理智桥梁。③ 甚而在他看来,凡是按照理性生活的人都可以称作基督徒,因为任何民族中的好人和圣贤归根结底都受着同一种"道"(也即逻各斯)的启发。逻各斯是神启示的话语,同时神也正是通过逻各斯才创造了世界。查士丁认为,"逻各斯"在处女玛利亚之子耶稣基督身上而道成肉身。神的道和智慧就是基督,也就是内在于万物之中的那种理性,因而谁能依据理性正确地思考和生活,谁就分有基督,分有普遍的逻各斯。④ 就此而言,在基督降生之前的苏格拉底、赫拉克利特和亚伯拉罕等也是基督徒。⑤ 查士丁以柏拉图《第二封书信》312E 和《马太福音》第 28 章 19 节⑥为依据,把柏拉图的三类事物与基督教中的圣父、圣子、圣灵相对应,提出了他的"三一神学"理论。查士丁一方面认为,圣父、圣子和圣灵是统一的,我们要敬拜和尊崇神,公义的父,"以及圣子(就是从父而

---

① A. H. Armstrong 1967, p. 160.
② 章雪富:《基督教本土化的两种文化视野——亚历山大里亚学派和德尔图良之比较研究》,《基督宗教研究》,2001 年第 2 期,第 77 页。
③ 参见查士丁《与特里弗的对话》第 7 章。中译引自〔古罗马〕查士丁《护教篇》,石敏敏译,生活·读书·新知三联书店 2014 年版,第 77 页。下文关于查士丁的直接引文,不加特别说明都出自石敏敏的译本。
④ 参见查士丁《护教次篇》第 10、13 章,以及《与特里弗的对话》第 60 章。
⑤ 〔古罗马〕查士丁:《护教首篇》第 46 节。石敏敏译《护教篇》第 37 页。
⑥ 这节的原话是,"所以,你们要去使万民做我的门徒,奉父子圣灵的名,给他们施洗。"

◈ 上篇 生活方式的选择：普罗提诺及其世界

来，教导我们这些事的。还有其他跟从他，并与他相似的善天使）和说预言的圣灵"。① 另一方面，他也认为圣父、圣子和圣灵是独立的。神是永恒的、不变的、无形且无法表述的，是超越的至上者；而子就是耶稣基督，是内在于万物之中的逻各斯。但先知的灵和逻各斯之间的关系，查士丁区分得不是很清楚，圣灵的位置也因而模糊不清。

显然，查士丁在一个上帝、三个位格的问题上是相当头痛的：当他按照柏拉图主义的原则时，圣父、圣子和圣灵就是自上而下的等级从属关系而无法等同；而当他把三个神看成是等同的时候，又无法将三个位格区分开来。这样，查士丁既"成了先于普罗提诺一个世纪，把三位一体说建立在曲解了的柏拉图的理论上的最早的代表人物，"②又把这个难题留给了在他之后直到奥古斯丁的基督教神学家们。但无论如何，"查斯丁的阐释，开创了希腊式的护教先河：富有理智又充满激情，非常的富有思辨色彩又充满宗教性的直觉。"③ 首先继承他的护教传统的是亚历山大里亚学派的克莱门，接着是奥利金。

二 克莱门

亚历山大里亚的克莱门（Clement，约150—215年），很可能出生于雅典的非基督教家庭，深受雅典文化的熏陶，同时也为那个时代基督教殉道者的高尚道德和殉道精神所体现出来的信仰力量所吸引，曾为追求道德的净化和灵性的救赎一度参加过伊西斯秘仪，但最后皈依了基督教。克莱门与基督教的接触目前还没有充分的材料，但"克莱门的皈依发生在他早期的成年期，此时他完全可能还在雅典。"④ 大约在他20岁时，离开雅典，游学希腊、南意大利、叙利亚和巴勒斯坦等地。公元180年前后到亚历山大里亚，进入潘代努斯领导的教理

---

① ［古罗马］查士丁：《护教首篇》第6章。石敏敏译《护教篇》第6页。
② 范明生：《晚期希腊哲学和基督教神学》，第284页。
③ 章雪富：《基督教的柏拉图主义——亚历山大里亚学派逻各斯基督论》，上海人民出版社2001年版，第185页。
④ R. B. Tollinton, *Clement of Alexandria: A Study in Christian Liberalism*, Vol. 1, London: Williams and Norgate, 1914, p. 10.

第四章 文化融合的思想世界

问答学校,后接任校长(公元190—202年)。当罗马皇帝塞维鲁在公元202—203年期间迫害基督徒时,克莱门逃离亚历山大里亚,避居加巴道西和安条克,大约在215年辞世。克莱门的主要著作有《劝勉希腊人》《导师基督》《杂记》《哪些富人能得救》以及《福音书同观》片段等。在这些作品中,克莱门坚持了查士丁的护教思路,接受了斐洛关于理性与启示相辅相成的主张,将希腊文化和希伯来文化相综合,将理性与信仰相调和,既反对诺斯替主义,也反对基督教中的蒙昧主义。

克莱门扩展了基督教神学中的文化综合主义,在调和理性与启示、哲学与宗教的基础上,提出了"哲学是神学的婢女"的观点。"在救主降世以前,对于追求公义的希腊人来说,哲学是不可或缺的。就现今而言,哲学有助于虔敬,对于需论证才信的人,哲学是一种预备性的训练。正如经上所说的,'如果你将属希腊人或属我们的善归于神的安排,你就必不至于绊脚'。因为神是众善之因:对某些善而言,如《新约》和《旧约》,他乃是直接原因;而对于某些善,如哲学,他则是间接原因。或许,是为了给出直接原因做准备,神将哲学给予了希腊人,直至救主自己来召唤希腊人归向他。因为哲学之于希腊人就是引导他们到基督那里的导师,正如律法之于希伯来人。所以哲学是一种预备功夫,为在基督那里得完善的人铺平道路。"[①] 显然,在克莱门看来,哲学与宗教都可以探求真理,但哲学是追求宗教真理的预备,因而基督教的真理高于希腊哲学,信仰先于、高于哲学。

克莱门认为,无论是哲学的真理还是宗教的真理,都源自同一个神。在《圣经》被翻译成希腊文之前,希腊人就通过他们的哲学认识了基督,只不过他们把基督称为逻各斯。神圣的逻各斯,是"上帝

---

① Clement, *Stromata*, Ⅰ.5. 凡出自《杂记》的引文没有特殊注明的,皆来自 Schaff Philip ed., *ANF* 02. *Fathers of the Second Century: Hermas, Tatian, Athenagoras, Theophilus, and Clement of Alexandria*, Grand Rapids, MI: Christian Classics Ethereal Library, 2004.

◆ 上篇　生活方式的选择：普罗提诺及其世界

的影像""原型之光的光，是努斯真正的儿子"；① 它就是神，是圣子，而且是"头生的"。② "当逻各斯成了肉身，他就会被看见"，③ 具有了肉身的逻各斯就是耶稣基督。实际上，在基督道成肉身降临之前，非肉身的逻各斯就已经在摩西律法和柏拉图哲学中显现出来了。摩西把神的律法解释、传授给犹太人，以救赎犯有原罪的人类，确立人性中的善和人类的美德；柏拉图要求人们要遵循理性（逻各斯），在对神的静观中追求真理，在善的指导下过一种正当的生活。无论是有人称呼他（逻各斯）为律法，还是有人称呼他为合理的理性，他都是那告诫人们什么可以做、什么不可以做的存在④，即耶稣基督。"就是这位导师，他用奥秘训练智慧人，用美好盼望训练信徒，用有形的办法纠正硬心肠的人"，⑤ "引导人从信心到知识，去获得和理解真理。"⑥ 显然，克莱门借助柏拉图哲学，以希腊哲学的方式和语言来理解《圣经》，力求把基督逻各斯化和理智化。这里，"努斯"，即圣父，是柏拉图的至善；而"看"就是柏拉图神秘的静观，是灵魂对最高实在的神秘迷狂；而基督的"教导"，就是灵魂认识至善理念的灵性训练，也是灵魂救赎的理智上升阶梯。这样，克莱门既强调了基督教信仰的根基在于信心，谁信仰上帝谁就能得救。"相信他，你们就能得到获救的报酬。'追求上帝的人们，你们的灵魂必将苏醒。'追求上帝原是经营自己的获救。"⑦ 同时，他又说明了这种信心的知识论根基在于逻各斯，逻各斯就是智慧，⑧ 是人类心灵和理智的源泉。

---

① Clement, *Exhortation to the Greeks*, X. See Clement of Alexandria, *Clement of Alexandria: The Exhortation to the Greeks. The Rich Man's Salvation. To the Newly Baptized*, trans. G. W. Butterworth, Loeb Classical Library, 1919, p. 215.

② Clement, *Stromata*, Ⅵ. 7.

③ Clement, *Stromata*, Ⅴ. 3.

④ See Clement, *Stromata*, Ⅰ. 15.

⑤ Clement, *Stromata*, Ⅰ. 6.

⑥ Clement, *Stromata*, Ⅴ. 1.

⑦ ［古罗马］克莱门：《劝勉希腊人》，王来法译，生活·读书·新知三联书店2002年版，第121页。

⑧ Clement, *Stromata*, Ⅴ. 14.

第四章 文化融合的思想世界

"逻各斯的形象之一就是真正的人,也就是人的心灵(nous),正因此才把人说成是根据上帝的'形像','按照他的模样'造成的,也正是由于心灵被造的如此像神圣的逻各斯或理性,人才有了理解力。"[①] 对此,哈纳克(A. Von. Harnack)认为,"克莱门把基督—逻各斯的概念提高到关于世界和揭示基督教的宗教观点的最高原则。与查士丁相比,他赋予逻各斯的含义要丰富的多。"[②] 确实,在克莱门那里,逻各斯有着极具包含性和更为丰富的含义。逻各斯是影像;是智慧;是神的光,启示了父的本性,是上帝的模仿者;[③] 作为子,是父的权能的中保,是上帝进行创造的工具,[④] 同时又承担着救赎的角色。

更为重要的是,克莱门赋予了逻各斯在查士丁从柏拉图第二封书信中发现的三一神学体系中的优先地位,使逻各斯成为三一神学的核心。他认为,"神不是可以证明的,因此也不是知识的对象;但子是智慧、知识、真理,和一切类似于此的事情。由于他才给出了有关于神的证据和描述。"[⑤] 这就是说,只有通过子才能对父有所理解和表达。一方面,"在灵性世界中,那个有着最古老的源头,没有时间和没有开端的第一原理,又是万物的开端的,就是子。我们就是从他那里探索超越的、更为终极的原因,万物的父,万物的最古者和最仁慈者。"[⑥] 另一方面,"神没有开端,完全自足,是十足完美的第一原理或万物的开始,是第一原则的创造者。就这一方面而言,他是存在,是自然事物的第一原则;就他是至善这一方面而言,他是伦理事物的第一原则;就他是心灵而言,他是推理和论断的第一原则。据此,只有他,才是逻各斯,即作为父或努斯之子的导师,也只有通过他,逻

---

① Clement, *Exhortation to the Greeks*, X.
② Adolf Harnack, *Outlines of The History of Dogma*, trans. Edwin Knox Mitchell, Funk & Wagnalls, 1893, p. 151.
③ See Clement, *Stromata*, Ⅱ. 136; Ⅱ. 188.
④ Clement, *Exhortation to the Greeks*, Ⅵ.
⑤ See Clement, *Stromata*, Ⅳ. 156; Ⅱ. 317.
⑥ See Clement, *Stromata*, Ⅶ. 2; Ⅲ. 4, 5.

上篇　生活方式的选择：普罗提诺及其世界

各斯才能训导人类。"① 也就是说，逻各斯作为自然万物的直接创造者，也是伦理事物和心灵事物的开端和第一原则，因而逻各斯是世界的立法者；同时，子也是人类的导师。通过逻各斯，人类得到教育和完善，获得关于神的知识。于是，逻各斯凭借他与上帝的关系以及他与人的关系，而成为人与上帝的桥梁。当然，逻各斯之所成为三一神学的核心，也在于逻各斯概念使希伯来文化强调的信仰启示和古希腊文化看重的理性思辨在一种信仰体系里达成了统一。

这样，克莱门就把希伯来文化的基督教热忱巧妙地转化成古希腊文化的形而上学激情，使基督教从一种纯粹的信仰成为一种哲学。这既标志着基督教神学中心的转移，从"以信仰为中心的基督教神学向以知识为中心的希腊式神学的转变"；也标志着基督教神学表达方式的转移，"由对圣经的历史事件的记忆向意义构造的转变"，这些都必然会影响到奥利金，并通过后者影响到整个西方的基督教传统。②

三　奥利金

奥利金（Origen，约185—250年）出生于亚历山大里亚城一个富裕的基督教家庭，父亲是皈依了基督教的希腊人，而母亲是个有犹太血统的埃及人。他自幼就跟克莱门学习，也曾求学于阿谟纽斯③，

---

① See Clement, *Stromata*, Ⅳ.162；Ⅱ.320, 16.
② 参见章雪富《基督教的柏拉图主义——亚历山大里亚学派逻各斯基督论》，第245页。
③ 波菲利在《普罗提诺的生平》中说到普罗提诺和艾尔纽斯、奥利金三人相约不把老师启示给他们的教义泄露给外人，但后面俩人却先后违约。波菲利提到的这个奥利金不是我们这里的神学家奥利金。因为根据学者的考证，他俩成为同学最可能是在232—242年，但这时神学家奥利金已经47—57岁了，而且人在凯撒利亚，不可能在亚历山大里亚求学。另外波菲利还说到奥利金曾去罗马听普罗提诺的课，让后者感到尴尬。但普罗提诺是在242年定居罗马，而神学家奥利金生平中唯一一次去罗马的时间在233年之前，因而去听课的肯定不是基督教教父奥利金。因此那种认为神学家奥利金和普罗提诺是同学的说法是不准确的。准确的说法是：神学家奥利金是阿谟纽斯的学生，但与普罗提诺不是同学，和后者做同学的是另一个奥利金。当然，即使不是同学，基督教神学家奥利金和普罗提诺在思想上的联系和相互影响仍是不可否认的，这是我们所感兴趣并在下文中会展开论述。

第四章 文化融合的思想世界

先后到罗马、希腊、巴勒斯坦、阿拉伯半岛等地游学,受过诺斯替派影响,但更倾向于基督教,特别研究了柏拉图和斯多亚学派的哲学。他一生严于律己,清贫乐道,过着严格的禁欲主义生活,具有较强的殉道品质。据说,他看到《马太福音》教训说"有为天国的缘故自阉的",(《圣经·马太福音》19:12)便挥刀自宫,以示对上帝的忠贞。公元203年(18岁左右),接替因克莱门离开而留下的教理问答学校校长的职位,讲学10多年,深孚众望。215年前后,罗马皇帝卡勒卡拉迫害基督徒,亚历山大里亚发生骚乱。奥利金先是避居巴勒斯坦,后又移居凯撒利亚,建立了一个类似教理问答学校的学校,执教达20年之久。大约在231年前后,和亚历山大里亚教会决裂,被革除教籍,终其一生再未回到故里。在皇帝德西乌斯迫害基督徒期间,奥利金被捕入狱,254年病死于迦太基的泰尔监狱。奥利金著作等身,据说有6000册之多,流传下来的著作大多是对《圣经》的注释与文字修订,主要有《论首要原理》《驳凯尔苏斯》《〈马太福音〉注释》《讲道集》等。在这些著作中,奥利金几乎涉及到基督教信仰的所有问题,借助古希腊哲学,把在克莱门那里还比较松散的基督教神学发展成为了一个完整严密的神学体系,"奥利金的理论成为尼西亚会议之前的基督教神学的基本框架。"① 在《论首要原理》的"前言"部分,奥利金说他要从"基督是真理""圣父、圣子和圣灵的关系""灵魂与肉体的关系""《圣经》的另一重意义""神的本性"等10个方面来论述基督教神学的问题。② 鉴于在其思想中的重要性以及对普罗提诺思想的影响,我们这里主要介绍他的逻各斯论、三一神学和灵魂理论。

奥利金像查士丁、克莱门一样,把古希腊哲学看作是基督教的准备,尤其利用他最推崇的柏拉图哲学,运用斐洛的寓意释经法对《圣经》进行解读,为基督教辩护。他除了强调在克莱门那里已经被论及

---

① 章雪富:《基督教的柏拉图主义——亚历山大里亚学派逻各斯基督论》,第252页。
② See Origen, *On Frist Principles*, ed. by G. W. Butterworth, Ave Maria Press, 2013, preface1 - 10.

◈ 上篇 生活方式的选择：普罗提诺及其世界

的逻各斯是上帝的影像、独生子，是超验而至上的，是万物的开端，是神和世界的中介等意思外，更力图通过对《圣经》文本的寓意释经表明在《圣经》每一处字里行间都能发现逻各斯始终临在的教导和救赎活动，从而建立起以逻各斯概念为中心的基督教神学体系。他认为《圣经》的意义是多重的，"《圣经》的经文具有（或可能具有）三种互不相同、但又互为补充的意义：字面的（litertal）或物理的（physical）的意义，道德的（moral）或心理的（psychical）意义，理智的（intellectual）或灵性的（spritual）意义。"① 人们在阅读圣经时，应该从字面意义背后去发现灵性的意义。因而，我们不应拘泥于《旧约》文本，尤其是那些含混、矛盾乃至血腥的文字，而应意识到神总是参与到世界和人类的历史之中，逻各斯基督不是有时在、有时不在而是始终都是临在并拯救世人。"基督在太初之时就是神的逻各斯，就与神同在。这逻各斯就是神，并且在万物中事奉父，万物不只是生物，还有律法和先知，都是借他而造的。因为正如我们所知道的，在末世时候，逻各斯在耶稣基督里被造为人。在他降世为人以及显圣于肉身中之前，他就已显出他的救赎，尽管在这个时候，他还不是人类中的一员，还不是人与神之间的中保，因此才通过天使赐下律法。然而这不是说，律法在这位中保的手之外而被赐予，而是说，'律法是神圣的，这诫命是神圣的，公正的和良善的，所有这些都因基督而圣洁化了'。"② 在这段文字里，奥利金集中而明确地认为逻各斯具有双重的意义。一方面，在创世之初，还没有道成肉身之前，逻各斯就是神的逻各斯，神的影像，其能力显现在《圣经》中，只有通过灵性意义的寓意释经才能发现在这些话语背后所隐藏的基督的普世性教诲和救赎。对于基督徒而言，那些能引导人走向善和幸福生活的知识"都来自基督。但基督的这些话语不只是他造就人时在肉身中

---

① ［美］胡斯都·L.刚察雷斯：《基督教思想史》（第1卷），译林出版社2010年版，第201—202页。

② Origen, *Origen's Fragmenta in Epistolamad Colossenses*, ed. by J. P. Migne, 1862. 转引自章雪富《基督教的柏拉图主义》，第153页。

第四章 文化融合的思想世界

教诲了他们,因为在这之前,基督就是在摩西和众先知中的神的话语。因为若没有神的话语,他们如何能作有关基督的预言?"① 就此而言,在《旧约》中,以逻各斯(话语形式)而呈现的基督(神圣的话语)就是一种临在的活动,领悟了这些神圣教诲的真理,就可以得到拯救,并凭此而得以有福地生活。另一方面,在道成肉身之后,逻各斯成为上帝和人之间的中保。但在没有降世为人之前,逻各斯以话语的形式已经承担了中保的活动。"根据历史所记载,当'道成了肉身,住在我们中间',我们的主耶稣基督就以肉身降临,这是照亮整个世界的普世性活动。因为'他就是真正的光,照亮一切生在世上的人。他在世界中,世界也是因他而造的,但世界却不认识他。他到自己的地方来,自己的人却不接待他'。然而需要指出的是,他在太初就临在了每个圣人身上,尽管还不是一种肉身的降临。在他以肉眼可见的形象降临之后,他就再次临在于我们中间……我们也必须知道,逻各斯和我们每个人都在一起,尤其对那些从中得益的人来说。如果逻各斯降临在这个世界,而我竟没有获知他,那我怎么会有这种好处呢?"② 总之,在奥利金看来,逻各斯基督的中保活动既存在于《圣经》话语(逻各斯)的教训,也存在于历史上逻各斯对圣人和先知的教诲,更存在于道成肉身后逻各斯的普世性教导。这种教导适合于每个想要依照理性而生活的灵魂,只要把这种普世性教导给予每个人,就能促进灵魂的进步和成长。这样,在奥利金这里,亚历山大里亚学派把逻各斯论和基督论相结合的努力终于成为了一种以唯理智论为基本特征的神学。

奥利金以逻各斯基督论为核心制定了基督教神学的最早的三一神学理论。奥利金首先以希腊的方式把神(圣父)理解为努斯(Nous),是绝对无形的永恒的、单纯的精神实体。"神既不能被看作是任何一种形体,也不能说存在于形体之中,而只能是种单纯的理智

---

① Origen, *On Frist Principles*, Ⅰ, preface 1.
② Origen, *Homilies on Jeremiah and I Kings* 28, Homilies on Jeremiah 9, trans. J. C. Smith, Washington: The Catholic University of America Press, 1998, pp. 85 – 86.

上篇 生活方式的选择：普罗提诺及其世界

存在。他自身不允许掺杂任何附加物，因此我们不能说它是多或者少，他就是一（Monas，Unity）。或者我也可以这样说，他就是整全的一（Henas，Oneness），是一切理智性存在物或者心灵产生的根源。"① 万物都是从神那里"分有"了自己的存在，或者说，都是由神创造出来的。圣父首先"永恒的生出"圣子，"就像光发出光亮，""不需要凭借任何外在的活动，而仅凭他自身的本性"。② 因而圣子与圣父是同质的，"应当正确地把神的独生子理解为神的智慧，是种本体性存在，而这个本体（hypostasis）或实体（substance）我知道是不具有任何形体的性质。"③ 需要注意的是，奥利金这里使用的 hypostasis 在普罗提诺那里是作为其哲学最为核心的概念——三一本体。一方面，圣子和圣父一样，作为神圣本体都是没有形体的，人只能"知道"神但不能"看见"神。《圣经》中说到神的"手""脸""声音"或者说"光""火"等，只能从隐喻的意义去理解。"看见是一回事，知道则是另一回事。看见和被看见是有形之物的特性，知道与被知道则是理智存在者的特性。因此无论如何，凡是有形之物的特性都不能用于圣父和圣子，但凡是属于神性的则同属于父和子。"④ 但另一方面，圣子并不等于圣父。圣子是为圣父所造，是圣父的影像、逻各斯和智慧，是独生子基督，是第二位的神。就本性而言，圣子也是一，不过是包含了杂多的一，"当他被造为神之'道路的开端'时，他就在自身中包含了一切造物的开端、原因和种类。"⑤ 因而，圣子虽然和圣父本质上相同，但毕竟不如圣父那样纯粹。他依附于、低于圣父，是圣父创造世界的工具，也是圣父与人之间的中保，是第二位的神。但逻各斯又是世界万物的开端，是圣父创世的德穆革，万物也都因为分有了他的存在而存在。这样，奥利金"由于用'努斯'来表

---

① Origen, *On Frist Principles*，Ⅰ，1.6.
② Origen, *On Frist Principles*，Ⅰ，2.4.
③ Origen, *On Frist Principles*，Ⅰ，2.4.
④ Origen, *On Frist Principles*，Ⅰ，1.8.
⑤ Origen, *On Frist Principles*，Ⅰ，2.2.

达父，又用逻各斯来表达'子'，'努斯'与'逻各斯'之间的希腊式的天然的关联就被导入到'父'与'子'的关系之中"，并且"自然的构造出了心智（努斯）—逻各斯—理智或一般存在之间的关联。"① 在这个三一神论的宇宙创生模式中，圣父在把自己神圣的一展现为杂多，最先是圣子，其次是圣灵，之后才是被创造出来的世界。圣灵，低于圣子，却和圣子一样都超越于万物之上，体现了父神的善与恩典。但圣灵是以何种方式产生的？奥利金似乎有些犹豫不决。他说，"我们还没有在《圣经》里找到证据，说圣灵是被造的，甚至也没有任何地方说他的产生类似于我们上面提到的所罗门所谈论的智慧的产生，或者类似于我们上面所讨论过的把圣子理解为生命、逻各斯或其他称呼的产生方式。因此在我看来，神的灵就如《创世纪》里所描述的，'运行于水上的灵'，无非就是圣灵。"② 但是，圣父、圣子和圣灵处于三个高低不同等级的层次在奥利金那里还是比较明确的。"父神赋予万物以存在，基督既是神的逻各斯或理性，使凡是分有他的也成为理性的存在物。从这里可以看出，他们或者因其善功而得奖赏，或者因其邪恶而受惩罚。在这点上体现了圣灵的恩典，他使那些在其本性中并非神圣的存在物由于分有神圣恩典而变得圣洁。因此，他们首先从父神获得存在，其次从逻各斯获得理性本性，再次从圣灵获得他们的圣洁。"③ 总之，在奥利金看来，圣父、圣子和圣灵是本质相同、位格不同的"三位一体"的神。④ 他一方面是纯粹精神性的实体。对人而言，我们虽知道一定有神，他无所不在，却看不到，而且神本身是不可把握、不可测度的，因为"神的本性是任何人的理解力，即使是最纯粹最敏锐的理解力都无法领悟，无法理

---

① 章雪富：《基督教的柏拉图主义》，第260—261页。
② Origen, *On Frist Principles*, Ⅰ, 3.3.
③ Origen, *On Frist Principles*, Ⅰ, 3.8.
④ 严格来讲，奥利金只明确承认了圣父和圣子的人格，但对圣灵是否具有人格没有做出明确的说明。就此而言，奥利金所谓的"三位一体"和后来的基督教神学家们所言的"一个本体、三个位格"的三位一体还是有区别的。

上篇　生活方式的选择：普罗提诺及其世界

解。"① 上帝为了使人感知到他的恩典，于是将本无形体的圣子肉身化为耶稣基督，显示于人，并通过基督的中保活动救赎世人。另一方面，神又必须具有三种形态，以满足被不同层次的存在物从不同方面分有他。所有的被造物，无论是有生命的还是没有生命的、理性的还是非理性的存在物，都因分有了圣父的存在而存在，而只有理性的存在物——人才能分有圣子的道或理性，而圣灵"只存在于已经转向了良善的生活，并且皈依基督道路上的人，即只有在行善的，并且住在神里面的人身上。"② 这种逐步升级的分有既是事物的等级秩序的原因，对人的灵魂而言也是一个净化上升的救赎过程。

灵魂的净化及其上升是奥利金灵魂论的核心。他从保罗关于洗礼的圣事出发，结合耶稣基督降临的历史事件，借助柏拉图主义的灵魂学说，把灵魂的上升更多地看成是灵魂听从内心的逻各斯，逐步获得和经历尘世的知识、天国的知识、神的知识三个阶段，从而消除罪恶的救赎过程。他说，当人"看到了他的荣耀，即父的独生子的荣耀，他就不会再去看任何别的，或者去听除生命和救赎的逻各斯之外的任何东西。""在对感官采用相应的训练方法之后，灵魂就会走上前进的道路。"③ 灵魂首先获得的知识是尘世事物的知识，包括"什么是赐生命的灵""什么是运作的灵"等关于逻各斯的最初认识，"什么是以色列""以色列十二个支派的意义"等《旧约》知识，以及创世的秩序和种类，背信天使和神意的知识等。④ 灵魂虽然获得了这些有关个体性、差异性的知识，也还为世俗利益所束缚，因而还处于"训练其自然本性"的初级阶段。但灵魂毕竟已经知晓了"分别事物的原因和本性"，获得了关于逻各斯的初步知识，他就必然会去追求永恒的事物。这样，灵魂就会上升到第二个阶段，获得天国的知识，即

---

① Origen, *On Frist Principles*, Ⅰ, 1.5.
② Origen, *On Frist Principles*, Ⅱ, 3.5.
③ Origen, *The Song of Songs*, *Commentary and Homilies*, trans. R. P. Lawson, London: Longmans Press, 1957, p.80.
④ See Origen, *On Frist Principles*, Ⅱ, 11.5.

对天空的存在物及其所在的灵性世界的认识，比如神为什么要创造万物，为什么这个星体要在这个位置而不在那个位置，等等。这个灵性的世界处于尘世与神界之间，死去的圣徒们的灵魂就停留在这里，也即《旧约》中的乐园，继续接受训练，以便获得完备的知识，为未来所要发生的事情做准备。当灵魂在获得了天国的知识后，明白万事万物的依据不能从具体的存在物中去寻找而在于神，神不会存在于某个质料性或形体性的位置中，因而应该从逻各斯中寻找并面对神。这样，灵魂就上升到第三个阶段，也是最高阶段，去求得关于神的知识。在这个阶段，灵魂达到了完善，获得了完全的救赎。"既然人因为分有圣灵而变得更加伟大和圣洁，那么他就配接受智慧和知识的恩典，以便他涤除掉一切因无知而遭受的污点，并在圣洁和纯正上取得巨大的进步……智慧就必教导他们，训练他们，再藉着圣灵的不断巩固和洁净，使他们达于圣洁，臻于完善。"① 总之，在奥利金看来，"通过在我们中间恢复圣父、圣子和圣灵的永不停息的工作（灵魂上升的各个阶段），我们就能够战胜困难，在未来的某个时候，达到这圣洁而有福的生活。也只有经过不懈努力，我们才能过上这种生活。一旦达到了，我们就应当继续努力，而不对这种幸福产生厌倦感。"② 显然，在奥利金这里，灵魂的上升是一个从有形体（尘世事物）到无形体（逻各斯和圣父）的理智的认知和修炼过程，灵魂的救赎是一个从肉体的堕落中觉醒、通过逻各斯的知识而涤罪净化、在与神的神秘同一中过上圣洁而幸福的生活。

奥利金是亚历山大里亚学派的标志性人物，他以柏拉图主义为基础，综合了东西方文化，奠定了基督教神学的基本框架和体系。但无论生前还是死后，他都是基督教史上最富争议的影响人物。他生前虽备享盛誉，却被基督教会开除出教会；他死后，在533年的第二次君士坦丁堡公会上正式被宣布为异端，却仍是保罗到奥古斯丁之间最伟大

---

① Origen, *On Frist Principles*, Ⅱ, 11.3.
② Origen, On Frist Principles, Ⅱ, 11.3.

◈ 上篇　生活方式的选择：普罗提诺及其世界

的基督教神学家，其影响"从过去一直持续到现在"。[1] 我们的普罗提诺与奥利金在三一本体、逻各斯说、流溢说、灵魂的堕落与上升等问题上彼此极大地受惠于对方。以奥利金等为代表的亚历山大里亚学派和以普罗提诺为代表的新柏拉图学派有着同样深厚的柏拉图主义渊源，只是奥利金以基督教的话语表达和阐释着柏拉图主义的基督教神学，而普罗提诺则以柏拉图的方式言说和建构着灵性修炼的新柏拉图主义。

最后，我们还要提及几个对普罗提诺有过影响或聚讼的同时代哲学家。在关于普罗提诺生平的传记中，波菲利说，在课堂上老师和他们常常朗读当时一些哲学家的作品；（生平，14 章）但依据里斯特所说，普罗提诺在《九章集》中却从来没有提到过和他同时代或年代相近的哲学家。[2]然而，这并不表明普罗提诺就没有受到过与他同时的哲学家的影响。除奥利金等人外，我们这里再主要说三个人。

第一个是普罗提诺的授业恩师阿谟纽斯（Ammonius Saccas，175—242 年）。他虽然学识渊博，对柏拉图和亚里士多德的思想烂熟于心，但由于他一生并未著书立说，所以对他的思想我们了解得很少。他的基本学说大体上和柏拉图、亚里士多德在本质上是一致的，认为灵魂是无形的、精神性的，而太一、绝对、和善是超越理念和理智的。[3] 无疑，阿谟纽斯对普罗提诺的影响是巨大的，至少他允许基督徒去听他的课而具有的开明态度为普罗提诺调和宗教与哲学、融汇东西方文化所继承。但是策勒尔却认为他的学说"和普罗提诺的学说差距甚大，虽然这些差距比起早先的柏拉图主义者要小得多。新柏拉图主义的真正缔造者是普罗提诺。"[4]

第二个是新毕达哥拉斯派的努美纽斯（Numenius，约 150—200

---

[1] W. H. C. Frend, *Saints and Sinners in The Early Church*, Michael Glazier, Inc., 1985, p.74.
[2] See Rist1967, p. 12.
[3] 参见范明生《晚期希腊哲学和基督教神学》，第 326—327 页。
[4] ［德］E·策勒尔：《古希腊哲学史纲》，翁绍军译，山东人民出版社 1996 年版，第 313 页。

年)。在普罗提诺生平中,我们已经提到过努美纽斯,他被当作是一个柏拉图主义者,但有时也被贴上毕达哥拉斯主义的标签,这或许和当时毕达哥拉斯学派和晚期柏拉图学派之间并没有明确的界限有关。① 在公元前1世纪前后,宗教因素使得几乎销声匿迹的毕达哥拉斯主义在亚历山大里亚复活了。新毕达哥拉斯派试图折中调和早期的毕达哥拉斯派、柏拉图学派、亚里士多德及逍遥学派和斯多亚派的主张。努美纽斯由此出发,依据柏拉图的《蒂迈欧篇》和第二封信中三个层次或领域的观点,杂糅了毕达哥拉斯、亚里士多德以及斯多亚主义等学派的相关思想,谈到了三种神及其关系。他的三种神思想与普罗提诺的三一体理论非常相似,以致当时就有人指责普罗提诺剽窃了他的思想。(生平,17章)努美纽斯首先设定了一个超越一和不定之二的唯一的创造原则——第一位的神,他称之为父亲。第一位神超越了存在和形式,是本原意义上的本体,是至善(Godness)和第一位理智(First Intelligence)、宇宙万物的永恒原因。第二位的神是第二位的理智(Second Intelligence),来自第一神,并分有了第一神的善,是造物主或德穆革。"显然,第一神是静止的,第二神是运动的;第一神与理智领域相关,第二神则既与理智领域相关,也与可感领域相关。"② 第三位神是第二神在创造活动时从自身投射出的一种影像,在质料性的领域被当作流溢而出的世界灵魂。同时他认为,理智包含在它的每一个部分中,宇宙的创造原则也不会因它的流溢及其结果而有所减损,就像一个老师的知识不会因为传道授业解惑给他的学生而有所减少一样。确实,努美纽斯的三种神理论和普罗提诺的三一体理论有着类似之处,但这并不能说普罗提诺就剽窃了前者的观点,他们之间的区别同样也是明显的。正如阿姆斯庄所言,"总而言之,努美纽斯和普罗提诺之间的相似之处和差异之处是差不多一样大小的。"③

另外,我们还应该提及一下阿芙洛狄西亚的亚历山大(Alaxander

---

① See John Gregory1999, p. 11.
② See J. Dillon, *The Middle Platonism*, Cornell University press, 1977, p. 368.
③ Armstrong 1967, p. 101.

上篇　生活方式的选择：普罗提诺及其世界

of Aphrodisia），他是公元 3 世纪雅典的逍遥学派的领导人，普罗提诺关于亚里士多德和斯多亚派的学说大多是通过他获得的。[①] 他认为有两种形式，一个在于质料，另一个则超越于质料；有两种理智，一个主动，一个被动。当灵魂从感性事物中抽身而出时可以认识到内在的形式，而超越的形式只能通过主动的理智来认识。主动的理智外在于个体的人而与神圣的理智同一。[②] 这些思想也许启发了普罗提诺坚持理智之物与理智是同一的，人的理智在沉思时也是在不停地活动，虽然我们并没有意识到。

作为一个思想家，普罗提诺是幸运的。他生活在一个大一统却又动荡的生活世界，一个基督教还没有完全独尊的兼容并蓄的宗教世界，一个思想传承深厚且文化融合的思想世界。正是这样的时代所造就的生活方式才成就了罗素眼中从亚里士多德到奥古斯丁之间最伟大的思想者普罗提诺。他及其以他为代表的新柏拉图主义，也正是这种民族、宗教、思想和文化乃至生活方式相混合的综合主义潮流的产物。但作为一个普通的个体，普罗提诺和他那个时代千千万万的普通罗马人一样，在黑暗的三世纪又是不幸的。这种不幸使得包括普罗提诺在内的许多人都重新思考世界和人自身存在的意义，寻找适宜于时代和自己的美好生活方式。从某种意义上来说，在古希腊，尤其是在城邦的繁荣期，人生存的意义在于城邦共同体，理性的生活方式才是值得过活的，美好的生活就在于对世界的理性沉思、获得普遍必然的知识和追求科学真理。但在普罗提诺所生活的晚期，希腊罗马社会已不再有希腊城邦式的共同体，人们越来越难以在通过参与城邦事务的生活中获得生命的意义。换言之，个体的人已经不能通过已经习惯的生活方式在统一的大帝国中找到意义的归宿。而且，这个庞大的帝国、整个现存的世界充满了灾荒、战争、瘟疫等丑恶的东西，残酷的现实摧毁了一切曾经具有价值的东西，否定了世界的合理性以及向外

---

① See Rist 1967，p. 173.
② John Gregory1999，p. 11.

部世界追求知识的热情。那么，如何逃离这个"喋血如海"的世界、重获人生存的根基与意义？通过对普罗提诺的生平及时代之考察，我们发现了普罗提诺所面对的时代问题是选择何种生活方式才能逃离这个悲惨的现实世界而转向一个善和美的世界；通过对其宗教世界的考察，我们发现对于那个时代，信仰的生活方式不失为一个选择，灵魂与上帝的同在对回到美好世界、过上美好生活至关重要；而思想世界的考察则表明了灵魂（心）趋向上帝的种种可能性，理性（哲学）的生活方式也是一种选择，它在古典时期已表明了自己的可靠与辉煌。就此而言，前人的努力和"喋血如海"的晚期希腊罗马世界决定了普罗提诺及其那个时代的主要问题是选择什么样的生活方式？具言之，是选择哲学（理性）的生活方式，还是宗教（信仰）的生活方式，抑或其他，才能使人过上"美好的生活"？进而言之，人如何才能逃离充满了恶与苦难的现实世界而抵达善与美好的彼岸世界，回到神/上帝那里？普罗提诺以自己独特的方式更为深刻地思考着时代问题，而对普罗提诺及其世界的考察也催促着我们尽快地去探究普罗提诺如何"依照精神的生活"去感悟、思索、践行心向上帝的旅程。

中篇
心向上帝的旅程：
普罗提诺宗教哲学

　　普罗提诺自身的经历和所处的生活世界、宗教世界和思想世界及其所造就的生活方式决定了其宗教思想的核心问题是人的灵魂如何才能走向上帝以达到灵魂与太一、人与上帝的合一。我们的灵魂本来是神圣的，来自神圣的三一体——太一、理智和灵魂本体。但由于某种原因，灵魂却离开了神圣的三一体，下降到形体世界。当它重新觉醒后，就会"依照精神的生活"，通过各种努力和精神修炼使自己重新回到上帝那里。在普罗提诺那里，灵魂的下降之路和上升之路是同一条道路，只是方向不同而已。下降之路是说我们的灵魂离开其神圣的本源太一/上帝，依次经过理智和灵魂本体而下降到形体世界。上升之路就是灵魂回归上帝之旅，我们的灵魂通过德性的净化，逃离可感世界回到灵魂自身；在美和爱的引导下，上升到理智世界；然后凭借辩证法，在一种神秘的迷狂状态中，静观太一，最终与上帝合一。

第五章 三一本体

在《生平》中，波菲利说普罗提诺精神修炼的"终点和目标就是走向超越万有的上帝并与他相结合。"（生平，23章）人的灵魂走向上帝并与之合一，这可能吗？如果可能，可能性的依据又何在？普罗提诺的答案非常明确，灵魂走向上帝的可能性就在于灵魂本身是神圣的。因为我们的灵魂来自神圣的三一体——太一、理智和灵魂本体，因而它能上升到神圣的世界，也能与上帝合一。因此，本章主要讨论灵魂，确切地说是我们的灵魂的神圣来源，即作为三一本体的太一、理智和灵魂本体。

第一节 hypostasis 解义

在普罗提诺的思想体系中，所有的形式和存有都是从神圣者（the Divinity）流溢而来的，并且要努力返回到其来源。这个神圣者就是一个由太一、理智和灵魂构成的有等级的三一体（Triad），普罗提诺称之为 hypostasis。

Hypostasis 这个词通常是以动词的形式出现的，有两种意思，一是位于某物的下面，二是支持或支撑。前者作为不及物动词，既指任何物体的隐而不见的部分；也指构成任何物体的原料或质料，因而引申用来指一物的基础和依据、内容和本质。后者作为普遍的主动语态的用法，指某物支撑他物，引申来讲就是使某物忍耐持续与强硬坚挺。在这后一种语义的基础上，*hypostasis* 渐渐含有了真实与现实之意，意

指某一个特殊的个体之物具体的、独特的、确实的存在。① 虽然 hypostasis 的词源意思似乎是清楚的，但事实上如何来翻译、表达 hypostasis 却是一个颇为棘手的问题。因为一来在古希腊哲学中，它与意思相近的几个词关系错综复杂，二来在现代西文中也没有与它直接相对应的词语。这就使得人们在翻译、理解它时颇为踌躇。人们一般认为普罗提诺的形而上学体系包含着三个 hypostasis，但格尔森则认为太一、理智、灵魂的三个 hypostasis 的区分是错误的，而坚持 hypostasis 相当于古希腊哲学中的 archai（本原），译之为英语的 Principle（原则），并提出了三条理由来加以支持自己的见解②。也有人主张不加翻译地使用这一术语，如埃尔默·奥布莱恩（Elmer O'Brein）就认为，因为普罗提诺对该词的使用并不能等同于英文中常用的实体、实在、人格等意思，而是具有存在的超越根源（Transcendent source）之意③。赵敦华对上述译法进行分析后主张译为"本体"④。另外，范明生译为"原理"，苗力田主编的《古希腊哲学》中译为"实质"。由是观之，无论是西文还是中文，对 hypostasis 的理解与翻译都存在分歧与争议，那么究竟如何来理解 hypostasis 呢？我们需要厘清它与以下几个术语之间的关系。

第一，hypostasis 与 hypokeimenon（substratum）。这两个词的词首都是 hypo-，具有"在……之下"的意思。具言之，后者是"躺在……之下"，前者是"站在……之下"，都含有"万物所依存的基础和根据"的哲学意义。⑤ 亚里士多德在《范畴篇》和《形而上学》中都曾认为 ousia 就是 hypokeimenon（"主体"或"基质"），但对 hy-

---

① 参见［加］许志伟《基督教神学思想导论》，中国社会科学出版社 2001 年版，第 88 页。
② 格尔森提出的三条理由是：第一，太一、理智和灵魂是普罗提诺解释传统哲学问题的解释原则或起点；第二，它们在某种意义上类似于柏拉图的诸形式或理念，是范型的原则；第三，它们实际上是某类原因。参见 Llody P. Gerson 1994, pp. 3 - 4。
③ Elmer O'Brein, *The Essential Plotinus*, Indianapolis: Hackett, 1964, p. 216.
④ 详见赵敦华《柏罗丁》，第 23—28 页。
⑤ 参见赵敦华《柏罗丁》，第 26 页。

第五章 三一本体

pokeimenon 的规定是不明确的。在《范畴篇》中，它是诸如一个人，一匹马之类的东西，既是被谓词所表述的主词，又是谓词所表述的属性所依赖的基质[①]。在《物理学》中，它被视为事物运动变化的载体（substratum），是质料（matter）[②]。在《形而上学》中，则是本质和形式。后来，斯多亚派把作为"质料"或"基质"的 *hypokeimenon* 用来作为自己哲学的四个主要范畴中的第一个。普罗提诺也是在这种意义上使用 *hypokeimenon*。这样，我们可以把它译作"主体"或"载体""基质"。由于它终究脱不了与可感事物、质料的干系，显然作为柏拉图主义者的普罗提诺也不会把它看作是万物最主要的依据和基础。这个依据和基础只能是 hypostasis, 它含有万物之本原（Archia）、依据的意思。

第二，*hypostasis* 与 *archai*。*Archai*（beginning, 本原）是古代哲学家研究探索的核心问题之一。它既有宇宙万物构成的"始基"（ultimate underlying substance）的意思，也包括万事万物运动变化的"原则"（principle）之意。万事万物的本原是什么？早期的自然哲学家大多归结为可感的因素，如水、气、火、元素、原子等。毕达哥拉斯派认为是数，巴门尼德主张是存在，柏拉图认为是理念，这实际上都把本原看成了具体的实在。正如格尔森所认为的，普罗提诺也认为 *hypostasis* 具有 *archai* 之意，它是万物的根本原因和来源。当普罗提诺这样用的时候，也就赋予了它以实在性和个体性的特征。但同时普罗提诺作为本原的 *hypostasis* 并不是像亚里士多德的"第一推动者"，只是推动事物的最初源泉，而是始终在它的产品——万物之中起作用，万物都依存于它，它统治支配着万物。这些事物既有超越可感世界的事物，也有可感世界之中的事物，如智慧（Ⅰ.4.9）、质料（Ⅰ.8.15）、时间（Ⅲ.7.13）、爱（Ⅲ5.3）、数（Ⅵ.6.5）、运动（Ⅵ.6.16）以及关系（Ⅵ.1.7）等。这样，普罗提诺的 *hypostasis* 既是万物最主要的依据

[①] ［古希腊］亚里士多德：《范畴篇》，2a11~17。
[②] ［古希腊］亚里士多德：《物理学》，192a。

和基础，又具有本原的个体性与具体性，同时又不仅仅是万事万物的本原，既超越万物同时又在万物之中，是自始至终都在万物中起作用的原因和根本力量。鉴于此，hypostasis 不宜译作"载体"或"本原"，本文采纳赵敦华的翻译，作"本体"，以彰显其所富含的神学意蕴。但由于现在国内有人把亚里士多德的 ousia 也译作本体，因而我们有必要对二者做一区分。

第三，hypostasis 与 ousia。ousia（substance）来自希腊文动词 einai（to be）的阴性现在分词 ousa，表示"所是的东西"。这个"所是的东西"既可以是具体的、个别的东西，我们译作"实体"或"实在"（substance）；又可以是普遍的、无形的东西，我们译作"本质"或"实质"（essence）。从苏格拉底在《克拉底鲁篇》对 ousia 词义变化的分析，我们可以推测 ousia 作为一个哲学术语或许可以追溯到毕达哥拉斯。① 柏拉图对 ousia 的使用是不确定的，在不同的对话中有不同的意义。在《泰阿泰德篇》中，它是作为与非存在相反的实在而出现，用于可感事物，② 在《斐莱布篇》中大致与"生成"是同样的用法。③ 但在另外一些地方又明确地与生成变化的可感事物相反，是完全真实的实在，而善不是实在却高于 ousia，可感事物是从善那里获得自身的 ousia。④ 此外，在《斐德罗篇》中，ousia 被等同于"定义"（definition）。⑤ 在《斐多篇》又被赋予了 ousia 亚里士多德所使用的"本质"含义。⑥ 亚里士多德对 ousia 的使用也是摇摆不定的。在《范畴篇》中，他认为实体（ousia）既不表述主体，也不依存于主体。第一实体是个别的事物，如个别的人，个别的马。⑦ 但在《形

---

① ［古希腊］柏拉图：《克拉底鲁篇》，401c。另参见 F. E. Peters, *Greek Philosophical Terms*, New York University, 1967, p.144。
② ［古希腊］柏拉图：《泰阿泰德篇》，185c，186c。
③ ［古希腊］柏拉图：《斐莱布篇》，26d。
④ ［古希腊］柏拉图：《蒂迈欧篇》，29c；《理想国》，509b。郭赋和、张竹明把 ousia 译作"实在"，王晓朝译作"本质"。
⑤ ［古希腊］柏拉图：《斐德罗篇》，245c。
⑥ ［古希腊］柏拉图：《斐多篇》，65d，92c。
⑦ ［古希腊］亚里士多德：《范畴篇》，2a11~17。

而上学》中，他又认为第一实体是形式或无形的本质，"实体是内在的形式"，"本质就是没有质料的实体"。① 但在普罗提诺看来，*hypostasis* 比 *ousia* 更为根本，它超越并决定着 *ousia*。他明确指出，首要的 *hypostasis* 是超越所是的东西的，后者只有依靠前者才是其所是，没有了前者，任何东西也就失去了其所是。（Ⅱ.4.6，Ⅵ.9.1）

在公元4世纪后，*hypostasis* 被普遍接受为表达一个具体的客观存在，*ousia* 更倾向于被理解成一个比较抽象的与哲学化的客体。就神学上而言，*hypostasis* 的实际意义和 *ousia* 是完全一致的。换言之，当用于谈及上帝的本质时，这两个词都是适宜的。它们之间的细微区别在于：*hypostasis* 侧重于强调一个东西的客观性、具体性和个体性，而 *ousia* 则包含了一些形而上的素质与内部的特征和关系。② 但直到451年查尔西登会议（Councils of Chalcedon）之前，人们对这两个概念的使用仍然不加以区分，常常混用，导致了长达100多年的神学争论。比如，在325年的尼西亚会议（Councils of Nicaea）所通过的"三位一体"的信经，就不加区别的使用 *hypostasis* 和 *ousia* 两个词。于是就有了这样的句子：圣子"由父的本质所生"，"与父同质（*homoousia*）"，凡是"说上帝的儿子所具有的是与上帝不同的本体（*hypostasis*）或本质（*ousia*）"的"人都为公教会所诅咒"，③ 被视为异端。如果 *hypostasis* 和 *ousia* 没有区别，那就等于说圣父、圣子还有圣灵三者既具有相同的本体，又在本质上是一样的，那么如何把他们区别开来呢？阿里乌斯派坚持，无论如何，圣子和圣父的本质相同，也就是说三者本质相同，但却是不同的三个本体。这也就意味着有三个上帝，所以该派被谴责为异端。另一些神学家则认为三者是同一个本体，但却有着不同的本质，只是"本质相似"（*homiousia*）罢了，这显然又与尼西亚信经相冲突。这场旷日持久的冲突最终因 persona 一词的出现而得到了解决。

---

① ［古希腊］亚里士多德：《形而上学》，1029a32，1032b14。
② 参见［加］许志伟《基督教神学思想导论》，第88、92页。
③ 转引自［美］G. F. 穆尔《基督教简史》，第85页。

第四，*hypostasis* 与 *persona*。*Persona*（personality）是个拉丁语词，原本是一个用于戏剧的词汇，意指面具。在罗马的剧院里，同一个演员可以通过戴上不同的面具扮演不同的角色。渐渐地 *persona* 便具有了"角色"的含义，被拉丁神父用以指称不具有本体含义的"位格"。在希腊语中，可以用"*prosopon*"和"*hypostasis*"两个词来表示。*Prosopon* 在希腊语中的含义是非常清晰的，指的是"面孔"，常用作"面具"的反义词。到了公元5世纪之后，这个词又被用作自我表露的个体，也常用来指某"物种"中的一个独特的个体。就此意义而言，*prosopon* 可以被当作位格来使用。但是与 *hypostasis* 相比较，*prosopon* 是一个非技术性、非哲学性的词，它只是用来指称某一个个体（individual）。相反，*hypostasis* 则是一个形而上的、技术性的词汇，指称一个独立的客体（independent object），因而两相比较，希腊教父最终还是选择了 *hypostasis* 代表位格。① 严格说来，*hypostasis* "不是抽象的原则，而是具体的神"，② 具有人格。研究者一般认为，亚历山大里亚教父奥利金首次使用 *hypostasis* 这一术语来说明基督教的"三位一体"，③ 以表明神圣的三个位格每一个都是一个真实的、独立的、可以区分的客体。这实际上潜在着一种危险，即承认存在圣父、圣子和圣灵三个上帝。

为了避免对"三位一体"教义解释带来的这种潜在危险，消弭尼西亚信经所造成的分歧，公元451年在查尔西登会议上通过了"圣父、圣子和圣灵是同一实体、三个位格"的教义，④ 避免了教会内部更大的分歧和分裂。具体而言，一方面，拉丁教父用 *substantia* 代替 *ousia*，在拉丁文中 *hypostasus* 和 *ousia* 并无区别，都用 *substantia* 来表达。⑤ 这样，"同一实体"既含有了本体相同之意，

---

① 以上分析参见许志伟《基督教神学思想导论》，第85、87页。
② 赵敦华：《西方哲学通史》（第一卷），第320页。
③ 赵敦华：《柏罗丁》，第171页。
④ 转引自赵敦华《柏罗丁》，第28页。
⑤ 参见［美］G. F. 穆尔《基督教简史》，第86页。

第五章 三一本体

又含有了本质相同之意，这也与尼西亚信经的"圣父与圣子具有相同本体或本质"的教义相符合。另一方面，拉丁教父又用拉丁文的 *persona*（位格）替代了 *hypostasis*，这样就把同一本体的圣父、圣子、圣灵从位格上区别了开来。于是圣父、圣子、圣灵是同一实体，既在本体上相同，又在实质上相同，消解了尼西亚信经中"圣父、圣子具有相同本体或实质"的教义分歧；同时由于它们在位格上的不同而被区别开来。对于 *hypostasis* 而言，它所具有的"位格"的含义为拉丁词 *persona* 取代，后者保留了它所具有的"具体""自身同一"的意思；而它所具有的"本体"之意则被并入了取代 *ousia* 的拉丁词 *substantia* 之中。这样在拉丁文中就没有了与希腊文 *hypostasis* 相对应的词，从而也使得在现代西文中没有了与 *hypostasis* 相对应的词。

但事实上，在普罗提诺之前，古希腊哲学家也已开始使用 *hypostasis* 了。在柏拉图那里，所有的理念就其是完全真实的而言都是 *hypostasis*，但如何来解释理念与同名的个体事物之间的关系呢？柏拉图提出了他的三一学说，尤其是在"第二封信"中，认为有三种领域或本原，相当于一（*En*）、理智（*Nous*）和灵魂（*Psyche*）。但是只是到了晚期柏拉图主义开始把最重要的理念排列成一个在本体论（ontology）上由高到低的下降等级时，*hypostasis* 的观念才正式形成了[①]。它是由巴门尼德的"一"、混有柏拉图造物主的亚里士多德之"理智"（*Nous*）以及柏拉图的"宇宙灵魂"（World Soul）构成的一个三一体。在阿尔比努（Albius）和努美纽斯（Numenius）那里，这三者作为万物的最高本原（*Archai*）已经出现了。但只有在普罗提诺这里，*hypostasis* 作为太一、理智、灵魂的三一体的形而上学、伦理学和宗教的意义才得到了充分的展开和阐发。

普罗提诺认为，太一、理智、灵魂这个三一体只是在"理智世界中"，是相对于可感世界而言的。我们必须在理智世界设定三个本体，

---

① F. E. Peters1967, p. 92.

既不能多，也不能少，而只能是太一、理智、灵魂这三个，"我们不必再去寻求任何其他的原理。① 这个太一、至善就是第一者；在第一者之后的就是理智，原初的思维；在理智之后的就是灵魂，这就是与事物的本性相一致的序列。"（Ⅱ.9.1）下面，我们就按照三一体的等级序列，从高到低依次来看看太一、理智和灵魂本体。

第二节　太一

在普罗提诺的有等级的三一体中，首要的本体就是"太一"。太一，在希腊文中是 *to en*，是数词"一"的中性形式，原意就是"一"。但在普罗提诺的使用中，却不是作为点或数的单元来使用的，他无疑汲取了毕达哥拉斯派，尤其是柏拉图关于数本原的学说。如我们前文所述，"一"在柏拉图那里只是与存在并列的通种之一，低于善。在亚里士多德那里，存在则高于一与善，一和善是存在的本质属性或超越属性。普罗提诺把一提升为首要本体，并与柏拉图的善理念等同，认为一先于、高于存在。在具体使用时，*to en* 大概有两种：一是指本质的（essential）或"实体的"（substantial）一，可看作是 *ousia* 的一种属性，大致相当于英文的 oneness，我们译作"统一性"；二是指单独的本体，相当于英文的 the one，我们译作"太一"。有时为了更好地理解它作为"一"的原意，也译作"一"。在《九章集》中，普罗提诺还用了诸多不同的称谓来指称作为本体的太一。如，按照三一体的等级就简单地称之为"第一者"（the First）；在伦理意义上称作"至善"（the Good）；在具有宗教的意谓上称为"父"（the Father）、"上帝"（the God）。此外，有时又从不同的方面把太一称作"纯粹者"（the Simple）、"绝对者"（the Absolute）、"超越者"（the Transcendence）、"无限者"（the Infinite），以及"无条件者"（the Unconditioned）等。

---

① 此处原文是希腊文 *archai*，阿姆斯庄和麦肯纳均译作英文 principle。为与英译保持一致，这里权译作"原理"。这个原理，按我们上文的分析，其意就是"本体"。下同。

第五章　三一本体

然而，普罗提诺又认为所有的这些称谓都是不合适的，"我们甚而说它是一，也是不正确的，因为我们没有关于它的概念或知识"，（Ⅴ.4.1）"真正说来，它没有合适的名字，但如果我们必须给它一个名字，'一'也许是对它的适当的惯常的称呼，这不是在此物彼物的意义上使用的。"（Ⅵ.9.5）在他看来，概念、范畴只能用来表述本身含有部分，也就是可以区分的东西。存在的诸物是复合的杂多的，是可以区分的，因而可以用概念、范畴来断言它"是"什么。至于太一，虽然它产生了一切东西，却不是它们中的任何一个，它超越了所是的东西，"它不是事物、性质、数量，也不是理智、灵魂；它不运动，也不静止，既不是在空间中，也不在时间中。它自身同一，或者毋宁说它是先于所有的形式、运动和静止的无形式。因为形式、运动和静止，这些都是对存在的分有，并使得存在多样化。"（Ⅵ.9.3）概言之，太一是不能断言的。此外，格尔森给出了另一个解释，太一之所以不可定义也许是普罗提诺根据《克拉底鲁篇》的思想所作出的判定①。柏拉图主张一个正确的名称应揭示出它所命名的东西之共同的、统一的本质。但太一的本质并不是统一性（oneness），因为统一也就意味着有多种成分或部分。太一的本质是单纯的、唯一的，也正是在这个意义上我们才说它是一。

既然任何断言都意味着复合，因而所有关于太一的言说都是不适当的，但这并不是意味着太一不可理解。那么，"我们如何去说及它呢？我们确实说及（speak about it）了它的某些东西，但我们肯定不是在说它（speak it）。我们对它既没有知识也没有思想，如果我们不能在知识中获得它，那么我们对它是不是就根本一无所知呢？我们可以通过说及它的方式，而不是通过说它的方式而有所得，我们可以说它不是什么，而不是说它是什么，从而我们就可以从来自于它的东西说及到它，即使我们不说它，也不能阻止我们获得它。"（Ⅴ.3.14）②

---

① Gerson1994, p.9.
② 另可参见《九章集》Ⅲ.8.9，Ⅴ.3.13，Ⅵ.9.3以及Ⅵ.9.5的相关论述。

在这些章节中，普罗提诺给我们指出了理解这个"不可言说"的太一之条件或方式。他不像维特根斯坦（Ludwig Wittgenstein）那样，"对于不可说的东西我们必须保持沉默"①，而是主张我们虽不能"说"它，但可以"说及"它。这个"说"就是一种直接的表述，是种断言，就把太一变成了复合杂多的事物，因而是对太一的不正当或者不合适的表达。"说及"则是一种间接表述的方式，既可以反说，即通过"说它不是什么"而说及太一。比如说，太一不是存有，太一不是复合的，太一不运动，也不静止，没有性质，也没有数量等等。也可以正说，即"从来自于它的东西说及它"，这实际上就是从太一的流溢物所具有的性质去推断、类比太一必然具有的相反或更高级的性质。比如，从宇宙中的事事物物都具有一定的形体推出太一是没有形体的。（Ⅵ.7.32）再如，从存有事物的不完满性推出太一的完满性。在《九章集》中，普罗提诺关于太一，基本上没有从正面的角度对于太一作出肯定性的论证（说它），大都是从否定的角度，或者说是间接地的描述的（说及它）。换言之，关于太一的理解不是通过"是"来分析的，而是通过"不是"来理解的。即使我们要对太一说"是"，也是通过说"不是"来完成的。依据普罗提诺的间接的表述法，我们可以对太一做如下的主要说及。

太一不同于存有，而是万事万物之父。太一是首要的本体，它自身是绝对的、超越的，在本性上超越它所产生的事物。当然，这个超越只是就太一在本性上超越了它所产生的事物，而不是说太一和万物断绝了关系。"太一是万事万物的创生力量"，（Ⅲ.8.10）它是"单纯的并且是万物的本原。"（Ⅵ.9.5）"万物都由于太一而获得自身的是，包括最先的诸实是的东西"。（Ⅵ.9.1）太一创造了万物，但在根本上是和它所产生的事物是不同的，它并不是万物中的一个。但这并不意味着，太一和它所产生的东西就没有任何关系。太一并没有脱离开万物，它还在万物之中，而且也是万物继续存在下去的原因。一

---

① ［奥］维特根斯坦：《逻辑哲学论》，贺绍甲译，商务印书馆1996年版，第105页。

切"所有其他的事物在它们是一的时候才是其所是。"（Ⅵ.9.1）普罗提诺举例说，一支军队没有了一，就不再存在，同样，一个合唱队和一个集体失去了一，也就不再是其本身。（Ⅵ.9.1）而"如果个体的事物失去了它的一，它也就根本不会存在了。"（Ⅵ.9.2）此外，太一也是万物趋向的最终目标。"太一是事物的全体，而不是它们中的一个。万物的源泉并不就是万物，而是超越它们的原理（archai, principle）。万物为它所有，是说万物都要回归于它，或者更确切地说，即使它们现在没有，将来总会回归于它。"因为"太一不寻求什么，不拥有什么，也不缺少什么，它是极其完美的。"（Ⅴ.2.1）

太一是单纯的（aplomn, simple）。太一所产生的诸事诸物都是复合的、杂多的，但太一"如果不是单纯的，不在所有的混合与复合之外，那么它就不是本原"。因此，"在万物之前必定有某个单纯的东西，它必然与在它之后的所有事物不同。它独立自在，不和来自于它的事物相混合，而又能以不同的方式呈现在这些不同的事物中。"（Ⅴ.4.1）普罗提诺反复强调，太一不是复合的，没有组成部分，而是单纯的。① 这不仅意味着他把杂多性排除在了太一之外，而且也表明在太一那里，本质和存在（如果我们可以用这两个词来言说太一的话）是同一的。

太一是自足的（autarkeia, self‐sufficiency）。宇宙中的诸事诸物的存在都依赖于其构成的部分，一旦失去了它们，该物也就不再是其所是，而完全没有部分的、单纯的东西则是自足的。而且，复合的事物不仅依赖其部分，归根结底依赖并渴求着作为其来源的太一。它们是缺乏的，需要太一，但太一则没有需要，什么也不缺乏，是自足的。（Ⅰ.8.2）我们之所以说"太一是单纯的、自足的就是因为它不是由部分构成的复合物。因为如果它是复合物，那它就得依靠组成它的事物。"（Ⅱ.9.1）万物依赖太一，而太一并不依赖它们。我们可以这样说，超越的太一原则上应该被理解成自足的，相反，那些由太

---

① 另参见《九章集》Ⅱ.9.1，Ⅴ.2.4，Ⅵ.7.37，Ⅵ.9.5 的相关论述。

一所产生的东西是依赖的或非自足的。①

太一是完美的（*teleion*，perfect）。宇宙中的诸事物都是缺乏的、有限的存在，是这一个就不是那一个，因而在本质上它们只能是不完美的。但太一没有像具有本质的诸实是者那样具有一个本质，因为它的本质实际上与它的存在没有区别。它是单纯的、自足的、不缺乏什么，也不需要什么。换言之，太一是什么和它能是什么或将是什么之间没有差别。因此，太一在本质上必然是完美的。太一的完美就是它自己的本质。（Ⅴ.6.2，Ⅴ.1.6）完美是古希腊哲学中一个普遍的观念，其含义是：某物达到或实现了它的本质，那么它就是完美的，否则便是不完美的。显然，严格地来讲，这个词并不适用于太一，因为它暗示了太一有一个与其所是不相同的本质。对此，格尔森的解释是：普罗提诺说太一的完美是由于本质是要表明在古希腊的词汇中完美与本质两个词之间有一种自然的联系②。说太一有个本质是在类比的意义上讲的，因为它是在类比的意义上说有一个本质。换言之，在太一那里，本质与存在的区分只是种观念上的区分。

太一是永恒的（*aiónios*，eternal）。在Ⅰ.5.7，Ⅴ.5.6，Ⅵ.7.32等处，普罗提诺反复强调了太一的永恒和无限。它既不处在时间中，也不能被时间所度量，因为它是完美的，自有永有，既不运动也不静止。只有不完美的事物才是变化的；而且，不完美的事物都是有限的、复合的，可以被分析成有限的东西和有限的形式。但太一是单纯的、绝对非复合的东西，是不可以再被区分的，因而，太一不是任何一种形式而超越了所有的形式，它是无限的。

太一无所不在无时不有。《九章集》的Ⅵ.4、Ⅵ.5两章的标题是"论实是、一和同作为整体无所不在"，比较集中地论述了神圣的三一体的普遍存在。其中说到太一时，普罗提诺在此处提出了两个论证：其一，太一是单纯的、不可分的，因而它只能作为整体而呈现在

---

① 另见《九章集》Ⅴ.4.1，Ⅴ.3.13，Ⅴ.6.2，Ⅴ.6.4，Ⅵ.7.37，Ⅵ.8.7，Ⅵ.8.15，Ⅵ.9.6等处的论述。

② Gerson 1994，p.17.

万物之中，否则它就不是一；其二，太一是无限的、完美的，因而它是对所有的事物都呈现的，否则，它便不是完美的。当然，"在它的呈现中，它只向那些能够并准备接受它的人呈现"。（Ⅵ.9.7）这也是为什么万物都由太一而来，不同的灵魂和事物却有各自不同的走向。但无论如何，"正如微弱的光，如果割断了它与其光源，那么它就不再存在。因而一般来说，对那些其存在来自某个不同于它自身的另一物并作为其影像的任何事物，不可能与其本原脱离而（独立）存在，这些来自第一者的力也不能在与第一者分离后而存在。如果真是这样，万物所从出的源头必然会与它们同时显现。它们在那里，它也便显现在那里。因此，它也就作为未分的整体而到处显现。"（Ⅵ.4.9）普罗提诺认为，在太一之后的诸实是者都围绕着太一，分有了太一，从而太一也就对每个事物呈现，存在于万物之中。

太一就是至善（to agathon，the Good）。① 普罗提诺几乎在每一卷里面都把太一看作是至善或善本身。② 在他看来，至善的本性和太一的本性是一致的。至善的本性就是："每个事物都依赖于它，而且全部的实是者都追求于它，它们把它作为本原而拥有，并且需要它。但至善没有需要，是自足的，什么也不缺乏，它是一切事物的尺度和限定。它从自身产生出理智、实在、灵魂、生命以及在理智中进行的活动"。（Ⅰ.8.2）因此，"我们寻求的是一，我们也就是在考虑万物的本原，至善和第一者。"（Ⅵ.9.3）普罗提诺明确地说自己关于太一就是至善的思想来自柏拉图，他所做的只是对在柏拉图著作中已经被阐明了的古代巴门尼德、阿那克萨戈拉的"一即善"的早期学说之解释。柏拉图"说到了'原因之父'，这里的'原因'指理智，因为他认为理智是造物主"。也说道"至善是理智（原因）之父，他超越

---

① 普罗提诺在两种意义上使用 agathon 一词。一是指各种不同等级的实是者所具有的优点，包括伦理道德意义上的一般的善，英译作 good；二是作为善本身或太一的善，英译常作 the Good，我们译作"至善"，它是本体论意义上的终极本原，第一本体，原因的原因，是万物追求的目标。

② 参见《九章集》Ⅰ.3.1，Ⅰ.7.2，Ⅱ.9.1，Ⅳ.8.11，Ⅴ.4.1，Ⅴ.5.9，Ⅴ.6.5，Ⅴ.9.2，Ⅵ.2.11，Ⅵ.5.1，Ⅵ.7，Ⅵ.9 等处。

了理智,也超越了'实是者',他也经常称实是和理智是理念。柏拉图认识到理智来自于至善,而灵魂来自于理智。"(V.1.8)普罗提诺这样说的依据是《理想国》,在那里,柏拉图说"知识的对象不仅从善得到它们的可知性,而且从善得到它们自己的存在和实在,虽然善本身不是实在,但在地位和能力上都高于实在的东西。"① 这里的"知识对象"就是理念或形式。两相对照,我们不难发现普罗提诺所说的柏拉图关于"一即善"的思想实际上只是他的柏拉图主张。第一,柏拉图没有明确地说善在任何意义上就是造物主或理智的原因,他只明确地说善是诸形式的可知性和存在的原因。第二,"一"和"善"在柏拉图那里根本就不在一个等级上。"一"与"存有"并列,是六个通种之一;而善则是不能够列入通种的,是高于这些通种的。第三,最重要的是善是否具有"人格"(personal)。柏拉图的善只是最高的原理,或者最高的理念,没有把"人格"赋予至善,而且是就至善具有最高的意志和思维而言的。但在普罗提诺这里,善作为最高的 hypostasis 是带有人格的含义的。

关于太一的思维、自由、意志问题,普罗提诺表现得极为犹豫和矛盾。一方面,为了维护太一的单纯性和同一性,他以否定的方式认为太一没有思维、没有自由、没有意欲,而把这些性质归给第二本体——理智。② 另一方面,为了说明太一具有人格,又以空洞的方式论及了太一有思维、意志、自由。③ 在Ⅲ.9.9等章节中,普罗提诺指出,超越实是的太一没有思维,因为说事物在思想不是由于它拥有自身,而是由于它看向第一者,那么产生思维的东西就超越了思维。思维自身作为第一个活动是在它之后的第二者,即理智那里。因此,至善是超越思维的。至善也不能思维自身,因为意识自身和有关自身思想的东西都是第二位的,其原因在于它意识自身是为在这种意识活动中理解自身;而如果它变得了解自身,它必定对自身本来是不了解

---

① [古希腊]柏拉图:《理想国》,509b。
② 参见《九章集》Ⅲ.9.9,Ⅴ.6.5,Ⅴ.3.13等。
③ 参见《九章集》Ⅵ.8.13,Ⅵ.8.16,Ⅵ.8.20,Ⅵ.8.21等。

的，这样在它的本性中就有缺乏，以便通过它的思想使自身完美。但我们前面已说过，太一是自足的、完美的，因此，思想只能排除在至善之外，因为添加只能导致减损和缺乏。（Ⅲ.9.9）后来，在Ⅴ.6中，普罗提诺对这一问题作了进一步的展开。太一既不能思维自身，也不能思维他物。它不能思维自身，不能以自身为思考对象，因为它是单一的、完美的，因而不缺乏也不需要思想。至善也不以他物为思维对象，因为它是自足的、不缺乏什么，也不需要知道什么，因而也就不需要以任何外物作为思想的对象。在Ⅵ.9等章节中，普罗提诺要求应该敢于把讨论人类的思维、自由、意志等问题推进到对太一的讨论。（Ⅵ.8.1）这样他又以类比的方法从肯定的方面论证了太一具有这些性质。既然太一既不思想自身也不思想他物，那么，"我们就不能把太一放在思想者的位置上，而确切地应定位为思想的原因。"（Ⅵ.9.6）这就是说，太一的思想不是像任何实是者的思想那样，不是思维主体与思维对象的分立，而是二者合一的纯粹的思想活动。这个思想活动像太一一样，是其他思想活动的源泉。

　　按照希腊人的传统观念，思想是生命活动的顶点。① 太一具有思想活动，自然也就是具有某种意欲的生命。② 因而在某种意义上太一也具有自由意志，这种意志是和它的活动相同一的，而它的活动也就是我们所称作的它的实质，因而它的意志和它的本质也是同一的。在实在中，至善的本质就是它自己的意志，这不是在一种堕落而服从本性的意义上，而是在它选择它自己的意义上说的，因为根本没有什么其他的东西吸引它。因而它总是自己的主人，因为它完全是在它的意愿中拥有了它的是。（Ⅵ.8.13）既然太一是第一者，在它之前没有什么东西。这意味着它不能处在（实是者）的等级中，而是真正的统治者，是纯粹的自我决定的力。如果他是纯粹的自我决定，它就不能接受没有自我决定，因此，他自身是完全自由的。他就是全部的意

---

① 赵敦华：《柏罗丁》，第38页。
② 可参看《九章集》Ⅵ.8.6，Ⅵ.8.16，Ⅴ.1.7，Ⅴ.4.2，Ⅵ.7.39等。

志。(Ⅵ.8.21)既然太一的意志、活动和实质是同一的,那么就太一具有意志这点而言,它显然也只是种纯粹的意志活动,但又是其他实是者意欲活动的原因。简言之,太一并不欲求我们,而是我们欲求着太一,围绕着太一。(Ⅵ.9.8)

这个单纯的、自足的、完美的、至善的有着思维和意志的太一就是上帝(to theos[①])。在古希腊,theos 的意思是"威力无比者""强大者""带来幸福者",一般用来指比人类更为有力和永恒的东西,因而比我们现在所使用的 God 要宽泛的多。在早期古希腊的哲学家很大程度上是依据理性的推理原则而把自己的最高本体或原理加以拟人化,如阿那克萨戈拉的"奴斯"(Nous)。古典时期正如我们在前文所讲的,柏拉图、亚里士多德坚持把神或上帝看作是种理性神观念。古代晚期的哲学家们则认为,柏拉图的"善"可以合理地被称作 theos,即使它没有明显的人格。普罗提诺把他的三一体,太一、理智、(普遍)灵魂和古希腊的三位天神克洛诺斯、乌剌诺斯和宙斯相对应,(Ⅴ.8.13,Ⅴ.1.6)而且按古人的习惯把星体也称作神。普罗提诺在《九章集》的许多章节都用 to theos 或 theos 来称呼太一。根据里斯特,普罗提诺用 to theos 指称太一的有 15 处,用 theos 的有 11 处,当用后者时他通常是在讨论三一体。[②]普罗提诺坚持古希腊哲学用理性思维来改造希腊诸神的路子,坚决反对神人同形同性论(anthropomophism),也不迎合他那个时代十分流行的祭仪宗教、星象巫术;但另一方面,普罗提诺并没有完全把本体抽象化为没有人格的"善的理念"或"不动的推动者",而是赋予了太一不同于人类的思维、意志及其美和爱。在Ⅵ.9中,我们可以不断地看到这样的句子:太一是宇宙万物的中心,是道德的永恒

[①] 普罗提诺对 theos 的使用并不是很严格,但通常把该词用于太一和至善时作单数。英译把太一的 to theos 常译作 God 或 the God,而其他的 theos 译 god。赵敦华和范明生都译作"神",本文把前者译作"上帝",后者译作"神",以突出太一作为上帝的唯一性,并高于理智、灵魂和天体诸神。换言之,在说到普罗提诺时,上帝只用于指太一,而神有时可能也会用于太一,当和理智、灵魂作为三一体来讲时。

[②] John M. Rist, *Platonism and It's Christian Heritage*, Variorum, 1985, Reprinted 1997, pp. 178–179.

源泉，是神圣的爱的根源，它是万物的创作者，万有之父，一切都围绕着它而转动，一切也都以它为目的。正如黑格尔所指出的，"这样的存在就是上帝，而且永远是上帝，它不在上帝之外，而是与上帝一体，与上帝同一的。"[①] 事实上，普罗提诺在《九章集》的好多章节中都反复说到了类似于基督教的上帝之太一属性。例如，太一是永恒的、不变的、完美的、至善的，既是万物的父又是万物所趋向的目的，既是超越的又是临现的（immanence）[②]。在Ⅵ.8 中，普罗提诺比在《九章集》的其他地方都更为集中地以肯定的方式、以类比的方法谈及了太一的人格性、意志、自由、思维和爱。"上帝是自因的，因为就上帝本身和属于上帝的东西来讲，上帝就是上帝，是第一个自我，超越的自我。"（Ⅵ.8.14）这种把第一本体人格化并与上帝相联系的神学目的论观点，极大地影响了基督教关于上帝观念的思考，以至于奥古斯丁认为，新柏拉图主义除了羞于承认耶稣基督是道成肉身以外，和基督教是完全一致的。[③] 然而，普罗提诺的上帝毕竟不是基督教的上帝，它只能是属于他那个传统之内的柏拉图主义的上帝。阿尔努（R. Arnou）就援引《九章集》Ⅵ.9.8 中"因为一个神是和那个中心（也就是太一——原注）相联系的"而否认太一就是上帝的观点[④]。但是我们通览本章就可以发现，普罗提诺在这里只不过是在谈太一和诸神的关系。赵敦华更是明确地指出，普罗提诺"人格化的太一或至善不是宗教信仰的对象，如人格化的上帝"[⑤]，但至少他也承认普罗提诺的太一是具有人格性的。杨庆球则干脆地指出，"普氏的太一不是位格的上帝，不能爱也不能介入人际关系中"。他同时指出奥古斯丁汲取普罗提诺思想，但二者至少存在两个不同之处："（1）创造论。普氏反对从无创造有的观点，而奥氏坚持上帝的创造是从无变有。（2）救赎论。普氏的

---

① [德] 黑格尔：《哲学史讲演录》（第三卷），第 189 页。
② "临现"在基督教神学中用来表示上帝无时无刻都在人间活动的一个用语。参见 [加] 许志伟《基督教神学思想导论》，第 47 页。
③ 范明生：《晚期希腊哲学和基督教神学》，第 3 页。
④ 转引自 Gerson 1994, p. 227, n. 5。
⑤ 赵敦华《柏罗丁》，第 39 页。

◈◈ 中篇　心向上帝的旅程：普罗提诺宗教哲学

太一与万物的关系是存有等级的递减，万物的目的是与太一联合，奥古斯丁坚持人的救赎是藉上帝的恩典。"① 如果按照英奇，不可言说的太一、绝对，实质上是绝对的无②，那么太一从自身产生出万物，也可以说是从无产生出万有。我们在前面也已分析过，太一与万物的关系：它既是万物的创造者，又是万物的目的，既超越万物又在万物中呈现。它虽然不能直接干涉人与人之间的关系，但它却是道德和爱的根源，可以通过"同情"（sympatheia, sympathy）使得宇宙万物的灵魂相通。普罗提诺虽没有救赎的理念，却力图拯救人的灵魂，使它趋向至善、上帝，正如他在临终之际所言"我试图将神带回到你那里，并将上帝带回到所有人那里"（生平，2章）。因而在他看来，生命的最终依据就在于生命是一种恩典③。我们这样说，并不是要将普罗提诺基督教化，也不是认为他的上帝就等于基督教的上帝观，虽然它也具有人格性。但无论如何，正如阿姆斯庄所指出的，"普罗提诺的哲学就是一种宗教。"④ 当然，它不同于基督教，没有一个道成肉身的、救赎的上帝；它也不同于希腊的传统宗教，而是把人格赋予了最高的本体。总之，普罗提诺的上帝是从古希腊理性思维的上帝观走向基督教神学的上帝观的桥梁，对此我们将在第十章的第四节进行集中而具体的分析。

　　太一的创造是通过流溢（eklampsis, emanation）。流溢不能被当作是对太一创生万物的事实说明，而只能看作是种比喻，普罗提诺用它只是表明太一完满而没有损益的创生过程。流溢的思想可以追溯到柏拉图把善比作太阳的比喻，波西多纽（Posidonias）与其他晚期斯多亚派者认为在人之中的统治本原是从太阳而来的某种流溢物。⑤ 奥

---

① 杨庆球：《俗世寻真：基督教与现代哲学》，香港宣道出版社2002年版，第18页。
② Inge 1923, Vol. 2, p. 107. 对此，赵敦华有不同的意见，他认为"太一生成存有不是从无到有的创造"。（《柏罗丁》，第42页）但在V.1.10中，普罗提诺说"我们知道了柏拉图为什么要说造物主从无中创造出灵魂来包围宇宙万物"，这至少表明普罗提诺并不反对从无创造有的观点。在V.2.1中，更是明确地指出"太一空无一物而万物皆来自于它"。因此，英奇的分析是有道理和依据的。
③ 详见 Hadot 1993, p. 50。
④ Armstrong 1989, p. xxvi.
⑤ Rist 1967, p. 68.

第五章 三一本体

马拉（D. J. O'mear）认为普罗提诺采用流溢是因为亚里士多德批判了柏拉图在《蒂迈欧篇》中的创世说，而主张世界是永恒的，不是被造的。与普罗提诺同时代的阿芙洛狄西亚的亚历山大认为自然不要计算，人工工匠只是拙劣的模仿者。斯多亚派认为神圣的创世力量不是从外面而是从内部对质料产生作用的。伊壁鸠鲁派则认为这个世界是不好的，是虚空中的原子随机运动的结果。[①] 为了捍卫柏拉图的学说并与这些创世学说划清界限，普罗提诺也使用了太阳与太阳光的比喻来说明太一是如何流溢的。太一常驻不变，却能流溢出次等的本质，就像围绕太阳的太阳光不断地从太阳里产生出来，而太阳却仍不变一样。（V.1.6）太一的流溢在于其的完满自溢。"因为每当任何一个东西完满起来时，我们就看到它产生出别的东西，它不愿守着自己，因而创造出别的东西来。不但有自觉目的的生物是这样，而且无自觉目的而盲目发展着的东西也是如此。的确，连无生命的对象也尽可能地滋生繁衍。因此，火使事物变热，寒气使人战栗，药物对别的东西产生适当的效果。万物由于它们不断地要使自己的生命持续下去，由于它们的'善'都在尽力模仿着它们的来源，那最完满的原始的'至善'怎么会封闭在自身之内，好像嫉妒或无能似的？它是万物的力量啊！"（V.4.1）因而，这个不追求任何东西，不具有任何东西，也不需要任何东西的完满的太一，它是充盈的，必然流溢出什么，它流溢出来的东西就形成了别的本体。（V.2.1）而太一既处在它的流溢物之外，又呈现在它的流溢物之中。（Ⅵ.4.3，Ⅵ.9.7）虽然太一有所流溢，但却并未因此而有所减损。（Ⅵ.9.9，V.1.3~7）太一的流溢不是筹划的创造，而完全是无意识，如同"盈则满，满必溢"、怀孕必然生育一样。（V.4.1）因而在流溢的过程，既无所谓对与错，也无所谓好与坏。"一切事物在达到完满的时候都会产生出别的东西，完满的永远产生出永恒的东西，不过被产生出的东西要次于产生者"。（V.1.6）太一并不直接创造出可感的事物，而是

[①] O'Meara1993, pp. 71-72.

需经过若干阶段，逐步地创造出万事万物。但是，每个事物都是由于太一而成为其所是的，也是因为太一而保持着其所是，太一是万物存在的原因。（V.3.15）就这个意义而言，我们仍须说"太一创造了万物"。从太一直接流溢出来的东西，是在太一之后最伟大的东西。这个在它之后的、最伟大的、次一等的东西就是理智。

第三节　理智

普罗提诺对一些术语的使用是模糊而富有歧义的，把它们如何用我们的现代语言翻译出来是件颇为踌躇的事。Nous 就是其中的一个。Nous 在古希腊宗教、哲学中，自毕达哥拉斯以降，该词就具有了一种"理智"的成分，同时也包含了某种"神圣性"成分在内。具体来讲，它有两个显著的特征。一是种无形的精神特质，不具有任何可感的性质；二是其外在的独立性，它在诸事物之外却又是对诸事物起作用的能动力量。按照字典的释义，Nous 可译作"mind"（心灵），但是这并不能表示它的正确含义，特别是当把这个字用之于宗教哲学的时候。如果我们说在普罗提诺那里，心灵在灵魂（soul）之上，高于灵魂，就会给人一种完全错误和混乱的印象。麦肯纳译作 Intellect-Principle（理智-原则），但这个词也还是不妥当的，而且也并没有能揭示它是适宜于宗教崇拜的一种对象。英奇主张译作"spirit"（精神），突出了其宗教含意，却失去了"理智"成分。基督徒，尤其是《约翰福音》的作者正是通过这种理智成分把基督等同于"道"（Logos），而 Logos 又被译作"理性"，因而 Nous 就不能译作理性。罗素在作了上述分析后表示有条件地同意英奇的译法，但他本人更经常地不加翻译地使用"Nous"。[①] 但不加翻译地使用 Nous 未必就是一种十分可取的做法。因为普罗提诺既把 Nous 应用于本体、应用于神圣者身上，又把它用于人类；既用它的单数形式（nous）表示三一体中

[①] 参看［英］罗素《西方哲学史》（上卷），第364页。

的本体，又用它的复数形式（noes）用于包含在理智领域中的诸多特殊的理智。阿姆斯庄、格尔森等人译作"Intellect"（理智）。格尔森具体地分析了普罗提诺对 Nous 的几种使用：（1）宇宙万物的一个基本本原（本体）；（2）普通灵魂的理智；（3）个体的人在其脱离肉体状态中的理智；（4）一个人的灵魂在其有形体状态中的最高部分。他用"Intellect"表示第一个层面上的 Nous，而用"intellect"表示其他层面。[①]汉语既无大小写之分，亦无单复数之别，因而要选择一个十分恰当的词来翻译 Nous 实在棘手。《辞海》（1979年版）译作"理性"（Reason），赵敦华译作"心灵"，苗力田主编的《古希腊哲学》和范明生都作"心智"，汪子嵩等在《希腊哲学史》第四卷中翻译为"纯思"，等等。这些译法都各有其道理，也各有其不尽人意之处。本文随大多英译，权作"理智"（Intellect）。对于不是三一体之本体的"理智"则前面加上限定语，如人的理智或作"诸理智"等。

在对理智本体的特性说明之前，我们有必要首先来区分一下我们通常所说的理智和普罗提诺所意指的理智。在普罗提诺那里，他常用"此处"描述前者，用"彼处"描述后者。也就是说，前者是可感世界中的理智，后者则处在理智世界。但决不能把"此处"和"彼处"理解成在空间上相对立的两个世界，普罗提诺反复强调太一、理智、灵魂和我们所处的世界并不是分离的，用这两个词只是要表明我们所处的形体世界和理智、灵魂及诸实在（理智之物）所处的理智世界是有区别的，只表示区分，而不表示空间上的距离。确切来讲，在普罗提诺那里，"我们所说的理智"是指我们灵魂中的推理能力。我们的理智所能做得最好的事就是在经过一系列正确的推理之后，最终洞见到诸实在和真正的理智，获得真理。否则，它就会把各种影像当作实在，从而为假象所欺骗、所迷惑，导致各种无知和错误，并伴生出各种激情和情绪。从这里我们也可以看出，虽然我们所说的理智和彼处的理智之间是有区别的，但并不是完全断开的，二者之间是可以沟通的。

---

① Gerson 1994, p. xviii.

普罗提诺通常把彼处的理智就直接称作理智。这个理智是由太一首先流溢出来的，理智是太一的第一个活动（Ⅴ.3.12）。太一为什么要流溢出理智呢？普罗提诺有两种解释。其一是由于太一自身的完满而流溢。太一是完满的，必然会进行自然的流溢，就像火由自身发出热，雪也并不总是把寒冷只保留在自身之内，香的东西会散发出香气，为站在它周围的人闻到，太一也自然会进行创造性的流溢。（Ⅴ.1.6）太一是全能的，是万有之父，同时它也是至善的，因而总要创造出最接近于自身的东西，也即最好的东西，这个在太一之后的"最伟大的"、"最值得崇拜的"东西就是理智。其二是由于理智自身的独立要求。更确切地说是由于理智的"大胆"（*tolma*①，audacity，Ⅴ.1.1.5），它要求独立出太一以谋求自身的独立性（Ⅴ.1.1，Ⅵ.9.5）。那么，理智的这种独立性，或者理智的生命是如何确定的呢？普罗提诺认为是太一给予了理智以生命。"当理智看向至善之前时，它的生命还是不确定的，但在它已经看到了至善后，它就是被确定的，虽然那善（that Good）没有界限。因为一旦看到了太一，生命就立刻被确定了，自身中有了界限、限定和形式。"（Ⅵ.7.17）换言之，当理智看向、观照太一时，就获得了自身的确定性，获得了其生命。在另一处普罗提诺又做了这样的解释：太一首先从自身产生出"异"，即不同于太一自身的东西，这个东西在转向太一、观照太一时就获得了自身的确定性，也即形成了"理智"。就此意义而言，异是形成理智和理智诸物的东西。普罗提诺把这个"异"也称作"理智质料"（*hyle noete*，intelligible matter，Ⅱ.4.5）有时也称作"不定之二"（*dyas*，dyad，Ⅴ.1.5.8）。这样，关于理智的产生，普罗提诺就有了两种不大协调的解释。一个是太一因其完满而自然地流溢出理智，就像太阳发射出太阳光（Ⅴ.1.6）一样，是没有任何目的与欲

---

① 该词在希腊语中有"勇敢、大胆、轻率、莽撞"的意思，阿姆斯庄译作 audacity。他认为毕达哥拉斯派用这个词称呼"不定之二"，普罗提诺则用这个词来表达理智离开太一、灵魂独立于理智寻求自身确定性的大胆行为。见 Armstrong1989, Vol. Ⅴ, pp. 10 – 11, n. 1。

望的；另一个是理智因其大胆而离开太一寻求独立的欲望和倾向。但正如阿姆斯庄所指出"普罗提诺从来都没有试图去清楚地调和这两种思想"。阿姆斯庄对此做出的解释是这样的：从太一产生异来看，当普罗提诺关注的是太一时，这种胆大的行为就是令人遗憾的，因为这是一个趋向于较次者的欲望；但就想要获得存在就必须返回到太一、观照太一以获得自己的统一性而言，这又是可取的。就此而论，这种胆大妄为既是分离的原因又是统一的原因。然而，如果太一要创造、流溢后于自身的东西，它就必定会创造次于它的东西，亦即在某种意义上是多的东西，这实际上就是以异和"不定之二"为基础的理智和作为多元性之原因的大胆。这样，太一在最终的意义上还是要为这种大胆，也就是分离的原因负责。[①]

理智是永恒的。永远完满的东西永远产生永恒的东西，（V.1.6）而理智正是由永远完满的太一所产生的，因而它必然是永恒的。理智是完全静止的、不变的，因为它自身也是完满的，所以它不再寻求变化，不再需要什么，也不欲求增加什么。理智是永恒的，在于它包含了一切不朽的东西，它的一切内容都是完美的，它自身也是彻底完美的，不包含任何不神圣、不理智的东西。理智是永恒的现实性纯存在，与时间无关；对它而言，没有将来，因为每一瞬都是现在；也没有过去，因为就此刻而言，没有事物会终止存在；每个事物都永恒地存在在那里，呈现为一种令人满意的同一性。（V.1.4）

理智是第二个神，是第二位的本体。理智也是神，但不是最高的神而是第二位的神；它也不是第一本体，而是第二本体。第一因为它由太一流溢而来，是后于太一的，它看向太一并且依赖于太一，而太一对它什么也不需要。（V.5.1）第二，理智是实在的总体。太一是纯粹的、绝对的单一性，在其中没有任何的它者，它就是它自身的活动，但理智自在地就已包含着全部的实在、灵魂和生命，它就是一切。作为总体，它就必然包含着诸组成部分和杂多性，因而理智不是

[①] See A. H. Armstrong 1967, pp. 242–243.

完全单纯的；生产者总是比被生成者单纯，因而理智是被生成的，因此它不可能是第一本体。（Ⅲ.8.9）第三，理智有思维。在Ⅵ.9.2中，普罗提诺论证了这一点。他说，理智不是第一者，根据以下的考察是很清楚的：理智必定在思想中，而理智所思的对象既是最好的又不在它自身之外，因而它思想的对象就先于它自身，因为在回到它自身时它也就回到了它的来源。此外如果理智自身（Nous）既是思维（noēsis, what thinks），又是思想的对象（noetá, what is thought），那它就是二元的，不是单纯的，也就不能是太一。如果理智去看另一个异于自身的东西，它就会去看那比它好且先于它的东西。如果它既看到它自身也看到那比它好的东西，它便是（作为思维）看到那比它好的东西（作为它的思想对象），这样它就是一个第二位的本体。（Ⅵ.9.2）[1] 这里，普罗提诺实际上要强调的是，理智必然思想，它要思想，就必然要有思想的对象或内容。当这个对象指向太一时，那就意味着太一在它之前。当它以自身为思想内容时，即使它和这个内容是合一的，但它也不再是纯粹的单一性，而是一个多重体，是"不定之二"（V.4.2），这样它也不能是太一，而只能是第二位的本体。

作为第二位的本体，理智不只是实在的总体，也是思维着的本体。在理智的领域，每个事物都是理智和实在，万物的总体也就是理智和实在的总体。理智在其思维活动中使实在存在。也就是说，理智之思和它的内容是不可分开的，也就是传统的"思维与存在是同一"的哲学观念。理智与诸实在同时，一起存在，从不分离。但它们形成的统一体有两个方面：理智和存有共存，思维和思想对象同在；当它思维时是理智，当它存在时是思想对象（V.1.4）。这样，理智和存在以及思维和思想对象之间就是同一的，理智不仅仅是诸实在的整

---

[1] 这段译文参照了北大哲学系主编《西方哲学原著选读》，商务印书馆1997年版，第212页。当我们说理智在"思想"或者"思"时，这种说法实际上是不确切的。根据普罗提诺，更确切的说法应该是理智在"观照"它自身和太一。因为说"思"，似乎理智还不知道它自己的内容，还要经过思考、琢磨，而"观照"表明理智已经具有了自身的内容，只是在凝视自身的内容而已。

体，也是思维（主体）与思维对象相同一的思维本体。理智不可能没有思想或者不去思想，理智的思想也不可能没有真实的内容，当然，更不可能没有理智而有思想和思想的内容。因而，在普罗提诺看来，理智、理智的思与理智的思想对象（内容）其实是一回事，它们是同时出现的，只是由于强调的重点不同而在名称上有所区别罢了。这里需要注意，理智的思维活动不同于我们的推理思维，后者可以说是把对象分开来处理，从一个对象到另一个对象，从假设推出结论；而前者当它看到对象时，就立刻把它作为一个整体来把握，当它活动时它也就同时知道了所有思维对象或思维内容。换言之，理智思维的内容不外在于理智，而是包含在它之中。因此，就思维的内容而言，在理智中的诸实在也就是诸形式，每一个都是（特殊的）理智，因而理智是"多"；而就其自身而言，"虽然有诸多理智，但并不会消解统一体，因为它们并非形体上的区分，而只是彼此相异，具有相同的本质"，（Ⅵ.3.5）因而理智又是"一"。

理智的基本特征就是"一－多"（en tolla, one - many）。理智是太一的第一个流溢物。太一是纯粹的单纯性，在它之中没有任何的区分，它就是自身纯粹的活动，它产生出来的东西必定是"异"于自身，所以"任何在一之后的东西必然不再是单纯的，而只能是一－多"。（Ⅴ.4.1）这就是说，一方面，理智作为最靠近太一的本体，它就在最大程度上分有了太一的单纯性，虽然不是纯粹的单纯性，而是多样性的统一，但仍可以说它是"一"。但另一方面，理智作为一个被产生出来的东西，不能再保持像太一那样的与自身原初同一的绝对的统一性或单纯性，而是包含着某些原初的区分，所以它又是"多"。但这种多是被牢牢地固定在与"一"的关系之中，不会因为有差异性而成为一个无法控制的"多"，一个处在"一"之外的"多"。这后一种"多"在普罗提诺看来只是在灵魂那里才开始的。此外，理智的"多"并不会影响到太一的"一"。因为低等级的产生和存在都要以高等级为依据，而且并不能影响高等级，因而理智的存在离不开太一，它通过转向并观照太一而获得其存在，并成为自身（Ⅴ.2.1），但它终究不能影响太一，太一仍保持为

◆ 中篇 心向上帝的旅程：普罗提诺宗教哲学

自身单纯的一。因此，我们可以这样说，太一是纯粹的统一性，而理智是相对的统一性，太一是单纯的一，而理智是杂多的一。普罗提诺自己认为他关于理智是"一——多"的思想是与柏拉图在《巴门尼德篇》第二部分中关于"一"是"一——多"的论述相吻合的。（V.1.8）然而细读《巴门尼德篇》我们就会发现，普罗提诺的理智与柏拉图的作为"一——多"的第二个本体（原理）显然有所区别。普罗提诺的理智是永恒的，没有时间性的（V.1.4，V.9.10），而柏拉图的一则处在时间中，过去变、现在变、将来也变；[①] 普罗提诺的理智也没有空间性（V.9.10），而柏拉图的一显然处在空间中。[②] 因而，我们可以这样看，《巴门尼德篇》为普罗提诺提供了关于理智的最基本的规定，但普罗提诺的理智之丰富内涵显然不仅仅来自《巴门尼德篇》。

普罗提诺更多的是将理智与柏拉图的理念相提并论。"作为总体的理智就是所有的形式，而每个个别的形式就是一个个别的理智，"（V.9.8）这里的形式也就是理念（eidos），总体的理智是指普遍的理智（Nous, universal intellect），而个别的理智指包含在理智整体中的诸多特殊的、个体的理智（noes, particular or individual intellect）。关于普遍理智，普罗提诺是这样说的，"理智不是一个单一事物的理智，而是普遍的，因为普遍的，是所有事物的理智，因此，如果理智是普遍的，是所有事物的，那么它的部分必然拥有每个事物和所有事物，否则它就有一个不是理智的部分，它将由非理智构成。"（Ⅲ.8.8）在另一处，他又说道，"理智像一个伟大而完满的思想原则，统摄它们全部。理智从自身的首要原则出发，贯穿于它们或者确切地讲，总是贯穿于它们"。（Ⅵ.2.21）前者自在存在，且主导着诸特殊理智，甚而在某种意义上就是它们的原因。特殊的理智相当于个别的理念，特殊的理智以一种类似于具体知识包含总体知识的方式包含着普遍理智，（Ⅵ.2.20）它们的总和构成了理智世界。也正是在这种意义上说，

[①] ［古希腊］柏拉图：《巴门尼德篇》，155d2~3。
[②] ［古希腊］柏拉图：《巴门尼德篇》，148d~149d。

第五章 三一本体

普遍理智最接近类似于理智本体,① 相当于柏拉图《蒂迈欧篇》中的造物主。"当一个人看待世界时,他应该上溯到理智,并且把它当作真正的造物主和工匠"(V.9.3)。诸多的特殊理念存在于造物主或理智之中,每个理念都因分有了神圣理智而成为造物主进行创造的原型。

当然,普罗提诺的理智与柏拉图的理念还是有区别的。比如,柏拉图的理念是可以离开能思的主体(包括神在内)而独立自在的;而普罗提诺的理智就是神,是思维者与思想对象相统一的思维本体。在这点上,普罗提诺显然借鉴了亚里士多德关于"第一推动者""神"的描述。亚里士多德说:"按照自身来思想是自己所能做的最好的事,最高的思想、也是最好的事。因此,当心灵(理智——引者注,下同)享有思想对象时,它所思想的正是它自身,通过思想和把握,它自身变成可知的。这样,心灵和它的思想对象就是相同的了。"② 这里,最核心的东西就在于:在思维活动中,理智和思想的对象是同一的。里斯特则进一步指出,理解亚里士多德的这些论述是理解普罗提诺的理智之出发点。③ 在亚里士多德看来,神要么思考自身,要么思考其他东西,并且在思维的过程中,思维者(理智)和思想的对象(形式或理念)是统一的。但实际上,这个统一只能是多元性的统一。因为无论如何,理智的思想和它的本质是有区别的,至少潜在地是,思想是思维者的心灵之现实化,而在思维活动中的心灵之特征则是由其对象所赋予的。因而正如普罗提诺所指出的,亚里士多德的神是一个复多的统一体,是个"一—多"。这样一来,普罗提诺就把亚里士多德的"第一推动者"从最高本体贬黜为次等的东西,第二位的神,即理智,因为它是"一—

---

① Gerson 1994,p.57. 赵敦华认为普遍理智是就理智的统摄功能而言的,指"它是普遍适用于一切事物的心灵(亦即理智——引者注)",并且认为把理智理解成既单独存在的个体,又有普遍适用的逻辑功能,使普罗提诺暂时拒绝了柏拉图的"分离学说"的难题(见赵敦华《柏罗丁》,第50~54页)。
② 亚里士多德:《形而上学》,1072b18~21,另见1074b22~35。
③ Rist 1967,p.38.

多"；相反，柏拉图的"一"则被普罗提诺当作最高的本体，第一位的神，即太一，因为它是绝对的、纯粹的、单纯的一，既不以外物也不以自身作为思维的对象。

理智是生命的本原。理智是思维着的本体，理智的活动，即诸形式的思维就是生命的原型。所有的生命都是思维。思维，普罗提诺说，当许多部分一起处在一个相同的事物中，思维似乎就是这个总体内在的意识。这也就是说，当一个东西思想自身时，它的每个单一的部分都正好是它自身而不去寻求任何东西，这是正确意义上的思维。而当一个东西思想的是外在的东西，那么这个思想就是有缺陷的，在正确的意义上就不是思维。（Ⅴ.3.13）每个生命都是种思想，不同的思想在程度上有强弱之分，正如生命在等级程度上有明晰和力的区别一样，最初的生命和最初的理智同一。最初的生命就是最初的思想，次等的生命是次等程度的思想，最后的生命是最低等级的思想。（Ⅲ.8.8）普罗提诺在这里强调了理智是最初的思想，是所有生命进行思维的本原，灵魂及可感世界之物都因分有、模仿理智的思维而具有了生命。一切生命都是一种思想，真正的生命因思维而具有生命，真正的生命就是真正的思维，真正的思维也就是真正的生命。（Ⅲ.8.8）这样，理智的世界就是有生命的存在，普罗提诺借用亚里士多德的术语称之为"生命沸腾"（boiling with life）的世界（Ⅵ.7.12）。这个世界拥有和包含了所有思维和有生命的东西，当然这个有生命的东西指的是一种原初的、绝对的、无条件的生命形式，而不是指植物、动物和人，这些是在灵魂出现后在可感世界才出现的。

理智具有双重的活动。普罗提诺认为，每个事物都有一种属于其实质的活动和另一种从该实质流溢的活动。前者是与事物自身同一的，后者则是前者的结果，产生不同于事物自身的流溢物。例如，火中有热，这是在它的实质中所包含的内容，是种实质的活动；而当火燃烧时，由这原初的热所产生的热就是流溢的活动。即使是太一，也具有最初的双重活动的形式。它自身是活动的却又持存自身，而其活动却因完满性就流溢出了理智。理智的双重活动更为明显：它既具有实质性活动，出于理智的本性，或者说要实现自己的本质，理智就必然会向上或向前看向其来源，去静观太一，最终趋向和回到太一；同时它又要进行流溢活动，即从自身向下或向后流溢出灵魂。"既然理智像太一，那么它就仿效太一，以同样的方式连续不断地产生出各种各样的力，这些力都是它的影像，正如先于它的本原流溢出它一样。这种由理智实体而流溢出来的力就是灵魂，而理智本身并不因为这种流溢而所有变化，就象太一流溢（理智）而自身保持不变一样。"（V. 2. 1）

第四节　灵魂

灵魂（psyche，Soul），本意是"呼吸""吹气"，后来被古希腊人引申的含义十分丰富，对其的使用也非常的宽泛。在古希腊人的意识里，凡有生命之物就有呼吸，呼吸没了便也是生命的结束。因而，灵魂通常被看作是生命（运动）和意识（感知）的根本原则或本原，只是这种观念并不仅仅局限于人，也用于所有事物，如马、树、甚而石头的身上。至少从荷马开始，灵魂就与生命、运动紧密地联系了起来，作为从临终的英雄嘴里逃出来的"生命气息"（the breath of life）[①] 以鬼魂（ghost）的身份在幽暗而没有生命的世界游荡。在奥菲斯教那里，灵魂具有了一些不同于荷马那里的意思，是一个堕落到下界的却永生、不朽的神或精灵（spirit），它寄居在（活）人的肉体中，必须通过净化和秘仪才能逃离身体回到神那里。早期自然哲学家持一种万物有灵的观念，灵魂作为事物运动变化的内在的能动力量，并非与事物的可感性质和形态相对立，诸如水、火、气等皆有灵魂，甚而灵魂本身就是或水（泰勒斯）、或气（阿那克西美尼）、或火（赫拉克利特）、或原子（德谟克里特）等物质性的东西。斯多亚派

[①] 因而在荷马那里，灵魂属于大脑，而理智（心灵）属于胸膛，人由此而具有思维和感知。参见 Peters1967，p. 167。

坚持了这一传统，认为灵魂就是"气息"或"精气"。亚里士多德明确宣称，"灵魂在首要的意义上，乃是我们赖以生活、赖以感觉和思维的东西。"① 植物、动物和人都具有灵魂，只是在等级程度上有所差别。普罗提诺继承和坚持了希腊人"万物皆有灵魂"的传统观念，并把它提升为三个神圣本体中的第三个。作为本体，灵魂处在无形的本体世界、理智世界，是在可感的形体世界之彼岸；但同时，它又创造生成了可感的物质世界，作为人和其他诸事物的灵魂而居于这个世界。因此可以说，在普罗提诺的体系中，灵魂被赋予了异乎寻常的丰富内涵和宽泛的领域，也是最为复杂的东西。它处在神圣的理智世界又与可感的形体世界直接关联，涉及了从最高的太一直到最低的质料的全部等级。然而，普罗提诺对灵魂的使用像对理智的使用一样不加区分。无论是作为本体的灵魂，还是作为人和诸事物的灵魂都是 *psyche*。我们只有通过上下文所谈论的内容来确定他所指的是那一种灵魂。在本文的表述中，我们仍如对 *nous* 那样来处理，当普罗提诺把 *Psyche* 用于神圣本体的灵魂时，我们就写作"灵魂"；而当他把 *psyche* 用于称谓个别的、具体的灵魂时，我们则加上限定语，如植物的灵魂、牛或马的灵魂、人的灵魂，等等。

  理智是太一的第一个活动，而灵魂则是太一的第二个活动。灵魂与太一的关系就如同理智和太一的关系一样。灵魂与理智的关系，首要的一点就是理智仿效太一，从自身流溢出了灵魂。灵魂是"理智的影像，正如已表达出来的逻各斯②是在灵魂中的逻各斯的影像一样，灵魂自身就是理智的逻各斯，是理智的全部活动，是由理智发出而赋予其他实体的生命，就像火本身就具有热而同时又发出热一样。"（Ⅴ.1.3）在普罗提诺的体系里，作为本体的灵魂是一，却又是多，

---

  ① 亚里士多德：《论灵魂》，Ⅱ.3，中译参看苗力田《古希腊哲学》，第 477 页。
  ② 在这句话中，普罗提诺使用的是 *logos*，阿姆斯庄译作思想（thought），麦肯纳译作理性（reason），并都作注指出，普罗提诺采用了斯多亚派关于"在灵魂中的 *logos*"和"表达出的 *logos*"的区分来说明理智和灵魂的关系。

包括宇宙灵魂（holon psyche, the universal soul[①]）和个体灵魂（horos psyche, the individual soul）。[②] 这样，普罗提诺实际上把灵魂分为三个等级，最高的是本体灵魂，接着是宇宙灵魂，最低等的是个体灵魂。本体灵魂就是灵魂本体，它是超越的、永恒的、神圣的，由它流溢出宇宙灵魂和个体灵魂。宇宙灵魂处在理智的世界而与形体世界不发生任何直接的联系，但却是推动一切事物的能动力量，它通过创造包括诸个体灵魂赖以栖身的可感事物在内的自然而为后者准备了条件，因而它先于个体灵魂与理智相联系。诸个体灵魂是最低等级的灵魂，它们管理着宇宙世界的各个部分，与可感世界直接发生联系。当然，作为本原，灵魂，包括宇宙灵魂就都为所有拥有灵魂的事物所分有，但个体灵魂并不是宇宙灵魂的部分，二者之间也不存在创造与被创造的关系。在普罗提诺看来，宇宙灵魂和个体灵魂之间不是一种母子关系，而是一种姐妹关系。[③] 换言之，宇宙灵魂是个体灵魂的大姐，而非母亲，它们之间的关系是平等的。个体灵魂可以上升到宇宙灵魂高

[①] 这个英译是洛布本阿姆斯庄的翻译，有些地方也译作 the soul of all；而在企鹅本中麦肯纳译作 the‐soul entire 或 the all‐soul（大全灵魂）。于是，对该词的汉译就有了宇宙灵魂、世界灵魂、普遍灵魂、大全灵魂等，本文采用"宇宙灵魂"的翻译，以强调宇宙灵魂是非尘世的而是超越的，是非杂多的统一而是同质性的统一。

[②] 海勒曼—埃尔格斯玛（Helleman‐Elgersma）认为，普罗提诺把"普遍"（世界）与"个体"用于灵魂主要表示如下三种区分：（1）世界灵魂与个体灵魂之间的区分；（2）每个灵魂作为整体和其部分之间的区别；（3）每个个体灵魂和在某种全体的意义上的诸个体灵魂之整体的区分。例如我们人的没有下降的那部分灵魂也是人的全部灵魂这个整体的一部分。参见 Gerson1994，p. 252，n. 77。

[③] 关于宇宙灵魂与个体灵魂之间的关系，学界有着不同的看法。惠特克（T. Whittaker, *The Neo‐Platonists: a Study in the History of Hellenism*, London: Cambridge University Press, 1918, p. 53）、迈尔斯（Margaret R. Miles, *Plotinus: On Body and Beauty*, Oxford: Blackwell, 1999, p. 73）和文德尔班（文德尔班：《哲学史教程》上卷，第331页）等认为二者是隶属派生的母子关系，石敏敏也基本同意该说（石敏敏：《古代晚期西方哲学的人论》，中国社会科学出版社2007年版，第108页）。而克拉克（Stephen R. L. Clark）（See L. P. Gerson ed., *The Cambridge to Companion to Plotinus*, London: Cambridge University Press, 1996, p. 287）、包利民（汪子嵩、陈村富、包利民、章雪富：《古希腊哲学史》第四卷下册，人民出版社2010年版，第1240—1241页）和刘玉鹏（刘玉鹏：《自净其心——普罗提诺灵魂学说研究》，浙江大学出版社2008年版，第90页）等则认为二者是平行并列的姐妹关系。本文坚持后一种，由此认为作为个体灵魂的人的灵魂不是来自宇宙灵魂，而是来自本体灵魂，即灵魂本体。

度，二者可以肩并肩成为凝视在上者的合作伙伴。因为事实上，他认为所有的灵魂都是一个，在本质上处于同样的等级，但同时灵魂的这种一并不有碍于它的多元性，也不能阻碍个体灵魂保持自己的个体性。这样一来，灵魂既可以说是"一"，原因在于它对理智的分有，因而也就是普遍和统一的；同时又可以说灵魂是"多"，原因在于它又呈现或者分散存在于诸多具有不同生命的个别事物之中，因而就有了诸多的个别形式或个体灵魂。灵魂区别于理智的最重要特征就在于总是表现为多和部分，这也就是说，理智的基本规定是一——多（one-many），而灵魂是一和多（one and many）（V.1.8）。

既然理智产生了灵魂，那么理智必定先于灵魂。对此，普罗提诺提出了三点证明。首先是从完满性上来论证的。这点主要针对斯多亚派。斯多亚派用灵魂指火、精气等自然的能动力量，用理智指人的思想，认为"灵魂产生理智"。[①] 普罗提诺依据柏拉图主义的原则认为，那种相信灵魂产生理智的说法是没有任何道理的，因为产生者要比被生成者完满，理智虽然不是最完满的，但它从太一而来，并且从太一那里获得了比在它之后的所有东西都更加完满的完满性。因此，理智必然先于灵魂。其次，事物运动变化的证明。根据亚里士多德，运动变化的东西归根结底是由于不动的推动者所推动。如果灵魂是易于受到影响变化的，那么就必然有不变的东西，否则世界上的每个事物都会随时间的变化而消失，这个不变的东西就必然先于产生世界万物的灵魂，它就是理智。最后，灵魂在世界之中，必定有在世界之外且不为世界所牵连的东西，这个东西必然先于灵魂，它也就是理智。（V.9.4）

理智虽然先于灵魂，但灵魂并没有和理智完全分离。灵魂自身就是一种理智的存在，它是理智世界中的一员。（V.1.3）由于理智中的每一部分都是全体，而灵魂是理智中的一部分，因而它也就是理智整体。这样完全也可以说，灵魂与理智在内容上是完全一致的。在普

---

① 转引自赵敦华《柏罗丁》，第56—57页。为行文统一，笔者把"心灵"改作了"理智"。

第五章 三一本体

罗提诺看来，理智是灵魂创造世界的原型和依据。灵魂为了自己的活动创造出了质料，并对质料进行筹划，赋予其以形式而创造了世界，而这个形式就来自理智。因而可以说，灵魂是根据理智来创造可感的形体世界的。这个世界就是理智世界的影像，而理智世界则是其原型，从而理智也就处在这个世界中，这个世界也到处都有理智。当然，对于形体世界的灵魂来说，理智只是一种意识状态。但这里仍需要注意，理智是不受灵魂影响的，正如太一产生了理智而自身保持不变，理智在流溢出了灵魂以后仍然呆在理智世界中，丝毫不受灵魂的影响。因此，在普罗提诺那里，本体之间存在两种单向的不可逆的关系：其一，创生的关系，即太一流溢出理智，理智流溢出灵魂，反之则不行；其二，依赖的关系，灵魂依赖于理智，理智依赖于太一，而不是相反。

理智与灵魂的不同也体现在思维上。灵魂是理智的影像，也就具有思维，只是理智具有的是种直接的直觉思维，而灵魂的思维则是种推理，即从前提到结论。而且，每一个低级灵魂所意识、思维的只是它自己的一部分，也只能观照到它能观照到的。就此而论，灵魂就是多，但普罗提诺同时也强调灵魂是一。所有的灵魂都是一个，所有灵魂的内容也都是理智的内容。即使下降到形体中的灵魂以个体灵魂的形式出现，它仍然没有失去它的整体性。其部分的存在仍然是以整体的存在为依据，并且能够回到整体。

根据我们前面的分析，太一是纯粹的思维和意志活动，理智是纯粹思维的本体，那么灵魂可以说是欲望（*bios*，desire）的本体，"灵魂有一种不安分的力，只要它看到某些东西，它就要转到那里去"。（Ⅲ.7.11）一般而言，欲望总要有一个可欲的事物或对象。当灵魂以理智作为欲求的对象时，由于灵魂在理智中，可以说他也是以自身为目标。除此以外，灵魂总是分裂成欲望主体的灵魂和可欲对象的灵魂。这样，灵魂便又表现为一和多。由于欲望总是朝向一个外在的目标对象，结果就造成了一个事物向另一个事物的运动。而且，由于灵魂在整个世界普遍存在，世间诸物无不有欲望，如此也就成了世间万物运动变化的能动力量。在此意义上，普罗提诺认为灵魂是有形体的活的事物进行运动的本原，这既包括个体的动物也包括宇宙自身的运动。不仅如此，普罗提诺认为观念之间的推演也是一种运动。但普罗提诺把理智以自身为对象的思想活动排除在运动之外，因为它不是朝向另一个不同于自己的对象而做出的移动，而更类似于亚里士多德的"不动的推动者"。无论如何，运动总是以运动的事物的区分和分离为条件的，灵魂总是欲求着移向不同于自己的外在对象，欲求着与自身的分裂。这更加明显地表明了灵魂在本性上是一和多。

正是在这种欲望的驱使下，灵魂不满足于像理智那样在自身中活动，而是趋向自身之外进行永不停歇的活动。灵魂的活动有两个方向，一是看向理智时，就向上趋向于理智，并效仿理智的永恒不动而在静观中宁静下来；二是看到比自己更低级的质料时，便向下运动，并与质料相混合，形成可感事物，由此创生世界。灵魂是世界（直接的）创造者。①

关于灵魂是一和多的规定性，我们还可以补充两点。第一，灵魂的杂多性来自理智。太一是纯粹的单纯体，理智是———多，因而从太一出发的统一性或单纯性在逐步地减弱，而杂多性在逐渐增加。但与理智一样，所有的灵魂都是一个灵魂，诸多的灵魂都出自一个灵魂，就像一个属包含了诸多的种一样。有些灵魂是较好的，有些则是较差的。较好者更接近理智，较差的则不那么接近理智，其现实性也就较低。（Ⅳ.8.3）正如理智的多样性不排除其统一性一样，灵魂的多也不排斥其统一性。因为实在是多，不是由于空间②的分隔而是由于区别，所有的实在无论其是多么的杂多，仍然是一个统一体，实在与实在相邻，所有的实在都在一起。因此，理智的多不是由于空间而是由于区

---

① 后来，波菲利坚持灵魂就是造物主，并且认为自己的这种解释是符合普罗提诺的主张。但普罗提诺在Ⅱ.3.18，Ⅴ.9.3中又把理智等同于造物主。对此，我们可以这样理解，灵魂实际上创造了可见世界，而理智只是在为灵魂提供了创造世界的形式这个意义上说，它是"真正的造物主和创作者"。可参看 Armstrong1989, Vol. Ⅲ, p. 410, n. 1。

② 在普罗提诺看来，空间的概念是在形体世界才出现的。

分，它仍然是个整体。灵魂也是一样。整体的灵魂不排斥多样性，而这个多样性也并不取消统一性。（Ⅵ.4.4）第二，灵魂创造了可感的形体世界。每个有形体的东西，比如植物和动物，都是建立在色彩、尺寸以及形状和各组成部分排列组合的杂多统一之上，而这些杂多的因素都来自在先的统一体灵魂。换言之，虽然灵魂创造的有形体的东西是杂多的，但作为诸形体之物相统一的原因，灵魂自身必定是一个统一体。

灵魂具有两重性，既是可知的又是可感的。这是由灵魂所处的位置决定的。灵魂居于理智世界和可感世界之间，一方面与无形而可知的理智世界相联系；另一方面又与可感的形体世界相联系。据此，灵魂可以区分为两个等级。一个是高等级的灵魂，作为形式它既产生于理智又趋向于理智。更确切地说，它在本性上就处在理智世界中，通过对理智的沉思静观而获得自身的完满，它超越于可感世界，并且与形体世界不发生任何直接的联系。就此而论，灵魂是超越的、永恒的和神圣的。普罗提诺也称之为宇宙灵魂或普遍灵魂。另一个是低等级的灵魂，作为生命和生长的内在原则而起作用。它与可感世界发生联系，并且进入世界的诸形体中，从而创造出形体世界，它是世界最直接的创作者，是所有生命的创作者。普罗提诺也称之为个体灵魂。前者统摄着后者，就像一个阴影进入一个更大的阴影，一道微光融入更强的光；而当二者之间不一致、发生冲突时，低等的灵魂可以作为自身而呈现。高等的灵魂有着更高的善，低等的灵魂从一开始只有相对的善，但由于教育的结果通过高等级的灵魂也能变得具有更高的善。低等的灵魂渴求着高等级的灵魂，而高等级的灵魂则以忘记得自低等级灵魂的东西为幸福。（Ⅳ.3.32）普罗提诺有时也把高等级的灵魂称作理性灵魂（the rational soul），称低等级灵魂为生长的灵魂（the growth-soul）。（Ⅱ.9.11）这种低等级的灵魂有时也被普罗提诺称作自然（*physis*，Nature），实质上是作为独特的第四原理起作用。[1] 自然是理智之物的一个影像，是灵魂的最后和最低的部分，只有理性的生成原则

---

[1] 范明生：《晚期希腊哲学和基督教神学》，第340页。

的最后和最弱的光照射到。打个比方，就像在一个厚厚的蜡块上，印章从上面透到了另一面，在上面的是清晰的，而下面的只是个模糊的印痕。因此，自然并不思虑而只是创造（Ⅳ.4.13）。灵魂创造了世界，但并不与这个世界相分离，它不是从外面推动这个世界，而是在世界之内推动它。自然就是灵魂的创造力量，就像理智是在对太一的观照中确定自身，灵魂在对理智的观照中确定自身，自然也是在观照中进行创造的。自然作为灵魂的低级形式，它就依然具有了所有的知识，因而自然在创造世界时并不去思虑和筹划；而这个世界则反映了自然中已有的知识。因此，这个世界并不是预先设计、筹划的结果，而是自然根据对理智的观照形成的。换言之，我们这个世界的秩序以及万物遵循这个秩序并不是一种预先的筹划和设计，而是由于灵魂创世时对理智世界的模仿。

那么，灵魂为什么要创造形体世界呢？普罗提诺有如下的解释。其一，灵魂创生形体世界是为了展现自己，或者说，也是出于谋求自身独立的大胆，就如同理智创造灵魂、太一创生万物一样。如果太一不创造世界，"那么就不能有单独的一，因为那样一切事物都会被隐藏在那个无形的一中。如果太一在自身中保持静止，那就不会有任何一个实在，也不会有诸实是者的多样性，它们是从太一产生出来的。如果在它们之后并且接受了灵魂等级的事物没有离开（这个等级）——同样地，如果没有通过它们而产生的事物来显现，诸灵魂就不会单独地存在"。（Ⅳ.8.6）其二，灵魂的力之必然。灵魂作为一种创生的力，像在那更高存在中的力一样，不会出于嫉妒而给自己划出一个界限而使自己保持静止，它必须永远前行，直到所有事物由于它而向下达到最终的可能的限制。这种力既能创生万物，就不可能不让它们分有它自己。（Ⅳ.8.6）其三，灵魂照顾次于自身事物的结果。当灵魂向前或向上凝视在它之前的实在者时，它就运用它的思维；而当它凝视自身时，它就把在它之后出现的东西加以排序，并且监督和管理它。如果在某物之后可能存在另一物，即使低一个层次，只要前者存在，那么后者也便必然存在。（Ⅳ.6.3）因而，只要灵魂存在，必然存在需要它照顾的下界事物及其形体世界。总之，灵魂是根据理智创造了这个作为理智世界的影像之形体世界。对于宇宙灵魂而言，这种创造不是出于虚荣与嫉妒（Ⅱ.9.11），它只是从上面督导世界，并不与这个世界相接触，因而自身不受下界污染而始终保持自己的纯洁与神圣。对于个体灵魂而言，因为它们以自我为中心的欲望，以及傲慢和大胆鲁莽所致，（Ⅴ.1.1）因而个体灵魂与下界的可感世界直接相联系，并且要进入了形体世界承担起自己的照顾万物的职责，这也导致它们会受到下界世界的污染而丧失自己的纯洁乃至神圣性。

至此，我们讨论了普罗提诺的神圣的三一体，即太一、理智和灵魂。它们虽然是三个不同的源初本体，但又始终保持着统一性，万物一源，第二、第三个本体都来自第一本体。这样，我们就有了三个领域。第一个是太一的领域，它是最高的终极本原，是第一者、至善和上帝，它是"纯粹的一"，是完美自足而不需要任何别的东西，而其他一切的东西都依赖于它，追求于它。第二个是理智及理智诸物，它们也是神圣和善的；理智由太一直接流溢而来，是仅次于至善的第二位的善，仅次于太一的第二位神；理智的基本规定性是"一和多"，它是思维的本体，思维主体、思维活动和思维对象是相同一的；理智也是所有生命的本源，包含了一切实在、实是、灵魂和生命。第三个是灵魂，它从理智流溢而来，也是神圣永恒的，是第三位的神；它的基本规定性是"一和多"；灵魂的高等部分实际上属于理智领域，而低等部分则进入了形体世界。太一、理智、灵魂构成了一个善的世界或理智世界，与这个世界相对的则是我们所处的形体世界，恶的世界[①]。这样，按照善的程度之不同，整个世界就是一个有等级秩序的世界。虽

[①] 这里有如下几点需要加以厘清：（1）严格来讲，太一并不处在理智世界中，而是高于理智、灵魂及其诸实在构成的理智世界，但就它们都是善的而言，可作一个世界对待。（2）确切来讲，不是所有的灵魂都处在理智领域，只有灵魂本体、纯粹的灵魂或者宇宙灵魂是，而个体灵魂则不属于理智世界。（3）普罗提诺认为可见的宇宙天体是由宇宙灵魂创造的，也是永恒神圣的，诸天体就是诸神灵。天体世界不在理智世界中，而是在理智世界的边缘，仍然属于形体世界。但由于天体按照一定的轨道运行，秩序井然，因而也是美的，是与月下的可见的形体世界有所不同的。（Ⅱ.1，Ⅳ.3.1）因而普罗提诺用月上的世界和月下的世界来加以区分。

然第一者、第二者和第三者都是善的，但只有太一是绝对的、纯粹的善自身，而理智、灵魂就是第二、第三等的善了。普罗提诺认为这样的一个有等级序列的世界才是合理的，并以此批评诺斯替派不知道世界的等级序列。（见Ⅱ.9.1，Ⅱ.9.2，Ⅱ.9.13）当然，这个次序不是时间和空间上的，而是等级上的次序。按照较低的等级总依赖较高的等级之原则，"灵魂依赖理智，理智依赖至善，万物都通过中介依赖于太一。其中有些靠近它，有些则与靠近它的东西相邻，可感事物通过依靠灵魂在最远处依赖于它。"（Ⅵ.7.42）但普罗提诺更喜欢常用同心圆的比喻（Ⅳ.3.17，Ⅵ.7.42，Ⅵ.8.18等）来解释它们之间的关系。太一是圆心，依次向外是理智、灵魂、形体世界。整个世界就是以太一为中心，通过流溢而一层层展开的，越靠近中心的东西其实在性越高。由是我们所处的形体世界的实在性是最低的，它只是理智世界的影像。无论是流溢的层级还是同心圆的比喻，对普罗提诺而言，实在世界的等级意味着灵性上升的阶梯。换言之，我们的灵魂只有在灵性上与实在世界相似，我们才能够有希望认知实在世界，并通过精神修炼沿着善的方向发展才可以靠近至善/上帝。而之所以如此，无他，只是因为我们人的灵魂下降到了有着恶的形体的世界。

第六章 灵魂的下降及恶

灵魂和理智一样，也有两种活动。一个是向上静观理智，并通过理智而趋向太一；一个是向下与质料相结合而创生形体世界。当灵魂创生形体世界时，它也就下降到了形体世界，而形体世界是恶的，因而形体世界中的灵魂也就具有了恶。如此，就意味着我们的灵魂就面临着生活方式的抉择，是沉沦于形体世界的"快乐"生活还是重新发现自我过灵性的生活？所以，本章首先来分析形体世界及恶的根源，接下来阐述形体世界中的灵魂，尤其是人的灵魂，最后在第三节将展开对恶的详尽分析。

第一节 形体世界

正如我们前文已经说明的，形体世界是灵魂必然要流溢的产物，它是理智世界的影像。依据普罗提诺所说，被创造者总是不如创造者完善，因而形体世界不如理智世界完美。理智世界是上界的神圣世界，而形体世界是下界的可感世界；理智世界是真实存在的，而形体世界中的存在都不是真实的；理智世界是不变而永恒的，而形体世界是变动不居的；理智世界是善的，而形体世界是恶的。所以，在普罗提诺看来，形体世界充其量只能是理智世界的阴影或不完善的反映。但是，普罗提诺又坚持认为，我们所处的世界也是美的，因为它是神圣的理智的明晰清楚而美丽的影像，尽可能最大程度地具有了原型所具有的最高的美。它虽不如理智世界那样完美，但在其等级序列上具有其最好的秩序、和谐与美。虽然理智世界和形体世界是两个对立的世界，但在空间上并不是分离的，也就是说，它们占据的是同一个场所。因为无论是灵魂的高级部分还是低级部分都是以内在于世界的方式推动着世界的变化发展，因而灵魂从未曾真正与世界相分离。这样通过灵魂这座桥就把理智世界与形体世界联系在了一起。正是由于理智世界与可感世界没有空间的分离，下降的灵魂在厌倦了尘世的生活而回忆起自己的来源时，并且要返回来源才成为可能。

在普罗提诺看来，无论是空间还是时间都是灵魂在创生世界的时候创造的，也就是说，时间和空间只是形体世界的概念，因而也只适用于可感世界。我们先来看看普罗提诺关于时间的学说。普罗提诺的时间学说是对柏拉图和亚里士多德的继承，同时也是对斯多亚派和伊壁鸠鲁时间观的批判与综合。"在哲学史上，这一学说构成了继亚里士多德之后的又一完整的时间学说，对基督教神学影响尤为深远。"[1] 在《蒂迈欧篇》中，柏拉图提到永恒和时间是分属理念世界和可感世界的原理，但并没有做出更进一步的讨论。在Ⅲ.7《论时间与永恒》一章，普罗提诺按照他一贯的做法，以柏拉图的论说为基点展开他自己的思想。柏拉图认为时间是"运动着的永恒影像"[2]，这成为普罗提诺时间学说的基点。普罗提诺对此做了如下的具体分析和解释。永恒是理智的生命，因为理智及理智之物是永恒的，是原型，因而"永恒"是与理智本体的本性相一致的。而时间是灵魂的生命，因为灵魂出于必然在创生宇宙的同时创造了时间，在此意义上，不仅宇宙与时间同在（Ⅲ.7.12），而且时间与灵魂的本性也相一致。时间是永恒的影像，因为时间所在的形体世界是灵魂根据理智创造的，是理智的影像，是运动变化的，而且灵魂也是理智的影像，因此时间可以说是运动着的永恒之影像。普罗提诺提出应当首先探讨

---

[1] 赵敦华：《柏罗丁》，第80页。
[2] ［古希腊］柏拉图：《蒂迈欧篇》，37d～e。

永恒问题，看它属于哪一类事物。因为一旦知道了原型，就会对其影像有一个清晰的认识。（Ⅲ.7.1）那么，什么是永恒呢？首先，永恒不是静止。虽然人们通常把时间对应于运动，但却不能把永恒和静止相对应。永恒可能会分有静止，但不可能是绝对的静止。我们不能简单地把永恒等同于静止，或者等同于属于实体的静止。因为我们不能只从静止而且也要从统一体的反面来考虑永恒。而且，这个统一体必须被认为是没有广延的、也没有间隔的，这样才能与时间相区别；而静止就其是其所是而言并不包含一和无广延的观念。（Ⅲ.7.2）永恒所在的这个一（统一体）就是理智。其次，永恒是理智的生命。永恒是那种无先、无后，没有过去，也没有将来，而始终自我同一的生命。永恒作为生命属于那存在并在实在中、完全充满的、没有广延和间隔的东西，（Ⅲ.7.3）这个东西就是理智。最后，永恒和理智的本性是同一的。（Ⅲ.7.2）我们绝不能认为永恒是偶然的从外部达到理智的本性，事实上，它就是那本性，并且从它而来，并和它在一起。因为永恒的本性就是在理智的本性中沉思，从后者而来并存在于它之中，因为我们对存在于理智世界中的所有其他事物也是这样看待的，并且说它们全都源自它的本体，并与它的本体同在。（Ⅲ.7.4）

在分析了作为原型的永恒概念之后，普罗提诺开始进一步分析作为影像的时间概念。第一，时间和永恒。永恒不是时间的属性，更不在时间之中，而是与时间彼此相对的，而只能属于并且在理智之中。"正如我们所相信的那样，理智的每个活动都是无时间性的，因为那儿的实在处在永恒之中而不是在时间之中，在那里也不可能有某种记忆，不仅仅是关于低级事物的，而且也是关于任何事物的。在那里，每一个东西都在场（presence），因而没有推理的思想或从一个到另一个的移动。"（Ⅳ.4.1）显然，在理智世界，也就是在永恒中，一切都是当下的，都是在场；没有记忆，也就没有过去，没有推移或伸展，也就没有将来。相反，在时间中，有变化和运动，不只有现在，也有过去和未来。第二，时间是由灵魂创造的。灵魂在创造宇宙的同时，也就创造了时间,正是在这个意义上,宇宙与时间同在。(Ⅲ.7.12)前面我们说过,灵魂创造形体世界,就如同理智创造灵魂一样,出于谋求自身独立的大胆。正是由于这种不安分的胆大妄为,灵魂总把自己在理智世界看到的传送到另外的地方。于是当灵魂在这种不安分的活动本性的控制下,想要做自己的主人、不满足于现状、决定寻求更多的东西时,它就开始运动,时间也随之运动。于是,灵魂就一直地向着"下一个"和"以后"运动,以及不保持同一且不断变化的事物运动。经历了长长的旅行,这样就构造了作为永恒之影像的时间。(Ⅲ.7.11)第三,时间是灵魂的生命。时间就是灵魂从一种生存方式到另一种生存方式之流逝运动中的生命。(Ⅲ.7.11)如果说永恒是理智的生命,那么作为永恒之影像的时间就是灵魂的生命。时间作为一种生命,它不同于那种高级的理智生命,在某种表达方式上说是与灵魂的力同名;它没有理智的运动,但有灵魂的部分运动;它不是自我不变的、自我同一的和永驻的,而是不断运动的,一个接着一个;它不是没有距离、没有间隔的,而是统一的影像,是连续性的一;它不是完全的无限的整体,而是连续的无限的序列;它不是一个完全的作为现在所是的整体,而总是将是,要一部分一部分的形成。(Ⅲ.7.11)时间不是灵魂的伴随物,不是后来才产生的,而是存在于灵魂之中,并与它同在,一起显现。当灵魂运动时,时间也就和它一起运动。当灵魂向"前一个"东西运动时,"现在"就延伸为"将来";而当灵魂向"后一个"东西运动时,"现在"就回溯为"过去"。显然,普罗提诺在这里所说的时间不是我们日常所言的快慢、先后、长短、几点几分等,我们通常所说的只是对时间的计量,是不能和时间本身相等同的。普罗提诺在这里汲取了亚里士多德以现在为中心的时间观念,同时又根据柏拉图的原则有所改变。亚里士多德认为,"时间乃是就先与后而言的运动的数目,并且是连续的(因为运动是属于连续性的东西)。"[1] 在他看来,时间不是数本身,而是用来计数的数,时间依靠现在得以延续,

---

[1] [古希腊]亚里士多德:《物理学》220a25~26。

第六章 灵魂的下降及恶

又通过现在而得以划分的。时间是连续的、一维的，表现为不间断的、连续的"即刻"（现在）。可以说，时间就是现在的连续的序列。现在就是被计量的先与后的运动之数目，无论是在先还是在后，它作为存在都是同一的，因为先与后都在运动中，都是"当下""即刻"，但是作为不间断的连续的"现在"又不是同一的。因此，普罗提诺以"种子"的生长这个比喻（Ⅲ.7.11）欣然接受了亚里士多德时间就是现在的连续序列的解释，但拒绝了把时间看作运动的数目或度量，而坚持柏拉图的主张，把时间看作是灵魂在运动中模仿理智原型而形成的"永恒的影像"。无论如何，在他看来，时间都是衡量运动的先决条件，而不是对运动进行衡量得到的数目。因为时间的性质是不能用时间的长短来代替，因而不能归结为数目；我们只有确定了时间的性质，才能说明对运动的度量。（Ⅲ.7.9）由此出发，他批判斯多亚派把时间看作运动，尤其是宇宙的循环运动的看法，认为时间不能等同于事物的运动，而只能说，所有运动都在时间中。因为运动有快慢之分，而时间的流逝是匀质的；运动可以停止或者中断，而时间却不可以；运动在时间中，但并不等于时间。（Ⅲ.7.8）同样，在他看来，伊壁鸠鲁派把时间当作运动的属性或伴随物也是不正确的。因为有些事物不在运动中却在时间中，因而如果时间是运动的属性，那这些不运动的静止的事物就会没有时间性了。（Ⅲ.7.11）总之，在普罗提诺看来，永恒是神圣的理智的生命，而时间则是在运动中的灵魂的生命，这都深刻地影响了早期基督教教父和圣奥古斯丁关于永恒与时间的思想。

如果说时间使得普罗提诺明确了形体世界是理智世界的影像的观点，那么他的空间学说则排除了二者之间在空间上的界限。我们首先依然要明确，普罗提诺所说的空间不是我们日常意义上所谈论的空间，空间不是事物的外在距离，比如"从门到窗户是七步，从窗户到门也是七步"。这是我们对空间的度量，而不是空间本身。空间是灵魂对世界的安排。当灵魂创造出可感事物时，也就安排了空间，为可感世界设定了界限和位置。关于空间与灵魂的关系有两点值得我们注意。一方面，灵魂在空间之外。因为灵魂自身和理智、太一一样处在神圣的理智世界，在可感的形体世界之外，当然也就超越了空间。但是另一方面，空间又在灵魂中。按照普罗提诺所说，空间可以理解为结果在原因中、被创造者在创造者中，因而就像理智由太一创造但并未离开太一、灵魂由理智所生而在理智中一样，"不是灵魂在世界中，而是相反，世界在灵魂中"。（Ⅴ.5.9）这里需要强调的是，希腊语"在……之中（en, in）"有"在某人或者某物的能力之中"、"依赖这个能力"的含义，因而这里"在……之中"不能理解为空间上的安排，而应理解成一种原因与结果之间的包含与被包含的关系。正如当我们说理智在太一中，并不意味着理智和太一中就有空间存在；同样，当我们说世界在灵魂中，并不是说灵魂具有空间，而是强调世界作为灵魂的创造物（结果）而依赖于作为创造者（原因）的灵魂，也就是说世界在灵魂的创造的力之中。总的来说，对于普罗提诺而言，空间和时间一样，只存在于形体世界。因为可感世界的事事物物都是有形体和广延的，处在生成变化和不断运动之中，需要时间和空间来度量。这样，无论是从时间上还是空间上说，灵魂都把可感世界与理智世界在区分的同时又联系了起来，从而形体世界、灵魂、理智和太一就是一个有等级的连续统一体。

处在时间和空间中的可感事物都是复合物。因为既然理智世界的诸物已经包含着杂多于自身之内，因而作为其影像的形体世界中的诸事诸物就更是个复合或混合物了。普罗提诺多次指出，形体世界的事物是形式与质料的复合体，（Ⅵ.3.5）可感的实体是性质与质料的复合。（Ⅵ.3.8）他指出，质料并不拥有或者抓住形式，形式来自别处，不是质料的一种所有物。在理智世界，形式是活动和运动，而在可感世界形式是某种其他的东西，是一种偶然性。形式确切地说是质料的静止和一种寂静，因为它是对无限定的质料的限定。无论是形式还是质料都不能是一种实体，而只有二者的混合或复合才构成实体。（Ⅵ.3.2~4）大概而言，普罗提诺对形式的看法与柏拉图是一致的，指存在于理智世界的真实不变的东西，是可感世界中万事万物的是其所是而必须分有的原型。在他眼里，形式就是生命，因为它能创造和生成事物，使分有它的事物具有某种形式而成为该事物。关于形式，我们在前文以及柏拉图那里已经说了很多，这里我们主要来分析一下普罗提诺用以构成诸事诸物的不可或缺的东西——质料。

质料（*hyle*，matter）是一个纯粹的亚里士多德术语。质料并不是源于对现实的直接感知，比如从对广延和数量的观察中就发现不了，质料是随着对变化的分析而出现的，它不能直接认识而只能通过分析。[1] 但是，普罗提诺作为一个柏拉图主义者，更加注重柏拉图的主张和看法。[2] 柏拉图在《蒂迈欧篇》中把一些混沌的东西称之为"依托"（*hypodoche*）或者"基体"（*ekmageion*），认为它们是没有具体的性质，也没有形状，甚而我们不能说它们"是"什么东西；然而，它们又并非完全的非存在，至少有个场所（*chóros*，space）。在柏拉图看来，依托在某些方面就是"接受器"，可以接受一切事物；在另一方面又是"空间"，以某种方式持其存在。[3] 亚里士多德把依托解释为质料，并认为柏拉图无疑把质料和空间相等同，因为在后者那里接受者和空间是同一的。[4] 在亚里士多德那里，质料和形式是相关的术语，质料作为事物的原料（基质）而与作为其结构的形式相对，可感事物就是质料与形式的合成物。质料作为变化的主体或基质，能够接受相反物，从而使变化成为可能。在这个意义上，亚里士多德把质料看作运动的不变的载体，或者说是运动着的事物的潜能，但不总是与潜能相关联。他指出，事物和运动的最低级的阶段必然是纯质料，或者说是"原初的质料"，即完全没有任何规定性的基质，完全没有任何现实性的潜在性。正如有不同的变化一样，也必然有不同质料作为载体以适合于变化。它们中最高贵的是和位移相联系的质料，

---

[1] See F. E. Peters 1967, p. 88.
[2] 格尔森认为普罗提诺理解的柏拉图实际上是亚里士多德已经解释了的柏拉图，在质料问题上亦是如此。参见 Gerson 1994, p. 109。
[3] 参见［古希腊］柏拉图《蒂迈欧篇》，50d~52b。
[4] ［古希腊］亚里士多德：《物理学》，209b11~13。

而绝不与"生成和毁灭的质料"相伴,因而它不是生成和毁灭的。①这样,只有位移的变化而又不可毁灭的天体就是可能的。此外,亚里士多德还在相对的意义上使用质料,低等的形式可以看作是高一级形式的质料,已经实现了的实是可以看作是后一阶段尚未实现的潜能。比如铜相对于铜像而言就是质料,但相对于构成它的诸元素则是形式;相对于醒,睡眠是种潜在的状态,但相对于死,则又是实在的状态。在这里,亚里士多德实际上涉及了理智质料(*hyle noete*)的问题。②后来,在斯多亚派那里,一切都是物质性的,但亚里士多德关于形式与质料的区分还保留在他们关于主动本原和被动本原的区分之中。这两种本原都是物质性的,但第一个,即主动的本原是永恒的,与逻各斯同一。亚里士多德对变化的分析导致了作为基质,作为纯粹潜能的质料观念,而数量大小则是一种偶性,也就是一种在数量范畴中的形式。因而,数量是无形体的。但斯多亚派基于主动与被动本原的分析,得出数量也是有形体的相反结论。普罗提诺的质料学说(主要是在Ⅱ.4,即《论质料》一章)既是对亚里士多德和斯多亚派质料观的反对和汲取,也是对柏拉图思想的继承与阐发。

普罗提诺接受了亚里士多德对质料的相对使用,承认了有理智质料的存在。他说,"理智和灵魂之间事实上是不同的,灵魂作为在后的序列,是接受者,而理智则是形式。而且,理智质料是美的,因为它具有理智的形式,且是单纯的。"(V.1.3)③因而,在他看来,无论是理智世界还是形体世界之物,都是由形式与质料构成的,形体质料是理智质料的影像。他说,"生成事物的质料总是接受着不同的形式,而永恒事物的质料总是同一的,并且具有同样的形式。可感世界的质料完全不同于理智世界的质料,因为在可感世界中,万事万物都

---

① 参见[古希腊]亚里士多德《形而上学》,1042b,1044b,1050b,以及1069b。
② [古希腊]亚里士多德在《形而上学》,1036b9~12,1037a4~5,以及1045a33~37等处都提到了理智质料。
③ 关于理智质料另见《九章集》Ⅱ.4.3~5。

第六章　灵魂的下降及恶

是变动不居的，每个特定的时间只能有一个事物存在；因此没有什么是持存于其中的，因为一个事物挤消着另一个事物；因此，它总是不同的。但是，在理智世界中，质料一下子就是所有事物；没有什么是生成变化的，因为所有的事物已经存在。因此，在理智世界的理智质料肯定是无形的，因为即使是在可感世界的质料也是无形的，只是他们中的每一个可以以不同的方式具有形状。"（Ⅱ.4.3）按照里斯特，本原产生的理智质料有能力回到它的来源并且从那个源泉获得它的形式；而可感质料无论如何也没有这种能力，它是僵死的，只能通过灵魂的进一步完成的活动获取形式的摹本。① 从这里我们也可以看出，形式与质料的对立只存在与可感世界，而在理智世界并不存在。因而，就普罗提诺的整个理论体系而言，不存在形式作为一极，质料作为一极的二元对立。②

普罗提诺首先证明了质料是必然存在的。第一，质料是太一流溢的最后的必然的产物，因而是必定存在的。既然太一的创造是一个过程，那么就"不只有至善，流溢必然有一个终点，或者如果有人愿意这样说，即由于不断地下降或离去，也必定有最后者。这最后者就是恶，在它之后，没有什么东西再继续生成了。在第一者之后必然有事物存在，因此也就必定存在着最后者，这就是质料"。（Ⅰ.8.7）如果说太一是创造的开始，那么质料就是创造的结束，因为质料是最后者，在它之后不再有别的东西产生。这里涉及普罗提诺哲学中一个非常棘手的问题，即质料的产生问题，尤其在与恶联系起来考虑③时，就更加复杂了。学者对此意见纷纭，颇有争议。普罗提诺在《九章集》中有一处明确地提到"灵魂产生了质料"。（Ⅰ.8.14）他也说道，进入植物中的灵魂仍然在继续创造，产生出不同于自身的东西，这个东西是完全不确定的，其完善的状态就是形体和形状的接

---

① See Rist1967, p.124.
② 在下文中，若不作特别说明，质料一般均指可感世界的质料。
③ 关于恶及其与质料的关系本文将在本章第三节来专门讨论。

受者。(Ⅲ.4.1) 此外，他也明确地说到了部分灵魂创造了非实是①(me on，non-existence。Ⅲ.9.3) 据此，一些学者主张质料是由灵魂创造的。如丹尼斯·奥布赖恩(Denis O'Brien)认为，质料就是非实是，因而质料是由灵魂创造的，但质料并不是恶的唯一的原因;② 西蒙斯(J. Simons)也认为质料是灵魂的产物，而且质料就是时间，因而时间是恶的本原。③ 但另一些学者则相反，认为质料不是灵魂所创造的。如皮斯托留斯(P. V. Pistorius)就认为质料是不能被造的，因为它本身就是一种绝对的非实是、绝对的缺乏。④ 但科里甘(K. Corrigan)不同意，认为质料的来源是多样的，从太一到灵魂都产生质料。⑤ 里斯特则进一步明确说，"质料应被看作最终是由太一流溢出的产物之中的最后的产物。"⑥ 国内学者，如范明生赞同太一产生质料的说法，并做了如下的引证：物质（即质料——引者注。下同）是由先于物质的本原产生的，因此最终也是由太一产生。⑦ 赵敦华则主张，"质料不是太一创造的产物；相反，质料是由太一发端的流溢所不能及的极限，它好像是从太阳发射出来的光线不能穿透的无限的黑暗。"但他也承认普罗提诺确曾说过太一是由永恒的本体所造

---

① "非实是"(me on)从字面的意思来看，就是异于实是(to on)，"不是实是"，因为"(实)是"也有"存在"的含义，因而"非实是"就可以说是"不存在"、"非存在"。对于"非实是"的理解有四个层面：(1)绝对的非存在，即虚无，指它异于一切存在物；(2)事物性质或形式的接受者和依托者，它也存在，但没有任何性质，我们不能说它"是(某物)"；(3)形体世界的诸物，它们不是真正的实是者，只是实在的影像，它们会生灭变易，成为不是自身的事物；(4)理智世界除"实是"之外的其他存在者，例如"动（自身）"、"静（自身）"等，就它们的本性而言，它们都是实是或总分有实是，故而普罗提诺通常不叫它们"非实是"，但就它们自身的实在而言，它们并非就是"实是（自身）"，故也是"非实是"。可参见张映伟《普罗提诺论恶》，第137页及注释2。

② See D. O'Brein, "Plotinus on Evil: A Study of Matter and the Soul in Plotinus' Conception of Human Evil", *The Downside Review*, Vol. 87, No. 286, 1969, pp. 68 – 110.

③ See J. Simons, "Matter and Time in plotinus", *Dionysius*, Vol. 9, 1985, pp. 53 – 74.

④ See P. V. Pistorius, *Plotinus and Neoplatonism, an Introductory Study*, Cambridge: Bowes and Bowes, 1952, p. 122.

⑤ Kevin Corrigan, "Is There More than One Generation of Matter in the Enneads", *Phronesis*, Vol. 31, No. 2, 1986, pp. 167 – 181.

⑥ Rist1967, p. 119.

⑦ 范明生：《晚期希腊哲学和基督教神学》，第345页。

成的，但具体是由太一、理智、灵魂中的哪一个造成和如何造成的，普罗提诺并没有清楚地回答。① 原因何在？他对此做了这样的解释："当普罗提诺说质料是由永恒的本原造成的时候，他并非说质料是在时间中被造，因为在时间中的生成都是偶然的，而质料是永远存在的，所以必定不是由太一或其他本体所创造"。虽然如此，但"质料的永恒存在须以本体的永恒性和必然性为先决条件，在此意义上，质料依赖于本体，或者说，由本体所造成，但不是本体所创造、所生成的"。② 对此我们还可以再补充两点：第一，作为灵魂活动的场所，质料也必然存在。第二，形体诸物的产生也要求质料必然存在。必定要有某种不同于由元素之间的彼此变化来解释的形体自身的东西作为形体的基础。因为那变化的东西并不完全毁灭，否则，就会有某种存在完全消失而变成非实是者；另外，被生成者也不能由绝对的非存在者进入存在，而是相反，生成是从一种形状到另一种形状的变化。如果是这样，那么那个接受新生成的形状并且抛弃已经消失的形状的东西就仍然还保留着。（Ⅱ.4.6）至于理智质料，它的存在通过理智世界的秩序及诸理念的区分是可以证明的，（Ⅱ.4.4）因而在普罗提诺那里，理智质料有一个确定的存在论状态，而不像在亚里士多德那里，只是涉及抽象思维过程的一个纯粹的观念性的东西。

普罗提诺接受了亚里士多德对柏拉图"依托"的"质料"解释，并认为"依托"就是"原初质料"。在他看来，质料就是承受形式和运动的载体和基质（Ⅱ.4.1，Ⅱ.4.6，Ⅱ.4.12，Ⅲ.6.7，Ⅵ.3.4）。在这个意义上，普罗提诺把质料比作一面镜子。镜子不具有在它之中映现过的东西，质料作为基体也不拥有在它之上出现的任何东西；镜子中出现的东西不是真实，它只是真实事物的映像，在质料上形成的可感事物也只是实在的影像，或者说是对真实存在的分有。（Ⅲ.6.13）

---

① 富勒（Fuller）甚而认为，在普罗提诺那里，恶的最终来源问题是一个无法回答的问题，因为不可能从完美中演绎出不完美，就像在光自身中找不到其衰弱的原因一样。参见 B. A. G. Fuller, *The Problem of Evil in Plotinus*, Cambridge University Press, 1912, p. 237。

② 赵敦华：《柏罗丁》，第 68—70 页。

作为基质的质料不能是在材料意义上的这一个或那一个事物的质料，否则它就不是原初的质料了。质料就是全部事物的质料，因而所有的质料也就是一个质料。此外，普罗提诺也反对以恩培多刻勒、阿那戈萨格拉等早期自然哲学家把质料当作元素的主张。（Ⅱ.4.7）因为质料是单纯的，没有形体（Ⅱ.4.8，Ⅱ.4.9，Ⅱ.4.12）和大小（Ⅲ.6.16），是不可分的，不可毁灭的（Ⅱ.5.5）。作为基质，质料就潜在地能成为一切事物，但在任何时候，它又只能是它自身，不是其他任何的东西。因而，质料永远只是一种可能性，纯粹的潜在，从来不可能是现实，也根本不会实现，而"如果它由于现实化而成为某物，那它就是现实的某物，而不再是质料。这样，它就不再是绝对的质料，而是像铜（相对于铜像）那样的质料了。"（Ⅱ.5.5）作为基质的质料是非实是，它是不可见的，（Ⅱ.4.12）也没有任何的性质和规定性，（Ⅱ.4.8）是无限定的或无限的，（Ⅱ.4.10）它与缺乏相同一，它就是绝对的否定。（Ⅱ.4.16）质料作为一种纯粹的潜在，它不能是任何实是，否则它就不能潜在地成为任何事物，所以它只能是非实是。如果要在基质上形成存在的任何事物，那么质料就必须是非实是，否则质料就不能是所有实是的基础。质料也不能被看作形式而归于理智世界，因为它只是无形式的东西的影像。

总之，质料只能是非实是，无论是在形体世界还是理智世界。（Ⅱ.5.4）① 当然，这里的非实是是说质料不同于实是，而不是说它是绝对的非存在。换言之，质料甚而不可以说"我在这里"。（Ⅲ.6.15）作为非实是，质料就异于形式，也不包含任何形式，与一切形式都正相反，因而可以说它就是绝对的无形式，也就缺乏一切规定性，（普罗提诺有时就干脆称作"黑暗"）因为所有的确定性和规定性都来自形式，是某一种形式。作为非实是，质料不仅仅异于真正的实是，也不同于实是的影像，也就是不同于性质，确切地说，质料是无性质的。因为首先，质料作为基质，"如果它要接受一切事物的印迹，它就必

---

① 这里的译文参照了 John Gregory 1999，p.66。

须没有任何性质"。（Ⅵ.9.7）其次，质料没有性质，是因为"它自身不具有任何它所接受了的和进入它之中的并以它为基体的性质"。（Ⅰ.8.10）这也就是说，性质是某种进入质料中并以质料为基体的形式之表现，但质料作为基质并不受到这些形式的影响，受到影响的只是具有形式的形体，因而质料是没有性质的。最后，性质具有偶然的本性，而质料是永恒的，因而它没有性质。普罗提诺说，"性质是这样的东西，由于它其他的事物被说成是有性质的，因而性质是在某物中偶然出现的。但质料并不是在其他事物中，而是相反，是一切偶然出现（在其他事物中的东西）的基体。这样，因为质料并不具有一种偶然本性的性质，因而它被说成是没有性质的。"（Ⅰ.8.10）因此，没有性质的质料也就是不可感知的，只有通过理性的推理才能把握。既然质料既无形式，也没有任何性质，因而它就是没有规范的、无限定或者无限，是一种绝对的缺乏。

"缺乏"（steresis, privation）是一个来自亚里士多德的概念，表示"应该有但尚且没有"[①]的意思。普罗提诺接受了这一看法，把质料看成是最低级的东西，需要赋予它以形式，而在它没有获得形式之前，它就处于完全的缺乏状态。但他又坚持柏拉图派的原则，批评了亚里士多德对柏拉图的批评。亚里士多德责怪柏拉图没有将质料与缺乏相区分，因为质料是不可毁灭的，而缺乏是可以被毁灭的，当缺乏的东西是一种生成的缺乏时。[②]普罗提诺则取消了二者之间的区别，重新肯定了质料与缺乏的同一性，认为缺乏不可毁灭，正如质料、无限不可消灭一样。在Ⅱ.4.14中，他对质料和缺乏两个概念进行了详细的论证。他首先问道，"质料是否可以在'非实是'的意义上是缺乏呢？如果质料是'非实是'，即就它不是实是者而是其他的东西而言，那么这两个概念要说还是有区别的：质料含有基质，而缺乏的概念则表明了与其他事物的关系"，"缺乏的概念如果表明了质料的不

[①] ［古希腊］亚里士多德：《物理学》，192a27。
[②] ［古希腊］亚里士多德：《物理学》，192a27。

确定性，那么在它自身中就把握了质料（而不仅仅是它和其他事物的关系）；但这样一来，二者就基础而言仍是一个，就概念而言是两个。但如果缺乏是由于没有确定性、没有界限、没有性质才与质料同一的，那么这两个概念如何还能仍然是两个呢?!"（Ⅱ.4.14）

既然，形体世界的诸事诸物都是由形式与质料复合而成，那么"可感事物的属（species）应该如何断定呢？又如何区别它们呢？所有的一切都应该归类于形体（soma，body），有些形体是无机体，有些则是有机体；无机体是火、土、水、气，有机体是植物和动物，它们的区别是根据它们的形状（schema，shape）。这样，一个人就应该根据形状来区分开土和其他元素，而对待有机体应该依据动植物的形体来区分它们。"（Ⅵ.3.9）当然，我们也可以依据诸形体的大小、轻重、位置等性质来对它们加以区分。因而，在普罗提诺看来，个别的可感事物都可以说是一个"形体"，"形体"就是与质料在一起的性质。（Ⅱ.7.3）这些性质首先是形状大小，其次是颜色、硬度、温度等性质，最后还有些形体具有生命的性质，等等。只是无机体是性质与质料的复合，而有机体（动物和人）更确切地说是灵魂与已经被赋予形式的形体之复合物。形体的所有这些性质都来自理智世界，是理智世界诸形式的摹本，而且灵魂也不直接与质料相结合，因而可感世界是理智世界的影像，在其中充满了来自理智世界的形式，虽然它们不是真实的。

这个由无机物、植物、动物和人以及日月星辰等天体构成的形体世界本身并不是恶的，而是美的，虽然在它之中存在恶。"人们没有理由说这个世界的坏话，说它是不美的，不是一切具有形体的事物中最好的。责难这个世界存在的原因也是没有任何道理的：首先，它的存在是出于必然，不是作为任何推理过程的结果，而是作为能自然地产生与自身相似的东西更好本性的结果；而且，即使有一个创造它的推理过程，这个创造也不会由于其产品而有什么不光彩的，因为它创造的是一个整体，全都是美的、自足的，与它和它的各个部分是友善的。所有的这些，无论其重要性如何，都平等的适合于它。因此，有人因为这个世界的部分而责备全体是完全不合理的，一个人必须考虑全体与部分的关系，看看它们之间是否是和谐一致的。"（Ⅲ.2.3）形体世界根据其自身之所以是美的、好的，在于它是由宇宙灵魂借助对理智的观照、按照神意创造出来的。因而可以说，世界源自太一、以太一为最后的依靠和目的。太一无所不在，自然也存在于形体世界，如果没有了这个一，那么这个世界中的事物也就不成为其自身了。例如，"植物和动物的形体，每一个都是一。如果它们破碎为多而逃离了它们的一，也就失去了它们所具有的实质，不再是它们之所是而成为了其他的事物，就这些事物是一而言。"（Ⅵ.9.1）再如，"当身体处在一致有序时就健康，当一个事物在本性上把各个部分保持为一时就是美的。"（Ⅵ.9.1）因此，就整体而言，这个世界绝不是恶的，而是正相反，万物各安其位、各遵其序，使整个世界处于一个和谐、完满、有序的状态，这样的宇宙就是一个美的世界、好的世界。如此，创造了整体上是美的世界的造物主也是无可指责的。

这里，就涉及了神意与世界的关系问题。神意（*pronoia*，providence）在从第欧根尼到亚里士多德以来的更早时期被看作是在世界中起作用的理智的目的（*telos*，purpose）这一概念的发展。在所有的这些思想家中，明确地把神意和上帝/神相联系开始出现在晚期的柏拉图①和亚里士多德那里。后来的柏拉图主义者认为在不同等级的领域中存在诸多的神灵（*daimon*），它们在发挥中介作用的同时，也使得神意遍布于具有不同等级的整个世界，虽然作为最高原理的神超越了此岸的世界，不再在神意中直接管理世界。斯多亚学派认为充塞整个世界的逻各斯以神意统治着整个世界，而神意就是自然（*physis*），在本质上是内在的。到了斐洛那里，逻各斯就通过内在的力来执行神意、照料世界。在普罗提诺那里也是如此，无论是宇宙灵魂还是个体灵魂都有神意，只是前者具有的是一般神意，后者具有的是特殊神

---

① 在《法篇》899处，柏拉图把否认神意推断为亵渎和不敬神。

意，而太一则是超越神意的。① 普罗提诺在《九章集》中用了两章（Ⅲ.2，Ⅲ.3②）来论述神意问题。按照赵敦华的分析，普罗提诺的神意观可以分为两个部分，一个是有关神正论的内容，一个是关于世界规律的看法。③ 神正论主要解释这个问题，即既然造物主是善的，如何会创造这个恶的世界？我们在下文，即本章的第三节以及第十章的第三节中阐述。这里我们主要来看看后一方面。在普罗提诺看来，世界之所以是美的，在于它的规律性和有序性，而这正是神意作用之体现。神意并不是说有一个灵魂弥漫于世界之中并且指导着世界中的一切，要求神详细地指点人的所有事务是不合理的。（Ⅲ.1.4，Ⅲ.2.9）神意的作用就在于灵魂依据理智世界的秩序，把可感世界中的种种事物按照较低级服从较高级的原则安排成为一个和谐、有序的整体。这样，低等的灵魂服从高等的灵魂，较低的事物服从较高的事物，整个世界及其运动变化就受到神意的影响和决定。但我们千万不能据此就认为普罗提诺是个宿命论者，事实上，他坚决反对斯多亚派把命运与神意相混同，他相信并捍卫神意，④ 但否认命运。在他看来，神意是太一在创造世界之前对世界万物的存在和变化的预见和事先安排，表现了世界因服从神意而呈现的秩序和规律⑤，而命运则是自然的必然性或偶然性，是事物自发产生的，是理性不可预测和控制的事件。人的灵魂可以从理智本体那里获得有关天命的知识，因而可以预测到其他灵魂可能对自己产生的影响，以避免对自己不利的影响。因此，人要服从于神意，但并不受命运的支配，人的命运可以因人的选择而发生改变。正是在这个意义上，普罗提诺反对天上的星辰决定、影响着人类的命运的看法，也不主

---

① See Peters1967，p.164.
② 另在《九章集》Ⅲ.1中关于命运的问题实际上也涉及了神意。
③ 赵敦华：《柏罗丁》，第92页。
④ 里斯特认为，普罗提诺必然会捍卫神意，否则就会被那个时代的人看作是个像伊壁鸠鲁派那样的无神论者。见Rist1967，p.158.
⑤ 但这并不意味着世界的和谐秩序是设计的结果，而是对理智世界模仿的结果。宇宙的秩序"无须理性的筹划"，它"必定不是作为思想和设计的结果"，相反，它是"先于逻辑序列和有目的的思想；因为所有的一切，推理、证明与说服都是属于它的。"（Ⅲ.2.14，Ⅱ.9.8，V.8.7）我们说神的预见、事先安排更多的是在一种比喻的意义上讲的。

张通过占卜、巫术和星象术来测知天意。

普罗提诺的神意观是在对当时流行的各种关于神意的学说汲取和批判的基础上发展而来的。他在Ⅲ.1~3中较为详尽地对各家各派的神意学说进行了分析和批判。在晚期希腊浓厚的宗教和神秘主义氛围中，伊壁鸠鲁派或许是个例外。他们认为世界中存在不可避免的缺陷，因而否认神意的存在，认为神并不关心尘间的俗事；普罗提诺批驳说，神虽不关心世上的琐屑小事，但却以自身的永恒秩序为世界提供了典范，事先安排好了世界的整体。亚里士多德及其逍遥学派认为，神和人之间没有友谊，神不爱人，也不会善意的去安排世界；普罗提诺则认为神虽然不像一个人那样爱人类，但却能促使人的灵魂去爱神、追求靠近神，去过一种与神相似的美好生活。斯多亚派认为人和世界中的一切都由神所安排，人只能服从命运；普罗提诺肯定了神以善意安排世界，但反对宿命论，主张人可以改变命运。诺斯替派悲观地认为我们的世界为恶的天命所支配，世上的一切，包括人的肉体，都是毫无善性、毫无价值的，只能寄希望于在另一个世界获得拯救；普罗提诺认为恶运并不是神意，充其量也只是神意的一部分，我们所遭受的许多苦难并不是真正的恶。对于有德性的人而言，恶运和苦难正是他们获得善、彰显善的神意。总而言之，虽然世界中存在各种恶的事物和行为，但神意却使世界成为和谐有序、自足理性的统一整体，处处体现着美和善。那么，神意又是如何安排形体世界中的灵魂呢？

第二节　形体世界中的灵魂

在某种意义上，宇宙灵魂和个体灵魂都要对形体世界的创造和维持负责，但它们与形体世界的关系又是不同的，前者并不下降到可感世界，而后者则要进入可感世界。那么，它们何以下降或不下降？又当如何履行自己的责任呢？在这个问题上，普罗提诺通过对诺斯替派的反驳和批评阐述了自己的主张。诺斯替派坚持认为，宇宙灵魂是在

◈◈ 中篇　心向上帝的旅程：普罗提诺宗教哲学

"脱落了翅膀"后创造了世界，可以看作是种道德上的堕落，其堕落的直接结果就是产生了形体世界。普罗提诺在《九章集》Ⅱ.9.4中对此进行了批判。依据诺斯替派的说法，当灵魂失去了翅膀时就下降并创造了世界，普罗提诺认为这个灵魂显然不可能是宇宙灵魂，因为宇宙灵魂绝不可能失去翅膀。诺斯替派认为宇宙灵魂的创世活动是种堕落，普罗提诺反问道它因何又何时堕落的？如果从来如此，那么宇宙灵魂就永远处在堕落的状态，但这显然是不可能的；如果它只是在这个时候才堕落，那显然也是不通的，它为什么不在更早一些时刻下降呢？因而在普罗提诺看来，灵魂的创世活动不仅不是一种堕落，恰恰相反，它表明宇宙灵魂根本就没有堕落。如果宇宙灵魂下降了，那显然是因为它忘记了自己的来源，而一旦它不记得自己的来源，它又怎么能是世界的创造者呢？！如果它堕落了，不去静观理智世界，就不会有创造的原型，也就不能从事创造活动。如果它是依据回忆理智之物（原型）来进行创造活动，那么即使它的记忆变得模糊不清，宇宙灵魂也根本不会下降和坠落。相反，它会因为还有些记忆，而更加靠近或一直待在神圣的理智世界。同样，说宇宙灵魂是为了荣耀而创造世界也是荒谬的，这种说法只是对神圣的创造活动的一种拟人化的解释。[①] 诺斯替派还认为，宇宙灵魂的下降与它要照亮黑暗有关。普罗提诺反驳说，如果宇宙灵魂只是照亮了黑暗，就像有光一样的东西从它发射出来，那么就不能说它下坠了，因为只有当它离开了自己的世界而到了被照亮的低等世界时，才可以说灵魂下降了。（Ⅲ.9.10~11）但宇宙灵魂总是在高等的领域，它不需要与形体世界相接触就能够照亮质料。"宇宙灵魂不会从事低等的活动，也没有经历恶，它只是观照并监督在它之下的事物，同时又永远保持着与在它之前的东西的联系。这两种活动对它都是完全可能的。它从上界的理智世界接受某些东西，同时又把它们分配给下界的形体世界，因为作为灵魂，它无法不与这个世界相联系。"（Ⅳ.8.7）在他看来，每一种灵魂，包括宇宙

---

① Rist1967, p.114.

第六章 灵魂的下降及恶

灵魂,既具有某些低等的东西,朝向形体,照料着可感世界;同时又具有某些高等的东西,趋向理智,观照着理智世界。只是宇宙灵魂作为一个整体,通过朝向形体的部分,毫不费力地统治着可感世界、维持着可感世界总体上的美和秩序,因为它并不需要像我们那样依靠计算和思考来实施自己的意志,而是通过纯粹的理智,就像艺术那样不需要深思熟虑来进行。(Ⅳ.8.8)总之,宇宙灵魂无论是从形体世界的创造还是对形体世界的督理来说,它都发挥着作用,但并不下降到形体世界,也不与哪怕最细微的恶迹相联系。

与宇宙灵魂不同,个体灵魂则要下降进入形体世界,其主要原因有三点。第一,由于一种自然的倾向,它自身的力以及为了在它之后的事物的存在,它必然会下降进入形体世界。(Ⅳ.8.5)在普罗提诺看来,诸个体灵魂的下降既不是被迫的,因为它这样做是灵魂内在本能的自发的跳跃,或者就像人要结婚生育那样自然结合的性爱激情,或者像某些人没有理由的去做高贵的事情;(Ⅳ.3.13)也不是出于理性选择意义上的自愿或自由意志,因为它首先没有充分的意识,而且下降使灵魂自身与次等的存在相联系,而下降到更坏的东西是每个事物都不情愿的。(Ⅳ.8.5)第二,宇宙灵魂不会因为虚荣和鲁莽而去创造世界,但个体灵魂创造世界则是出于他的自满骄傲和莽撞。当个体灵魂不看向理智,而以自身为中心,想要获得自己的独立性时,这种具有独立倾向的活动结果就是形体世界。第三,以照料形体世界为借口而耽于物质的愉悦。灵魂以两种方式照料着世界:宇宙灵魂监管着世界全体,通过不需行动的命令以一种高贵的权能使万物有序;个体灵魂则直接活动,亲自完成任务,也可以说是与事物直接发生联系。在这第二种照料中,行为者更多地为其对象所吸引或影响。(Ⅳ.8.2)[①]这样,个体灵魂就以一种表面上照料可感世界的方式耽于它的产品(可感事物)。就像处在风暴中的舵手,更多关心的是船,而没有意识

[①] 这段文字根据麦肯纳英译本翻译。凡引自麦肯纳的译文,不再注释,而是在正文中以夹注"tr. 麦肯纳"方式注明。

到自己，忘掉了自己，忘掉了自己处在危险中会被破坏的船拉下水。同样，个体灵魂也想着要照料其产品，最终却为这些照料物而被拉下到了形体世界。于是，诸灵魂戴上了形体世界的魔法脚镣，为它所照料的形体之物质本性牢牢缚住。（Ⅳ.3.17）

那么，灵魂是如何下降到形体世界呢？诸灵魂离开理智世界后首先下降到天体，在那里它们具有了一个形体，并通过这种方法继续下降到地上的形体，直到它们延伸到自身的限度为止。[①] 其中，一些灵魂只从天体下降到低等的形体；有些则从一个形体进入另一个形体，它们所具有的力并不足以使它们从可感领域上升，因为它们为物欲所累而遗忘它们的父（来源）。至于它们之间的差异，或者是因为它们进入的是不同的形体，或者因为它们的命运，它们的教养，或者由于与生俱来的秉性，或者是所有这些原因，或者是它们中的某些原因共同作用而产生的。（Ⅳ.3.15）在普罗提诺看来，灵魂下降到形体世界就会受到形体的影响，而它也会"关心它的产品"。（Ⅱ.3.16）这样灵魂就会变得不完美了，但如果灵魂下降到形体世界在没有受到影响时就返回理智世界，那么就不是恶的，反而会在这创造与返回的双重过程中增加知识，因而这种创造的流溢就是好的、善的。反之，灵魂在下降到形体世界后，耽于物质的愉悦，深受形体之影响而不能立即返回理智世界，这就是恶的了。因此，灵魂的堕落不仅仅是形体世界的原因，也是灵魂自身选择的问题，因而灵魂变恶归根结底也是流溢过

[①] 这里，普罗提诺显然采纳了古代晚期其他哲学家的"宇宙信仰"的思想。这种信仰坚持天和天体是神圣的，比月下的世界更加靠近高等的、精神的或理智的神性的东西，因而灵魂的最初的和最合适的居所是它们因下降而离开的这个高等的领域。如果依据它们下降的程度而不断增加的劣等的形体而言，那么地上的物体就是最后的和最低等的形体。（亦可参见Ⅳ.3.9，Ⅳ.3.17）普罗提诺对这种哲学上的宇宙信仰非常严肃。他极力反对星象迷信（Ⅱ.3）和诺斯替派对可见天体神圣性的蔑视（Ⅱ.9）以捍卫这种宇宙信仰的观念。这在他的思想中占有一定的位置，但不容易和其思想的其他方面相协调；这种形体的"星体"或"气体"优于我们在尘世的躯体的思想对他而言，其重要性要低于对天体神圣性的思想。可参见 Armstrong1989, Vol. Ⅳ, p. 83, n. 2。瓦利斯（Waills）则明确把普罗提诺认为灵魂通过天体领域下降到地球上的思想与努美纽斯联系了起来。见 R. T. Waills, *Neoplatonism*, Gerald Duckworth and Company Limited, 1972, p. 79。

第六章 灵魂的下降及恶

程本身的问题。换言之，太一要最终为灵魂的堕落负责，但这又是普罗提诺所竭力反对的。关于此，我们在下一节中讨论。

这里需要指出的是，虽然灵魂下降到了形体世界，但这并不意味着灵魂就完全与理智世界相脱离。因为理智世界中的灵魂和形体世界中的灵魂并非不同的，而是同一种灵魂的两种不同的状态。一种是纯洁的灵魂，它以自身和理智为观照的对象，它不受外在的其他因素的影响而保持为自身，是没有下降到形体世界或者下降到了形体世界然而被完全净化了的灵魂，它围绕着理智、观照着理智并且通过理智而关照太一。另一种是坠入形体中的灵魂，它不是看向理智，而是向下看向它的产品，把形体当作自身，因而是不纯洁的灵魂、堕落的灵魂。因此，灵魂就具有双重性，"诸个体灵魂都有一种理智的欲求，要求回到所产生的本源。但它们也具有一种转向低等世界的力，就像来自太阳的光既照耀月上的世界也照耀其下的可感世界。"（Ⅳ.8.4）

这样，灵魂从太一而来的统一性在形体世界就被瓦解了。如果说，在理智世界中的存在物具有一种非时间性的多样性，诸实在者有区别但无分离。而在形体世界中，诸物不仅有明确的区分而且相互分离，它们在时间中生成和毁灭。没有一个事物能够同时既是它自身又是别的事物，甚而也不能一直是该事物自身。如此一来，在形体世界中的灵魂也就获得了这些分离的幻象而变得似乎相互分离了。它们也因而具有了不同于在理智世界中的灵魂的许多低级能力，包括各种欲望、激情和晦暗不明的意见。"诸个体灵魂是部分的，也具有超越的因素，但它们更多是被感知所占据，通过这些低级的官能，诸灵魂把握到了许多与它们的本性相反的而且令它们悲伤烦恼的许多东西，因为它们关心的是部分和不完满的东西，在它的周围有大量异己的、敌意的东西，也有着许多它欲望着的东西。它有快乐，但快乐欺骗了它。"（Ⅳ.8.8）这些低级的能力同时也会损害灵魂的高级能力，即推理的能力。一旦灵魂的推理能力被削弱之后，它就容易受到来自形体的各种意见的欺骗和欲望的引诱，从而丧失原本清晰的判断力。以此而论，灵魂就受到了形体的影响，从而进行了错误的推理，产生了错误的意见，"我们所谓的错误推理其实就是想象，它没有等到推理能力做出判断就进行判断了"（Ⅱ.1.9）。而欲望的产生是因为灵魂已不再是单纯的，而是复合的、杂多的了。但是，无论灵魂和坏的东西相混合是否会阻碍它和最好的东西之关系，它都肯定不会失去它的本性，当它转向它自身时它就回复到了它原先的状态。（Ⅳ.7.9）只是那些被净化了的灵魂死后会回到理智世界，而那些在形体中被玷污而没有净化的灵魂死后则要遭到惩罚，会有相应的轮回。因此，进入形体世界的每一个灵魂都要面临两种选择和前景，或者听从高级灵魂，朝向理智，回归太一；或者听从形体与灵魂的混合物，耽于形体，死后在诸形体中轮回遭受惩罚。

人的灵魂作为一种个体灵魂同样面临着这两种选择或前景，那么人如何来进行选择呢？这就需要我们对人的灵魂先进行一番探究。在普罗提诺那里，就像在古希腊的哲学家那里一样，灵魂的概念是模糊而具有歧义的。[①] 他有时把"灵魂"作为独立实体的灵魂，可以决定人的本质，可谓之"自我"（*heautós*, self）；有时又用来指作为身体[②]形式的灵魂，决定着人的可感性质，可谓之"身化灵魂"（embodied soul），或者"有灵魂的身体"（ensouled body），普罗提诺有时干脆称为"我们"（*hemeis*, we）。在后一种情形下，灵魂不是独立存在的实体，而是依存于身体的形式，但由于一切形式都是对理念的模仿，是灵魂的活动的结果，因而在本性上并不外于或不同于灵魂。也正是在这种意义上而言，可感事物和身体的形式可以被称作灵魂。因此，"每一个人都具有两重性，他一方面是种复合体，另一方面又是一个自我"。（Ⅱ.3.9）自我不同于这个复合体，它是个灵魂实体，决定着一个人特有的本质和特性。普罗提诺有时也直接说"灵魂就是

[①] Gerson1994, p. 127.
[②] 我把"*soma*"（body）一词主要作两种翻译。当它用于人时，译作"身体"或"肉体"，而在其他情况下则译作"形体"。

自我"。（Ⅳ.7.1）[①] 这个复合的存在者指人的身体，是质料与形式的复合物，它不能是某种无生命的东西，不能像被光照亮的空气，而是像有热存在的热气，它是以某种灵魂为形式的有机体，是以它可以称作"有灵魂的身体"。为了突出自我与作为身体形式的灵魂之间的区别，普罗提诺把后者也叫作"我们"。"我们指的是支配我们的本质部分；身体以不同的方式是我们的，我们都有身体。因此，我们关心身体的痛苦和愉悦，但我们越是软弱，就越不能与自身分开，反而认为身体是我们最高尚的部分，当作真正的人，以至于沉湎于身体之中"。（Ⅳ.4.18）

普罗提诺认为，人的灵魂也是来自灵魂本体，不是由宇宙灵魂产生的，与宇宙灵魂之间的关系也是种姐妹关系而非母子关系。相对于其他灵魂，以下三种关系表现出了人的灵魂的特殊性。第一，人的灵魂与宇宙灵魂相通。虽然人的灵魂下降到了身体，但他的高等部分总停留在理智世界，其低等部分也可以通过修炼、沉思和静观而上升到理智并进而回归太一。第二，人的灵魂和与之相结合的身体之间是两种实体之间的结合。灵魂像对其他一般形体那样决定和规定着身体，同时身体也在不同的程度上影响着，甚而控制灵魂。普罗提诺引用柏拉图的比喻形象地解释道，当灵魂支配着身体时，就像舵手掌舵着船，顺利前行；而当身体控制了灵魂时，就如囚徒被拘禁在牢房，举步维艰。第三，人的灵魂和其他事物的灵魂具有一种"同情"的关系。"同情"（*sympatheia*，sympathy）是一种连接的能力，指的是事物之间彼此相通的"情感"（*patheia*，affection）。普罗提诺认为，形体不具有这种能力，只有灵魂才具有这种连接的能力。虽然其他事物之间的灵魂也具有这种同情的关系，但是只有人的灵魂可以主动地察知来自其他事物的灵魂的力，也只有它可以主动地对其他事物的灵魂施以影响。这样，人的灵魂就具有了不同于其他个体灵魂的特质，可

[①] 格尔森认为普罗提诺在这里把自我等同于灵魂是令人迷惑的，但同时也认为在I.1.13中普罗提诺对二者作了比较明确的区分。参见 Gerson1994，p.140。

以按照自己的认识、估计和意愿而对其他事物施加影响。

普罗提诺关于人的灵魂是无形的实体的看法，一方面批判了伊壁鸠鲁派和斯多亚派的物质主义的灵魂观念；另一方面也批评了，更确切地说扬弃了亚里士多德自然主义的灵魂思想，从而坚持了柏拉图派的唯心主义灵魂观。伊壁鸠鲁认为，"灵魂是由精致的原子所组成的有形事物，渗透在整个集合体（原译作"构架"——引者注）之中。它与带着热的风类似，某些方面像风，某些方面像热。"[1] 斯多亚派也坚持一种唯物主义的灵魂观，认为灵魂是由普纽玛或精气构成的。普罗提诺在Ⅳ.7.2~8³中对这种观点进行了集中的批判，他反驳说，"如果有人说生成的原则不是来自灵魂，而是当原子或没有部分的形体由于同情而被联成一个整体时就构成了灵魂。那么可以这样驳斥他：这些原子或者形体只是种并列组合，还不是一个完全的统一体，因为任何由于自身的同情而结合成的统一体不可能来自没有同情、不能被结合的东西，而只能来自于灵魂，因为灵魂可以通过同情而与自身相结合。反之亦然，任何形体或物体都不能为没有部分的要素产生。再者，如果形体是单纯的，那么他们[2]就不能继续坚持在它之中的物质性的东西具有自身的生命……因为质料并不能形成自身或者在自身中注入生命。无论是质料还是任何一种形体都没有提供生命的能力，赋予生命的必然是外在的并且超越了所有物体本质的东西。甚而没有了灵魂的力，形体本身也就不会存在了。"（Ⅳ.7.3）一言以蔽之，形体没有同情，不具有联结成统一体的力，因而形体不能是提供生命的灵魂，灵魂也不可能是具有形体的物质性的东西。因此，感觉、记忆、疼痛以及思想等心理活动都不可能是人的身体所具有的能力，心理活动必然来自不同于形体的东西，即灵魂。以记忆为例。如果记忆是身体的一部分来自另一部分留下的印迹，那么后来的印迹就会覆盖以前的印迹，过去的印迹也会因新发生的印迹而混

---

[1] ［古希腊］伊壁鸠鲁：《致希罗多德的信》，载苗力田主编《古希腊哲学》，第631页。
[2] 阿姆斯庄认为此前主要是对伊壁鸠鲁派观点的批驳，从这里开始回到对斯多亚派观点的反对。参见 Armstrong1989，Vol. Ⅳ，p. 343，n. 2。

第六章 灵魂的下降及恶

乱,这样就不会有清晰的印迹,最终人就不会有任何记忆。因此,记忆的产物不是有形的印迹,而是无形的印象,这些印象在同情的作用下按一定的秩序排列,以至于使我们想起一个印象时就能够联想起另一些,从而对过去的事件序列有一个完整的记忆。如果记忆是可能的,它必定不是身体活动的产物,而只能来自灵魂。(参看Ⅳ.7.6)

与伊壁鸠鲁派和斯多亚派不同,亚里士多德认为,"灵魂,作为潜在地具有生命的自然躯体的形式,必然是实体",但他同时又认为,"物体似乎比其他事物更应当是实体,特别是自然物体。"① 这也就是说,如果"实体"指的是单纯的形式,那么灵魂作为有生命的事物的形式、本原,可以被称作实体;但如果"实体"是指独立的个体事物,那么由质料与形式相结合的自然物体才更应当是实体。物体不会是灵魂,而毋宁是质料。质料是潜在的,形式是现实的。因而,灵魂既不能是有形的实体,也不能是无形的实体,它是形体的不可分离的形式,是形体或质料的圆满和实现。在此意义上,亚里士多德说"灵魂就是潜在具有生命的自然躯体的第一现实性"。② 在这个基础上,亚里士多德认为,一切有生命的物体都是按照潜在与现实的关系由灵魂和身体完满相结合而成的,其中灵魂是形式,而身体是质料。身体需要灵魂以获得自身的现实性,而灵魂也需要身体作为自身活动的载体以展开自己的本性。因而植物、动物和人都是各自的形体(质料)与灵魂(依次是植物灵魂、动物灵魂、理性灵魂)的结合物。亚里士多德的理论被称作"质型论"(hylomorphism),意即一切可感实体(包括人)都由"质料"(hyle)和"形式"(morphe)两部分组成。例如,"人是有理性的动物",其中,"理性"是人的灵魂部分,是本质和形式;而"动物"是人的身体部分,是质料。但普罗提诺则认为,"质料"不等于"形体",更不等同于人的"身体",因

---

① [古希腊]亚里士多德:《论灵魂》,412a20~21,12。
② [古希腊]亚里士多德:《论灵魂》,412a26。普罗提诺在Ⅳ.7.8^{5}的一开始引用和解释了这个定义。

为质料本身是没有性质也没有形状的,只有与一定的形式相结合才能构成身体;而"形式"也不仅仅是像亚里士多德所坚持的种和属,而且也是个别事物的特质。因此,在他看来,一切可感实体由质料和多个形式构成,最低的形式是"形体形式",最高的形式是"本质形式"。因此,"人就不可能是一个单纯的事物,在他之中有灵魂,也有身体",(Ⅳ.7.1)换言之,人是灵魂与身体的复合物,而其中身体是已经包含了两个部分——质料与形式——的另一个实体。普罗提诺所开创的这种理论后来被称作"多型论"(multimorphism)。他所开创的理论以及对亚里士多德的批判为中世纪"多型论"与"质型论"的长期争论埋下了伏笔。①

据此,普罗提诺首先批驳了亚里士多德关于人的灵魂是身体不可分离的形式的观点。在Ⅳ.3.20中,他问道:如果灵魂是某个实体的形式,那么灵魂如何才能依附于这一实体呢?第一,灵魂既不能作为部分也不能作为全体,像在一个空间或容器中那样在身体之中,因为空间就意味着有某物围绕以及被围绕的物体,但灵魂不是物体,既不围绕也不被围绕。第二,灵魂不能像颜色、形状等偶性那样依附于实体,因为后者是实体的表征,而灵魂却是个独立的东西。第三,灵魂肯定也不能依存于一个实体中那样在身体之中,它既不能像部分依存于整体那样依附于实体或身体,因为灵魂不能像酒在酒坛子里,或者加仑在加仑杯里那样;反过来,灵魂也不能像全体在部分里那样在身体之中,因为那同样会导致一个荒谬的说法,即认为灵魂是全体而身体是它的一部分。第四,灵魂也不是像在质料中的形式那样存在于身体之中,因为在质料中的形式是不可分,而它是在后来才进入那已经存在于那里的质料的;而且,是灵魂使得这个形式在质料中,因而它不同于这个形式。这里,普罗提诺实际上坚持了柏拉图派的原则,提出了灵魂的可分离性观点,驳斥亚里士多德的灵魂是形体的不可分离的形式的主张。在他看来,人的身体已经是质料与形式的结合,但

---

① 赵敦华:《柏罗丁》,第111页。

第六章　灵魂的下降及恶

这个形式并不是灵魂，因而这一结合所构成的实体只是人的身体，而不是人；人作为一个整体是由灵魂和身体复合而成的。构成人的灵魂与身体之间的关系显然不同于构成身体的形式与质料之间的关系，后一种关系是不可以分离的，而前一种关系是可以分离的，因为灵魂与身体是两个不同的实体。如果说灵魂是身体不可分割的形式，那么当身体受到损害时，灵魂也会因此而受到损害。例如，砍掉一座铜像的一只手臂，那么同时也就破坏了铜像原有的形式。但一个人失去了他的胳膊，他的灵魂并不会随之而不完整。人的理性或思想活动也说明了人的灵魂的分离性，换言之，人的抽象的思维活动与身体状态是没有关联的。比如，人在睡觉的时候仍然有思想，这说明了人的思想活动并不依赖于身体状态。他进而指出，如果灵魂是身体的圆满或现实性，那么理性和欲望就不可能冲突，因为整体不可能和它自身相冲突。在他看来，理性是灵魂的活动，而欲望是身体的现实活动，如果灵魂和身体是同一个形式，那么也就意味着理性的活动和欲望的现实活动相等同，至少二者不能是冲突的。但事实上，我们经验到的却是理性与欲望的冲突，因此，灵魂也不可能是身体的不可分割的形式或现实性。（Ⅳ.7.8^5）

对普罗提诺来说，最能证明灵魂的分离性的是灵魂的不朽。因为如果灵魂在身体死亡之后还能继续存在，那么灵魂当然就是可以与身体相分离的了。波菲利把Ⅳ.7标题为"论灵魂的不朽"，但通览全章，普罗提诺在这篇又长又有些费劲的作品中并没有直接地长篇大论灵魂的不朽，而是把更多的精力放在论证灵魂是无形的实体上，因为在他看来，证明了灵魂与形体的不同也就等于证明了灵魂的不朽。[①]因此，我们之前对灵魂与身体的不同和分离的论述，实际上也是在论述灵魂的不朽。正因为形体是有生有灭的，而灵魂又不同于它，是可以离开它而独立存在的实体，因此灵魂也就是不朽的、永恒的。关于灵魂的不朽，柏拉图早已作过详细的论证，但是他并没有从理论上严

---

① Gerson1994, pp. 128 – 129.

格地、成功地证明个人灵魂的不朽。①普罗提诺在坚持并汲取了柏拉图主张的同时,更力求从理论上对这一问题作一比较严格的证明。灵魂作为生命和运动的本原是不朽的、永恒的。"灵魂是'运动的源泉',是其他事物运动的原因。灵魂自我运动,并赋予有灵魂的身体以生命。它自身就是生命,正因如此,它才从来不会丧失生命。当然,所有事物的生命都并非被赋予的,否则生命的赋予就会是无限的。因而要有一个源初活着的、必然不可毁灭的、不朽的本质性的东西,因为它也是其他一切生命的源泉。可以肯定,这个神圣的、有福的东西必定是这样的,它自身是活的和存在着的,拥有源初的生命和存在,而没有任何本质性的变化,它既不生成也不毁灭。"(Ⅳ.7.9)这表明,灵魂作为运动和生命的源泉,赋予其他事物以运动和生命,而自身的运动和生命不是被赋予的,因为它自身就是运动和生命的本原。既然灵魂是生命的本原,有其自身的生命,它当然就是不可毁灭的,是不朽的和永恒的。此外,他认为不只是纯洁的高等的灵魂是不朽的,即使进入植物、动物等有形体的灵魂也是不朽的,因为它们都来自同一个本原,而来自实在领域的东西都是不会毁灭的。(Ⅳ.7.14)换言之,诸个体灵魂,当然也包括个人的灵魂之所以是不朽的,是因为它们也是来自理智世界,是永恒不变、不可毁灭的理智流溢出来的。因此,灵魂并不依赖于身体的生命,即使人的身体死亡了,灵魂也仍然存在。

既然人的灵魂和人的身体是不同的,那么灵魂的活动也必然不同于身体的活动。"我们应该把属于复合实体和属于灵魂的活动区分开来,属于复合体的是身体的或者不能离开身体的东西,不需要身体的东西及其活动则属于灵魂。"(Ⅰ.1.9)严格来说,复合实体(身体)指的是有灵魂的身体,它的活动也仍然是灵魂的活动,因为只有灵魂才能活动,只是这种身化灵魂的活动离不开身体,并以感性的欲望的

---

① 赵敦华从灵魂的神圣性、能动性及永恒轮回等五个方面阐述了柏拉图关于灵魂不朽的论证,并指出了这一论证的缺陷。参见赵敦华《柏罗丁》,第103—105页。

第六章 灵魂的下降及恶

满足为内容,以身体的满足为目的。与此相反,灵魂(也即自我)的活动与身体及其欲望的满足没有关系,它追求的是专属于灵魂的目标,即回到太一,并且这一目标的实现是以对身体摆脱为条件的。

灵魂活动的差异来自灵魂自身的等级序列的区别,但在灵魂的区分问题上,普罗提诺的看法有些让人迷惑而费解。在有些章节(Ⅳ.3.4,Ⅳ.3.19,Ⅳ.8.8等),人的灵魂被分成两个部分,高等部分和低等部分,或者理性部分和非理性部分,后一部分又包含了所有根源于身体的功能,例如生长和营养的力、物欲、情感与感知等;在另一些地方(Ⅲ.4.2,Ⅲ.6.7,Ⅳ.7.14,Ⅳ.9.3等),他又把灵魂分成三个甚而更多的等级。也许,正如瓦利斯(R. T. Waills)所说的,"在普罗提诺看来,灵魂形成了一个单一的连续统一体,这些等级之间不能做出明显的区分,因而每一种区分都会有些武断。"[1]普罗提诺关于灵魂的三重区分,肯定受到了柏拉图对灵魂三种划分的影响。在《理想国》《斐德罗篇》等篇中,柏拉图把灵魂分成理性、激情和欲望三个部分。理性是人的灵魂的最高部分,是不朽的,控制着思想活动;激情和欲望都是可朽的,前者与身体活动有关系,但也是理性的欲望,控制着合乎理性的情感,后者则专指肉体的欲望,支配着身体趋乐避苦的倾向。但普罗提诺并没有全盘接受柏拉图的主张,而是汲取了亚里士多德把灵魂分为理性、感性和生长(营养)灵魂的区分。在Ⅲ.6.2等章节中,他把灵魂分成理性灵魂、感觉灵魂和生长灵魂。感觉灵魂是灵魂的中间等级,它既要接受和服从高于它的理性灵魂之指导,又包含着人的欲望和情感,还要担负起对低于它的生长或营养灵魂的责任;但在Ⅱ.9.2等章节中,理性灵魂又是中间等级,在它之上的高等部分始终停留在理智世界不会下降,而它则会被最低等部分拖着下降到可感世界。所有的这些都给我们阅读普罗提诺的作品带来了一定的麻烦,因此这就要求我们应在具体的文本中来理解普罗提诺的思想。但无论如何,正如柏拉图说灵魂有三个"部分"是一种比喻一样,在普罗提

---

[1] Waills1972, p. 73.

诺看来，所有的灵魂都是一个灵魂，灵魂虽有等级之分，更确切地说只有力量之不同，（Ⅵ.9.1）但在总体上是不可以分割的。虽然人的灵魂是统一的，但为了更好地考察普罗提诺的灵魂学说，综合普罗提诺的上述想法，考虑到他对灵魂与肉体的关系的处理，我们不妨把人的灵魂划分为自我灵魂、理性灵魂、感性灵魂以及生长灵魂。

最高部分是自我灵魂，它原则上不属于人，而属于神。自我灵魂是与整个实体合而为一的纯粹灵魂，隶属于理智，因而它始终是理智世界的一部分而没有被划出去或分离出去，而是始终属于整体；即使是现在，我们（真正的自我）也没有与理智完全分离。（Ⅵ.4.14）因此，灵魂中的最高部分完全不受外在因素的影响，是最为纯洁和纯粹的，永远保持为自身，因而就其本性而言，它始终就不曾下降过，而是持守在神圣的理智世界。自我灵魂的活动是人的灵魂的最高级活动，完全不受身体的干扰，以一种直觉的、内在的、必然性的方式看向理智、静观理智，"围绕着理智舞蹈"。接下来是理性灵魂，处于灵魂与身体的"复合者"水平，也可称作"具有身体的灵魂"或"身化灵魂"。理性灵魂的主要活动就体现在推理活动上，只能以推论性的（discursive）方式对感性或者理智提供的各种材料进行分析和评判、综合和划分，通过概念和命题一步一步地进行推论，而不能以直觉的方式一下子就把握整个对象，这就使它总是处于不断地尝试、寻求和疑惑中。但是，一旦推理活动进入顶峰，那种概念的、推论式的思维方式就会让位于纯粹理智的直观，"它不再忙碌，而是安静下来，进行静观，因为它已经实现了统一，抛弃了关于命题和推论的所谓逻辑活动，而转向另一种技艺（辩证法——引者注）。"（Ⅰ.3.4）在普罗提诺看来，在人的这种灵魂与身体的复合体中，灵魂（理性灵魂）仍然居于主导地位，这就是"我们"。我们就是那控制整个身心复合体的高级自我（但还不是真正的自我）。因为"人与理性灵魂是一回事，当我们推理时，那便真的是我们在推理，因为推理过程正是灵魂的活动。"（Ⅰ.1.7）"我们就是那有理性者，通过推论理性来思想，因为这正是我们的本性。理智活动源自上界，感觉活动来自下界，我们就是灵

第六章　灵魂的下降及恶

魂里的首要部分,处在这两种力之间。这两种力中,感觉是较差的,而理智是较好的。"(V.3.3)因此,理性灵魂是个"居中者",它居于感性与理智之间,它既可以跃入理智的等级,同时又在感性等级发挥作用。当我们坚持理性的指导、听从理性的安排、依照理性的生活,我们就会向上跃入神圣的理智世界、趋向于善,否则便会向下坠入形体世界、在肉体的泥沼里打滚。人的灵魂的再低一等级便是感性灵魂。在此,普罗提诺又一次强调了他一贯坚持的观点:灵魂总是统一与单一的灵魂,无论是看还是听或者其他感觉能力都是同一个灵魂在从事的不同活动。换言之,不同的灵魂在不同的感官出现是绝不可能的。比如,不可能有一部分灵魂在我们的视觉中出现,而另一部分灵魂却在听觉中出现。只可能是同一个灵魂在我们不同的感官中从事着不同的感知活动。"我们必须认为,对于灵魂或生命物来说,对于可感对象的感知是一种理解活动。灵魂由此而理解了物体的属性,记下了它们的形式。"(Ⅳ.4.23)在他看来,感觉是一种印象,但不是外在事物留在灵魂上的印象,而是灵魂从理念那里接受的印象,而后再把这种印象加诸外部事物,从而才有了外部事物与印象的契合一致,这样我们就可以根据感觉的印象来判断外部事物是什么。(参见Ⅰ.1.7)严格来讲,"感觉属于身体灵魂,并通过身体而发生作用。"(Ⅳ.4.23)只是在这个阶段的灵魂既忘记了它的来源,又不朝向身体自身的维持或生活的必需,而是朝向身体表面的、暂时的官能享受,甚而低于身体的劣等可欲对象,因而它可以说是身体灵魂的非理性的欲望,亦即物欲。灵魂的最低等级是生长的灵魂。普罗提诺引用柏拉图的话说,我们灵魂的力可以在不同的时间以不同的形式穿行于整个宇宙,[①]或者是感觉的形式,或者是理性,或者生长的形式。其中,理性无疑是人的灵魂的首要部分,但是由于我们具有感官,因而我们也会与那些以感觉为特点的存在物相似。同样,由于我们具有能够生长和生产的身体,因而我们在很多方面也与植物相似。所以,那些能在自身中保持

[①] [古希腊] 柏拉图:《斐德罗篇》,246b。

理性的人，就是真正的人；那些依靠感官生活的人，就与动物没有区别；如果他们的感官还一直伴随着暴躁的脾气，那就变成了野兽；如果一个人甚而连感觉也不依靠时，就只能受生长原则的支配，把自己变成了植物。（Ⅲ.4.2）

总之，在普罗提诺看来，虽然我们处在形体的世界里，人之为人就取决于人（灵魂）的选择。如果他选择了神圣的理智，那就是"神"；如果选择了与肉体相混合，那就是"人"；如果选择的是感觉和欲望，那就堕落为动物；如果选择了生长灵魂，那就与植物和自然物没什么两样。在这些等级中，自我灵魂与形体世界不发生任何接触，因而本身就是纯洁的、善的灵魂，而其他诸等级的灵魂都与形体发生着这样或那样的关系，因而势必会受到形体的影响而变成不纯洁的、恶的灵魂。那么，这些等级的灵魂具体是如何成为恶的？恶的本性又是什么？灵魂，甚而理智和太一是否要为恶负责呢？这些问题都需要我们来考查一下普罗提诺关于恶的思想。

第三节 恶

在前文中，恶（*kakon*，evil）这个概念已经反复出现了，那么究竟什么是恶呢？要理解普罗提诺对这个问题的回答，对在他之前的恶的观念史作一番考察是有必要的。

富勒认为，"在柏拉图之前，恶没有被明确地当作一个哲学问题来考虑，甚而对于柏拉图和亚里士多德而言，恶也不是一个有趣的或者重要的问题。他们两人都没有直接面对这个问题，只是在解决其他对他们而言更为重要的问题的过程中，才附带地对这个问题进行了回答。"[①] 但这并不意味着古希腊人在他们两个人之前就没有思考过恶的问题。事实上，早在古希腊的吟游诗人们那里，关于世界的善恶和

[①] B. A. G. Fuller, *The Problem of Evil in Plotinus*, Cambridge University Press, 1912, p. 25.

第六章 灵魂的下降及恶

正义的问题就已经开始思考了。在荷马史诗中，我们看到诸神已经在开始摆脱喜怒无常、善恶无状的形象，逐渐以正义者的形象出现，具有了道德特征。如此一来，如何来调解诸神的正义和现实世界的罪恶与苦难呢？一种观点倾向于认为有一些神代表着恶的力量，他们和代表着善的那些神作对，结果造成了世界上的恶；另一种观点则把恶归咎于人，恶和苦难是人的罪恶的必然结果，罪恶就来自人自身的错误。在后来的品达、埃斯库罗斯和索福克勒斯等人的文学作品中，他们对"神对待人的方式"的反思，并没有使他们盲目地反对神、抛弃神圣正义的观念，而是力求寻找到正义的根据。他们对世界的恶的原因的探讨在两个方向上展开：其一是有着自由意愿的人的错误行为所致；其二是因为世界上存在一个诸如质料或者肉体这样的恶的成分，恶归根结底源于这一成分的影响。① 古希腊哲学首先是以自然哲学的形式出现的，因而在古代自然哲学家们那里，恶的问题并没有作为一个哲学的主题而被纳入研究的视野。因此可以说，在苏格拉底之前，恶作为与善相对的东西在很大程度上只是作为一个伦理道德意义上的问题而被考虑的。但随着这种道德相对主义情绪的日益增长，以及智者们关于自然（*Physis*）和法律（*Nomos*）的争论②促使苏格拉底开始寻找绝对的道德标准，开始把道德伦理与人的本性，甚而天道（世界的秩序与真理）联系了起来。然而，苏格拉底更多强调的是美德和善，而恶并非人的自愿行为，因为"无人会选择恶或想要成为恶人。想要做那些他相信是恶的事情，而不是去做那些他相信是善的事情，这似乎违反人的本性"。③ 换言之，人类道德上的恶具有非自愿

---

① Fuller1912, pp. 25 – 26.

② 在智者那里，*Physis* 是自然和本性，*Nomos* 则是人们在社会共同体中所形成的风俗习惯伦理，以及由约定或制定而成的法律。时移世易，以前的法律不再适用于现下的情况，但还在起着作用，这样由人制定的 *Nomos* 和并非人为而是出于本性且要表现出来的 *Physis* 之间就发生了冲突。对这个问题的争论就要求必须在对人的本性问题进行回答后，才能解决善恶问题。对此，有研究者指出，"经过 Physis-Nomos 的争论，人们注意探讨人性问题、善恶问题以及怎么样的生活才是符合人的本性的问题。"参看汪子嵩等《希腊哲学史》第二卷，第 244 页。

③ ［古希腊］柏拉图：《普罗泰戈拉篇》，358c。

性，每个人都在追求善，而不愿意为恶，做恶只是由于灵魂没有能认识善，是无知的结果。这样，善和恶就被归结为有知和无知，这与把人的行为归咎于情感和快乐的理论是相对立的。

柏拉图继承了这一传统，他强调，"没有人会想要得到恶的东西"，即使是那些做了恶事的人，本来想要的也是善，只是不知道什么是善而作了恶。"那些不知道什么是恶的人并不想得到恶，而是想得到他们认为是善的事物，尽管它们实际上是恶的；而那些由于无知而误将坏事物当作好事物的人想要得到的显然是善。"① 在他看来，神是善的，"万物充满神"是一种正确的说法，认为神是万物的最后动因，对万物负责，掌管着世界的正义，也就是所谓的善有善报，恶有恶报。② 在《理想国》中，他把善比做太阳，认为"太阳跟视觉和可见事物的关系，正好像可理知世界里面善本身跟理智和可理知事物的关系一样"。③ 善与其说像太阳是万物的外在的动力因，不如说它是万物的内在的目的因。它并不外在于事物，而是就在事物之内，是万物要想达到的最高和最后的目的。因而善的理念只是在尊荣和能力上超出其他的理念，当然也超出一切具体事物：在伦理学上它是最高最后的原则，其他伦理原则都要服从它，以它为最后根据；同时在本体论和认识论上，它又超出存在和认识的区别，超出主体和客体的区别，是最高最后的原则，是其他一切原则的最后根据。从此意义而言，柏拉图坚持的是一种一元论。然而从另一个方面来看，他又主张一种二元论。柏拉图看到了具有自由意志的人的灵魂包含有恶的意志性因素，承认灵魂既能产生善也能导致恶，因为"灵魂是善与恶、聪明和愚蠢、正确与错误，乃至于所有对立面的原因"。但这样一来，就至少要有不少于两个的灵魂，"一个灵魂起着有益的作用，另一个能够起相反的作用。"④ 这里，柏拉图的思想具有了一定的二元论特

---

① ［古希腊］柏拉图：《美诺篇》，77e~78a。
② 参看［古希腊］柏拉图《法篇》，899e。
③ ［古希腊］柏拉图：《理想国》，508c~509a。中译引自郭斌和、张竹明本。
④ ［古希腊］柏拉图：《法篇》，896d、e。

征。在《理想国》中，神被看作是"善的原因，而不是一切事物之因"，因为"善者并不是一切事物的原因，只是好的事物的原因，不是坏的事物的原因。"① 如此，恶及其恶的事物就应该有一个在神之外的来源。因此世界的本原似乎就应该是两个，善的本原和恶的本原，二元论的倾向更加明显，也更加显得不可调和。在形而上意义上，善恶的本原就表现为造物主和质料：造物主是全善的，并且希望他所造的世界和他一样完美；质料是恶的，这个世界不如原型世界那么完美，就是由于其中混杂了有形体的因素（确切地说就是质料），因而就不那么有序了，便产生了恶及其恶的事物，而且越来越多。②在人类学的意义上，善恶就是灵魂与身体：灵魂在其独立和纯粹的状态时是纯洁的、善的；而身体是有恶的，是灵魂的牢狱，当它与身体结合时，"每一种快乐或痛苦都像一根铆钉，把灵魂牢牢地钉在肉体上，使之成为有形体的，把身体肯定的东西都当作真实的来接受"，③因而人类道德上邪恶的原因就在于身体，在于灵魂被囚禁在身体之中。对于人而言，必须摆脱身体的束缚，去恶净心，才能过上美好的生活。在心理学意义上，善恶就是灵魂中理性的部分和非理性的部分：理性灵魂是善和秩序的原因，而非理性的灵魂则是恶和无秩序的原因。

亚里士多德拒绝了这种二元论的观点，坚决反对有两个对立的最高本原，"从主要意义上讲，对立物决不是万物的本原，本原是另外的东西。"④ 他从其现实与潜能的观点出发，认为既不存在恶的本原，也没有恶的灵魂，"恶显然不在事物之外，因为恶在本性上是后于潜能的。所以，对于那些来自本原的东西、永恒的东西，既没有邪恶，也没有错误，既没有缺损，也没有破坏，因为破坏是诸恶之一。"⑤

---

① ［古希腊］柏拉图：《理想国》，380c、379b。中译引自郭斌和、张竹明本。
② ［古希腊］柏拉图：《蒂迈欧篇》，29a~30c；以及《政治家篇》中关于克洛诺斯的故事，尤其是273b~c。
③ ［古希腊］柏拉图：《斐多篇》，83d。
④ ［古希腊］亚里士多德：《形而上学》，1087b。
⑤ ［古希腊］亚里士多德：《形而上学》，1051a。

但这里，亚里士多德显然又承认了有恶的现象或事物的存在，那么这个恶是如何进入世界的呢？是由于本原的、永恒的东西才出现的吗？在他看来，"世界表现为一个等级的系列，其最高的一级是非物质的实体，而所有其他现实存在的事物是复合的事物"。① 这个"非物质的实体"就是神，是完美、永恒和自足的纯粹形式，它是自我思想的最高本原，是不动的推动者，是世界的动力因和目的因。"现实存在的事物"都是形式与质料复合而成的个体事物，或者，更确切地说是作为潜能的质料之形式化或现实化的具体事物。但作为潜能的质料虽然没有任何的规定性，但它并不与形式相反，"在某种意义上自己也是实体"，因而它本身并不是恶或者恶的本原。它是恶还是善完全是偶然的，它既可以为形式所掌握而成为现实，又可以得到缺乏而变成恶的东西。与形式相反的是缺乏，缺乏才是物理世界中无序的力量，因为"缺乏的本性就是不存在"，"它根本就不是实体"，因此，缺乏才是产生恶的东西。② 正如与健康相反的是疾病而非身体，身体是质料，而健康是正面状态，疾病才是正面状态的缺乏。③ 这样，亚里士多德就把恶与缺乏相等同，但缺乏并不是形而上学的本原，它只是种否定性和形式的缺失，没有任何积极的现实性。在《尼各马科伦理学》中，亚里士多德又把恶等同于无限、过度和不及，"正如毕达戈拉斯派所猜想，恶属于无限，善属于有限。""过度和不及都属于恶，中庸才是德性。"④ 德性是对我们而言的德性，邪恶也是对我们而言的邪恶。善恶德性实际上都取决于我们自己的道德实践和所作所为。一个人既可以做好事而为善，也可以做坏事而为恶，既可以选择中道

---

① ［英］W. E. 罗斯：《亚里士多德》，王路译，张家龙校，商务印书馆1997年版，第184页。

② 参看［古希腊］亚里士多德《物理学》，192a。苗力田把 steresis 译作"短缺"，本文一律作"缺乏"。上述引文的最后一句，原译是"对立的另一部分，如若人们集中注意力于坏的方面，就会觉得它仿佛不存在。"联系上下文，这个"对立的另一部分"就是"缺乏"，其意就是说人们只注意了它所创造的恶而忽略了其存在。

③ 参看［古希腊］亚里士多德《形而上学》，1044b30～1045a6。

④ ［古希腊］亚里士多德：《尼各马科伦理学》，1106b27，1106b29～30。

第六章 灵魂的下降及恶

而具有美德，也可以选择过度或不及而走向邪恶。如此，做一个善良之人还是邪恶之人，也是由我们自己决定并且要为自己负责，因此所谓的无人愿意为恶或者恶的非自愿性实在不过是句空话和套话罢了。

在亚里士多德之后的希腊哲学中，亚里士多德和柏拉图两种关于恶的思想都有所发展。其中，伊壁鸠鲁派在这个问题上又或许是个例外，既不属于柏拉图传统，也算不上亚里士多德传统。他们坚持一种彻底的感觉主义，认为恶不过就是感觉到身体的或心灵的痛苦；他们还是坚定的无神论者，认为即使有神，神也并不关心人间的事务，因而就是承认恶的存在也不会带来神与人间恶的问题。但这对于斯多亚派，尤其是他们的天命观而言，却意味着有很大的问题。比如，既然神是全善的，那么他所统治的世界为什么会存在恶呢？有人认为恶是神教育和惩戒人的工具，因而即使有恶也是服从于一个善的目的。另一些人则相信作为整体的宇宙本质上是有序的，因为"万物都是趋向于善"，也就是说，作为整体的世界渗透了神意并完全出于神的安排，因而是善的，并不存在真正的恶：自然的恶服从于整体上的善；而人只要顺从于自然，顺从于理性，就会远离恶而过上有德性的生活。此外，还有人根据柏拉图的《法篇》提出并公开承认有一个恶的本原的存在。[①] 晚期柏拉图学园派的著名人物普鲁塔克发挥了柏拉图思想中的二元论，认为有两个本原，一个是好的本原，一个是坏的本原；神是至高至善的，与世间存在的种种恶都没有丝毫关系，世界上的恶是由坏的精灵造成的；构成事物的质料不能是恶，原因在于质料只是种没有确定性和具体特征的东西，而恶却在事物的发展中起积极的推动作用。公元初的斐洛坚持善恶两个本原，世界是神通过逻各斯从质料中创造出来的，神是全善且爱着他的造物的。逻各斯是神的独生子，是直接创造世界万物的力量，因而也是善的，因而世界的恶与它们无关。质料是第二个本原，它不是由神产生的，是对真正存在的否定，是一种没有生命、变化和形式的混沌，就此而言，质料是恶的，

---

① See Peters1967, p. 95.

◈ 中篇 心向上帝的旅程：普罗提诺宗教哲学

世界上存在恶即源于此。具体到人而言，人是灵魂与身体的复合体，其中人的灵魂总是朝向或努力趋向神和善的方面，而身体则是灵魂的坟墓，是世上所有罪恶的根源。① 与普罗提诺大约同时代的努美纽斯认为有两个宇宙灵魂，一个善，一个恶，世上的恶就来自恶的宇宙灵魂，即质料。人的灵魂也是双重的，分为理性和非理性部分，既可能在前者引导下行善，也可能在后者蛊惑下作恶，但在死后都要回归到自己的本原那里去。② 此外，诺斯替教派坚持一种强烈的精神与物质、灵魂与肉体相对立的二元论，我们所处的世界是恶的，甚而创造这个世界的神也是恶的。他们坚持灵魂是由"以太"构成的，是纯洁的，而肉体则像坟墓禁闭着灵魂，只有摆脱肉体，灵魂才能上升到它真正的家园。③ 另外，也有一些诺斯替者把恶的来源没有归于恶灵，而坚持把质料等同于恶。④

普罗提诺继承和汲取了上述恶的观念史中的如下思想：神是善的，超越于世界之外，恶存在于第二个或更低的等级之中；我们所处的世界有恶存在，但恶并不是由神产生的，而是另有其来源，或是因为一种恶的力量，或是因为灵魂的坠落；灵魂自身是善的，但由于质料（肉体）的影响而会变得有恶了，等等。但普罗提诺并不同意有一个恶的力量或精灵在创造着恶的世界，坚决反对善恶本原对立的二元论观点，并在对此的批判上展开了他关于恶的思想。但事实上，在普罗提诺那里，灵魂创造世界有一个二元论困境：一方面，如我们前文所述，他依据柏拉图的《蒂迈欧篇》，认为可感世界是神的产品，是神意的作品，是最可能与它相似的世界，充满了创造者的荣耀；但另一方面，他又根据《斐多篇》，相信肉体是灵魂的监狱，而可感世界是理智世界的拙劣的摹本，充满了罪恶。这两种相对的立场，普罗提诺从来不曾解决。但里斯特认为，"即使这两种主张真的在观点上

---

① 参看［德］策勒尔《古希腊哲学史纲》，第280—281页。
② See Inge1923, Vol.1, pp.93–95.
③ 范明生：《晚期希腊哲学和基督教神学》，第296页。
④ Peters1967, p.95.

第六章 灵魂的下降及恶

没有达到完全调和,然而在《九章集》中所表现出了比一般的看法要大许多的一贯性。"①

根据前文的分析,我们可以看出,普罗提诺像大多数希腊哲学家一样坚持:实在的理智世界里没有恶的存在,因为一切在理智世界中的事物,包括灵魂都是永恒不变的,永远是其所是,因而都是完善的;恶只存在并且必然存在于我们所处的形体世界。② 但形体世界总体上也是较好的,恶只存在于其中的诸个体事物以及进入其中的灵魂,因为它们不再像在理智世界中那样完善了。那么,什么是恶?恶又如何进入我们的世界呢?普罗提诺认为解决了前一个问题就可以知道恶是从哪里来,停留在哪里,又是和谁相伴而出现的。(Ⅰ.8.1③)在解决这些问题之前,普罗提诺首先提出了认识或者说判断恶的问题。他说我们可以通过一个事物的相反者来认识该事物,因此我们可以通过恶的相反者,即善来认识恶:善是形式,恶就不是形式;善是自足的,恶就是缺乏;太一、理智、灵魂是善的,恶就不能存在于它们之中。太一是至善的,单纯的、完满的,因而不可能是恶的;理智与理智之物也是善的,虽然在理智世界有质料存在,但这些质料已经为形式所统治,不再有恶的能力了。换言之,规定与规范能够战胜质料的无规定、无规范而保持住善。在此意义上,诸天体的形式和规定性战胜了质料,因而也没有恶。灵魂的高等部分是纯洁的,没有下降到形体世界,不为外物所影响,因而是善的;但灵魂的低等部分由于离开了理智世界,而坠入形体世界,并受形体的影响,因而会浸染上恶。因此,恶即使存在,也只能"存在于非实是者中","关涉到那些与非实是相混杂或以某种方式分有了非实是的事物"。(Ⅰ.8.3)

---

① Rist1967, p. 112.

② 但正如前文所指出的,月上领域中的诸天体世界虽然也是有形体的,但它们是世界灵魂的直接产物,也是神,因而在天体领域并不存在恶。

③ 普罗提诺关于恶的论述主要集中在Ⅰ.8和Ⅱ.4,前一章诚如标题所言主要讲"恶是什么以及恶的来源";后一章主要是将质料和恶联系了起来,这个我们在前文已经有所涉及。本节对恶的论述的文本就主要依据这两章,尤其是Ⅰ.8。另外,关于Ⅰ.8的引文参照了张映伟《普罗提诺论恶》中的译文和分析。

非实是者不在实是的领域,"但非实是决不是绝对的非存在,而只是不同于实是者,"就像"实是的影像或者某些非实是的东西。"(Ⅰ.8.3)因而非实是的领域就在实是的领域与绝对的非存在之间的领域,"它就是全部的可感世界,全部可感的经验,或者后于它们并从它们而来的东西,以及在它们之中偶然产生的,或者它们的本原或某个有助于形成这特性的诸多事物中的一个。"(Ⅰ.8.3)因此,恶就只出现在我们所处的这个可感的世界。

在前文中,我们已经指出,普罗提诺在他早年的作品Ⅱ.4中就认为质料是恶,因为"它还没有善,它需要善",它"什么都没有,它是处在缺乏之中,更确切的说,因为它是缺乏,所以它就必然是恶"。(Ⅱ.4.16)因此,质料所具有的非实是、无规范、无规定和缺乏等否定的特点,恶也同样具有。普罗提诺是这样概括的,"相对于规范的无规范性,相对于限定的无限定,相对于形式创造力的无形式,相对于自足的永远不足,永不确定,从不停驻于一处,容易受一切的影响,从不满足,完全的缺乏;这些都不是它的偶然表现,而是以某种方式就是它的在。"(Ⅰ.8.3)显然,恶的这些否定特性是相对于形式的特性而言的,或者说正与形式相反,形式所肯定的都是恶所否定的。比如,形式是确定的、有规范的,而不确定、无规范就是恶的;形式是不变的、永恒的和不受影响的,而恶(的事物)就是不断变化的,易受外物所影响的;形式是自足的,而恶是缺乏的。这些只是恶的特性,还不是恶自身。那么,是否存在作为这些特性总体的恶自身或恶的本体呢?普罗提诺也提出了这个问题,是不是有一个本体,它作为本体就有着恶的特性呢?(Ⅰ.8.3)根据普罗提诺所说,本体严格地来讲只能用于太一、理智和灵魂。这再一次表明普罗提诺对于术语的使用有时并不是很严格的,正如对理智、灵魂等词的使用一样。在这里,我们只能把恶的本体就它是其他事物恶的本原或原因的意义上来理解,也就是说:它既是恶自身,又是其他事物中的恶的原因。具言之,当恶在其他事物中出现时,这事物就成为恶的

第六章　灵魂的下降及恶

了，但这个恶并非恶本身，而是第二性的恶。[①] 恶本身或源初的恶就是质料，就是无规范，而从它们而来的恶都是第二位的恶。"无规范是原初意义上的恶，而那在无规范性中生成的，或者借助相似或者凭借分有才偶然地是无规范的，则是第二位意义上的恶；源初的恶是黑暗，那被变黑的则是第二位意义上的恶。"（Ⅰ.8.8）这些其他的事物也并非本质上都是恶的，它们各有自己的本质与本性，而只有恶本身是完全的、纯粹的恶，没有任何其他的本质。

这样的一种恶存在吗？普罗提诺从两个方面论证了有恶自身存在的必然性。第一，既然我们的形体世界存在恶，根据存在的具体事物都有先于它们的原因这一原则，那么必然有作为本原的恶的存在。形体世界中的诸物都是由质料与性质复合而成的，性质就是进入形体世界的形式，或者更确切地说是理智世界中的实在的影像。普罗提诺通常把事物等同于在事物中的最高等部分，即它的本质或性质。例如人就是人的灵魂，换言之，只有具有了灵魂我们才是我们自己。因此，就事物的性质这个意义而言，事物并不能说是恶的，因而它们的恶只能是偶然产生的。当然，这里的偶然不是时间意义上的，而是本质意义上的，也就是说，事物作为其自身并不是恶的，但它们又必然会分有恶，恶作为一种偶然的属性必然会伴随着它。但每个生成的事物都有一个原因，并且这个原因在该事物之前存在，因此"如果恶偶然地出现于其他事物中，那么它自身必定先是某个的东西，即使它不是某个实在。"（Ⅰ.8.3.）这也就是说，既然有偶性的恶，那么必然会有作为其原因的恶自身，"正如有善自身，也有作为偶性的善一样，也有恶自身，和已经由于它而出现在别处的作为偶性的恶。"（Ⅰ.8.3）第二，恶是从太一开始的流溢过程的必然结果。任何过程都有起点，也有终点，既然流溢从太一或至善开始，它必然也有一个终点，这个终点就是与善全然相反的恶。"因为善不是独自（存在的），必然存在

[①] 普罗提诺除了把恶本身和出现在其他事物中的恶分别呼之为"源初的恶"和"第二性的恶"（Ⅰ.8.8）外，还称之为"恶自身"和"偶生的恶"（见Ⅰ.8.3），或"绝对的恶"和"具体的恶"（Ⅰ.8.5）。当他把质料等同于恶时，这个恶就是前一种恶，亦即形而上之恶。

219

从它开始而流溢的这个过程的最后者,或者如果有人愿意的话,也可以说是不断的下降或离去;在这个最后者之后,不再有任何东西生成了,这最后者就是恶。既然必定存在着后于第一者的事物,那么也必然存在最后者;这就是质料,它不再有任何来自于第一者的东西。这就是恶的必然性。"(Ⅰ.8.7)因而,如果没有了恶,那么世界的创造过程以及流溢的过程,乃至灵魂的活动过程[①]就都是一个不完满的过程。但这样一来,太一也就成了恶产生的原因,甚而可以说,恶在太一流溢过程的一开始就出现了,并且随着流溢过程中善或完满性的逐级递减而不断递增,到质料时达到了绝对的恶。这也就产生了与我们在前面已经讨论过的太一与质料的关系相同的问题。一方面,太一是至善,从它流溢出的事物也都因为分有他的善而是善的,那么怎么会有恶的存在呢?但另一方面,太一是一切事物的原因,那么也就是恶存在的原因,但普罗提诺却是坚决反对这一点的。这样一来,善是一切事物的原因,但不是恶的原因,那么就应当有另一个东西作为恶的本原。其结果必然导致:其一走向二元论,世界既有一个善的本原,同时也有一个恶的本原,但这又是普罗提诺所不愿承认的;其二,承认有恶的存在,但对世界中的恶采取漠视的态度,甚而在某种意义上认为恶也是好的,"这些恶并不会影响真正的和谐,毋宁说有助于整体的和谐。"[②]

既然恶自身的存在是肯定的,那么它又如何造成恶的事物或现象呢?普罗提诺认为恶的事物"或者由于混合而具有了恶,或者由于看向绝对的恶而具有了恶的特征并且变成了一个恶的原因。"(Ⅰ.8.3)因而在他看来,事物之所以变成恶的有两种方式。其一是混合,即形体世界中的事物由于与恶自身相混合而具有了恶。换言之,当进入形

[①] 在普罗提诺看来,灵魂的坠落是一种偶然,是为了彰显灵魂去恶归善的必然性,而这种必然性是以恶的存在为前提的。因而,普罗提诺说,如果没有恶,灵魂就将失去目标。也正是基于此,我们说恶的存在也是灵魂活动的圆满性之所需。

[②] 包利民:《大序善恶——普罗提诺哲学与古典价值》,《浙江大学学报》(人文社会科学版)2000年第2期。

第六章 灵魂的下降及恶

体世界的形式与质料相混合而成具体事物时，由于质料是绝对的恶，因而"诸形体的本性，就它们分有了质料而言，是恶的"（Ⅰ.8.4）。但形体之物同时也分有了形式的影像，即进入形体的形式，从而也就具有了某种程度的善。因此，相对于质料的绝对的恶，形体事物就比质料要"善"些，它的恶只能是第二性的恶。就此而论，形体世界从一个方面看是恶的，但从另一个方面看它又是好的。其二看向恶，这是指灵魂的恶，普罗提诺把人的灵魂中的恶称为"邪恶"（kakia①, vice）。"邪恶是灵魂的无知和无规范，是第二性的恶，而不是绝对的恶。"（Ⅰ.8.8）当灵魂看向理智，它是纯洁而没有恶的；当它不看向理智而是看向低于它的形体世界时，它就不再纯洁而是具有了恶；并且当已经变恶的灵魂坠入形体世界时，就会把形体世界中的自己以及与身体的复合物当作真正的自己，这样就会干出一些其他的恶事。因此，我们可以说，灵魂的恶取决于灵魂自身的选择，当它选择趋向理智时它就是善的，而当它选择不看向理智而看向在它下面的东西时它就是恶的。这样灵魂似乎就成了恶的原因，但普罗提诺并不这样认为。要理解这一点，我们就必须具体的来看看灵魂中的恶是如何造成的。

普罗提诺认为，"灵魂在本性上并不是恶的，并且每个具体的灵魂也并非都是恶的"。（Ⅰ.8.4）但具体到每个个体的灵魂，有一种灵魂是"完美的、倾向于理智的灵魂，永远是纯洁的，永远远离质料，不看也不接近那完全不确定的、无规范的和恶的任何事物；它保持纯洁，完全被理智确定。"（Ⅰ.8.4）而另一种灵魂，"没有保持如此的灵魂，因为不完美，不再是第一位的，就走出了自身，变得好像是那个完美的灵魂的影子。由于缺乏，并因其缺乏程度而充满不确定性，看到了黑暗，并且已经具有了质料。它看向它看不到的东西，就像我们说看到了黑暗一样。"（Ⅰ.8.4）这就是说，人的灵魂具有两

---

① Kakia，石敏敏译作"恶习"，我采用了张映伟的"邪恶"译文。希腊文后缀-ia一般用来表示某种性质，kakia 的意思就是"恶的性质"或"具有恶的性质的东西"，普罗提诺主要把它用于人的灵魂之恶，我们译作"邪恶"，以区别于恶或恶自身（to kakon）。参见张映伟《普罗提诺论恶》，第91页第2个脚注。

种不同的状态,它们的区别就在于是否拥有了质料:远离质料的灵魂就是纯洁而神圣的,不会有恶;而具有质料的灵魂就是邪恶的灵魂,会坠入形体世界,"它已经混合了无规范,不再分有那制定秩序、给出规范的形式;因为它已经与身体结合,而身体具有质料。"(Ⅰ.8.4)这样,质料就影响到了灵魂的低级部分,即非理性的部分,而"非理性的部分能接受恶、无规范、过度与匮乏,从这些中产生出无节制、懦弱和灵魂的其他邪恶以及一些违背意志的情绪。这样又导致了虚假的意见,把那些事物(高等的、善的东西——引者注)当作邪恶而一力躲避,把另一些事物(低等的东西、物欲——引者注)当作善的一味追求。"(Ⅰ.8.4)然而,错误虚假意见的形成则是灵魂的理性部分的错误。换言之,理性的部分受到了损害,就不能够进行正确的判断推理,再加上非理性部分的情感欲望以及投影于其上的质料的作用,就会使灵魂把自己与身体的混合物当作真正的自己,从而"倾向于质料,完全不看向实在,却看向生成;这生成的本原就是质料的本性,它是如此之恶,以至于那并非在它之中,仅仅只是看向它的东西,也被它的恶所浸染。因为它绝对地不分有善,缺乏善,完全地缺乏,它让一切无论以何种方式触及到它的事物变得和它相似。"(Ⅰ.8.4)总之,分有了质料或以其他任何方式受到质料影响的灵魂就不再是纯洁的、自在的灵魂,而是变的邪恶了。因而,灵魂邪恶的根源不是灵魂自身而在于质料和身体,但质料和身体究竟是如何影响灵魂,并使理性受到损害的,普罗提诺并没有给我们一个非常明确的答案。此外,关于灵魂的邪恶之产生,普罗提诺还有如下不同的说法。在Ⅰ.1.9中,邪恶是由于我们被灵魂中低劣的部分、被欲望或激情或邪恶的影像所控制,在理性还没有发挥作用时就作出错误而虚假的判断而造成的。在Ⅳ.8.2中,普罗提诺又指出身体通过两种方式影响灵魂:其一,身体阻碍灵魂思想[①];其二用各种愉悦、欲望和痛苦充塞灵魂。

[①] 在Ⅰ.8.4一开始,普罗提诺也说道,形体在无序的运动中相互毁坏,并且妨碍灵魂完成他们自己的活动,使灵魂在永不停息的流变中远离了实在,变得邪恶。

第六章　灵魂的下降及恶

但是,当灵魂没有深深地沉陷于身体,不属于身体,而是相反身体属于灵魂时,上述情况就不会发生。在Ⅳ.8.5中,普罗提诺又提出,灵魂的罪恶或者由于灵魂的下降所致,或者是当灵魂到达形体世界时所做的恶。灵魂的下降就意味着灵魂的虚弱,而"质料是灵魂虚弱的原因,是邪恶的原因。质料在灵魂之前就是恶的,是第一位的恶。"(Ⅰ.8.14)当然,"虚弱只停留在下降的灵魂中",它们是不纯洁的或未经净化过的灵魂。当下降的灵魂进入质料时就会不断地衰弱下去,因为他们全部的能力受到了质料的极大阻碍而不能施展,质料鸠占鹊巢,把灵魂围困了起来,把灵魂的场所变成自己的,把它从灵魂那偷窃到的所有东西全都变成恶的。(Ⅰ.8.14)这就是灵魂的堕落,而当这个堕落的灵魂忘记了自己的本性,忘记了自己的来源而乐不思蜀,完全耽于物欲享受时,恶就会变本加厉地起作用,使灵魂(人)干出一些恶事。但无论如何,归根结底,在普罗提诺看来,恶的本原只是质料,而灵魂的变恶也是由于质料的存在,"如果不是由于质料的出现带给了灵魂下坠的机会,灵魂就不可能进入到质料之中。"(Ⅰ.8.14)这也就是说,没有质料,灵魂就不会变成恶的了。但这里再次出现了那个难题,究竟有没有恶自身(恶本体)?普罗提诺这里还是没有给出是或否的答案,只是提到"灵魂自己创造了质料,"(Ⅰ.8.14)但没有进一步将恶的本原归因于质料的本原。而一旦他这样做了,实际上又面临着我们前面所说过的问题,即恶在某种程度上是至善的产物,因为恶的本原是质料,而质料是灵魂创造的,灵魂又来自太一,那么恶归根究源就来自至善,但这是普罗提诺无论如何也不愿接受的。

总而言之,在普罗提诺那里,有两个世界:一个是神圣的理智世界,没有恶,只有善,永恒而完美,是"诸神安宁幸福生活的世界";(Ⅰ.8.2)另一个是可感的形体世界,变动不居,诸恶难以尽除,"永远出没于终有一死的自然之中和这个凡俗的领域。"(Ⅰ.8.6)我们所处的形体世界中之所以有恶就是因为质料的在场:自然界中的恶直接源于质料的恶;而灵魂,那些没有坠落和能够控制质料的灵魂是纯洁的、善的,只有那些沾染了质料、耽于物欲的灵魂才是邪恶的。在现实的生活中,我们也会发现充满了恶和丑陋的东西:在自然界,地震频发,海啸肆虐,火山喷发,洪涝泛滥,瘟疫流行以及其他灾害屡屡发生,而我们对此却鲜有良策;与此同时人类又在美妙的幌子下对自然做着搬起石头砸自己脚的蠢事而又乐此不疲,滥伐森林、过度放牧而把家园变成沙漠,开矿取宝、菏泽而渔却把自己推向无资可用、无源可开的绝境;不仅如此,人与人之间充斥了以强凌弱、以富辱穷、以智诈愚,战争、谋杀、恐怖、抢劫、谎言和欺骗过去是、现在是、将来也许还是人类邪恶的写照。在这样一个"喋血如海"的世界,在这样一个充满了邪恶、荒谬与虚无的世界,人们不禁要问:我要以什么样的状态,才能面对所处的罪恶与苦难的世界?我要怎么行为,才能逃离所处的邪恶而暴虐的世界?我要如何修炼,才能过上与神相似的美好生活呢?这也是普罗提诺所力求解决的问题。

第七章 灵魂的上升

我们的灵魂本身是神圣的，处在神圣的世界，只是由于种种原因离开了它神圣的来源、下降到了形体世界。没有灵魂的下降，也就没有灵魂的上升，更谈不上灵魂的回归，因而下降之路对灵魂而言是一个必然要遭受的过程，只有通过下降方才显得上升之必要和可贵。而灵魂上升的可能性就在于自身的神圣性，因而灵魂总会从形体世界的沉沦中觉醒，转向那个神圣的超越者，把逃离肉体作为灵性生活的首要任务，开始上升和回归上帝的灵性之旅。灵魂通过禁欲苦修和德性的净化等诸种努力逃离可感世界，在美和爱的感召下依次上升到神圣的理智世界，在辩证法的引导下重新回到神圣的起源太一那里，并最终在神秘的静观中与上帝合一。

第一节 回归的必然性

灵魂本身是神圣的，处在神圣的世界，然而灵魂又有一种欲望的本性，力求摆脱由理智所规定的统一性，以获得自身的个性与所有物。因而它总是力图朝向不同于自身的对象运动，也因此它必然要下降到形体世界、进入身体之中。但灵魂的生命并不是以沉浸于形体世界为目的，而是要从形体世界返回到理智世界，并进而回归太一中去。因为我们幸福的根源在于至善，而不在于我们的感觉生命，甚而痛苦、疾病和最大的不幸也不能影响人的幸福。（参看Ⅰ.4.5~8）因此人应该努力使自己完善，不只以脱离邪恶、做一个善人为目标，而且"要成为神"。（Ⅰ.2.6）"回归"（epistrophe，return），在古希腊哲学中，指凡是被创造的东西都必然要尽可能地返回到它的本原。① 这一思想最早可以追溯到米利都学派，阿那克西曼德把这种必然性称之为"补偿原则"，认为从本原派生出来的东西对本原而言是一种损害，因此这些东西最终要回到本原那里作为补偿。这是"时间的安排"和"报应"，是"根据必然性而发生的"。② 就此而言，我们的灵魂来自灵魂本体，而灵魂来自理智，理智又来自太一，因而我们的灵魂也必然要逃离可感的领域，回到灵魂本体，回归理智的领域，回归到它最终的来源，至善或上帝那里去。

必然（ananke，necessity）是指在某种力量下必定发生的状态，因而对必然的理解既要放在它的原因中，同时也要还原到产生必然性事件的力量中去。在前苏格拉底哲学家那里，对 ananke 的使用并不是一致的。巴门尼德在相当于命运的意义上把它看作是统治万物的力量，但又不同于柏拉图在"厄尔神话"（Myth of Er）③ 中赋予必然的人格化特征；在恩培多克勒那里，必然性具有了奥菲斯的形象；原子论者则把它看作没有目的的、纯粹是物理原因在起作用的机械必然性。④ 但在柏拉图看来，真正的原因总是和目的在一起发生作用的，物理因素的作用只是种条件或者说次要的原因；但 ananke 在宇宙的形成中发挥着它的作用，这个宇宙的生成是必然性与理智（也就是造物主，原译作心灵——引者注）一道工作的结果，造物主使物理必然性服从于理性，把被造的事物引向至善。⑤ 在这里，必然性只是一个虚假的原因，它的价值就在于研究它与理智、神圣的原因之关系。在《形而上学》中，亚里士多德赋予必然以不同的含义，如不可缺少的

---

① Gerson1994，p. 203
② ［古罗马］辛普里丘：《物理学注》，24 章 13 节，转引自赵敦华《西方哲学通史》（第一卷），第 11 页。
③ 厄尔神话是柏拉图在《理想国》的最后（第 10 卷 614b 开始）讲的一个关于"灵魂转世"的神话，涉及灵魂的不朽、轮回与终末审判，以及命运与必然性等问题。
④ Peters1967，p. 18.
⑤ ［古希腊］柏拉图：《蒂迈欧篇》，46c～48a。

条件、强制、证明等。① 但在《物理学中》，"在自然物中的必然性，就是我们所说的作为质料的东西以及它的运动"，这种物理必然性不是像在柏拉图那里服从于理性而是服从于目的。② 此外在《前分析篇》中，亚里士多德还说到了 ananke 在三段论推理中的作用，一个有效的三段论的结论必然是从前提推论出来的。③ 在斯多亚派那里，必然性被更多地等同于命运。普罗提诺在汲取前人思想的基础上把必然性分成两种：一种是内在的必然性，即如果一个事物的存在只能是它自身并且也只能归因于它自己的力量，那么它的活动就是必然性的；另一种是外在的必然性，即不是由于自身而是由于外在的力量所产生的结果。如果说内在的必然性是高级能力丰沛的必然性，那么外在的必然性就是低级的作为结果的不可避免或者说是命运。但无论如何，这两种必然性都是反对偶然和随机性的。④

在三大本体中，太一是没有必然性的，因为必然性只存在于在他之后的事物。（Ⅵ.8.9）但也不能说太一是偶然所是的，因为它不可能是别的样子，而必定是这样的；或者更确切地说，它也不是必定如此，而是其他事物不得不等待着它们的王对它们的显现以确定它是这样的。（Ⅵ.8.9）显然，在普罗提诺看来，即使我们可以说太一是必然的，但太一的必然完全不同于其他东西的必然。换言之，把必然用于太一实际上是不合适的，因为太一超越了所有的必然和偶然，是不可定义，难以言说的。对于理智和纯粹的灵魂而言，它们具有内在的必然性，即一种高等能力充沛的必然性，而不纯粹的灵魂则只是说服（*peitho*，persuasive），因为它不能通过理智直观获得全部的知识、沉思真理，而只能通过理智推理获得部分的知识，寻求着某种说服，希望在影像里凝思到真理。（参见 Ⅴ.3.6）因而在这种必然性的意义

---

① ［古希腊］亚里士多德：《形而上学》，1015a～c。
② ［古希腊］亚里士多德：《物理学》，200a。
③ ［古希腊］亚里士多德：《前分析篇》，24b。
④ G. Leroux, "Human freedom I the thought of Plotinus", In L. P. Gerson, ed. *The Cambridge to Companion to Plotinus*, Cambridge University Press, 1996, p. 293.

上,灵魂的下降是必然的,"只要理智与灵魂存在,逻各斯就要流溢到灵魂的更低形式中去,就像只要有太阳,它就必然发光一样。"(Ⅱ.3.18)这种必然性并不意味着理智和灵魂的活动就是被迫的,是受它们本性的奴役的,因为"它们的本质和活动是同一的,因而它们不被叫作按本性而活动,好像它们的本质是一回事,而它们的活动是另一回事。"(Ⅵ.8.4)就此而言,灵魂的下降,或者说创造世界是出于一种必然性,是要表达从太一那里获得的充沛的力,而且这种创造出于它的自主倾向,就像播种和生长一样并不存在矛盾。灵魂离开理智世界到形体世界,"既不是蓄意为之,也不是被遣送的;这种自愿也不同于深思熟虑的选择,而是像一种自然而然的跳跃,或者像是对婚姻的自然欲望,或者像有些人不假思虑的就去做某些高尚的事情。"(Ⅳ.3.13)

对于形体世界中的事物而言,必然性则是一种束缚。因为这个世界是由宇宙灵魂根据理智世界而创造的,其中每一个事物都按照内在的必然性生成和变化,同时又和其他的事物相互作用,可以说没有一个事物是自我做主的,这就决定了这个世界中"必然有外在的额外的东西伴随着每一种活动、状态和生命"。(Ⅵ.7.30)相对于高级的内在必然性,这种必然性就是外在的必然性。这种必然性就决定了形体世界中事物之间必然处于相互争斗的状态。"从那真正是一的世界所产生的这个世界,并不是真实的,因为它是多且被分割成了复多性,一部分远离另一部分,也远离了它,因为分离在这个世界上就不仅有友好也有敌意,由于不足,一部分与另一部分必然处在战争的状态。因为不能自足的部分只有通过与另一个已经存在的部分的斗争才能争取到自己的存在。"(Ⅲ.2.2)此外,对于那些从事实践活动的存在者而言,必然性也是来自外部。(Ⅵ.8.4)但这并不意味着我们对这个世界要持有一种宿命论的观点,因为形体世界中的事物一方面是受着必然的束缚和强制,但另一方面它们也是偶然产生的。普罗提诺常用"tyche"(chance)表达,该词一般指"偶然发生的,碰巧产生的事。"普罗提诺用这个词反对当时流行的卜筮、巫术和占星术等迷信

第七章 灵魂的上升

的宿命论思想,认为发生在我们身上的事并不是由于星辰等天体的隐秘影响,而是由于自然的原因发生的,是各种因素凑在一起而偶然发生的。

灵魂创造了形体世界,它必然会像农民关心风霜一样关心它的产品。(Ⅰ.3.16)这样,当灵魂下降到形体世界后,就失去了对理智的完全的直观,必然会受到形体世界中外在必然性的影响,这种影响主要表现为灵魂对外在事件所做出的决断或选择。换言之,外在的必然性为灵魂提供了选择的机会,灵魂必须不断地进行选择。这就涉及了灵魂的自由选择或自由问题。自由(eleútheros,freedom)本意是指与奴役相对立的状态,所以自由的首要意义就是不受奴役。在柏拉图那里,如果一个人由他的理性来支配,那么他是自由的;如果他受欲望和情欲所统治,那么他便是奴隶。① 普罗提诺坚持了柏拉图的这一思想,他说,"一切我们出于知识而非出于被迫的行为都是自愿的,一切我们作为主宰的行为都是自我决定的。"(Ⅵ.8.1)自愿的行为是出自真正的知识的行为,也就是在理性支配下的行为。"自愿必须包括知识",因为"对应该知道的东西无知并不是自愿的,偏离知识也不是自愿的"。(Ⅵ.8.1)自我决定在大多数情况下是与自愿一致的,但自我决定的行为可能没有完全的知识。比如俄狄浦斯杀父娶母是一种由他决定的行为,但并不是一种自愿的行为,因为他在行动时并不知道他杀害的是他的父亲。"自我决定"是说我们不受别的力量的支配和奴役,而只是在自身的能力中所做出的,但这个自身的能力不包括各种欲望和激情。因为当我们在欲望激情的支配下做出决定和选择时,我们已经不是根据自我的本性而行动的人,不是自我决定的人了。其原因在于欲望和激情是基于对身体的欲求而产生的,因而它们不是属于灵魂而是属于灵魂与身体的混合物;理性则不产生新的欲求,而是要结束一切想象,使一切欲求平静下来,使一切出自自我的

---

① [英]尼古拉斯·布宁,余纪元编著:《西方哲学英汉对照辞典》,人民出版社2001年版,第395页。

抉择。所以，在普罗提诺看来，一切基于身体经验形成的想象而做出的行为都不是自我决定的。"对于那些根据想象而轻率行动的人，我们既不能说他们的行动是自我决定的，也不能说他们的行动是自愿的。我们认为，一个通过理智的活动而摆脱了身体影响的人才是自主的——我们把自我决定向上追溯到最崇高的本原，即理智的活动中，我们说从这理智的活动中产生的诸行为原则才是真正的自由。"（Ⅵ.8.3）这就是说，自由必须以理智活动为基础，只有建立在理智之上的自我决定才是人的真正自由。因为只有朝向善的努力才是自愿的，也只有朝向善的运动不是被迫的，而背离善的行动都是不自愿的、被迫的，因而只有朝向善的行动才是自由。（Ⅵ.8.4）

对于太一而言，我们不能说它是自我做主、自我决定、顺其自然的，因为这些同样也是后来的，（Ⅵ.8.8）因而我们不能用这些词来述说太一。就理智而言，它只依赖于至善，此外它是自足的。理智的活动与本质是同一的，它的活动不需要别的事物做主，是完全由它自己决定的，没有外在的力量来奴役它，因此它就是自由的。（Ⅵ.8.6）当灵魂处在理智世界时，它就是理智的一部分，也就是全部的理智，因为理智就是全体。因而在理智世界中的纯粹灵魂自身的活动是现实的，不需要进行选择，像理智一样是自由的。但是，进入了形体世界中的灵魂，因为形体世界没有绝对的自我决定，因而它的活动要受到形体世界中各种因素的影响，这就需要灵魂进行选择。然而选择的自由并非真正的自由，因为自由不是对可选择的几种方案的选择，自由不需要选择，不需要在各种欲望和利益之间进行权衡。它超出了这些选择，直接就是按照真理而行动，并且也只是按照真理而行动。因此，真正的自由就是现实的能力，就是真理的实现。[①] 在形体世界中是没有真正的自由的，人们的行为依赖于欲望、激情和冲动，以及其他非理性的压力，这样就使理智的自由受到了束缚，（Ⅵ.8.2）因而灵魂的活动必然会受到外在的力量的制约和影响。换言之，灵魂在外在必然性的压力下要做出选

[①] Rist 1967，p.37.

择。因此，选择的自由并不是真正的自由，真正的自由是无须选择。

那么，灵魂如何来进行选择呢？普罗提诺说道，"既然灵魂的本性是双重的，部分是理智的，部分是可感的，那么灵魂最好处在理智的领域。但同样，既然它有这种本性，也就必然会介入可感的领域。因而灵魂处在中间的等级，不应该抱怨它没有处在最高的等级。灵魂有神圣的本性，处在理智世界的边缘，同时又与可感领域相连，并将自己所具有的某些属性赋予可感领域，但反过来也要受到可感领域的影响。当灵魂不只是以安全的方式来统治这个世界，而是为无节制的欲望所驱使，陷入了次等的领域，不再与灵魂本体在一起。然而灵魂可以在这种状况中上升，开始思考它在形体世界所看到和经历的东西，从而学习那些与理智世界相类似的东西，并且通过比较就更清楚地知道什么是更好的东西。恶的经历带来了对善的更为清晰的知识，因为只有经历了恶，才能知道它究竟是什么。"（Ⅳ.8.7）这里，普罗提诺再次强调了由于灵魂处在理智世界和形体世界的中间地位，它可以也必然会下降到形体世界，并且与形体相结合；但是，灵魂，尤其是人的灵魂并不是以与身体相结合为最终的目的。人的灵魂可以进行选择，或者耽于身体、甘心情愿地堕落于可感世界，其结果就是灵魂在形体中的轮回；或者选择离开身体，重新上升到理智世界，并进而回到太一，这就是灵魂的回归。无论是灵魂的下降还是上升，无论是轮回还是回归，都既有其必然性，同时也是自由选择的结果。但"必然性和自由之间并不相互矛盾"，"必然性包含着自由"，（Ⅳ.8.5）因为一切由于一种选择和偶然的混合而发生的都是必然的，除此之外还会是什么呢？当一切原因都包括了，一切都完全按必然性发生。（Ⅲ.1.9）当灵魂按照其本性必然下降到形体世界时，由于没有了在理智世界中的现实的真正的自由，因而它必定要做出选择。这种选择是由它自身做出的，因而它就必须为自己的选择负责，为自己所做出的选择而导致的前途进行负责。

就本性而言，人的灵魂是相同的，但是由于灵魂做出的选择不同，从而就有了两种归宿：一种是轮回，即灵魂在形体中的持续堕落，这是

◈◈ 中篇 心向上帝的旅程：普罗提诺宗教哲学

对灵魂做出的错误选择所进行的惩罚；另一种是回归，即灵魂向理智世界的努力上升，这是对灵魂做出的正确抉择的奖赏。关于前者，普罗提诺说，"灵魂的过失指两件事，一是指下降的动机（它的鲁莽大胆，它的 tolma），二是指下降后的做恶。对第一种过失，灵魂要遭受下降的惩罚。对于第二种错误，较轻的惩罚是从一个身体转移到另一个身体，并且根据它所应得的赏罚而判决它轮回的期限，判决这个词暗示了一种神圣的命令；但如果作恶多端，无从判决，那就要把这个灵魂交给复仇的魔鬼进行更为严厉的惩罚。"（Ⅳ.8.5。tr. 麦肯纳）无论如何，当灵魂的行为不是出自真正的理智和知识，而是出于各种无知的自傲和各种欲望与激情，那么灵魂必须为自己的错误负责，或者遭受下降，或者在形体之间轮回。作为一个柏拉图主义者，普罗提诺关于灵魂轮回的思想显然受到了柏拉图在《斐德罗篇》中灵魂转世说的影响。在那里，柏拉图以神话方式说明，灵魂由于离开了神、健忘和罪恶以及负重等原因损伤了翅膀，坠落到地上，依附于身体，在下界尘世中沉沦轮回。他详细描述了灵魂轮回再生的九个层级，从高到低依次是：爱智者或哲学家、统治者、政治家和商人、体育教练、预言家或祭司、诗人和艺术家、工匠和农民、智者或蛊惑者、僭主。这些等级之间是可以转化的，公正生活的可以升到较好的一级，反之则要降到较坏的一级。其中，有德性的哲学家如果在千年一度的三个时期都过着同样有德性的生活，那么他们的灵魂就可以恢复羽翼，回归理念世界。其余等级的灵魂在一生结束后要根据生前的善恶接受判决，在来世或上升到更高一级的灵魂或下降到较低的等级。而僭主如果在来世继续作恶，那么他的灵魂就会沦落为动物的灵魂。① 在普罗提诺这里，灵魂本身在转世期间并没有等级的升降，只是灵魂所投生的身体有高低贵贱之别。比如，那些好逸恶劳之人就像豺狼捕食的肥羊，生活在豺狼的阴影之下。当他们死后，合理的、自然的结果或惩罚就是他们的灵魂投生到羊的身体上。（参看Ⅲ.2.8）这里，普罗提诺的思想更接近于佛教而不是基督教。佛教相信人的灵魂根据前

---

① 参看［古希腊］柏拉图《斐德罗篇》，248d～249c。

世所为，来世会投生为不同的人，甚而动物；基督教虽然也相信灵魂之不朽，要在"最后的审判"时接受上帝的奖惩，但灵魂不会转投到不同的人体上。①

如果说轮回是灵魂在身体之间的转移，是发生在生前死后，那么回归就不执着于身体，也不拘泥于生死。因为身体对于灵魂的回归只是一个工具，甚或阻碍，因此灵魂的回归要求逃离身体。回归是一个灵魂向善的过程，是一次心向上帝的旅程，也是灵魂必然要从事的活动。因为每一个个体灵魂，包括人的灵魂归根结底都来自太一，因而也必然要重新回到它的本原，它的父那里去。而且，作为至善的太一，无所不在，无时不在，它和万物同在，当然也和我们每个人同在，并没有外在于、远离于人。万物都分有善，即使是没有灵魂的无机物也有一定的善。因为每个具体的事物在某种程度上都是一，都是一定的存在，而且没有灵魂的事物还分有着形式；既然它们分有一、存在和形式，也就分有了至善。这样，没有灵魂的事物通过朝向灵魂而朝向至善，灵魂则通过理智趋向至善。（Ⅰ.7.2）因此，灵魂可以从最低级事物的善一级级的上升到最终的和首要的、真正的善，即至善。因为至善必定是每一个人所渴望的，但绝不是因为是人所渴望的才成为善；而是相反，因为是善的，才是人所渴求的。（Ⅵ.7.25）如果说灵魂的下降是对灵魂傲慢自大的惩罚，而轮回则是对灵魂邪恶的惩处，而这一切都是为了在与恶的对照中更好地看清善；那么当灵魂在遭受了恶、体会到了善的可贵、努力克服了恶时，上升和回归到善就是对灵魂最大的奖赏。

那么，一个人如何才能逃离这个世界的恶，而回到至善那里去

---

① 参看赵敦华《柏罗丁》，第 150—151 页。但他同时认为普罗提诺的这一思想是直接源于柏拉图，而没有受到印度佛教的任何影响。当然，我们也不能完全排除普罗提诺在思想上受到过印度文化的影响，虽然如我们在其生平中所讲，他试图了解印度文化随戈尔迪安皇帝东征，却因皇帝被刺杀无功而返；但在宗教世界的勾勒中，我们也看到深受印度佛教文化影响的祆教、密特拉教、摩尼教等东方宗教在普罗提诺所生活的罗马世界有着非常广泛的影响。就此而言，普罗提诺人虽然没能到达印度，但受到佛教的影响也是很有可能的。

呢？普罗提诺把灵魂回归至善比作奥德修斯回归故土。① 当然，这里的故土不是奥德修斯的家乡伊萨卡（Ithaca），而是我们的灵魂所来的理智世界，就是我们的父所在的地方。我们既不能凭借双脚走回去，因为我们的脚只能够让我们在这个世界上从一个地方走到另一个地方；我们也不能借助马车或者轮船。这些都是我们必须弃置一边，不屑一顾的。（Ⅰ.6.8）这样，引导灵魂上升，回到至善、上帝之旅就至少要包括两个方面，"一个是显示被灵魂现在所尊崇的事物是多么的可鄙"，"另一个是教导和提醒灵魂它的出身和价值是多么的高贵"。（Ⅴ.1.1）具体来讲就是，一方面要通过德性来彰显形体世界的恶、剔除低级的可鄙的东西，净化灵魂；另一方面要通过爱、美和辩证法唤醒和培养灵魂自身中高尚的东西，从而把我们的灵魂从形体世界提升到灵魂本身，上升到理智世界，终而回到上帝那里。

第二节　德性

我们已经知道，在普罗提诺看来，形体世界存在恶，并且不可消除，但一切恶的事物和现象的本原都是质料。灵魂的邪恶在于它受到了质料的影响，灵魂之外的诸恶，如疾病、贫乏和丑陋等等也是因为质料。因此灵魂的净化就是灵魂与质料的分离，灵魂的上升和回归就是逃离质料，也就是逃离了恶。怎么才能逃离恶呢？普罗提诺认为形体世界中的诸天体，亦即可感的诸神为我们提供了范例。质料出现在可感的诸神那里，但是恶没有出现，人所具有的邪恶也没有出现；此外，在理智世界也存在质料，但并没有恶的存在，因为它们凭借在它们之中的而不是在质料中的东西——形式和理智——完全统治了质料，成了质料的主人。因此，人只要净化了灵魂、不受质料的污染，同样

---

① 在《奥德赛》中，荷马描述了奥德修斯如何离开迷人的喀耳刻（Circe）和卡里普索（Calypso），克服重重困难回归故里的故事。在古代晚期，无论是基督徒还是异教徒都认为，奥德修斯变成了灵魂一路上克服种种困难和诱惑而回归真正家园的旅途之象征。参看 Armstrong1989, Vol.Ⅰ, p.257, n.1。

第七章　灵魂的上升

也可以保持灵魂的纯粹，克服质料，成为质料的主人，从而消除恶。然而恶自身总是存在的，而且在形体世界中的"诸恶也不可能被消除，而是必然存在着的"，（Ⅰ.8.6）因此人只能消除或者说逃离的只是灵魂的邪恶和一些具体的恶，而不可能是恶自身和所有的恶。这实际上表明，人的灵魂可以逃离邪恶，但仍然要忍受着身体上的疾病以及形体世界中的贫乏和丑。或许，对于普罗提诺而言，时代的苦难和晚年的疾病就是如此。对他来说，重要的是逃离灵魂的邪恶，使灵魂与身体的各种欲望激情相分离，不受形体世界中的物欲和世俗生活的影响，在尘世中过圣洁的生活；而不是自戕身体，离世索居，化羽成仙离开人世。"'逃离'并不是从大地上离开，而是作为在大地上的存在者，借助'智慧'而'正义和圣洁'的活着"。（Ⅰ.8.6）因此，他认为通过任何过激的方法（如自杀）使灵魂从肉体中解脱出来都是不可取的，因为这样做必然会造成灵魂带着某些物体的因素（这也是种恶）离开。具言之，如果一个人想通过自杀使他的灵魂从肉体中解脱出来，那就会有某种恶相伴随，因为伴有自杀的过激感情对灵魂而言是有害的；一个人必须等待，直到肉体因自然地死亡而与灵魂相分开；因此，一个人决不能通过自杀来使灵魂从肉体中解脱，除了极其必要的情况外。（Ⅰ.9）在前文关于普罗提诺的生平中，我们已经说过他曾说服最得意的弟子波菲利放弃了自杀，其中的深层次原因或许就在此罢。自杀并不是逃离的方法，逃离的最好和最可取的方式就是德性。

德性，希腊语是 arete，也有"卓越"的意思在内；英文的 virtue 是对拉丁语 virtus（意为"男子气概"）的直译。在希腊语中，德性原意为某物在履行其功能时的卓越，既指人的卓越或道德德性，同时也用来指任何东西在履行它的本质功能中的卓越。如在切割上的卓越是刀子的德性，在观看上的卓越是眼睛的德性。[1] 在前苏格拉底时期，古希腊人主要关注的是物质的本性，没有太大的兴趣去思考德性问题，只有一些零散的想法。如，赫拉克利特把节俭（prudence）确定

---

[1] 参看［英］尼古拉斯·布宁，余纪元编著《西方哲学英汉对照辞典》，第1059页。

235

◈◈ 中篇 心向上帝的旅程：普罗提诺宗教哲学

为最高德性，而德谟克利特则看作是德性的内在特征。① 苏格拉底是第一个真正对德性进行哲学思考的人，他把德性定义为知识或智慧，这一规定深深影响了在他之后的思想家。柏拉图理念论的一个主要目的就在于为伦理德性确立形而上学的基础和确定一个人应怎样德性的生活。在《美诺篇》中，他认为有一个德性的理念，使得各种各样的美德成为美德。在《理想国》中他描述了"四主德"，即智慧、勇敢、节制和正义，并把它们与人的灵魂的不同等级和城邦中的不同等级的人相对应。智慧、勇敢、节制是相应于灵魂的理智、激情和欲望三个部分的德性，而正义是三者彼此谐和的德性。统治者的德性是智慧，勇敢属于武士，节俭属于劳动者，而正义是每一种人都应该具备的。② 亚里士多德认为人类的德性是履行其理性功能的卓越，这个卓越就体现为"中道"。"德性作为对于我们的中庸之道，它是一种具有选择能力的品质，它受到理性的规定"。他进一步把德性区分为理智德性和道德或伦理德性：前者通过教导而生成、培养起来，包括实践智慧和理论智慧，即沉思；后者则出于习惯，包括慷慨、谦恭、温良等。③ 其中，最高的德性就是理论智慧，哲学家的思辩是最幸福的生活。对于斯多亚派而言，德性就是按照自然的本性而生活，但把有智慧的人作为人生的楷模，认为只有理性控制了情感，使灵魂不为肉体和外在的快乐和痛苦所干扰，才能达到"不动心"的幸福状态。普罗提诺坚持和继承了这种智慧主义的德性观，而对伊壁鸠鲁派所代表的快乐主义倾向的德性观进行了批评。伊壁鸠鲁批评了早期快乐主义者把快乐仅仅等同于肉体的享乐的主张，区分了肉体快乐和心灵快乐、动感快乐和静感快乐，认为后者更真实、更持久，但是当前者能够引起后一种快乐时，也不能排斥。普罗提诺对此批评说，这两种快乐都离不开身体，至多也只是身体灵魂的感受，并不是真正的快乐和幸福。（Ⅰ.4.12）普罗提诺总体上坚持了古希腊伦理学的主要倾向，

---

① Peters1967, p. 25.
② 参看［古希腊］柏拉图《美诺篇》，72d；《理想国》，427e～434d。
③ 参见［古希腊］亚里士多德《尼各马科伦理学》，1106b～1107a；1103a～b。

第七章 灵魂的上升

目的论倾向,即用人的灵魂或生命所朝向的目的来规定德性。①

这个目的就是至善、太一,因而在普罗提诺看来,德性就是一个灵魂净化和归向至善的过程。②"德性属于灵魂,而不属于理智或超越于它之上的东西"。(Ⅰ.2.3)这也就是说,神圣者不像我们那样拥有德性,德性只是灵魂才有的,理智和太一没有德性。但德性却是从神圣者流溢而来的,"德性是从理智世界而来的,并且在形体世界存在于他者(即灵魂——引者注)中。因而,绝对的正义自身和任何其他的绝对道德都不是德性,而是一种范型。当它们离开理智而进入灵魂时便是德性。德性是某个人的德性,但在理智中的每一个特殊的德性之范型只属于它自身,而不属于其他的人。"(Ⅰ.2.6)可以这样说,"德性就像是另一个理智,它使灵魂理智化",(Ⅵ.8.5)德性是理智世界中的形式之影像,借助它我们得以和理智相通。因而德性并不是要一个人在他的物质生活中感到舒适和满足(虽然这是可理解的),而是要让他逃离开这些尘世的、物质的生活,使他的灵魂返回到理智世界,使我们变得像神一样。"通过这些德性他被再次置于秩序和美之中,并被照亮,通过德性到达理智和智慧,并通过智慧到达至善。"(Ⅵ.9.11)之所以说灵魂被再次照亮,是因为灵魂下降到了形体世界,为形体和质料所环绕,陷入了黑暗之中。这时,它就不能看到理智,处于被奴役的状态。但是通过德性,"它建构起了我们的自由和自我决定,不允许我们还像先前一样作为被奴役者",(Ⅵ.8.5)灵魂就可以从身体中分离出它自身,再次看向理智世界,走上回归太一之途。对于那些没有德性的人,就根本不会被推动着走向更高的领域。只有通过德性的引导,我们才能达到目标,"当德性和智慧一起在灵魂中出现时就显示了神;如果谈到神而不谈真正的德性,那么神就只是一个名字而已。"(Ⅱ.9.15)德性一方面使我们有了自由,但

---

① 赵敦华:《柏罗丁》,第136页。
② 普罗提诺在Ⅰ.6.6中说,"正如古代的人所说的,自制、勇敢和每一种德性都是一种净化,甚而智慧本身也是。"阿姆斯庄做注说来源于柏拉图《斐多篇》,69c1~6。见Armstrong1989, Vol.Ⅰ, p.249, n.1。

◈ 中篇　心向上帝的旅程：普罗提诺宗教哲学

另一方面，德性的行为又是被迫的，"德性总是被迫的做这个做那个以应付正在发生的状况。"（Ⅵ.8.5）比如，当战争发生了，有德的人就得勇敢；当不正义发生时，就得选择正义，否则就不能说是有德性的。但真正的德性如果能够选择，会为自我显现而选择一个机会吗？答案是否定的。灵魂宁愿选择从实践行动中静止下来、处在理智中，也不愿为了显示自己可以活动而选择战争以表现勇敢、选择不正义以表现正义和秩序，等等。就像医生，如希波克拉底（Hippocrates），如果他可以选择，他希望没有人需要他的医术。（Ⅵ.8.5）因而一个有德性的人如果没有必要就不会为了显示他的美德或卓越之处而去显露他的长处，因为他的幸福在于不动、沉思。这样，普罗提诺实际上就避免了一个伦理学的悖论，即为了彰显德性的伟大而必须有邪恶的存在。比如，亚里士多德就认为"公正的人还需一个其公正行为的承受者和协同者。节制的人和勇敢的人以及其他的人，每个人都是这样"；"一个自由人需要金钱去从事自由活动，一个公正的人也需要这东西以进行补偿（因为意愿是看不见的，一个不公正的人，也可装作公正）。勇敢的人需要力量以便完成合乎其德性的活动。一个节制的人需要机会，若不然谁节制谁不节制怎样看得出来呢？"[①] 这也就是说，有德性的人带着一种快乐期待着别人的不幸，因为他需要有一个机会展示他的卓越和德性。[②] 普罗提诺对此再次提出质疑，"一个善的人，会希望不幸吗？不会的。当他不希望的事情发生时，他会用他的德性去反对它们，使他的灵魂不为此扰乱或烦恼。"（Ⅰ.4.8）换言之，德性重在内心的修炼与净化，而不在于外在的表现。因为在普罗提诺看来，真正的德性反映的并不是我们在这个世界上的伦理道德行为，而是在我们的内心里我们的灵魂朝向善、朝向理智世界。

　　这里，实际上已经揭示出了普罗提诺对德性的区分。他根据自己对人的灵魂之自我灵魂与身体灵魂的划分，把德性分成低等德性和高等德

---

① ［古希腊］亚里士多德：《尼各马科伦理学》，1177a，1178a。
② Rist1967，p.162.

性。其中低等德性主要是汲取了柏拉图的四主德思想，他称为"公民德性";[1] 而高等德性（理智德性）是"净化德性"，强调一种"净化"的作用，强调灵魂与身体的分离或对物欲的漠然视之。每一种德性都有助于我们克服我们自身中的不完善，公民德性把我们的灵魂从可感世界中解脱出来，而净化德性则使我们的灵魂变得纯粹，回到灵魂本体自身。

在形体世界中，我们首先应该具备的是公民德性。柏拉图认为主要有四种德性，即智慧、勇敢、节制和正义。普罗提诺接受了这一思想，并认为公民德性也有四种：实践智慧（practical wisdom。麦肯纳译作 prudence，即"谨慎"）、勇敢、节制和正义。"实践智慧涉及推理能力，勇敢涉及情感，节制使激情和理性之间达到一种一致与和谐，正义是所有其他德性的正当运用。"（Ⅰ.2.1）这四种德性和我们生活于其间的可感世界息息相关，但它们并不是以使我们在可感世界生活得更舒适为目的，而是要力图在一种几近于禁欲式的督导和约束中使我们的灵魂清醒过来，从而使灵魂逃离可感世界，变得和神相似。具言之，公民德性"它为我们设定秩序，限制我们的欲望，规范我们全部的经验感受，消除错误的意见，以使我们变得更好——为此它要借助那完全是更好的事物和真正确定界限的行动，以及按照已经确立规范的事物来排除没有规范和没有规律的行动。"（Ⅰ.2.2）因而，公民德性是在我们日常的生活中来践行的，是我们在社会生活和政治生活中应该遵守的准则和追求的目标。正如波菲利所解释的，"这些德性的目标是让我们仁爱地与人类同伴交往，它们被称作公民德性，因为它们把公民们联合在一起。"[2] 因为"任何一个对某物有感情的人都会对与这个事物相似的一切有感情，就像喜爱一位父亲也会喜欢他的孩子一样。每一个灵魂都是那父的孩子。"（Ⅱ.9.16）这就是说，每一个人的灵魂都是太一、理智和灵魂三一本体的儿子，我们的德性就源自

---

[1] 在Ⅰ.2.1中，普罗提诺明确地提到公民德性包括实践智慧、勇敢、节制和正义，英译者阿姆斯庄和麦肯纳都指出对公民德性的划分基于柏拉图的《理想国》中的"四主德"。另参见 Gerson1994，p. 200。

[2] 参见 MacKenna, *The Essence of Plotinus*, Oxford, 1948, p. 22, n. 2。

于对神圣本体的爱。我们爱神，也就会自觉不自觉地把对神的爱用于对其他的人，甚而扩散到世界上其他的事物。这种爱就表现为正义、勇敢等德性。当把这种爱用于我们的身体时就是节制。普罗提诺认为，我们作为灵魂与身体的复合物，也应该照顾自己的身体，因为身体也具有一定的善，身体并不是作为一个可有可无的无用物被赋予人的。（Ⅰ.4.16）普罗提诺举例说，如果一些小孩因锻炼身体而健康，但因疏于教育而灵魂不高尚；另一些小孩则在身体和灵魂两个方面都不进行修行，过着锦衣玉食的生活，这种懒散、闲适的生活使他们变成了豺狼捕食的羔羊。那么在摔跤比赛中被前者击败就是必然的。（Ⅲ.2.8）因此，照顾好、使用好自己的身体也是一种"节制"的德性。这再一次表明普罗提诺虽然耻于肉身，但并没有彻底地否定肉身，因而以自杀这种极端的方式结束生命是不可取的。当然，对于普罗提诺而言，重要的不仅仅是说要加强身体的锻炼、增强体质，而在于净化灵魂，因为我们的灵魂比身体更接近于神，比身体更能分有神，更像神，（Ⅰ.2.2）[①] 因而必须限制肉体的欲望、规范感觉经验，不要听从身体的各种欲望和激情的诱惑与支配，从而把我们的灵魂抬升到形体世界之上，"变得正义和神圣，依靠智慧而生活"，（Ⅰ.2.1）以帮助我们最终类似于神。正是在此意义上，普罗提诺说公民德性有助于一个人成为神。虽然公民德性可以使我们去除邪恶，保持善性，但它充其量只能使我们停留在过一种好人意义上的世俗生活，却不足以使我们达到与神相似，因此灵魂还需要进一步的修炼和努力。

　　这就到了净化德性的阶段。"净化就是去除掉一切外在的东西"，（Ⅰ.2.4）使灵魂转向理智，因为理智并不是外在于灵魂的异己的东西。就我们的灵魂的本性而言是善的，一心向善以及和善同类的东西，当它在理智世界时，它是纯粹的善，没有恶；而且灵魂从未真正地完全离开过理智，它内在地拥有理智。那一切能够导致邪恶的东西，包括各种欲

---

　　① 这里的灵魂确切的应该是身体灵魂，因为在普罗提诺看来，灵魂本身就是一个神，虽然是三个神圣本体中最低的一个；即使我们不相信灵魂全部是神，但至少它的最重要的部分是具有神性的。

第七章 灵魂的上升

望、激情和虚假的意见等,都不在理智世界存在,也并不真正地属于人,而是一种增加物或外来的东西。因而灵魂必须通过净化才能脱离这些外在的东西(恶),才能转向理智,否则就只能停留在理智的影像,即形体世界中。因此,灵魂摆脱和脱离肉体的影响是非常重要的。那么,灵魂通过净化如何来处理激情、欲望以及痛苦诸如此类的东西呢?在多大程度上灵魂和身体的分离是可能的呢?"分离只是意味着灵魂回到它自己的位置,使自身保持在所有的欲望和激情之上。"(Ⅰ.2.5。tr. 麦肯纳)只是在必要的时候它才使自己意识到快乐,并把它们作为它的活动受到阻碍时的治疗和安慰物。它会努力去除痛苦,或者如果不能,它就平静地忍受它们并通过不为身体而苦恼来使它们减轻。它也会尽可能地完全消除激情,如果不能,它至少不会去分享那感情的骚动,并且尽量使本能的冲动尽可能的小和微弱。对于恐惧,灵魂也会去除,因为它没有什么可畏惧的,除非恐惧会起到一种正当的作用。至于欲望,灵魂显然不会欲求任何坏的东西,它不会为了肉体的奢求而去欲求食物和饮水,当然也不会为此而去欲求性爱。但是,如果这些欲求是必需的,它会根据实质的需要而定,并使它们完全处在可控范围之内。①

总之,一旦灵魂与身体完全相混合,分有身体的经验,具有与身体相同的观点,那么灵魂就是恶的。相反,当灵魂不去分有身体的意见而独立行为时,那就是理智和智慧;当它不去分有身体的经验时,就是自我自制;当它不再惧怕与身体相分离时,就是勇敢;当它被理性和理智所统治而毫不抵抗时,就是公正。这样,灵魂便成为善的,拥有了美德。在灵魂是这样的状态时,说它与神相似一点也没错,因为灵魂的活动是理智的活动,摆脱了身体的感受。(Ⅰ.2.3)这样,我们通过净化的德性清除了形体世界,尤其是我们身体中的激情、痛苦、恐惧、仇恨和坏欲望等,或至少使它们不能影响灵魂时,我们的灵魂就摆脱了恶,回到真正属于自己的地方,上达理智世界。而"当

---

① 当我们把这些文字和普罗提诺的一生,特别是晚年的境况相联系时,我们就不难理解何以在那样困窘和恶劣的身体和外界条件下,他在离开这个世界时仍然带着满足而去。

他达到了更好的本原和不同的规范时,他会按照它们行动",也就是说,当一个人具有了高级德性时就不需要再按照公民德性来选择了,不再满足于过一般好人的生活,而是与灵魂的低级本性(欲望和激情)相分离,就将像神一样的生活。公民德性只是让我们的理性成为灵魂的主人,而净化德性使我们"灵魂中的非理性部分也变得纯洁起来,这样也使这一部分不受(身体)的干扰",(Ⅰ.2.5)即使不能,理性和非理性的部分也不会发生剧烈冲突,而会和谐相处。这就像一个人和智者为邻,他或者变得像智者一样,或者认为他是如此令人尊敬以至于不敢和智者发生哪怕是口角一样的事情。

  净化的直接结果就是一个纯粹的灵魂,换言之,我们的灵魂回归了灵魂本体。而这也就意味着,一方面灵魂从对下界的低级的可感事物的关注转为向上观照神圣的理智;另一方面灵魂从对外在事物的关注转向了对灵魂自身的内在观照。这样一来,实际上在普罗提诺那里,灵魂的向上之路和向内之路是同一的,灵魂对自身的内省也就是灵魂追求超越和回归之途。因为在普罗提诺看来,灵魂的回归与上升不是空间上的转移和外在的寻求,而是灵魂向内转,进行内省。这种内省不仅可以使灵魂逃离形体世界,而且可以引导灵魂达到理智、趋向太一。我们在前文中已经说过,在普罗提诺那里,太一、理智和灵魂之间并没有空间上的距离。因此"当灵魂向太一上升时,它便越来越深的进入了它自身之中:追求太一就是追求自我。对自我的认知和对最高存在的认知,即使不是等同的,也是联结在一起的。向太一的上升也就是灵魂回转自身的过程。"[1]

  对普罗提诺而言,无论是公民德性还是净化德性,都有与之相对应的德性践行活动。因而德性不只是伦理意义上的对灵魂的规范,也是实际生活中有德性之人的生活方式和修行践履。而且,不唯如此,普罗提诺的"德性论不只限于伦理学领域,他的伦理学是与本体论和

---

[1] Andrew Louth, *The Origins of the Christian Mystical Tradition*, Oxford: Clarendon Press, 1981, p. 40.

宗教思想联系在一起的。"① 具言之，在普罗提诺的理论中，本体论与伦理学是一致的：一方面，本体论的最高和最终的目的就是使人回到他神圣的本原，返回到本体的世界，并最终与最高的本体合而为一；另一方面，本体又被伦理化了，它们是善的、美的，是德性的来源，从而也就对人的德性实践具有了理论与现实的双重意义。而且在他那里，德性既是一种道德伦理的践履，也是一种宗教的灵魂修炼：一方面，伦理被宗教化，人在现世的道德践行被看作是宗教世界里人的灵魂上升并最终与神合一的神秘修行；另一方面，宗教又被伦理化，宗教活动不讲求外在的祭仪形式，也不要求对神灵的顶礼膜拜，而把宗教的活动看作是人践行高级德性的行为。

但仅就德性本身而言，德性只能让灵魂逃离形体世界、回到灵魂本身，并不能达到上升之途的终点，回到太一。这就要求灵魂还必须继续上升到理智本体，因为只有通过理智，灵魂才能真正回到至善那里、和上帝同一。然而，并不是所有的人都能到达理智、回归到至善，那些能够回归的灵魂之所以能回到它们的来源，在于它们对美的热爱和真知，从而所做出的正确的选择。那么，什么是美呢？

第三节 美

美，在希腊语中是 *kalon*（beauty），在古希腊人那里有优良、美好、精致、完善等含义，既可以用来指艺术作品的美，也可以用来指生活中一切精良、美好、完善的东西，比如美的人，美的物，乃至于美的制度、习惯和风俗等。② 在苏格拉底之前的哲学家们把对称与和谐当作美，但是对称只是美的事物的外在表现，和谐也只是外在的对称给人的感觉。于是就有了苏格拉底和柏拉图关于"美本身"的询问。柏拉图在《大希庇亚篇》《伊安篇》《会饮篇》《斐德罗篇》与

---

① 赵敦华：《柏罗丁》，第146页。
② 参看汪子嵩等《希腊哲学史》（第二卷），第501页。

◈◈ 中篇　心向上帝的旅程：普罗提诺宗教哲学

《斐莱布篇》等对话中，专门讨论了美的观念。在被公认为西方第一篇专论美的本质的《大希庇亚篇》中，柏拉图借苏格拉底之口批判了将美的普遍本质或美自身混同于某些具体事物的美，批判了当时流行的美即合适、美即有用、以及美即视听的快感等主张。他主张美本身是一种超越现象和感觉的客观的真实存在和绝对真理，是我们称之为美的一切事物所共享的和摹仿的理念，是一切美的具体事物成为美的原因。"美本身把美的性质赋予一切事物——石头、木头、人、神、一切行为和一切学问。"① 这里柏拉图实际上是以他的理念论来解决美本身和具体的美之间的关系，即各种美的事物通过分有和摹仿美本身而成为美的。在《会饮篇》中柏拉图借女先知狄奥提玛（Diotima）之口，描绘了由观看个别美的形体到一切美的形体，到灵魂的美，再到法律体制之美，再由体制之美到学问知识之美，最后观照到最高的美本身的梯级上升过程。② 但是如何从最低级的美上升到最高等的美本身，他并没有给出确切的答案。

作为一个柏拉图主义者，在美学观上，普罗提诺更多地继承了柏拉图的思想，并且接着柏拉图的思路，用自己的理论回答了我们如何从最低等的美上升到美自身的问题。我们先来看看普罗提诺在Ⅰ.6"论美"③ 中对最低等的美——形体美的讨论。在这里，他不同意柏拉图认为形体美是没有多少意义的观点。柏拉图很少讨论具体的物体美，而只专注于高高在上的"美本身"。现实中个别的有形体的物体美，是最低层次的美，因分有和摹仿理念而存在，分有者和摹仿者相对于它们所从出的本体来说，其意义和价值是微弱而可以忽略的。因

---

① ［古希腊］柏拉图：《大希庇亚篇》，292d。
② ［古希腊］柏拉图：《会饮篇》，210a~211c。
③ Ⅰ.6在波菲利所提供的编年顺序中被排在第一篇，也就是说是普罗提诺写的第一篇文章，但阿姆斯庄认为这并不意味着这篇文章必然是普罗提诺所写的第一篇作品。（参见Armstrong1989，Vol.1，p.231.）在Ⅴ.8（编年顺序为第31篇）中，普罗提诺又研究了理智美。这两章构成了普罗提诺的美学思想。他的美学主要不是一种关于艺术的理论，而主要是来阐明物体美、道德（心灵）美和理智美之间以及和作为其本源的太一之间的关系，旨在揭示灵魂如何通过可见和不可见的美上升到太一的这一回归历程。这样，普罗提诺实际上就把他的美学理论和本体论、伦理学结合在了一起。

第七章　灵魂的上升

而在柏拉图看来，我们应该抛开形体的美、远离感性事物的美，而只留意最高级的美的理念。与之相反，普罗提诺却肯定了在我们的形体世界中有美的存在，肯定了形体美的价值。他说，形体美"主要表现在视觉上，也可以在我们所听到的事物上发现美，比如语词的组合和各种形式的音乐（而不仅仅是歌曲），因为音调和旋律也肯定是美的。"（Ⅰ.6.1）但是他并不同意美就是合适的比例之观点，即可见的美是事物的部分与部分，以及部分与全体之间的合适比例，再加上悦目的颜色；换言之，就眼睛所看到的事物，以及一般意义上的每一个事物而言，美就是均匀对称。（Ⅰ.6.1）这是希腊人所深信的一种观点，也为柏拉图和亚里士多德所接受，但尤以斯多亚派为典型，例如西塞罗就认为"美是物体各部分的适当比例，加上悦目的颜色。"[①]普罗提诺对此主张表示了深刻的怀疑。他举例反驳说，太阳的光线和音调中的每一个音节都是单纯的，没有部分的，也不存在所谓的比例对称关系，但仍然使人感到是美的。因而美并不在物体的外在形式的比例对称上，因为对称是某些美的物体的外在特征，并不能成为涵盖一切美的事物的规定。物体的美在于物体分有了美的形式，分有了来源于神圣者的形式。当人一看到物体时，人的心灵就领悟到这样一种形式美，认识它，欢迎它，似乎和它很契合。（Ⅰ.6.2）正如鲍桑葵（Bernard Basanquet）所指出，普罗提诺观念中的"美只寓于形式中，而不寓于物质中，而且必然是这样的，因为只有形式才能为我们所领悟。"[②]形式的作用表现在两个方面：一是把一个事物的各部分加以组织安排，结合成整体，使各部分和全体都美；二是形式来到一个单纯的或各部分同质的东西上面，就使那东西在全体上显得美。我们在进行审美判断时用形式作为标准，就像用直尺衡量直线一样。

虽然普罗提诺没有否认自然物体所具有的美之价值，正像塔塔尔凯维奇（Wladyslaw Tatarkiewicz）所肯定的，"普罗提诺的美学虽然是

[①] 参见 Armstrong1989，Vol.Ⅰ，p.234-235，n.1，and MacKenna1991，p.46，n.56，以及朱光潜：《朱光潜全集》（第6卷），安徽教育出版社1990年版，第408页，注释3。

[②] ［英］鲍桑葵：《美学史》，张今译，商务印书馆1985年版，第153页。

◈ 中篇 心向上帝的旅程：普罗提诺宗教哲学

唯灵论的，却又不以人为中心。他并未把它仅仅看成只是人的灵魂。自然比人包含着更多的精神性力量和创造性力量。它们甚至不需要艺术家的介入也可以发挥作用。"[1] 但是普罗提诺更强调由人的灵魂所创造的艺术品的美高于自然物体的美，认为艺术品的美不在于物质而在于由艺术家所赋予的形式。他以没经艺术加工的天然石头和经过艺术加工的石头为例，认为经过艺术加工的石头，"成为神像或人像，若是神像，就如美神或诗神的像；若是人像，它就不只是任何一个人的像，而是由艺术创造出来的各种人的美之综合体。这块由艺术按照一种形式的美而赋予其美的石头之所以是美的，并不是因为它是一块石头（否则，那块未经艺术加工的顽石也就应该像它一样美了），而是由于艺术所赋予的形式（原译做理式——引者注。下同）所致。然而，这种形式不是石头的自然质料所原有的，而是在进入石头之前早已存在于那构思者的心灵中；而且这形式之所以存在于艺术家的心中，也不是因为它有眼睛和双手，而是因为它分有了艺术。"（V.8.1）[2] 这实际上就是说，经过艺术加工过的石头，不仅模仿或分有了石头自身的形式，而且也分有和模仿了艺术的形式，因而分有了两种理念原型的石头就比只分有了一种理念原型的顽石更美。这里，普罗提诺又一次表现出了他和柏拉图的不同之处。柏拉图认为自然物是理念原型的影像，是虚假而不真实的；而艺术品则是自然物的影像，或者说是"影像的影像"，更加虚假而不真实；因而相对而言，自然物还是要比艺术品更真实更美一些。[3] 普罗提诺则放弃了这种贬低艺术而认为艺术不过是对自然的被动的模仿的观点。他指出，"艺术决不是单纯的模仿肉眼可见的事物，而是必须回溯到自然事物所从出的那些原则。不仅如此，许多艺术品本身是艺术所独创的，因为艺术本身既然具有美，当然就能

---

[1] ［波兰］沃·塔塔尔凯维奇：《西方美学史——古代美学》，理然译，广西人民出版社1990年版，第290页。

[2] 这里的中译参照了缪灵珠的译文，有所改动。他把 edios 译作"理式"，为统一我做"形式"。实际上，在普罗提诺这里，"理念""相""理式"和"形式"都是一个词 edios。参见缪灵珠《缪灵珠美学译文集》（第1卷），中国人民大学出版社1987年版，第246页。

[3] 参看［古希腊］柏拉图《理想国》，pp. 597–598。

246

第七章　灵魂的上升

克服事物的缺陷。例如，斐狄亚斯（Pheidias）在雕刻宙斯像时，并不是按照可感事物的蓝本，而是按照他的理解来雕刻的，即如果宙斯肯显身于凡人所见，他应该是个什么形象。"（V.8.1）虽然艺术品，如雕像所体现出来的美还不能完全表现出艺术家在心里原来所构想出的美，只能美到石头被艺术家所降服的程度，因而它没有艺术家心中的美的形式那样纯洁和高级；但比起自然事物来它仍然是更高更真实的美了，因为艺术有如镜子捕捉到了灵魂的形象，并反映出灵魂的美。

　　讨论完形体美，普罗提诺接着重点讨论的是德性美或灵魂美。自然物体之所以是美的不是出于它们本身，而在于它们分有或摹仿了美的形式，而德性本身就是美的，因为每一种德性都是灵魂的一种美，一种比形体美更真实的美。这样，美就从与感官相接触的低等的形体美上升到较高的领域，上升到"生活方式、行动、品性和理智的活动"[①]，这就有了一种更高等的德性的美，亦即灵魂美。（Ⅰ.6.1）这种更高的美是我们的感官所不能感知的，只有灵魂才能看得到。对于可感事物的美，需要借助眼睛等感官来判断。如果眼睛从来没有看到过，就如同天生的盲人而无从判定它们是否美。而对于灵魂的美，则并不需要借助感官来判断，仅仅凭借灵魂的观照能力就可以看到并判断出它有多美。一旦看到了这种美，我们就必然会比看到物体美更加强烈的喜悦、兴奋、激动和入迷，因为这时我们所看到的是一种真正的美。（Ⅰ.6.4）灵魂的美"不在体积的雄伟壮大，而在于学问，在于生活方式，总而言之在于心灵"。（V.8.2）灵魂的美的确是更高等的美，见到这种美时，人就会油然而生惊喜交加、心醉神迷、渴望爱慕的炽热情感。当你认识到一个人的德性时，你会击节赞赏，而不顾他的脸孔是美是丑；也许他的脸是丑的，可你并不会计较他的外貌，而只去注意他内在的美。而如果这不能感动你去赞美他，那么你也就不能看到自己的内心，不能为你的内在美而喜悦。当一个人看到

[①] 朱光潜先生译作"事业、行动、风度、学术和品德"的美。参看《朱光潜全集》（第6卷），第406页。

◈ 中篇　心向上帝的旅程：普罗提诺宗教哲学

自己的内在美时，他感受到的美绝不是某种形体、颜色或大小诸如此类的东西，而必然是因了灵魂而绽放出的正义、节制等美德的光彩。为了更好地说明灵魂美，普罗提诺分析了丑及其产生。丑是灵魂的堕落蜕化和变质，当灵魂完全沉溺于感性欲望和物质享受时，就会看不到或者说忘记了一个灵魂应该珍惜的东西，从而过着一种阴暗的、行尸走肉的罪恶生活。就像一个人掉到了污泥里，就显不出他原有的美，而只能看到包裹着他的污泥。他要恢复自己原来的模样、恢复自己的美，就要进行除垢和清洗才可以。被丑蒙蔽了的灵魂也一样，必须经过净化，摆脱低级情趣和对肉体的屈从，把因坠入身体所沾染的一切清洗掉，才能抛弃掉从另一种异己的东西得来的丑恶，获得灵魂美。（Ⅰ.6.5）就此而言，灵魂的美也需要净化，否则也会被假象所蒙蔽而失去自己。就会像希腊神话中的美少年纳西斯（Narcissus）一样，迷恋自己水中的姣好倒影，就"跳进水里，结果沉到河里再也没出来"。因而灵魂不能依恋形体之美，要从感性的"阴暗深渊"逃回到理智的"亲爱故乡"，就像"奥德修斯逃离妖女瑟茜和卡里普索那样扬帆起航，如世人所说，不能沉溺和滞留在那悦目的东西和感官的享受之中。"（Ⅰ.6.8）

在普罗提诺看来，只有理智美"才是真正意义上的美，物体美和灵魂美仅仅是对这种美的准备"。[①] 当灵魂经过净化后，就变成了形式和理性，脱离了形体，成为理智，完全属于神圣者，而神是美的源泉，是一切和美相类似的事物的源泉。这样，灵魂一旦上升到理智的高度就更加的美了。理智和理智之物就是它的美，而不是另外的美，因为也只有在它完全与理智一致的时候，它才是真正的灵魂。因而说灵魂成为善和美的事物就是使它变得和神相似，这是正确的，因为美以及一切诸实是者都是从神而来的。（Ⅰ.6.6）所有的神都是庄严的、美丽的，他们的美是不可言状的。那是什么使得诸神庄严美丽呢？是理智，因为在它们之中，理智充沛于内又显露于外。神之为神不在于他们有

[①] 凌继尧：《普洛丁美学研究的反思》，《外国文艺》1997年第6期。

第七章 灵魂的上升

美丽的身体,而是因为他们具有理智。他们肯定是美的也只因为他们就是神。因为他们不是时而智慧时而不智,而是无论在什么时候神都总是在平静坚定和纯粹的理智中闪出智慧的光辉。(V.8.3)"神自身就是理智,神的本质就是理智。"(V.8.4)神,或者理智就是美本身,因而我们先前所说的美都是由于美自身的存在,都是对美自身的分有。换言之,灵魂因理智而美,而物体则因灵魂而美。

那么,理智呢?理智因何而美,或者何以说理智就是美自身呢?理智是因为太一才美,因而太一是美的根源。正因为太一是美的根源,所以理智成为美本身。对此,普罗提诺用希腊神话来类比太一、理智和灵魂之间的关系:天神乌剌诺斯就像太一,其子克洛诺斯就如理智,其孙宙斯便如灵魂,而宙斯创造了世界。克洛诺斯居于两者之间,既和他所从出的上界保持距离,又不受在它之下的下界之束缚,他就处在比他为尊的父亲和比他为卑的儿子之间。然而,由于他的父亲太过伟大以至于高于美,他自己就成为原初的美;灵魂肯定也是美的,但他比灵魂更美,因为灵魂不过是他的迹象。因此灵魂虽然天生是美的,但只有当它看向在它之上的东西时,它才会显得更美。(V.8.13)在另一处,普罗提诺更为明确地把美本身和至善相区别。他说,"如果把理智和至善相区分,那么也就需要区分美和善:美在形式所在的地方,而善则超越其上,是美的源泉和来源;要不然我们就要把至善和原初的美放在同一个层次上。但无论如何,美是处在理智世界。"(Ⅰ.6.9)[①]在 V.5.12 中,普罗提诺又说道,"美是第二位的","美本身是较年轻者,而至善是年长者","至善本身不需要美,而美则需要它"。普罗提诺之所以强调美和善的区别有两个原因。其一,美是有等级的,而善却超越了事物的等级秩序。美代表或象征了事物的秩序,由物体美到灵魂美,再到理智美,实际上也就是由物体上升到灵魂、理智之

[①] 阿姆斯庄在此作注说,普罗提诺强烈地意识到人的所有语言在描述这里所讨论的实在都显得力不从心,因此允许在表达美与善的关系是可以有多种论述。事实上,普罗提诺也是这么做的,除了Ⅰ.6 和 V.8,他还在 V.5.12 和Ⅵ.7.22 等处谈到了美与善的关系问题。参看 Armstrong1989, Vol.Ⅰ, p.262, n.2。

事物的等级序列。因而,美就贯通了形体世界和理智世界,把两个领域中的事物排列成了一个由低到高的等级序列。至善是万物的最初源泉和终极目的,它不处在这个事物的等级序列之中,或者说超越了这个等级序列,因而它不同于美,高于美。其二,美是灵魂可以直接欲求的目标,而善则需要经过不同的等级序列的美之上升才能够达到。爱美之心,人皆有之,每一个人在一定程度上都可以说是一个"爱美者"。人们一般首先对那些感性的美产生欲求,并通过物体美而上升到对灵魂美和理智美的追求,最后达到对善的追求和静观。但并不是每一个爱美者都能够按照美的等级序列上升到对善的静观。有些人在达到了某一等级的美时,便驻足不前,把自己所留恋的美当作最高等的美,这样就"由于美而陷入了丑";由于他们的灵魂对于更高级的美之无知,也就导致了伦理上的恶,因而"对善的追求常常堕落为邪恶。"(Ⅲ.5.1)例如,身体的美是一种低级的美,如果灵魂满足于身体的美并把它当作最高等的美来追求和享受,就会陷入"性交的迷乱",(Ⅲ.5.1)或者就像美少年纳西斯由于追求身体之美而没入"阴暗的深渊"。当然需要指出的是,普罗提诺并不否认人在食、色方面的正当性,只是反对把这方面的欲望之满足当作最高的目标来追求。

另外,普罗提诺又把美和善相等同,认为"美也就是善,从这至善里直接产生出的理智是美的,理智把美赋予灵魂。而其他一切事物,比如美的行为和生活方式之所以能是美,都是由于灵魂在那些事物上印上了自己的形式。灵魂还是可感世界的美创造者,它使物体获得了可以言说的美。"(Ⅰ.6.6)人所能体验到的最高的美就是善,作为善,它是人所向往的,是欲求的对象,它就是万物所依、所求、所是、所活、所思的东西,因为它是生命、理智和存在的原因。还没有看到它的人认为它是善的,因而渴望着它;而看到它的人为它的美而惊叹,感到强烈的爱慕和惊喜交加,渴望和它合为一体。他以一种真正的爱和热烈的渴望去爱它,嘲笑一切其他人所热爱的东西,鄙视过去他曾经以为是美的东西。这绝对的美把美赋予一切,而赋予之后它自身仍不减其美,也不接受什么补充。它就是最高的、本原的美。

第七章 灵魂的上升

为了它，灵魂必须经过最艰辛最剧烈的斗争；为了它，灵魂必须付出一切的努力，才不至于分享不到这种最优美的观照。谁能达到这种观照，谁就会享有幸福；谁达不到这种观照，谁就是真正不幸的人。因为真正不幸的人不是没有见过美的颜色或美的物体、或者没有得到过权势、高位的人，而是没有见过美本身的人。如果他要得到美本身，它就得抛弃尘世的王位，以及对于整个大地、海洋和天空的统治。如果他能鄙视这一切，也许就可以转向美本身，就可以观照到它。

那么，通过什么方法才能观照到美本身呢？普罗提诺提出的方法是闭目内视，"闭上双眼，转向并唤醒另一种观看的方法，即内视。这种方法人人都有，但是很少有人使用。"（Ⅰ.6.8）这就要求"灵魂必须接受训练，首先要让它去看美好的生活方式；然后看美的作品，不是所有的艺术作品，而是那些素以有德性而著称的人的作品；然后再去看创作这些美的作品的人的灵魂。那么，你如何才能看到善的灵魂所具有的那种美呢？返回到你自身去看。"（Ⅰ.6.9）如果你看不到自身的美，那么就应该向雕刻家学习。为了使一个雕像成为美的，他不厌其烦地这里敲敲、那里磨磨，把多余的敲掉，把弯曲的雕直，把粗糙的磨平，直到最后雕出了一座美丽的像出来。同样，你也应该如此来孜孜不倦地"雕刻你的作品"，直到德性的光辉照在你的身上，直到你看到圣洁的化身巍然安坐在纯洁的宝座上为王。如果你看到自己变成了这样一种光辉，那么你也就立刻变成了看（视觉）本身。你完全可以相信自己，你已经上升到了更高的领域。无须任何向导，只要你凝神观照，因为只有这种看，才能观照到那伟大的美。眼睛如果要看到对象，就要有一种看的能力使自己和那所看的对象相类似。如果眼睛还没有变得和太阳相像，它就看不见太阳；[1] 灵魂也是如此，它本身不美也就看不见美。如果一个人想要看见神和美，他就必须首先变得虔诚和美。（Ⅰ.6.9）这样，"在观照中，我不是在

---

[1] 柏拉图在《理想国》中表达了这一观点，但并不是说眼睛只有变成太阳才能看到太阳，而是强调眼睛（知识的象征）要类似于太阳，而并不就是太阳（至善的象征）。参见《理想国》，508b～509a。

物外，物也不在我外"，从而"见到物我合一，见物即是见我"，于是在这种内心凝视的观照中我们就达到了和神相合一的迷狂状态。

因此，对普罗提诺而言，美就在于神，在于人，在于人神合一。当我们认识了美也就是认识了我们自己，发现美的过程实际上也是逐渐发现自己本性的过程。在灵魂入神的迷狂中领悟到神的伟大，在与神的直接接触中观照到彼岸世界的美。这时，人也变成了神，或者说恢复了自己的神性，也就变成全然是美的。正因为你若不能变得美，你就不能观照到美；同样，你若不能成为神，你也就不能洞见到神的存在。观照美的历程最终是将人提升为神，肯定人有超越自身的可能性；认识美也就是认识到人自身的神圣性。就此而言，普罗提诺的美学并不是想要告诉我们关于美的一套艺术理论，而是强调灵魂如何沿着不同等级的美上升，或者说回归到本体世界，趋向太一。因而，他关于美的等级秩序实际上就是灵魂的回归之路，他的美学和他的本体论是一致的。

第四节　爱

美与爱很难区分，"爱起源于对在灵魂中的美之前就存在的美本身的渴望，对它的完全的认识，与它的亲缘关系，以及对这种亲缘关系不加推理的认同"。（Ⅲ.5.1）那么，什么是爱呢？普罗提诺认为，"很有必要思考关于这个问题的各种流行观念和诸多的哲学理论，尤其是如神般（godlike man）柏拉图的理论。"（Ⅲ.5.1）

"爱"在古希腊语中有不同的称谓及其所指。例如，*eros* 主指两性间的爱，[1] *phlia* 指对朋友和同胞的爱，*agape* 是普遍的仁慈，等等。[2] 普罗提诺使用的是 *eros*，这个词在希腊文中一般作爱情和渴求

---

[1]　在古希腊 *eros* 也可以用于同性之间。我们在柏拉图的对话中可以发现许多同性爱的记述，一般被爱者（beloved）是一个年轻的男孩，而爱者（lover）是一个成熟的男人。在古希腊人那里，妇女的地位是低微的，是劣于男人的，尤其在智力上，因而男性之间的爱要高于或优于男女之间的异性之爱，因为男人之间的爱是更神圣、更光荣的，更充满了对智慧的追求。

[2]　[英]尼古拉斯·布宁、余纪元编著：《西方哲学英汉对照辞典》，第579页。

第七章　灵魂的上升

解，作为专有名词就是指爱神"厄洛斯"。Eros 作为爱神在古希腊世界有一个成神的神话生成史。在古老的宇宙生成神话中，eros 是一种能将黑夜和混沌区分开来、生成大地和万物的力量。在荷马史诗中，eros 还不是神灵，只是求婚者所表达出来的一种强烈追求的渴望。到了赫西奥德的《神谱》，Eros 成了混沌之神卡奥斯（Chaos）的儿子，是与大地之母盖娅（Gaia）、冥界之神塔尔塔洛斯（Tartarus）一起出现的、最为原始而古老的神灵之一，是爱欲和情欲的象征，能将所有其他东西结合起来。在奥菲斯教中，Eros 是长着金翼的爱神，能够把一切结合起来，并在情爱结合、万物交会中产生了天地、海洋和不死的天神。[1] 根据斐瑞居德（Pherecydes）记载，当宙斯想从事创造时就变为厄罗斯神。[2] 再后来，Eros 就逐渐演变成我们所熟悉的爱神，长着一对翅膀背着弓箭的小男孩形象，是爱神阿佛洛狄忒和宇宙之王宙斯或战神阿瑞斯所生的儿子，他的主要伴侣是波索斯和希美洛斯（渴求和欲求）。[3] 由此，在古希腊哲学中，Eros 就被作为一种性爱的冲动力，既被用来解释神话中的婚姻和生育，也被用来描述人类的情感，甚而用作解释宇宙万物生成演化的一种基本而原始的力量。例如，恩培多克勒将"爱"（*philia*）和阿佛洛狄忒女神说成是结合万物为一体的力量。[4] 在《会饮篇》中，柏拉图对 eros 的处理仍大致如此。《会饮篇》的主题就是爱，从低等级到高等级的爱。爱是对美的渴求，并且必然会涉及缺乏的观念，因为"一切事物渴求的东西都是它所缺乏的东西，没有任何事物会去谋求它不缺乏的东西"。[5] 但爱既不是美和善，也不是丑和恶，而介于二者之间。因为厄洛斯并不是阿佛洛狄忒所生的儿

---

[1] 参见王晓朝《希腊宗教概论》，第 37—38 页。
[2] 参见汪子嵩等《希腊哲学史》（第二卷），第 744 页。
[3] 参看汪子嵩等《希腊哲学史》（第二卷），第 743 页。
[4] 参看 Peters1967，pp. 62 - 63。另外，在苏格拉底和亚里士多德处，他们讨论的主要是 *Philia*（友爱），在斯多亚派那里扩展为人类之爱、普世之爱，或者激情的爱。在伊壁鸠鲁，实际上也在大多数哲学家那里，激情的爱被加以拒绝了。（参看 Perters1967，p. 65）普罗提诺对爱的讨论（Ⅲ.5）主要是以柏拉图在《会饮篇》和《斐德罗篇》中关于 eros 的论述为研究蓝本的，因此本书对古希腊哲学爱的观念的考察就以此为主。
[5] ［古希腊］柏拉图：《会饮篇》，200b。

253

子，只是在女神生日那天投的胎，生性爱美，于是就做了美神阿佛洛狄忒的一个小跟班和仆从。厄洛斯是珀洛斯（Poros，丰富神）和庇尼埃（Penia，贫乏神）的儿子。他既像他的母亲，永远是贫乏的、一无所有；又像他的父亲，总是在千方百计地追求美和善的东西。也因此，爱就介于可朽者与不可朽者之间。他既不是神也不是凡人，而是一个精灵（*daimon*，spirit）；它既不美也不丑，而是一种想获得美和善的能力；它既不是无知也不是智慧，而是一种热爱智慧的力量。① 爱就是热爱和渴求美好的事物，而美是一个由低到高的梯级序列，因而爱也表现为一个梯级的序列：我们最初爱的是可见的形体之美，然后爱不可见的灵魂之美，接着爱美的观念体制，然后是美的学问知识，最后在突然的一跃中就静观到永恒的、绝对的、单一的、不增不减的美本身。这样，我们就会成为神的朋友。② 然而，在《斐德罗篇》中，爱不再是一个精灵，而是一个神，不再是美丽女神的小跟班，而就"是阿佛洛狄忒之子"。③ 爱是一种充满了美和善的非理性的冲动，是一种能升华灵魂，并使它能够走上真理之路的神圣迷狂。柏拉图说，智慧是不可见的，只有美才是我们可以看见的，也只有美对感官来说是最可爱的。当一个人爱另一个人时，情人眼里出西施，从他爱人那里放射出的美的情欲之波就会注入他的灵魂，使他陷入神魂颠倒的迷狂状态，魂不守舍、夜不能寐，徘徊在那美的周围，渴望见到却又彷徨无措；而一旦当他突然看到了那美时就会欣喜若狂，达到极乐之境，体会到无与伦比的甜蜜、快乐和幸福。这就是爱的迷狂，"这种经验就被人们称作厄洛斯（Eros）"。④

普罗提诺在Ⅲ.5"论爱"中力图通过对作为神的爱和作为精灵的爱之论述，把柏拉图的《会饮篇》与《斐德罗篇》中的论述相协调。普罗提诺首先把柏拉图关于爱的产生的两种不同说法归结为爱是由阿

---

① ［古希腊］柏拉图：《会饮篇》，203b～204b.
② ［古希腊］柏拉图：《会饮篇》，210a～212b。
③ ［古希腊］柏拉图：《斐德罗篇》，242d。
④ ［古希腊］柏拉图：《斐德罗篇》，250d～252b。

第七章 灵魂的上升

佛洛狄忒所生还是和他同生的问题。作为神,爱是由阿佛洛狄忒所生,而阿佛洛狄忒则是克洛诺斯的孩子。克洛诺斯就是理智,因此,阿佛洛狄忒就直接源自理智,她本身是纯粹的,她必然就是神圣的灵魂;她的活动就直接指向她的父克洛诺斯(理智),以及后者的父乌剌诺斯(太一),对他们充满了热烈的爱,怀着这种爱的激情凝视着他们。这样,"灵魂由于一种欢乐和对所见对象的强烈注意,由于它凝视时的激情,就从它自身产生出了某种东西,与它自己和所见景象相称的东西。因此,从关于凝视对象的强烈活动中,从由凝视对象的这种外溢中,爱(Eros)就产生了。"① 因此,"爱是一个实在(ousia),是从一个实体而来的实体。虽然要比创造他的母亲逊色,但仍然是一个实体性的存在"。既然产生爱的高等灵魂是独立自在的,处于理智世界,那么由它产生的爱我们也得承认它是独立自在的,"爱必然只存在于彼界,就是纯粹的灵魂所居住的地方。"神圣的爱与他的母亲一起凝视在上者。这爱总是指向美的事物,在美中获得存在,可以说它就是渴求者与渴求对象之间的中介,是渴求者的眼睛,凭借它的力使爱者能够看见所渴求的对象。(以上见Ⅲ.5.2~3)

作为精灵,爱不是由阿佛洛狄忒所生,而是和阿佛洛狄忒同时降生的。爱(Eros)是由丰富神和贫乏神在阿佛洛狄忒降生时生下的。普罗提诺对这个Eros神话的解释是这样的:阿佛洛狄忒是灵魂,丰富神是理智世界之物和理智中的理性(logos);当他听说阿佛洛狄忒出生的消息时,就离开理智,进入灵魂;灵魂本来是和理智同在的,后来从理智进入了存在,为理性所充满;理性是完全充足的,具有丰富的美,因而灵魂本身也是丰富的、美的,有着许多荣耀和各种美好的事物的影像;但离开了理智的灵魂已不再如理智那么完美充足,它是贫乏的,渴求着至高者和至善者,而"缺乏、渴求和对理性原理的回忆同时汇聚在灵魂之中,这就产生了朝向善的活动,这就是爱。"(Ⅲ.5.9)因

---

① 麦肯纳把后一句译作,"这样,在灵魂中有一种热烈的凝视活动指向凝视的对象,从凝视对象产生了一种流溢物,于是,爱就产生了。"

而，爱是一个混合物。他一方面有着来自父亲的丰富与充足，具有一定的善，否则它就不能回忆起善并去追求善；另一方面他又分有了母亲的贫乏，没有完全拥有善，渴求着善，还有所缺乏，而缺乏就是质料。因此"就灵魂缺乏善但又渴求善而言，爱是某种质料性的东西，是灵魂所产生的一个精灵。"（以上见Ⅲ.5.9）这个质料是"理智质料，分有了它的实是者就可以借此进入可感世界中的低等质料，形体。"（Ⅲ.5.6）这样，作为精灵，爱一方面有能力满足自己，这种能力出自它的理性本质；另一方面，爱又"不是一个纯粹的理性，因为在它自身中有一种不确定的、非理性的和无限制的冲动。只要在它之中有这种不确定的本性，它就永远不会满足，"（Ⅲ.5.7）这要归之于它本身固有的缺乏，即质料的因素。正是由于这种理智质料（penia）与理性形式（poros）的结合才产生出爱的实体，"这个实体就是由形式和未限定性所构成。"（Ⅲ.7.9）关于这里的理智质料，[①] 学者们有不同的意见。阿姆斯庄认为精灵分有的"理智质料"是处于完全无形体和质料形体化之间的一个中间阶段。正是由于这种质料因素，灵魂的爱才有了一种根本的不完满性、一种永不满足性；[②] 麦肯纳则认为，这里的理智质料是作为一种在理智层面的预备的质料、作为某些实体降落的原因而被假定，它在贫乏的原型层面是和贫乏相同一的。[③] 他们都至少承认这里的质料就是理智质料。然而科里甘认为，普罗提诺对爱诞生的精灵神话的解释意味着爱是一个由理智父母丰富神和贫乏神所生出的精灵，后者在一种严格的意义上被理解成理智质料却是错误的，因为作为中介的"理智质料"在Ⅲ.5.6中必定是在理智世界边缘的低等的/前宇宙的质料（lower/pre-cosmic matter）。[④] 雅普（Jennifer Yhap）根据

[①] 关于理智质料普罗提诺在Ⅱ.4.3~5和15中有较为详细的论述，本文在第六章的第一节分析"质料"概念时对普罗提诺的这一思想已作了阐述。但普罗提诺在这里对理智质料的思想与Ⅱ.4有些出入，引起了研究者的争议。

[②] See Armstrong1989, Vol. Ⅲ, p. 189, n. 2; p. 190, n. 1.

[③] See MecKenna1991, p. 182, n. 72.

[④] See Kevin Corrigan, "Is There More Than One Generation of Matter in the Enneads?", In *Phronesis*, Vol. 30, No. 2, 1986, pp. 177–178.

第七章 灵魂的上升

Ⅴ.1"三个源初本体"对理智的论述，同意科里甘这个质料不能是严格意义上的理智质料的意见，但她不同意科里甘把灵魂的理智质料等同于前宇宙的质料，也即先于物理世界的产生。因为理智质料不同于这种具有可感本质的质料，普罗提诺比较明确地认为精灵所分有的质料是一种非感性的质料，是先于可感因素的。①

总之，"灵魂是爱的母亲，而阿佛洛狄忒（爱神）就是灵魂，爱就是灵魂追求善的活动。"（Ⅲ.5.4）但是，在普罗提诺看来，阿佛洛狄忒有两个：一个是"神圣的"阿佛洛狄忒，由克洛诺斯所生，直接来自理智，是神圣的灵魂，从不下降到形体世界；另一个是由"宙斯和狄俄涅②"所生，掌管地上的婚姻，（Ⅲ.5.2）它"属于宇宙，不是绝对的或纯粹的灵魂"，（Ⅲ.5.3）而是低等的灵魂或混合的灵魂进入形体世界。③ 由于爱依赖于灵魂，从灵魂而来，灵魂是它的源泉，（Ⅲ.5.7）因而"爱应该是根植于和每个灵魂的本性相适应的欲求中，""宇宙灵魂有一个普遍的爱，每一个部分灵魂有它自己特别的爱。但是由于每个个体灵魂并不能完全割断与整体之间的关系，而是包含着这种关系，因此所有的灵魂都是一个，因此个体的爱也与普遍的爱相关联。这样，部分的爱与部分的灵魂相伴随，伟大的爱与伟大的灵魂相伴随，在整体中的爱与整体相伴随，"这统一的爱就变成并且就是许多的爱。因此可以说，"在整体（的灵魂）中有许多阿佛洛狄忒，它们是从普遍阿佛洛狄忒那里来的，诸多的个体性的阿佛洛狄忒及其各自特有的爱都依赖于那个普遍的阿佛洛狄忒。"这样，当我们说灵魂是爱的母亲，而阿佛洛狄忒就是灵魂，那么"爱就

---

① 详细分析见 Jennifer Yhap, *Plotinus on the Soul: A Study in the Metaphysics of Knowledge*, London: Associated University Presss, 2003, pp. 101 – 103。

② 狄俄涅（Dione）是古希腊神话中的提坦女神，即女巨人。

③ 阿姆斯庄作注说：柏拉图本人对这个问题似乎并不严格，而且在《会饮篇》他关于爱的思想的发展中也没有起非常重要的作用；但普罗提诺却发现这一区分是很有益的，因为它符合他关于高等灵魂与低等灵魂的区分的思想。（参看 Armstrong1989, Vol. Ⅲ, p. 124, n. 1）麦肯纳也认为普罗提诺使用这一区分为他关于高等灵魂（保持着超越性）和低等灵魂（进入物理世界）的区分做了基础。（参看 MacKenna1991, p. 177, n. 61）

是双重的，属于高等灵魂的爱是一个神，它始终使灵魂保持着与至善的联接，而混合灵魂的爱是一个精灵。"（以上见Ⅲ.5.4）

那么，神和精灵有什么不同呢？普罗提诺认为，诸神存在于理智世界，而"降到月球上的、在可感世界中的可见神可以称作次等的神"。（Ⅲ.5.6）这次等的神就是我们前文一再说起过的天体，如日月星辰等，普罗提诺也称它们为神。"它们在高等的理智世界的神之后，并与后者相对应，依赖于它们，就像围绕着每个星辰的光芒一样。"（Ⅲ.5.6）我们最好不要把神叫作精灵，虽然实际上人们常常把精灵称作神。因为"诸神是没有情感或激情的，而说到精灵时则认为它们具有情感和激情；认为它们永远在诸神之后，已经倾向于我们，处在我们人和诸神之间。"（Ⅲ.5.6）之所以如此，主要在于神没有沾染质料，而精灵则沾染了质料，受到了质料的影响。这样，由纯粹的灵魂阿佛洛狄忒所生的 Eros 就是神，而由丰富和贫乏所生的 Eros 就是精灵。这两种爱都是"实体性的爱"，（Ⅲ.5.7）前者是纯粹的、神圣的灵魂的爱，是"不分有任何质料的实体"（Ⅲ.5.2）；后者是低等的，具有了形体的灵魂（混合灵魂）的爱，是分有了质料的实体，因为贫乏就是质料。这两种爱都出自本性，而"凡是自然的和根据本性的爱都是美好的、善的，只是低等灵魂的爱在价值和力量上稍逊一筹，而高等灵魂的爱在价值和力量上会更胜一筹。"（Ⅲ.5.7）这样，正如沃尔特斯（Albert. M. Wolters）所指出的，普罗提诺通过把两个阿佛洛狄忒分别与处在纯粹状态和有形体状态的灵魂相同一，既坚持了 Eros 是阿佛洛狄忒－灵魂所生，又坚持了 Eros 和她同生，从而把神话中完全冲突的情节和解了，[1] 也把柏拉图《会饮篇》和《斐德罗篇》关于爱的思想协调了起来。

爱的作用就是促使灵魂爱美、爱善，并且趋向善，去与至善合一。灵魂是爱的母亲，而阿佛洛狄忒就是灵魂，爱就是灵魂追求至善

---

[1] See Albert. M. Wolters, Plotinus "*On Eros*": *A Detailed Exegetical Study of "Enneads"* Ⅲ. 5, Toronto: Wedge Publishing Foundation, 1972, p. xxiv.

第七章　灵魂的上升

的活动。高等灵魂的爱始终使灵魂保持着与至善的联接，而混合灵魂的爱则引导着每个个体的灵魂趋向至善。（Ⅲ.5.4）这些爱都是正当的，只是对于我们人而言，爱是贫乏的、具有不确定性，这就使得有些人不能正确把握引导人向善的爱，而被一些虚假的满足所欺骗，这样就会"因美而陷入丑恶，"例如纳西斯。"事实上，对善的追求常常导致堕入恶，"（Ⅲ.5.1）因为人们往往容易满足于把相对的善当作绝对的善、把低等的美和善当作高等的美和善来追求，从而陷入了恶。此外，"那些被各种恶驱使的人，把他们内心全部的爱和在他们的心中已经成长起来的恶的欲望束缚在一起，正如他们用后来在他们身上滋生出来的邪恶观念来束缚他们与生俱有的正当理性一样。"（Ⅲ.5.7）但是这并不意味着人们不能去崇拜尘世的美。可以肯定地说，那些渴求世俗怀胎生育的人满足于尘世的美、满足于在影像和形体中呈现的美，因为产生这种尘世的美的原型没有向他们显现。如果他们能从这尘世的美回想起原型的美，那么这尘世的美仍可以作为一种影像来满足于他们。如果他们仍然能够保持纯洁，那么即使亲近尘世的美也没有错，但如果陷入性交的迷乱（sex intercourse）那就是恶。对于那些不鄙视尘世的美（因为他们在尘世的美中看到了美自身的影像和呈现）、又能回想起原型的美、崇敬更高等的美的人而言，他们关注的是没有任何丑的美，他们爱的是纯粹的美，也只满足于美本身。（Ⅲ.5.1）这样，灵魂很自然地对上帝有一种爱，像一个处女对她高贵的父亲那样的爱，要与神结合为一体。然而当灵魂委身于生育时，就像这个处女那样在一场婚姻中受了骗，于是她把以前对父亲的爱转换成对尘世的爱，失去她的父亲，从而变得放荡起来。直到她重新厌恶尘世中的放荡，她才再次变得纯洁起来，回到她的父亲那里，才一切都好起来。我们一定要尽快脱离这个世界上的诸多事物，砍断把我们束缚在这些事物上的锁链，逃离这个世界，用我们整个的灵魂去拥抱爱的对象，太一、至善，不让我们有一部分不与上帝接触。（Ⅵ.9.9）

在普罗提诺那里，对理智世界和至善的爱是灵魂回归的动力，这爱实际上最终来源于至善/太一/上帝的恩典（grace）。灵魂对理智事物强烈的爱，除了理智本身的原因外，也在于理智拥有了来自至善的事物。而灵魂爱至善，因为从一开始，就受至善的感召对它一见钟情。（Ⅵ.7.31）"一旦灵魂接受了从至善流溢出来的东西，就会为之感动，疯狂舞蹈，受渴望的刺激而变成爱。在这之前，尽管理智是美丽的，但灵魂还没有转向理智，也无视它的全部美；因为在没有接受来自至善的光之前，理智的美是潜在的……然而，当有来自至善的温暖之光照到灵魂时，它就会获得力量，苏醒过来，就真的长出了翅膀。虽然它会带着激情追求周边的事物，但它同时会向更高处上升，去追求它所记得的更伟大的事物。只要还有比当下显现着的事物更高的事物，它就自然受爱的给予者的提升，必然一直向上运动。"（Ⅵ.7.22）因此，对至善及其理智之物的爱其实就是出自至善的恩典，这也意味着人对此并没有主动权，而"需要人耐心地期待。"[①] 正如阿多所指出的："（和柏拉图的爱有所不同）普罗提诺的爱期待着迷狂，它停止所有的活动，在完全的宁静中运用灵魂的能力，忘却所有的事物，以便完全地为神圣者的突然出现做准备。"[②]

无论是美还是爱，在普罗提诺那里都是和灵魂的回归关联在一起的。但爱和美要真正发挥引导灵魂向善，在灵魂回归至善的旅程中起到应有的作用，还必须借助辩证法的引导，因为爱与美都有可能被假象所蒙蔽和欺骗。那么，什么是辩证法？辩证法可以清除假象，引导灵魂回到至善么？

第五节　辩证法

在希腊文中，辩证法一词是 *dialektikos*。其中 *dia* 是表示"通过""经过"之意的前缀，词干 *lek* 的词根是 *lego*，表示"说话"之意，合

[①] 汪建达：《论普罗提诺的回归方法》，《同济大学学报》（社会科学版）2004年第1期。
[②] Pierre Hadot. *Plotinus: or The Simplicity of Vision*, trans. Michael Chase, Chicago and London: the University of Chicago Press, 1993, p.56.

起来辩证法一词的本来意思就是"通过谈话、说话"。但是，作为一个哲学术语，辩证法"没有一个共同的意义，在哲学史上不同的哲学家使用它时给予不同的意义"。①

辩证法的思想早在赫拉克利特那里就有了。他主张世界的本原是火，在一定的分寸上燃烧又在一定的分寸上熄灭，从而把矛盾及其对立统一和事物的运动发展联系了起来，把事物的运动发展实际上归因于世界本来就存在的种种客观的矛盾和对立。后来的早期希腊自然哲学家基本上坚持了这一思想，以不变的元素或原子的排列组合解释事物的运动变化和自然界的种种矛盾对立。因而，从后来黑格尔辩证法的意义上讲，赫拉克利特是辩证法的创始人，而由他所创始的辩证法属于客观辩证法的范畴。② 然而，依据第欧根尼·拉尔修的记载，亚里士多德认为辩证法的创始人是芝诺。③ 芝诺没有从感觉经验出发，而是凭借理性思维和概念范畴，运用归谬法或反证法去揭露对方论证中的矛盾、论证自己的主张。例如，关于存在是"一"而不是"多"，他用反证法论证道：如果说事物是"多"，那么它必然既是"无限大"又是"无限小"，这就违反了形式逻辑的矛盾律，从而陷入自相矛盾。由此得出"多"是不可能的结论，因而存在不是"多"而只能是"一"。芝诺开始的这种以理性思维和概念范畴为特征的辩证法被称为主观辩证法，苏格拉底、柏拉图和亚里士多德正是循这条道路发展的。④ 苏格拉底自认为其哲学方法就是通过谈话问答寻求普遍的定义以探求真理，也就是在问答中不断揭露对方的矛盾，使对方承认并不断修正错误并进而逐步认识真理。虽然苏格拉底的论证和芝诺的论辩都是从揭示对方论证中的矛盾进

---

① 陈康：《陈康：论希腊哲学》，第193页。
② 汪子嵩等：《希腊哲学史》（第二卷），第429页。
③ ［古罗马］第欧根尼·拉尔修：《著名哲学家的生平和学说》，第八卷第57节。黑格尔也持类似观点，"芝诺的出色之点是辩证法。他是爱利亚学派的大师，在他那里，爱利亚学派的纯思维成为概念自身的运动，成为科学的纯灵魂，——他是辩证法的创造者。"（黑格尔：《哲学史讲演录》（第一卷），第272页）
④ 汪子嵩等：《希腊哲学史》（第二卷），第430页。

中篇 心向上帝的旅程：普罗提诺宗教哲学

而推翻对方的结论，然而在实质上却有着根本的不同：如果说芝诺的辩证法是否定的、以推翻对方的论证为目的，那么苏格拉底的辩证法就是积极的，在他那里推翻对方的结论只是一种手段，其目的在于探求和认识普遍的真理。对普遍定义的寻求，在柏拉图那里也就是对理念的寻求，而关于理念的问答谈话就是柏拉图的辩证法。辩证法在他那里就发挥着非常重要的作用，既是分析理念（概念）之间关系的方法，也是认识的顶点，还是一个人学习知识的最高课程；但并不是所有的人都能接受辩证法教育，只有那些将来要成为哲学家的人在学习了 10 年数学知识后才能接受的教育。① 在《理想国》中，辩证法被描述为一个思想的过程：一个人只依靠推理而不凭借任何感觉的帮助去认识事物本质（理念），并且坚持下去，从一个理念到另一个理念，直到他通过纯粹的思想而认识到善本身。辩证法的作用就在于引导灵魂从现象世界转向实在的世界，上升到善的理念。在洞穴喻中，当囚犯从锁链下解放开始，一直到最后在洞外看到真正的太阳，这整个过程就是辩证法发挥作用、引导灵魂转向上升到最好（善）的实在的过程。② 然而，当格劳孔要求对辩证法予以理论的而不是比喻式的明确说明时，柏拉图却有些犹豫了，没有给出准确的回答。在《斐德罗篇》中，柏拉图较为明确地把辩证法看作是"综合"（synagoge）与"划分"（diairesis）③，而无论是综合还是划分都必须根据事物的本性，而不能主观随意地进行。后期柏拉图关于辩证法的思想主要都是以综合与划分的方法为主。④ 在《巴门尼德篇》《智者篇》等后期著作中，柏拉图通过对哲学范畴的结合与分离的研究，提出通种论。具言之，通过分析"是"与"非

---

① ［古希腊］柏拉图：《理想国》，537b～539e。
② 参见［古希腊］柏拉图《理想国》，511b～c，532a～d。
③ 参见［古希腊］柏拉图《斐德罗篇》，266b，277b。
④ 参见汪子嵩等《希腊哲学史》（第二卷），第 842 页。另外，关于柏拉图在《理想国》和《斐德罗篇》中的"辩证法"之间的关系，研究者们有不同的意见。有人认为二者是一回事，有人则认为二者之间是不同的。关于此，可参见该书第 811 页和第 842 页的相关介绍和分析。

第七章　灵魂的上升

是"、"同"与"异"、"动"与"静"等相对范畴之间的联系，以求建立哲学范畴体系的方法。显然，这里所说的"辩证法"与《国家篇》中的"辩证法"已经有所不同。前者包含了更多的逻辑分析的内涵，而后者更多的具有一种本体论的意义。亚里士多德放弃了辩证法在《国家篇》中被赋予的本体论的核心作用，而更多地吸纳了逻辑分析与推理的成分。格思里对他们进行了比较分析后评述说，柏拉图的辩证法是哲学研究的最高阶段，依据真理的论证引人理解实在的本质，最终把握善的理念；而亚里士多德的辩证法则处于低下地位，近乎"谈话技巧"的原始意义，是非哲学性的问答方法，只适合于流行意见而不注重前提的真理性，因而不能用以证明任何事物的现实本性。[1] 在亚里士多德那里，辩证法实质上是一种探求真理与知识的哲学方法和逻辑方法。它不是严格意义上的证明，因为它不要求从真实的和基本的前提出发，而是从普遍接受的意见，亦即从大多数人或圣贤所接受的意见出发，进行分析推理，并在论证中遵守逻辑的基本规则，不能自相矛盾。对于斯多亚派而言，辩证法进一步被归约为逻辑学（logic），也即关于语言的内在与外在形式的学问，与此同时他们也将其扩展到了包含伦理学甚而物理学的领域。这种发展倾向带来的一个后果就是"逍遥学派不再把逻辑当作是理解哲学的工具。"[2] 所有这些都逐渐远离了辩证法在柏拉图那里所获得的意义，作为一个柏拉图主义者，普罗提诺使辩证法重新回到了柏拉图。

在普罗提诺看来，辩证法是种方法或科学，"它是一门能够以一种合理而有序的方式[3]来条理清楚地来谈论万事万物的学问。它研究每个事物是什么，该事物如何与其他事物相区别，与同属的事物的共同之处是什么，每个事物处于（等级序列的）哪一位置，以及它是

---

[1] W. K. C. Guthrie, *A History of Greek Philosophy*, Vol. 6, Cambridge University Press, 1981, p. 151.

[2] Peters1967, p. 37.

[3] 这里希腊文用的是 *lógōi*，可作"理性""理由""根据"诸意解。阿姆斯庄译作"a reasoned and orderly way"，麦肯纳则作"the power of pronouncing with final truth"。这里的中译依据阿姆斯庄，按照希腊文这里也可以译作"凭借理性……"。

中篇 心向上帝的旅程：普罗提诺宗教哲学

否是其所是，有多少真实存在的事物，有多少不同于真正存在的非存在。辩证法也研究善与非善，以及可归属于善的事物和归之于恶的具体事物；研究什么是永恒、什么是非永恒。关于所有的这些，辩证法提供的都是确定性的知识，而非意见。"（Ⅰ.3.4）根据柏拉图在《斐德罗篇》中对辩证法是综合与划分的论述，普罗提诺认为人不应该让辩证法在可感世界的诸事诸物上停留，而应把辩证法用于对诸理念、实在和通种的认识，并且凭借理智把这些通种编织起来，直到考察遍整个理智世界；借助这种分析，灵魂就回到了它的出发点，即太一；这样，灵魂便安静了下来，不再忙于杂多的事务而只是静观，因为它达到了与至善的统一。显然，在普罗提诺这里，辩证法"并不是由一套纯粹的理论和规则所组成的。它涉及各种事物，就其活动而言，实是似乎就是它的素材，或者，它至少有条理地向实在靠近，并在拥有观念的同时拥有实是。"（Ⅰ.3.5）[1] 普罗提诺引用柏拉图的话，说辩证法"是最纯粹的理智和思辨智慧。"[2] 作为最有价值的方法和科学，它必然与至高的存在相关；作为纯粹思辨的智慧，它又必然与实在相关；作为理智，它又必然与那超越存在的东西，即太一相关。正如惠特克（T. Whittaker）所分析的，对于普罗提诺来说，辩证法是思维形式和思维内容相结合的方法，使用并且一旦达到了这种方法，就和思维形式一起把握住了思维形式的内容，这个内容就是真正的存在。[3] 这里所谓的真正存在，就是指太一。

因而在普罗提诺这里，辩证法与逻辑学，尤其是同亚里士多德和斯多亚派所强调的逻辑是有所区别的。逻辑学处理的是词和命题以及它们之间的关系，而辩证法并不关心命题、逻辑证明和推论，以及有关语词的精确与否等，它关心的是诸实是之间的关系，关心的是与辩

---

[1] 赵敦华把这一段话译作"辩证法不只是抽象的理论和规则。辩证法关心的是事物自身，它们的存有，它的内容是辩证的方法以及对事物本身的陈述。"（赵敦华：《柏罗丁》，第156页）

[2] ［古希腊］柏拉图：《斐莱布篇》，58d6~7。

[3] T. Whittaker, *The Neo-platonists: A Study in the History of Hellenism*, Cambridge University Press, 1918, p.101.

证法家的心灵直接相接触的诸实在、理念或形式。辩证法把所有纠缠着前提和结论的东西、把命题和三段论留给了另一门被称作逻辑活动的（Logical activity，麦肯纳译作 the art of reasoning）的科学，正如它把写作技巧留给其他科学一样。它认为某些逻辑推论只是作为一种预备，是必要的，但它使自身成为判断这些的标准，在这件事和那件事上都一样。它发现在什么地方有用，它就使用；它觉得什么东西多余，就留给其他科学而加以考虑。（Ⅰ.3.4）至于谬误和诡辩，它不是直接地就知道的，也不是本质上就有的，而是把它们作为在它自身之外产生的事物，作为它所认识到的与在它自身中的真理无关的事物。任何呈现给它的谬误，它都能意识到与它自身的真理标准的冲突。这就是说，辩证法并不知道命题——即词的集合，但它知道真理，并且由此知道了被称作命题的东西。一般而言，它知道灵魂的活动，并由于这一认识，它知道肯定什么和否定什么，直到所否定的东西是否是过去肯定的东西还是其他事物，是同意的命题还是反对的命题；对所有提交给它的东西，它都用直觉（directing intuition）加以考察，就像感官所做的那样，而把有关语言之精确与否的问题留给了其他关心这种使用的科学。（Ⅰ.3.5）

关于哲学和辩证法之间的关系，普罗提诺认为，"哲学是最为高贵的"，而"辩证法是哲学中最具有价值的部分，我们绝不能把它只看作是哲学家所使用的一种工具"。（Ⅰ.3.5）哲学有其他的分支，比如自然哲学和道德哲学等，但辩证法是它最重要的，也是最有价值的部分，因为它对哲学的其他分支的研究都有帮助。在研究自然世界的本质和规律中，哲学运用辩证法，正如其他研究或技艺需要数学的帮助一样。就辩证法所起的作用方面而言，虽然自然哲学与辩证法之间的联系要更加密切，但道德哲学在进行沉思和思辨时同样也要运用了辩证法，只是加上了道德品质和产生它们的道德实践。而且，道德哲学在很多地方来源于辩证法。理智美德几乎把从辩证法那里所获得的原理看作是自己的专有财产，而低级美德要是没有辩证法和理论智慧，即使能存在也是不完善、有缺陷的存在。（Ⅰ.3.6）显然，普罗

◆ 中篇 心向上帝的旅程：普罗提诺宗教哲学

提诺在此受到了斯多亚派的影响，也把辩证法的使用范围扩展到了物理学和伦理学的领域，用辩证法来说明和解决自然和道德的问题。

正是由于辩证法这种尊贵而崇高的地位，因而辩证法对于人选择什么样的生活方式、过一种怎样的人生具有非常积极的指导作用，是我们的灵魂上升并回归太一的必由之路。在普罗提诺看来，不认识理智世界、忽视对神的认识，就会导致对可感世界中的事物之尊崇，（V.1.1）这样就会使灵魂满足于俗世、陷入恶而忘记自己的来源，远离至善。辩证法的作用就在于认识理智世界，通过辩证法灵魂就可以认识到理智世界并且在辩证法的引导下最终上升到理智世界，回到它的父那里。之所以能够如此，是因为辩证法最初的原理就来自理智。"理智把清晰可见的诸原理给予任何能把握它们的灵魂，然后这灵魂（运用辩证法）对它们进行综合、交并和区分，直到达到完善的理智。"（Ⅰ.3.5）正是由于认识到了理智世界、看到了事事物物之间更多的相互关系，因而辩证法在实践中也能给予人们以更多的指导。普罗提诺认为，各种等级的德性都要接受辩证法的指导。理智德性①从几乎就像它们的正当拥有物一样的辩证法那里获得自己的原则，虽然正如我们在前文所说的在可感世界起作用的理智德性及其原则主要是来自理智世界。其他的德性则是把推理用于特殊的经验和行为，但实践智慧是一种更为高级的推理，是由辩证法所导致的特有的德性。它更多关注的是普遍性，它考虑共同含有的问题，考虑是否采取行动，是现在呢还是以后，或者是否采取一种完全不同的更好的行动。辩证法和理论智慧以一种普遍的非物质的形式为实践智慧提供了要使用的所有东西。具言之，低级的自然的德性可以没有辩证法和理论智慧的指导而存在，但只能是不完全地和有缺陷地存在。某个人，比如辩证法家也会有这种低级的天生的德性，但利用辩证法和理论智慧，他可以使这种低级的自然德性趋向完美。（Ⅰ.3.5）

对于每一个想要灵魂回归到其本原的人来讲，灵魂的上升旅程有

---

① 这里采用的是阿姆斯庄的译法"the intellectual virtues"，而麦肯纳则译为"reasoning faculties"（推理能力）。

第七章　灵魂的上升

两个阶段。第一个阶段是改变低级的生活，借助德性、美和爱从可感世界上升到灵魂的世界，从灵魂的世界上升到纯粹形式的理智世界，以达到类似于神。但灵魂的上升之旅还没有完，因为（1）理智是一个——多的统一体，仍然有认识主体和认识对象的区分，灵魂在这里还达不到绝对的统一；（2）灵魂的认识对象有两个，一个是自身，另一个是太一，而太一是纯粹的一，比理智更崇高、更神圣。第二个阶段是"为已经上升到理智领域，并在那里站住了脚的人所享有，但他们仍须继续前进，直到达到这个领域的最高点；也就是说当你达到了理智世界的顶点，你也就上升到了'旅程的终点'"。（Ⅰ.3.1）这个终点就是太一（至善、上帝），要达到这点，就需要借助辩证法，而且不能一蹴而就，而要循序渐进。

最有资格回归到至善的人，普罗提诺认为有三种人，即爱智者（*philósophos*, philosopher）和爱乐者（*mousikós*, musican）、爱美者（*erotikós*, lover），[①] 只是"哲学家走上这条道路是出于本性，爱乐者和爱美者则需要外在的引导。"（Ⅰ.3.1）这也就是说，哲学家只要利用自己的本性就可以离开下界的可感世界而上升到神圣的理智世界，而音乐家和爱美者还必须借助自己之外的力量才能使自己与下界的形体世界分离，需要有东西对本性进行引导才能上升到理智世界。爱乐者的本性在于：他很容易被美所感动、为美而激动，虽然他并不能够完全为绝对的美所感动；当他偶遇绝对的美之影像（美的音调、旋律以及节奏，等等）时，他会迅速地对这些影像做出反应，就像一个对声音敏感的人很容易对噪声做出反应一样。他对音调及其所表达出来的美特别敏感；他总是能使曲子和旋律避开那些不和谐的和不统一的东西，而渴望寻求那些有节奏

[①] 在柏拉图那里，*philosophos*（爱智者）、*mousikos*（有教养的人）和 *erotikos*（爱美者）（见《斐德罗篇》248d3）是对同一个人或灵魂的描述，在普罗提诺这里则是对三种不同的人的描述。此外，在柏拉图那里，*mousikos* 通常总是在一个人精通缪斯的艺术这一宽泛而传统的意义上作"有教养的人"（cultivated person）来使用；但在普罗提诺那里（有时也在亚里士多德那里）它更多地意味着"音乐人"（musician），并且是在音乐爱好者（musc‑lover）这一意义上，而不是指专业的作曲者或演奏者。同样，爱美者也不能说是专业或职业，每一个人都可以说是一个爱美者。可参见 Armstrong1989，Vol. I, p.150。

和韵律的东西。但爱乐者直接欣赏到的只是一种特殊的形式美而不是绝对的美本身，因为这种形式还不是理念，而是和可感的东西，例如声音结合在一起的，因而爱乐者还需要辩证法的引导把形式和可感事物区分开来，并通过形式美进一步认识到美本身。（I.3.1）普罗提诺说，爱乐者必然也会成为一个爱美者。爱美者本来具有美的记忆，但无法领会超越的美本身，他只是被形形色色的可见美所吸引，为之着迷和激动。这就必须对他进行更多的辩证法教育和引导，从而不让他沉溺于形体的美，要让他懂得存在于一切物体中的美都是同一的，这种美不来自形体，而是来自形体之外的事物；而且它在其他事物中还有更好的体现，比如生活方式和法律制度中的美，以及那些存在于艺术、科学和德性中的美；然后还必须向他表明，所有的这些美都来自一个更高的绝对的美。这样，在辩证法的引导下，他就可以逐步上升到无形的美本身、进入理智领域。具体来说，就是从形体之美开始，进到生活方式之美和法律之美，再到艺术之美、科学之美和德性之美；然后所有的这些美都可以被归溯到统一的起源；这样，他们从德性出发就能上升到理智和实在。（I.3.2）至于哲学家，他不像其他人那样，只要凭借自己的本性就可以上升到更高的领域，因为哲学家的灵魂已经具有了飞向至善的"羽翼"；[①] 他天生就是一个有德之人，他坚信有精神性东西的存在，他以思辨为起点而不需要考虑有形体的可感事物，自然而然地就采用了辩证法，从理智世界继续上升，直到到达旅途的终点，在一种迷狂的状态中与太一（至善、上帝）合一。

　　总之，在普罗提诺那里，灵魂上升到理智世界、与上帝的合一就必须通过若干的阶段和层级才能达到。首先就要通过德性的净化抛开对物欲的留恋，摆脱肉体的桎梏，离开充满了恶和丑的可感世界；其次在对美和善的爱与追求中上升到理智世界；最后在辩证法的指导下观照太一，在迷狂中与至善、上帝合一。辩证法不只是谈话的方法和

[①] 柏拉图在《斐德罗篇》246c 说，完善的灵魂都是有羽翼的；在 249c～d 又说，哲学家的灵魂是可以恢复羽翼的。

第七章　灵魂的上升

艺术，也不只是逻辑的推理和规则，更是灵魂掌握理智真理、逃离下界的形体世界而上升到神圣的理智世界、回归上帝的"修炼之旅"和必由之路。正如马克思所分析的，"普罗提诺把它（即辩证法——引者注）称为使灵魂'简化'，即使灵魂直接与神合一的一种方法，——一种表达死和爱，甚至连同亚里士多德的'理论认识'都与柏拉图的辩证法合为一体的方法。……在普罗提诺那里表现为一种状态——这就是出神状态。"① 马克思这里所说的"出神状态"也就是我们一再说起的"迷狂状态"，这迷狂到底是怎样的一种状态呢？这就需要我们具体分析和理解普罗提诺所坚持的灵魂与上帝的神秘合一思想。

---

① ［德］马克思：《关于伊壁鸠鲁哲学的笔记》，《马克思恩格斯全集》（第40卷），人民出版社1982年版，第145页。

第八章　灵魂与上帝的神秘合一

回归太一，达到与上帝合一的神秘的迷狂状态，这既是灵魂上升之路的顶点，也是灵魂修炼的最为幸福的归宿；既是普罗提诺理论论辩的至高目的，也是他精神修炼所要达到的至高境界。因而在普罗提诺那里，哲学的、伦理学的最高点也就是宗教的最高境界。换言之，在他那里本体论、伦理学和宗教思想是一致的。当一个哲学家把他的理论思辨和修行实践的顶点设为与绝对超越的神圣者神秘合一时，这种哲学就走向了宗教神秘主义。普罗提诺的哲学正是如此。因而本章先叙述作为精神修炼生活方式的哲学与宗教的迷狂之境，而后分析这种迷狂的神秘合一，最后说明理解普罗提诺宗教神秘主义的关键是他在《九章集》中以不同的形式反复强调的"上升之路和下降之路是同一条路。"

第一节　迷狂之境

"迷狂"，在希腊文中是 *ekstasis*，英译 ecstasy，中译又作"出神""神游象外"等，原意是"站出去""置于自身之外"。[①] 早在柏拉图那里，"迷狂"的思想就出现了。在《斐德罗篇》篇中，柏拉图把"迷狂"（*mania*，英译常做 madness）看作"诸神的馈赠，是上苍给人的最高恩赐"，是由神灵附身而引起的"远胜于人的神智清醒"的

[①] 参见李秋零《基督教神秘主义哲学与中国老庄哲学》，《维真学刊》1998 年第 4 期。

第八章　灵魂与上帝的神秘合一

神智不清的状态。① 柏拉图把这种神圣的迷狂区分为四种形式。第一种是预言的迷狂，由阿波罗神所附体而引起，人们由此可以正确地预言未来。比如像德尔斐的女预言家和多多那圣地的女祭司所做的那样，在迷狂的时候为希腊城邦和个人获取了很多的福泽，因而最大的赐福正是通过迷狂的方式降临的。第二种是宗教的或秘仪的迷狂，由狄奥尼索斯神附身而引起。人们可以凭此而禳除灾祸、赎罪离苦，在迷狂状态中脱离种种苦孽、获得拯救。第三种是诗歌的迷狂，由诗神缪斯凭附而来。她激励温柔贞洁的灵魂上升到兴高采烈、眉飞色舞的境界，创造出优秀的诗歌。只有有了这种缪斯的迷狂，一个人才能成为杰出的诗人，才能创造出比在他神智清醒时单凭诗的技术而写就的诗更为伟大的诗篇。② 第四种是爱的迷狂，由爱神附身而引起。在神灵附体的诸种形式中，无论是就性质还是根源来说，或者无论是就迷狂者本人还是迷狂的对象而言，爱的迷狂都是其中最好的形式。有了这种迷狂，人一见到尘世的美就回忆起了上界真正的美，从而恢复羽翼，并长出新的羽翼，展翅高飞，昂首凝望永恒的理念世界，而对下界的一切都置之度外，以至于被别人指责为疯狂。③ 这是柏拉图着墨论述的重点，爱的迷狂实际上就是一种"人全然忘却尘世，凝神观照美本身时的一种特殊的心理状态，"④ 即一种强烈的、深刻的、销魂蚀骨的特殊的心里情感状态。柏拉图以诗化的语言给我们生动而细腻地描述了这一爱的迷狂之体验和状态：

如果他见到一个面孔有神明相，或是美本身的一个成功的仿

---

① 汪子嵩等认为"迷狂"相当于艺术家的激情即"灵感"，并指出柏拉图是在西方美学史上谈到灵感说的第一人。柏拉图最早在《伊安篇》中说到了诗人的灵感，后来在《国家篇》中又提出了有关艺术思想的灵感说。参见汪子嵩等《希腊哲学史》（第二卷），第826页。
② 以上参见［古希腊］柏拉图《斐德罗篇》，244b～245c。
③ ［古希腊］柏拉图：《斐德罗篇》，249d～250a。
④ 王瑞鸿：《审美化的神秘主义——柏拉图论爱》，《华东理工大学学报》（社会科学版）2003年第4期。

◈ 中篇 心向上帝的旅程：普罗提诺宗教哲学

影，他就先打一个寒颤，仿佛从前在上界挣扎时的惶恐再来侵袭他；他凝视这美形，于是心里起一种虔敬，敬它如敬神；如果他不怕人说他迷狂到了极顶，他就会向爱人馨香祷祝，如向神灵一样。当他凝视的时候，寒颤就经过自然的转变，变成一种从未经验过的高热，浑身发汗。因为他从眼睛接受到美的放射体，因它而发热，他的羽翼也因它而受滋润。感到了热力，羽翼在久经闭塞而不能生长之后又苏醒过来了。这种放射体陆续灌注营养品进来，羽管就涨大起来，从根向外生展，布满了灵魂胸脯——在过去，灵魂本是周身长着羽毛的。在这过程中，灵魂遍体沸腾跳动，正如婴儿出齿时牙根感觉又痒又疼，灵魂初生羽翼时，也沸腾发烧，又痒又疼。

每逢他凝视爱人的美，那美就发出一道极微分子的流（因此它叫做"情波"），流注到他的灵魂里，于是他得到滋润，得到温暖，苦痛全消，觉得非常欢乐。若是他离开了那爱人，灵魂就失去滋润，它的毛根就干枯，把向外生发的幼毛窒塞住，不让它们生发。这些窒塞住的幼毛和情波融在一起，就象脉搏一样跳动，每一根幼毛都刺戳它的塞口，因此灵魂遍体受刺，疼得要发狂。但是只要那爱人的美一回到记忆里来，他就转痛为喜了。这痛喜两种感觉的混合使灵魂不安于他所处的离奇情况，彷徨不知所措，又深恨无法解脱，于是他就陷入迷狂状态，夜不能安寝，日不能安坐，只是带着焦急的神情，到处徘徊，希望可以看那具有美的人一眼。若是他果然看到了，从那美吸取情波了，原来那些毛根的塞口就都开起来，他吸了一口气，刺疼已不再来，他又暂时享受到极甘美的乐境。[①]

这种爱的迷狂，我们在前文已经指出，柏拉图也称之为 *Eros*。这

---

① ［古希腊］柏拉图：《斐德罗篇》，251a～e。这里的中译出自朱光潜《柏拉图文艺对话集》，《朱光潜全集》第12卷，第111—112页。

第八章　灵魂与上帝的神秘合一

里需要进一步指出的是：灵魂通过对美的爱逐步由形体之美不断上升到对美本身或者善的理念的凝神观照，在一种迷狂的境界中获得真正的知识。在《会饮篇》中，柏拉图描述了对美的爱是如何引导灵魂一步步上升到这种迷狂之境。最先，灵魂以个别的美少年（肉体之美）作为爱恋的对象，而后逐步上升，一直到洞见美本身，不再留恋世上具体的美以及财富等物质享受，而沉浸在神秘的迷狂的境界中。[①]但要尤其注意的是，在这种爱的迷狂中，灵魂不是通过与神圣者的合一获得真正的知识，而是通过灵魂转向至高者的看和观照获得的。当然这种看不是肉眼的看，肉眼看到的只能是可感世界中的东西；这个看是灵魂之眼的看，或者更确切地说是种"洞见"（Vision），只有它才能看到理念的世界，看到美本身和善本身。正是在这种意义上，我们说在柏拉图那里，"知识或智慧只是某种精神的看，即对永恒事物的一种洞见。"[②]

斐洛继承了柏拉图的思想，也把迷狂（ekstasis）分成四类，即疯狂、惊奇、心灵的宁静和先知预言的迷狂，只是柏拉图强调的是诗的迷狂和爱的迷狂，而斐洛出于其犹太教的背景更侧重于先知预言的迷狂。和柏拉图一样，他也强调对上帝的认识不能由肉眼的看来完成，而只能由永远醒着的心灵之眼来看，亦即灵魂的洞见。因为对上帝的真正认识已经超出了肉眼之所及和人的理解能力，人们所能够做的就是渴望和追求，等待神的降临与恩宠，等待着在一种突然产生的迷狂状态中洞见上帝。这是一种怎样的状态呢？斐洛这样描写道：

  人就像被神灵攫住一样热烈狂舞，被强烈的疯狂所灌注，甚而就像被赋予了灵感的先知。因为灵魂在神圣的灵感的支配下失去了自我的控制，在自身的深处被激发了起来，为天国的渴望而疯狂，为真正存在的一所引导并被拉向那里。真理引导着前进的

[①] 参见［古希腊］柏拉图《会饮篇》，210a～211b。
[②] ［英］R. M. 黑尔：《柏拉图》，范进、柯锦华译，中国社会科学出版社1992年版，第66页。

道路，灵魂脚下的所有障碍都被清除，它前进的道路变得平坦可行。①

显然，在斐洛看来，这种迷狂的状态虽然需要人的种种努力与漫漫追求，但它的到来并非只凭人力就可获得的，它是突然地产生，因而终归也是神的恩赐。在这种迷狂的状态中，人的所有感官及其认识能力都被中止了，处在一种无意识之中。如同一个先知在迷狂中一样，他的手、他的口、他的舌都成了表达上帝旨意的工具，先知不再是一个凡夫俗子，而是上帝的代言人。但像柏拉图一样，斐洛也认为，在这种迷狂的状态中，人的灵魂只能达到对上帝的洞见，而不能够和上帝合而为一。

与他们不同，普罗提诺在吸取了柏拉图和斐洛的思想的同时，进一步把迷狂看作是人与神合一的唯一方式。普罗提诺也非常强调洞见或者静观，②认为在静观中消除了物我二分、消除了主体与对象之间的区分，使善的追求或体验者与善本身相统一，也就是使我们的灵魂和太一合一，使人与上帝同在。在这种状态下，一个人看到的不再是一个对象，而是把对象和视觉相融合，从而把以前的对象现在变成了视觉，忘记了所有其他沉思的对象。（Ⅵ.7.35）这样，通过静观，灵魂除了太一及其流溢以外，任何具体的对象都不再看到，即使上帝或神的形象也不会出现，因为对象已经消融在静观之中了，否则就无法与神同一。处在这种状态中的灵魂，必须放弃对尘世的欲念，搁置关于外物的一切知觉和知识，甚而不知道自己还处在身体之中，这实际上已达到了一种无知的"迷狂"的状态。普罗提诺是这样描述的：

---

① Philo, *Who is the Heir*, 69.
② 普罗提诺常使用的是 *theoria* 一词，麦肯纳译作 vision，阿姆斯庄译作 contemplation，汉译作"观照"、"沉思"等，我们主要采用"静观""观照"或者"洞见"，都旨在强调不带推理成分的突然的看。

第八章 灵魂与上帝的神秘合一

在这里，我们必须抛弃所有的知识，因为坚持这方面的训练，且置身于美之中，追求（至善）者依然拥有关于他所立足的基础之知识。但是突然，他被下面的理智之波浪一下子冲出了自身之外，他被提升起来去看，而他自己从来不清楚这一切是如何发生的。他的眼睛为观照和光所注满，使它不能再看到其他事物，这光自身就是观照。不再有其他的对象可以被看，光也不再去显示它们。不再有理智和理智的对象，因为正是这光产生了理智及其对象，并使它们占据了追求者的灵魂。这样，追求者与产生理智的光就同一了。（Ⅵ. 7. 36，tr. 麦肯纳）

在另一处，普罗提诺更为明确地描述了在迷狂状态中与神合一：

我们必须放下其他事物，只在此处停留，只变成这个，抛弃围绕着我们的所有的俗事。所以我们必须速离此世，不耐烦为其他的事物所束缚，以便我们可以使我们自身的全部来拥抱神而没有一部分与他不接触。在那里，一个人既看到了神，也看到了他自己，他会立刻看到：它自己光彩夺目，充满了理智之光，或者说，他自身变成了那光，纯粹的、轻快的、自在飘行，或者毋宁说他就是神。（Ⅵ. 9. 9）

从这两段话以及普罗提诺在其他章节的论述，关于迷狂我们有必要强调以下几点：

第一，迷狂旨在与太一相合一。虽然静观引起了迷狂，但在迷狂状态中，灵魂不只是要洞见太一，更重要的是与太一相合一，这是人所能达到的最高境界。在迷狂的状态中，人"变成了那光"，"他就是神"，因而可以说人被神化（deification）了。就灵魂而言，人的本质是神圣的，他最终来自太一，因而人的神化实际上就是坠落到形体世界的人回归到了他神圣的本质，达到了人之为人的最高境界。在Ⅳ

275

.8.1中，普罗提诺描绘了自己达到这种最高境界的体验，"我常常离开自己的肉体而猛然醒悟，回到自身，超然于一切它物之外；我看到一种奇妙的美，更加确定自己处在最崇高的境界；我实际上过着一种神圣的生活，与神相同一。"但这种与太一合一的最高境界并不是轻易就能达到的，需要德性的净化、爱和美的引导，以及辩证法才能获得。因为回归太一是一个有秩序的由外而内、由低级到高级的梯级上升，"既然宇宙是一个有秩序的等级存在序列，那么回归之路也就是确定的。走捷径是不允许的，原因在于上升或者说回归太一的过程必然被包含在太一对其自身的展现过程之重新回复的过程之中，走捷径只意味着一种虚假的上升。"① 既然并不是每一个人都能上升到至善，那么这种最高的境界也不是人人时时都能达到的，普罗提诺一生也才有四次达到这种状态（生平，23章）。这表明，作为肉体凡胎的人毕竟还是生活在可感的世界，毕竟还要受到肉体的束缚，终究还得回到现实中，因而这种合一的迷狂状态或体验也不是永久的，而是短暂的。

　　第二，迷狂的状态是突然到来的。其一，太一虽然是普遍存在的，但它的在场却是突然的。太一是第一位的神，是众神之王，超越一切，高高的稳居于理智之美中。如果说理智就像基座，那么太一就是在它之上的塑像；但这并不是说太一要依赖于理智的支撑，而是相反，理智及其存在都要依赖于基座之上的太一。这些超感性事物的出现就像国王出巡的队伍，最先出现的总是低阶品的，然后按照由低到高的等级依次出现，越来越高贵和威严，直到国王的贴身侍卫们，最后才是国王本人突然出现。这时人们就匍匐在他面前，祈祷和跪拜。（Ⅴ.5.3）其二，灵魂之内的光本身也是突然显现的。当理智的汹涌波涛把灵魂提升到更高处，看见了异象，灵魂的眼睛就瞬间被异象之光突然充满，不能看到其他事物，它所看到的仅仅是光本身，即太一。（Ⅵ.7.36）其三，当灵魂抛弃一切，尽其所能地变美，以使自

---

① Gerson 1994, p. 203.

第八章 灵魂与上帝的神秘合一

己与神相似，这时它就会看到在自身之内那无与伦比的最为珍贵之物——太一突然呈现了。因为两者之间没有间隔，也不存在二，而是合二为一了。（Ⅵ.7.34）最后，灵魂是通过突然的神秘一跃才超越理智而达到与太一合一的迷狂状态的。无论如何，只要有可能，我们的灵魂渴望见到纯粹的、真正的、与任何其他事物都没有关联的一。为此，他就必须突然地大步地向前冲或跃进一中，不能再给它添加任何东西，而要凝神屏气，静静地呆着，唯恐与之分离而走向二。（Ⅴ.5.4）

第三，与太一合一的迷狂不可强求，只能等待。我们不能说太一从哪里来到哪里去，它只是显现或不显现，因而"我们千万不能去追寻它，而是要静静地等待他的显现，做好准备静观它，就像眼睛等待太阳的升起那样；太阳从地平线升起（诗人们说，'从海面上升起'），主动让眼睛看到它。"（Ⅴ.5.8）之所以这样说，除了迷狂的状态是突然到来的外，还有两个原因可以补充。其一，太一的普遍性与临在性，这为人们采取期待的态度提供了理论上的可能性。关于太一的普遍性和无所不在，我们在第五章第二节"太一"中已经有过分析。普罗提诺认为："上帝对所有的事物都是临在（present）的，不管以什么形式，他都是在这个世界之中的；因此这个世界必然分有他。如果他在这个世界是缺席（absent）的，那就不会向你显现，你也就不可能谈论他或者来自于他的事物了。"（Ⅱ.9.16）既然如此，那就表明无论人们是否意识到，实际上每个人确实已经先行地处在神性的临在之中。在日常的生活中，我们总是习惯于外求，而不是向内关注自我，因而通常都意识不到自己内在的神性与外在的神性是相同一的，从而也就忽视了这种临在性。正因为太一是无所不在、无时不在的，因而当我们转向太一、追求太一时，太一已经潜在地呈现给那些追求他的人了。而一旦我们去追求他，我们当然就总是倾向具体地说明他、倾向于在某些具体的方面去看他、认识他，这样就会遮蔽了上帝临在的整体性、普遍性。我们有从太一而来的重新上升的力，只须要充分地使用这种力、克服了我们自己的不安（每一种不安都可以

277

阻止我们与他同一），他就来临了。其二，与太一合一的迷狂实际上是上帝的恩典。要上升到太一就必须要有对上帝神圣的爱，而这种爱我们已经说过它出自上帝的恩典。因而与太一的合一不仅要有人们自身的精神修炼的努力，而且还要等待神的出现，借助神的眷顾和恩典才能最终实现。换言之，正是由于上帝的力量和召唤，我们的灵魂才可以摒弃万物，上升到太一，达到物我两忘、神人相合的"迷狂"境界。

第四，这种迷狂的状态是不可言说，也无可名状的。对于太一，我们有时觉得他很近，有时又很迷惑不解，觉得离他很远。之所以产生这样的困惑，其"困难源于对太一的意识既不来自于推理认识，也不来自于对理智之物的感知，太一只能通过超越知识的方式来显现。"（Ⅵ.9.4）具言之，其一，与太一的合一超越了所有的知识。在迷狂中，我们放弃关于可感世界中一切事物（Ⅴ.3.17），抛掉所有的形状（shape），甚而理智的形状，（Ⅵ.7.34）放弃对事物的判断、理解、证明、比量，也即放弃全部的知识，甚而也要放弃自我，完全超出自我，处在一种无意识的状态。我们也没有了任何被动的激情、激动、忿怒、欲望、痛苦、理性、精神的知觉等，灵魂得到了彻底安顿，没有任何异己的东西来打搅他。这时的灵魂可以说是安息的，有着一种静止性的本性。如果说有活动，只有一种，即自身同一的活动。其二，与太一的合一超越了语言。太一本身超越了形式，或者说是没有形式的，因而它也就超越了用于有限形式上的概念和认识，是无法诉诸语言的，那么与至善的合一状态自然也就无法用语言来表达了。因而，当我们说灵魂超越理智而达到太一需要神秘的跳跃时，实际上也就意味着是向无知的一跃，甚而在某种程度上是一种恐惧，或者由于杂多性而担心自己不能达到上升到太一这一目的，（参见Ⅴ.5.4）或者因为灵魂发现自己达到了太一，却跃向了无形式，却不能理解和把握这种无限，担心自己被虚无所控制。（参见Ⅵ.9.3）因而当灵魂仍然局限于有限之中却又遭遇了无限的太一而不得不敞开自己时，恐惧就必然产生了。里斯特据此认为普罗提诺这种神秘的无知

（darkness）观念最接近于一般的基督徒作家的思想，我们应当注意普罗提诺这种特别的态度。①

普罗提诺继承了柏拉图、斐洛关于迷狂的思想，并进一步把它发展成为神秘主义。② 柏拉图的迷狂用的是 mania，主要指的是一种因神灵附体而造成的心灵的激越状态，侧重于诗和爱的迷狂；斐多虽然用的是 ekstasis 一词，但基于他犹太教的背景，主要用来指一种先知预言的迷狂。相比较而言，"在一种严格的意义上说，普罗提诺是最早把 ekstasis 一词应用到神秘的体验之中的……显然，从普罗提诺开始，经过尼萨的格列高利（Gregory of Nyssa），基督教神秘主义关于 ekstasis 这个词的神秘主义用法产生了。"③ 尼萨的格利高利把人的灵魂分成"可感的"和"纯粹的"两部分，前者指肉体的感觉和情感，后者指精神。他把精神性的灵魂看作是人神相通的纽带，它可以引导灵魂上升，先后经过放弃婚姻、净化灵魂和面对上帝三个阶段。在最后的一个阶段，人的灵魂就达到了一个神秘的境界，"至乐的观照，越来越清晰的美，神圣的主逼近到灵魂之前。在超越的境界，新的愉悦层出不穷，每一次都上升到新的高度"④。当然，这种影响主要还是通过奥古斯丁才在基督教世界熠熠生辉的。奥古斯丁汲取了这一思想并进而发展为"光照说"：把上帝比作真理之光，把人的灵魂比作眼睛，而理性被比作视觉；正如只有在光照之下，眼睛才能通过视觉看到某物，只有借助上帝的光照，人才能认识真理，达到作为真理之源的上帝。"神创造了人的理性和心智的心灵，因此，人可以接受神的光照……同时，神也就这样照亮自身；不仅那些东西可以凭借这种真理得以显示，而且甚至

---

① Rist1967, p. 220.

② 在本节和下一节以及本文的其他不少地方都会提及神秘主义，却没有做具体的展开和阐述。因为神秘主义是普罗提诺宗教思想的一个重要特征，为此关于神秘主义的概念、特征、性质和类型、源流等问题，本书将集中放到第十章第一节再集中阐述。

③ E. R. Dodds, *Pagan and Christian in an Age of Anxiety*, Cambridge University Press, 1965, p. 72.

④ See A. H. Armstrong1967, p. 456.

可以凭借心灵的眼睛，感知到真理本身"。① 在中世纪，关于静观和迷狂的论述也有许多。伪狄奥尼修斯（Pseudo-Dionysius，约5世纪末—6世纪初）把与上帝结合的道路划分为三个阶段，即净化、启示和结合，认为人可以通过专一的爱和坚毅的修行感受到世俗情感所无可比拟的心灵震颤，洞见人类语言无法诉诸的上帝。圣维克多的雨果（Hugues de Saint-Victor，1096—1141年）认为，人的灵魂有三种眼睛，灵魂以肉体的眼睛观看外部世界，以理性的眼睛关注自身，以静观的眼睛洞见上帝。但静观的眼睛由于人的原罪而受到玷污，因而我们必须借助信仰的帮助才能真正地静观上帝。这意味着灵魂与上帝的合一必须经历三个阶段。首先灵魂要摆脱自己所依附的感性的和肉体的羁绊，即"净化"；然后达到一种"精神的直观"或"内在的光照"，即"启示"；最后才能达到与上帝的直接合一，即"结合"。波纳文图拉（Bonaventura，1221—1274年）认为心向上帝的旅程顶点就是迷狂，在一种神秘的静观中人把握住了永恒的、神圣的真理，然而并不是所有的人在任何时候想实现就能达到的。这必须得有上帝的启示和恩典，而我们要获得上帝的恩典，就必须信仰上帝，过一种圣洁的生活。神秘主义大师艾克哈特（Eckhart，1260—1327年）也坚持，我们的灵魂只有在静观中才能达到迷狂之境，只有借助上帝的恩典才能达到与上帝的神秘合一。他的学生苏索（Henry Suso，1295—1366年）秉承了艾克哈特的思想，强调当自我意识在神秘合一的最高阶段完全消失时，灵魂就进入了神性的深渊，意味着我们已与上帝合而为一。

总之，在迷狂的状态中，灵魂的上升达到了顶点，回归到了神那里并与太一/上帝相合一。那么，在这种迷狂之境中灵魂与太一/上帝的合一是种什么样的合一，是灵魂完全融入了太一，还是灵魂始终保持着自身，抑或其他？这对我们深入理解普罗提诺的迷狂思想及其宗教神秘主义至为关键。

---

① ［古罗马］奥古斯丁：《布道集》，转引自范明生《晚期希腊哲学和基督教神学》，第407页。

第二节　神秘合一

普罗提诺宗教思想中人（灵魂）与神的神秘合一之关系，人们有着不同的理解和争论。有人认为是泛神论的合一（pantheistic identity），另有人主张是一元论的合一（monistic identity），还有人坚持是一神论的合一（theistic union）。[①]

我们先来看一下泛神论的主张。泛神论者一般相信神与宇宙同一，即与存在的万物之总体同一，一切是神，神也是一切，旨在追求人与自然万物的同一。马夏尔（J. Marchal）、德·科尔特（M. de Corte）以及早期的英奇等人认为，在普罗提诺神秘的合一中，（人的）灵魂的目的是与宇宙万物的同一。他们的论据就在于普罗提诺对太一的内在性的强调，他们也在 V.2.1 一开始似乎就找到了文本支持。在那里，普罗提诺说道，"太一是万物，而不是它们中的单独的一个"。（V.2.1）但阿姆斯庄和麦肯纳都不约而同地做注指出，这句话出自柏拉图的《巴门尼德篇》（160b2~3）。姑且不论在柏拉图那里这句话的真实含义如何，单以普罗提诺而论，这句话就能足以说明他是泛神论者么？显然不能这样的武断。因为无论是柏拉图还是普罗提诺充其量也只是就超越的意义而言，亦即就一是万事万物的原因而言，一可以说是万物。他们在说一是万物的同时，马上接着说"（一）又不是任何其他事物"[②]（柏拉图），"太一是万物的本原而不是万物，但在超越的意义上它可以说是万物，也就是说，万物都要复归于它；或者更确切地说，即使它们现在没有，将来必然会回归于它。"（V.2.1，还可参见 V.5.12，VI.9. 和 VI.8.19 等处的相关说

[①] 严格来讲，这里的表述用"泛神论的同一""一元论的同一"和"一神论的合一"更为恰贴，只是考虑到我们用"人与神的合一"来表述神秘主义及其基本特征，为行文的统一，这里姑且用"合一"含摄"同一"，两者之间的区别见于对三种人神关系的详细论述。

[②] ［古希腊］柏拉图：《巴门尼德篇》，160b4。

法）很显然，太一是内在的，太一是万物，这只是在一种超越的意义上说；同时太一更是超越的，它是万物的来源和原因，普遍的呈现于它的流溢物中，但却始终是与它们相区别的，或者说是分离的，否则，就谈不上与太一的合一这个问题。无论如何，在普罗提诺那里不存在一种泛神论的同一。太一不是所有的事物，它是万物的原因和目的，超越了任何有限的东西，而其他每个事物都是有限的，因而和太一的合一不可能是宇宙，也不会是所有事物。此外，如果坚持太一和万物合一，那么也必然承认太一是和质料同一的，如此善和恶就是一回事了，这对普罗提诺而言，是绝对不可以的。我们在《九章集》中也决找不到"太一和质料合一"，"质料就是太一"或者"一个恶人也达到与太一的合一"诸如此类的表述。因而，在普罗提诺那里，灵魂与上帝的合一决不可能是一种泛神论的同一。那些认为普罗提诺是一个泛神论者的人，"或者是那些完全忽视了《九章集》中关于太一是绝对超越于自然宇宙的文本之人，或者是那些把泛神论和一元论相等同的人，亦即假定与自然宇宙的完全同一是与这个宇宙的原因（太一——引者注）相同一的另一种描述方式。"[1]

在一元论的神秘主义和一神论的神秘主义之间可能存在一种密切的类似性或统一性，[2] 因而我们把这两种主张放在一起比较论述。主张普罗提诺是一元论的人认为，在神秘的合一中，（人的）灵魂失去了自身而与太一完全同一，或者说融入了太一之中；而那些主张一神论的人坚持，（人的）灵魂能够达到与上帝相合一，但灵魂保持着自身并且可以与太一相区别。里斯特、阿尔努、策纳（R. C. Zaehner）、阿姆斯庄主张一神论的合一，另外布萨尼奇（John Bussanich）、麦金（Bernard McGinn）、阿多、杜普雷（Louis Dupre）也支持这一主张；而马莫（P. Mamo）、拜尔瓦尔特斯（Werner Beierwaltes）、迈耶

---

[1] J. M. Rist, *Plotinus: The Road to Reality*, London: Cambridge University Press, 1967, p. 216.

[2] [英]杰弗里·帕林德尔：《世界宗教中的神秘主义》，舒晓炜、徐钧尧译，今日中国出版社1992年版，第227页。

第八章 灵魂与上帝的神秘合一

（P. A. Meijer）等人基本上同意一元论的主张。[①] 他们在《九章集》中都找到了各自的文本依据。在《九章集》Ⅵ.9 "论至善或太一"中，尤其是Ⅵ.9.9~11中，普罗提诺集中论述了灵魂与太一的神秘合一，而支持一元论和一神论的文本都可找得到。

支持一元论主张的论述有：

A. "当灵魂要亲自去看（至善）时，就有一相伴随，并要和他合而为一，只是他没有想到他已经拥有了他所要寻求的东西，因为他和那被思考的东西没有区别。"（Ⅵ.9.3）

B. "或者不如说不是看到他，而是与他完全同一，没有区别。"（Ⅴ.5.8）

C. "观看者不是在看，也没有区分，也没有想象成二，相反，他似乎变成了另外一个东西，他不再是自身，也不再考虑自己，而是属于了那个东西，因此就是一，宛如圆心与圆心的重合。"（Ⅵ.9.10）

D. "既然原本就不存在二，那么观看者自身与被看者就是一（因为被看者并非真的被看见，而是与他融合在一起），如果他记得当他与那者结合时，他变成了谁，那么他就在自身中有了那者的像。他自身是一，在自身中没有区别，既不与自己相关，也不与他物发生关系——因为当他上升到那里之后，他自身就不动了，既无情感，也没有对任何事物的欲求——而且也没有任何理性与思想，甚至他自身也不在那儿，如果我们非这样说不可的

[①] 阿尔普（Robert Arp）在"Plotinus, mysticism, and mediation"一文中对双方的代表性人物及观点进行了分析。在一神论和一元论之间，阿尔普倾向于一神论的神秘主义。在这篇文章中，作者还论述了另一种他称之为"中介合一"（mediated union）的主张，以英奇、墨兰（Philip Merlan）以及卡茨（Steven Katz）为代表，相信在与太一的合一中有某种意识，如自我意识或一种爱欲的心理状态（an erotic mental state），这种意识活动充当了灵魂和太一之间的中介者（mediator）。这一主张实际上也认为在合一中，灵魂仍然保持着自身的独立性，因而就其总体倾向而言大致可归于一神论的合一。参见 Robert Arp, "Plotinus, Mysticism, and Mediation", In *Religious Studies*, Vol. 40, No. 2, 2004, pp. 145–163。

话;而且他似乎被神充满,失了去自己,处在一种完全的孤寂和平静状态。"(Ⅵ.9.11)

E."没有区别,也没有二,两者已经合二为一。"(Ⅵ.7.34)

支持一神论主张的论证有:

甲."可以肯定地说,灵魂不是一本身,因为灵魂是一个东西,而一是以某种方式偶然附加给它的。这两者,灵魂和一,是两个东西,正如躯体和一。这也就像一个合唱团,那比较松散的部分就离一最远,而那连续在一起的就比较近;灵魂是离得比较近的,但也只是分有了一。"(Ⅵ.9.1)

乙."灵魂在他自然的状态里深爱着上帝并希望和他结合,就像一个女孩对她尊荣的父亲的高贵的爱。"(Ⅵ.9.9)

丙."我们必须放弃其他事物,完全立足于此,去掉所有缠扰我们的东西,成为这一个;因此我们必须急切逃离这个世界,不容忍被其他事物所束缚,这样,我们才能全身心地拥抱神,使每一部分都能得到神的触摸。这样,我们既能看见神,也能看到自己:一个荣耀无比,充满了理智之光的自己——或者说就是那纯洁之光——轻灵而自由飘荡,变成了——或者毋宁说就是一个神"。(Ⅵ.9.9)

丁."如果一个人看到自己已到了这点("超越的实体"——引者注),那么他就有和那者相类似的自身。而如果他从自身出发继续前行,就像从影像到达原型,那么他也就抵达了'旅程的终点'"。(Ⅵ.9.11)

戊."诸神和像神一样以及蒙福之人的生活,就是从世俗世界解脱,对世俗之事毫无兴趣,从孤独走向孤独。"(Ⅵ.9.11)

当然,各自的文本并不只这些,限于篇幅我们不可能也没有必要一一列举出来。我们就从一元论主张者的观点及文本依据出发,看看

第八章　灵魂与上帝的神秘合一

普罗提诺的神秘合一到底是一种一元论的合一呢，还是一种一神论的合一？

持一元论者强调在灵魂与太一的合一中，灵魂失去了所有的自我意识和自我同一性（self‐identity），而与太一完全一样。甚而，对于那些严格的一元论者而言，灵魂和绝对者是完全同一的，他们喜欢把《奥义书》中的"我即梵"挪植给普罗提诺，认为后者也主张"我是太一"。但在《九章集》中，我们找不到这样的断语，我们能看到的是普罗提诺更喜欢用"相似"（homoiótēs, similarity）、"像"（san, like）、"类似"（parómoios, similar）太一这类的表述；即使用到"同一"（hómoios, same）这个词，在古希腊思想中它也意味着"类似"的意思。① 因而，当普罗提诺说与太一"合二为一"（hén hámphō, both are one）时，更多是在一种类似或像太一的意义上说的，在结合或合一中，双方仍然保持者各自的独特本质。② 换言之，太一和（我们的）灵魂之间只可能有一种相似的关系而不可能是种绝对相同的关系，因为灵魂不可能达到太一那样的绝对的纯粹性。在前文中我们说过，太一是纯粹的单一性，从它流溢出了万物，从太一直到形体世界诸物形成了一个从高到低的等级序列，离太一越远，该物的纯粹性就越小而杂多性就越多，即使对于理智、灵魂本体也是这样。具言之，太一是纯粹的统一性（to proton hen, the First One），理智是杂多的统一体（hen polla, One‐Many），而灵魂是一和多的统一体（hen kai polla, One and Many），形体世界中的事事物物则完全是诸元素构成的复合物。因此，灵魂的下降之路是一个杂多性逐渐增加的过程，而灵魂的上升则是一个越来越严格的净化之旅。"差异""区别"的增加也就意味着相似性的减少，因而，这些区别与差异的消失对于达到神秘的合一就至为关键。"太一因为没有差异，它就总是呈现给我们，而当我们去除掉差异时我们也就出现在它的面前。"（Ⅵ.9.8）这也

---

① J. M. Rist 1967, p. 218.
② 参见阿姆斯庄在《九章集》Ⅵ.7.34 为 hen hampho 所作的注释。

◆ 中篇 心向上帝的旅程：普罗提诺宗教哲学

就是说，我们的灵魂和太一之间是有区别的，是不同的。只有当我们通过德性、爱和美以及辩证法消除我们自身中的杂多性、获得自身的单纯性时，我们的灵魂才能上升到太一的领域，回到它的来源，与太一合而为一。由于灵魂本身是种一和多的单一性，无论如何净化也不可能得到绝对的纯粹性，因而在与太一的合一中，灵魂不能达到绝对的与太一同一，它仍然持有自身。就此而言，一元论的主张可以说是对普罗提诺思想的一种误解。

就具体到文本而言，一元论的主张者的结论仍然是站不住脚的。在此，仅以 C 条同心圆的比喻为例做一分析。这个比喻普罗提诺在Ⅵ.9.8 的前半部分就做了较为详细的描述，一元论者很喜欢用这个比喻来阐述他们的主张，认为在神秘的合一中灵魂完全融入了太一之中。如果把太一看作一个圆，把灵魂看作另一个圆，当他们的圆心相合时，你就难以区分开它们；这样，第二个圆就似乎被第一个圆吸纳了。但正如普罗提诺本人在那里所指出的，同心圆的例子只是一个比喻而已。在普罗提诺的著作里充满了这些既描述又隐喻、既分析又类比、既晓畅又含混的语言，一元论主张者如此分析也无可厚非。但是，如阿尔普分析的，如果我们把这个例子稍微做一下改变，就会发现一元论的上述主张并非无懈可击。如果用不同的颜色来表示不同的东西，蓝色的圆代表太一，红色的圆代表灵魂，那么当蓝色的圆和红色的圆混合起来后就变成了一个紫色的圆。但是，在这个紫色的圆中，一个人仍然可以区分开红色调和蓝色调。换言之，在太一和灵魂的合一中，灵魂并没有完全地、绝对地融合进太一，它仍然具有自身之所是，或者说保持着自身的身份。[1] 这样，从一元论主张者所提供的例证中得到的实际上是一神论的主张。[2]

---

[1] 这一个精彩的有色同心圆的比喻分析取自 Arp，"Plotinus, Mysticism, and Mediation"，p. 145。

[2] 关于这种有趣而含义丰富的比喻在《九章集》中还有许多。里斯特在《普罗提诺——走向实在之路》一书的"神秘主义"一节对其中的一些，如洞见、联系、混合、爱等等进行了精辟的分析，最后得出的结论是普罗提诺的神秘主义不是一元论的，而是一神论的。参见 Rist1967，pp. 220 – 230。

第八章　灵魂与上帝的神秘合一

我们再用甲条和Ⅵ.9.8后半部分的"合唱团"比喻来分析一下一神论的合一。普罗提诺写道：

> 太一不渴求我们，却依然在我们周围；相反，我们渴求太一，以至于我们围绕着它。我们总是在它的周围，但并不总是能洞见到它。这就像一个合唱团：合唱队员们按照一定的次序围在指挥者的周围，但有时他们也会转开，不看指挥者。但是当他们重新转向他时，就在优美的歌声中真正地与他在一起了。同样，我们也总是围绕着他（太一）——如果我们不是这样，那我们就会分崩离析，不再存在——虽然我们并不总是凝视他；但只要我们真正静观他时，我们就达到了我们的目的，安静了下来，不会再跑调，因为我们是真正的围绕着他（太一），唱着充满了神性的歌。（Ⅵ.9.8）

这是普罗提诺对灵魂的境遇的一种非常独特的描述，在合一中，灵魂像歌唱者一样，并没有丧失自身。当合唱团的成员合唱的时候，他们是被结合成一个整体，但这并没有抹去他们中的每一个人的个体性。换言之，合唱团中的成员彼此是可以相区别的。相反，如果他们不是一个个的个体，那么他们也就不能组合成一个共同体。但这样一来，是否意味着太一就是由不同的灵魂所构成的混合体呢？当然不是，当我们看向太一并且意识到它的存在时，我们就处在了灵魂上升旅程的终点，我们看到了生命的本源，唱着充满了神性的圣歌。这合唱充满了神性，但它并不是上帝。可以这样说，上帝在诸个体中，但诸个体并不就是上帝。因此，在灵魂与太一的神秘合一中，灵魂没有完全地消失在太一中，仍然保持着自身，仍然是其所是。正如普罗提诺一再强调的，灵魂服膺于太一，它陷入了迷狂，它充满了上帝，但是，灵魂自身并没有消失，它并不是与上帝完全的一样，而是与上帝合而为一。

因此，在普罗提诺那里，灵魂与太一的神秘合一既不是泛神论

中篇　心向上帝的旅程：普罗提诺宗教哲学

的，也不是一元论的，而是一神论的。这样一来，我们关于普罗提诺的神秘合一问题就有了答案。同时我们也清楚了灵魂离开太一而下降的原因和过程，明白了灵魂回归太一并与上帝合一的原因与修炼之旅，但仍然还有一个问题需要我们来思考和回答，那就是灵魂的下降之路与上升之路是种什么样的关系呢？

第三节　灵魂的下降之路与上升之路是同一的

灵魂与上帝的神秘合一就如它的无知离开，它的艰难上升亦如它的大胆下降，都是一个必然的过程，都出自上帝的恩典，只是同一条道路上的两个不同方向。灵魂的"下降之路和上升之路是同一的"，这是理解普罗提诺全部思想的一把钥匙。但这句格言及其思想早在普罗提诺之前的形形色色的神秘主义及其宗教和哲学那里就已经出现了。我们可以在奥菲斯教、密特拉教等神秘主义宗教那里，也可以在具有浓厚的神秘主义气息的赫拉克里特、毕达哥拉斯和柏拉图等希腊哲学家，以及斐洛和亚历山大里亚的基督教父们那里，看到关于灵魂堕落的描述与无奈，以及灵魂净化、上升，最终与神合一的期冀与喜悦。

"下降之路和上升之路是同一的"，[①] 这句箴言最早见于赫拉克利特的残篇第60条。赫拉克利特用它来描述世界万物都由火产生，又复归于火的生成变灭的对立统一过程。第欧根尼·拉尔修在他的《名哲言行录》里做了比较详细的记述，赫拉克利特"他称变化为上行和下行之路，这决定着世界的生成。火经由收缩变成湿气，再浓缩变成水；水凝结后又变成土，这一过程他称之为下行之路。然后土又液化，复而变成水，经由水这一序列的其他东西得以衍生。他几乎把所

[①] 《赫拉克里特著作残篇》，60。这里的中译根据汪子嵩等《希腊哲学史》（第一卷），第479页。北京大学哲学系编的《西方哲学原著选读》的译文是"上坡的路和下坡的路是同一条路。"见该书第24页。

第八章　灵魂与上帝的神秘合一

有东西都还原为海的蒸发，这一过程就是上行之路。"① 在残篇第 36 中，赫拉克利特也说道，"灵魂的死亡就变成水，水死亡就变成土；而水是从土产生出来的，灵魂是从水产生出来的。"② 这里的"灵魂"确切地说应该是指作为本原的"火"，但辑录这则残篇的克莱门显然仍是在通常的意义上来理解灵魂的，并且认为赫拉克利特的这种思想是受到了奥菲斯教的影响。但无论是在火本原还是通常意义的灵魂上来讲，赫拉克利特都对上升与下降的转化过程并没做出清楚的解释，"这也是赫拉克利特所以被称为'晦涩的哲学家'，被后人认为'神秘主义'的原因之一。"③

相对而言，在前苏格拉底哲学中，同样受到奥菲斯教影响的毕达哥拉斯通过他的颇具神秘色彩的灵魂轮回和净化说对这个问题做了更为深入的探讨。毕达哥拉斯一方面深受米利都学派的影响，另一方面也接受了奥菲斯教的影响。甚而在某种程度上，后者对他更为重要，因为其思想中的神秘主义成分主要来自奥菲斯教。"其实，这集团（亦即毕达哥拉斯派——引者注）与其说是一个哲学学派，即使是说萌芽状态的哲学学派，也远不如说是一种宗教的秘密教派。"④ 这在"*theoria*"这个词上体现得非常明显。无论对奥菲斯教还是毕达哥拉斯而言，该词都是非常重要的。在奥菲斯教中，康福德解释为"热情的动人的沉思"，在这种状态之中"观察者与受苦难的上帝合而为一，在他的死亡中死去，又在他的新生中复活"；⑤ 但"毕达哥拉斯赋予了 *theoria* 一种新的意义，他重新把它解释成对理智、不变的真理之不带感情的沉思，从而转向了一条'追求智慧'（*philosophia*）之

---

① ［古罗马］第欧根尼·拉尔修：《名哲言行录》（下），第 470 页。
② 汪子嵩等：《希腊哲学史》（第一卷），第 431 页。这则残篇出自亚历山大里亚教父克莱门的《汇编》第 6 卷第 17 章第 1 节。
③ 汪子嵩等：《希腊哲学史》（第一卷），第 433 页。
④ ［法］罗斑：《希腊思想和科学精神的起源》，陈修斋译，商务印书馆 1965 年版，第 75 页。
⑤ 转引自［英］罗素《西方哲学史》（上卷），第 60 页。

289

◈◈ 中篇　心向上帝的旅程：普罗提诺宗教哲学

路。"① 这种转向是通过对奥菲斯教的理智化改造完成的，换言之，毕达哥拉斯使神秘主义具有了一种理智的特性。毕达哥拉斯对奥斯教的继承和改良主要表现在两个方面。第一是灵魂轮回的观念。前文我们说道，奥菲斯教把灵魂看作是神圣的、不朽的和纯洁的，而肉体是可朽的、卑污的；由于前世的罪孽，灵魂不得不进行漫长的轮回。毕达哥拉斯接受了这些思想，并坚持认为"一切有生命的东西都是血缘相通的"，② 因而灵魂按照必然的命运也可以进入一切生物体中进行轮回，包括一切有生命的动物和植物，而不仅仅是人。这种轮回观念显然不是希腊本土的观念产物，而是受到了东方文化的影响。就此，黑格尔指出，"在希腊人中，高度自由个性的意识太强，因而不容许轮回观念将自由的人、独立永存的自在体转变到动物的形态中去。希腊人虽然也有人变成泉水、树木、动物等等的观念；但是这是以贬低的观念为基础，这是一种惩罚，是犯罪的结果。"③ 第二是关于灵魂的净化。为了使神圣的灵魂从卑污的肉体中解脱出来，奥菲斯教采取了一系列的纯粹宗教仪式的净化方式，而毕达哥拉斯对此进行了更为理智化和道德化的改良，"以科学和音乐净化灵魂，以体育和医药净化肉体"。④ 在肉体的净化上，主要采用医学和具有特定意义的体操两种方式来进行。在灵魂的净化上，除了必须严加恪守的、五花八门而又有些莫名其妙的清规戒律，如禁食豆子、不准在大道上走、不能碰白公鸡、不能戴戒指、不能随便说话、不能跨过门槛等，还有两种更为重要的方式。一种是音乐，奥菲斯教把音乐引入了自己的祭仪之中。通过音乐，教徒们在疯狂地载歌载舞中达到一种迷狂的状态，使灵魂得到净化而与神合一。毕达哥拉斯强调了这一点，认为音乐是灵魂的表现，可以通过音乐来引导、教化和净化灵魂。在日常生活中，

---

① F. M. Cornford, *Form Religion to Philosophy*, NewYork: Dover Publications, 2004, p. 200.
② 转引自汪子嵩等《希腊哲学史》（第一卷），第 256 页。
③ ［德］黑格尔：《哲学史讲演录》（第一卷），第 246 页。
④ ［德］策勒尔：《古希腊哲学史纲》，第 35 页。

第八章　灵魂与上帝的神秘合一

毕达哥拉斯"让他的门徒们在晚上入睡以前用音乐驱除白天精神上的激动回响，以纯化他们受到搅动的心灵，使他们平静下来，处在做好梦的状态；早晨醒来又让他们听人唱的特殊的歌曲和由竖琴演奏的旋律，以清洗晚上睡眠中的麻木状态"。① 另一种是内心修养，确切地讲就是通过数学（科学）来净化灵魂。"数学在他（毕达哥拉斯——引者注）的思想中乃是与一种特殊形式的神秘主义密切的结合在一起。"② 因为在他看来，"数学乃神的语言，是神的体现"，③ 因而对数学的专心研究，也就是对神的认识、对神进行的虔诚祈祷，其结果必然使得我们的灵魂得到净化，变得像神一样，并最终与神合一。④ 这样，毕达哥拉斯就把数学融入了灵魂的净化，把理智引入神秘主义，使后者逐渐摆脱了过分的原始性、情绪性，变得更加理智了，极大地影响了西方神秘主义的发展。

然而，毕达哥拉斯这种以理智与神秘交融来说明灵魂的上升、净化与轮回的思想更为系统而深刻的阐明是由柏拉图完成的。正像罗素所指出，"在整个柏拉图的哲学里也像在毕达哥拉斯主义里是同样地有着理智与神秘主义的揉合，但是到了最后的峰顶上却是神秘主义明显地占了上风。"⑤ 可以说，"柏拉图的哲学带有明显的神秘特征"，⑥ 这种特征贯穿了他的整个思想，并与其他学说紧密的交织成了一个有机的整体。策勒尔就此明确地指出，"柏拉图把这种从奥尔弗斯排他集团和毕达哥拉派秘密团体借用的二元论神秘主义变成哲学的最高原理，并且把它从一种宗教信仰提高为科学理论，从一种人类学教义提

---

① 汪子嵩等：《希腊哲学史》（第一卷），第349页。
② ［英］罗素：《西方哲学史》（上卷），第55页。
③ ［美］皮特·戈曼：《智慧之神——毕达哥拉斯传》，石定乐译，湖南文艺出版社1993年版，第185页。
④ 这为柏拉图所继承。只是柏拉图认为数学并不能直接导致对神的认识，但只有经过数学的学习，才能接受辩证法训练，从而洞见到神。就此而言，"数学是柏拉图神秘主义的催化剂。"（［德］策勒尔：《古希腊哲学史纲》，第156页）
⑤ ［英］罗素：《西方哲学史》（上卷），第169页。
⑥ Sidney Spencer, *Mysticism in World Religion*, NewYork：Penguin, 1963, p. 128.

◈ 中篇 心向上帝的旅程：普罗提诺宗教哲学

高为一个包括整个宇宙的哲学体系。"[1] 柏拉图坚持了奥菲斯教和毕达哥拉斯的观点，认为人的灵魂本是神圣的、不朽的，而肉体是世俗的、卑污的；灵魂由于受到感官欲望的诱惑而堕入了身体，从理念世界下降到了可感世界，如同陷入了牢笼和坟墓一样。但是由于灵魂的本性是神圣的，因而通过学习就可以回忆起它原先所具有的关于理念知识、转向神圣的理念世界。通过体育、音乐、数学，尤其是辩证法的训练和教育，灵魂就会离开可感世界而上升到理念世界，洞见到善的理念或神。这种神秘色彩不仅渗透在柏拉图的灵魂学说、爱与美的观念以及迷狂等思想，更集中体现在被后来的神秘主义者所津津乐道的"洞穴喻"中。

柏拉图设想有一个很深的地穴，有些人生来就被捆绑在这里，全身都被锁住，头不能转，眼睛只能看着洞穴后壁。在他们背后，洞中燃烧着一堆火。在火和那些囚徒之间有一道墙，沿墙有些走着的人举着用木头和石头制成的假人、假物演傀儡戏，火光将这些傀儡的影子照在洞壁上。囚徒们只能看到这些影子，他们以为这就是最真实的事物。某一天，一个囚徒被解除了束缚。当他回过头来看到火光时，炫目的火光使他感受到剧烈的痛苦。而当他看到那些实物时会认为他原来看到的影子比这些实物更为真实，因为他分不清影像和实物的关系。如果将他强行沿着一条陡峭崎岖的通道拉出洞外，让他看到真正的太阳，他一定会眼花缭乱，什么真实的事物都看不清楚。因此需要给他一个逐渐习惯的过程。先让他看阴影，接着看人和物在水中的倒影，然后再看这些事物本身，再看天空中的月亮和星星，最后直接看到太阳本身。只有这时，他才能认识到"正是太阳造成了四季交替和年岁周期，并主宰着可见世界中的所有事物，太阳也就是他们过去曾经看到过一切事物的原因"。[2] 在这个比喻中，柏拉图"通过对灵魂从我们经常所处的影子世界中逐步解放的过程之描写，来比喻灵魂趋

---

[1] ［德］策勒尔：《古希腊哲学史纲》，第161页。
[2] ［古希腊］柏拉图：《理想国》，514a~516c。

第八章 灵魂与上帝的神秘合一

向太阳光的上升之路。"[1] 具言之,柏拉图通过洞穴喻告诉我们的主题是,人如何摆脱可感世界的种种束缚,净化自己的灵魂,一步步地走向理念世界,最终认识善本身并上达神圣的世界。事实上,柏拉图自己也是这么解释的,"把地穴囚室比喻可见世界,把火光比喻太阳的能力。如果你把从地穴到上面世界并在上面看见东西的上升过程和灵魂上升到可知世界的上升过程联想起来,你就领会对了我的这一解释了,既然你急于要听我的解释。至于这一解释本身是不是对的,这是只有神知道的。但是无论如何,我觉得,在可知世界中最后看见的,而且是要花很大的努力才能最后看见的东西乃是善的理念。"[2] 柏拉图还把洞穴喻与辩证法联系起来,[3] 认为囚徒挣脱枷锁逐步走出洞穴,上到地面,直到看到太阳本身的过程,代表了辩证法对灵魂的引导;正是借助辩证法,灵魂才能从变动不居的虚假的可感世界上升到永恒的真实不虚的理智世界,才能在辩证法神秘的突然一跃中洞见至善,把握住了最高的知识、真正的真理。在这里,我们又一次看到了关于灵魂与最高实在的关系,柏拉图强调的仍然是洞见而不是合一。囚徒由于看的对象不同而逐步从影像世界上升到真实世界,从阴影看到了太阳,灵魂在各门科学的训练和辩证法的引导下,从可见世界转向了理念世界,上升到了神圣的理念世界,洞见到了善的理念,获得了真正的最高的知识。就此而言,"柏拉图的神秘主义特征是用洞见神圣者而不是用与神圣者合一来表现出来的。"[4]

柏拉图关于洞穴的比喻及其解释对后世产生了巨大的影响,而其文学化的写作方式和明显的神秘气息很对神秘主义者的胃口,他们也能不断地在这里寻找到灵感。在他们看来,洞穴象征着俗世,囚徒象征着为物欲和俗务所束缚的人,火光象征着神的威力,陡峭崎岖的通道象征着灵魂追求神人合一的艰辛的灵性之旅,从地穴上到地面的世

---

[1] Cheslyn Jones, *The Study of Spirituality*, Oxford: Oxford University Press, 1986, p. 91.
[2] [古希腊] 柏拉图:《理想国》, 517b~c。
[3] 参见 [古希腊] 柏拉图《理想国》, 532a~c。
[4] Sidney Spencer1963, p. 131.

◈◈◈ 中篇 心向上帝的旅程：普罗提诺宗教哲学

界象征着从此岸的俗世上升到彼岸的天国，太阳象征着上帝，太阳是万事万物的原因象征着上帝的全能与至上，囚徒看到太阳象征着灵魂在上帝的恩典下最终洞见到了上帝，囚徒不愿回到洞穴象征着灵魂渴望居住在神圣的天国，与上帝同在。如是一来，洞穴喻就成了灵魂追求神人合一的神秘上升过程之图景。至于这一解释是否正确，用柏拉图的话说，就是"只有神知道"了。因为其内容和含义实在是复杂而深刻的，人们，包括神秘主义者可以从不同的角度和立场获得各自的灵感与解说。但不管怎样，洞穴喻从此进入了神秘主义者的视野，也渐渐融入了神秘主义者的话语之中。

斐洛在其犹太教的背景上接受了柏拉图等人的希腊神秘主义思想，西德尼·斯潘塞（Sidney Spencer）明确指出，"斐洛既处于犹太神秘主义史中，同时又处在希腊神秘主义史中。"① 策勒尔也表达了同样的思想，"斐洛的体系看来与其说是真正的哲学，不如说是犹太神学与希腊神秘主义的混合。"② 斐洛也持与柏拉图大致相同的主张，灵魂对上帝的追求过程也就是灵魂认识上帝的过程。在关于亚伯拉罕的迁徙过程之寓意解释中斐洛集中表达自己这一神秘主义的思想。

在《圣经·创世纪》中说，亚伯拉罕原来住在吾珥（Ur），后来迁居到了哈兰（Haran）。在得到神的呼召后，按照神的旨意，从哈兰迁徙到了迦南（Canaan）。（《圣经·创世纪》11~12）斐洛认为亚伯拉罕的迁徙寓意了灵魂追求与上帝合一的三个阶段：

> 通过这种方式，灵魂逐渐变换它的住地，以达到虔敬和神圣的父。它的第一步是放弃占星术，因为占星术易使人误入歧途，它使人相信宇宙是最原初的上帝而不是上帝的作品，人类的祸福在于星星及其运动。第二步，灵魂转入对自身的思想，研究它的住所的特征，那些是关于肉体、感知和话语的，灵魂因此而认识

---

① Sidney Spence1963，p. 136.
② ［德］策勒尔：《古希腊哲学史纲》，第283页。

到，如同诗人所描绘的，在家园的厅堂中好的事物和坏的事物。第三步，当它开始了通往自我之路后，就渴望看见宇宙的父，但宇宙的父是很难被追寻到和阐明的。灵魂要凭借它通过对上帝的认识而获得关于自我的真知，它将不再停留在哈兰，即可感之地，而是返回到灵魂自身。因为依旧停留在可感之地而不是迁徙到精神之地的灵魂是不能达到对上帝本身的沉思。①

斐洛对这三个阶段是这样来解释的。第一阶段，亚伯拉罕从吾珥迁往哈兰，代表灵魂由对天体和宇宙的膜拜开始转向对宇宙之父上帝的信仰追求。斐洛通过对亚伯拉罕原名亚伯兰（Abram）的词源分析，认为这意味着人对当时盛行的占星术的迷信和崇拜，因为Abram本意即是天体爱好者。然而，依据我们前文对占星术的分析和犹太教的叙述，占星术的崇拜与犹太教的信仰之间显然存在非常大的矛盾。就以对待我们所处的自然世界而言，占星术把包括星星在内的天体当作根本的存在，而圣经则教导自然世界及其万物都不过是神创造的。就信仰的本质而言，占星术实质上是种自然膜拜，迷信天象，而犹太教则是人格神崇拜，唯信上帝。就与人间的关系而言，占星术认为人间之祸福运势都是天象变动之宿命，犹太教则诫命信徒人世之祸福苦乐都是上帝之恩典。因此，灵魂应当从对星象和宇宙的痴迷中转向对上帝的追求。放弃对天体的信仰而转向对上帝的信仰，是灵魂上升到上帝的最初的也是非常关键的一步。第二阶段，亚伯拉罕听从上帝的呼召从哈兰迁往迦南，代表着灵魂离开可感世界而转向神圣之界。哈兰是感官之地，是肉体、感知和话语丛生的可感世界。像柏拉图一样，斐洛虽没有完全否认可感世界的意义，但也认为它是不真实的，容易使灵魂误入歧途，因而灵魂应当转向自我之中；又由于灵魂在本性上是神圣的，与上帝具有某种亲缘的关系，因而通过对灵魂自身的深切关注和沉思，人就可以看到上帝，即使要面对孤独和黑暗也不能

---

① Philo, *On the Migration of Abraham*, 191.

放弃。"那些沉思（上帝）的人选择生活在孤独和黑暗之中，以便使任何可感的事物都不能遮蔽灵魂的注视。"① 换言之，在灵魂走向上帝的旅程中，孤独、黑暗乃至绝望都是一个人所必须要面对的处境和经历的考验。这对后来的神秘主义者产生了极大的影响，在普罗提诺那里，灵魂也是在孤独中升向上帝的。第三阶段，亚伯拉罕到达上帝所选定的迦南，象征着灵魂对上帝的洞见与同在。亚伯拉罕来到迦南，灵魂转回自我，上帝向亚伯拉罕自我显现，上帝的恩典使灵魂沉思或洞见到了上帝本身。当然，这一阶段必须以前一阶段为基础。"斐洛认为沉思生活是实践生活完成之后，紧接着的更高阶段。"② 换言之，虽然可感的日常世界不是真实的，但只有"首先使自己熟悉了我们日常社会中人与人之间交往的德行，最后你才能进行关于上帝与我们关系的追求。"③ 因而，在斐洛看来，我们在日常生活中的德行实践是灵魂上升以达到上帝的基本出发点，我们务须求善，而弃绝欲望、快感、痛苦、畏惧、罪恶和非正义等恶行，甚而放弃与我们自身有关的一切，从自身中逃离出来。因为和上帝相比，与我们自身相关的一切都是无足轻重、空虚而不真实的。"对于那些在追求最高知识中获得很大进展和前进的人而言，当他更多地认识自身时，他就越发地对自己感到绝望，只有这样他才能获得关于上帝的确切知识。这是一个规律，人越彻底的认识自身，就越彻底的对自身感到绝望，并明确地意识到被创造的东西在各方面都是虚无的。当一个人对自身已经完全绝望的时候，他才开始了对上帝的认识。"④ 对自我的认识并不能等同于对上帝的认识，因为灵魂是被上帝所创造的，上帝并不存在于灵魂之中，因而对自我的认识只是就它能使我们意识到自身的虚无这一点上有助于我们对上帝的认识。要获得对上帝的真正认识，人只能在渴望和追求中，等待上帝的自我呈现，等待着我们前文所说的迷

---

① Sidney Spencer1963, p. 139.
② Sidney Spencer1963, p. 139.
③ Amdrew Louth1981, p. 25.
④ Philo, *Who is the Heir*, 69.

第八章　灵魂与上帝的神秘合一

狂状态的到来,在神秘的迷狂中洞见上帝,并进而与上帝合一。

　　灵魂的上升及其与神的神秘合一,不仅为奥菲斯教等神秘主义宗教和毕达哥拉斯、柏拉图和斐洛等哲学家们所重视,正如我们在前文所分析的,也是普罗提诺所关注和强调的。"对普罗提诺而言,神秘的合一体验是一个基本的事实,它是普罗提诺引导人们所要达到的中心目的。"① 在普罗提诺看来,我们的灵魂走向上帝并与上帝合一的可能性就在于灵魂本身是神圣的,我们的灵魂来自神圣的三一体——太一、理智和灵魂本体。人的灵魂作为一种个体灵魂,直接来自本体灵魂,归根结底来自神圣的太一/至善/上帝。但是,灵魂却因其莽撞大胆的冲动、欲望和照管下界事物的天然职责而离开其神圣的本源太一,依次经过理智和本体灵魂而下降到形体世界中。灵魂离开太一的过程也就是灵魂下降的过程,这一过程是太一流溢的必然结果,也可以说是上帝恩典的结果。下降到形体世界并进入身体之中的灵魂因沾染质料而变得邪恶,忘记了他神圣的父太一;而一旦灵魂自我觉醒、良心发现,认识到真正的幸福不在于感觉生命和物质享受,而在于至善、在于"要成为神",（Ⅰ.2.6）他就必然回到他的父那里,回归上帝。灵魂的回归是一个灵魂向善的过程,是一次心向上帝的旅程:通过肉体禁欲,使灵魂逃离身体的牢笼;依凭德性的净化,逃离可感世界回到灵魂自身;在美和爱的引导下,上升到理智世界;然后凭借辩证法,在一种神秘的迷狂状态中静观太一,最终与上帝合一。灵魂回归的过程也就是灵魂上升的过程,这一过程之完成也出于上帝的恩典。虽然并不是每一个人都能获得和达到,但对于那些能够回归的灵魂而言,却是一个必然的过程,都出自于上帝的恩典和启示。因此,对于普罗提诺而言,"下降之路和上升之路是同一的"。在同一条道路上,我们的灵魂必然按照一个方向（太一→理智→灵魂本体→形体世界）下降,以完成太一的流溢过程;同时它又必然按照相反的方向（形体世界→灵魂本体→理智→太一）上升,以回归自己的神圣本

---

① Sidney Spencer 1963, p.158.

◆ 中篇　心向上帝的旅程：普罗提诺宗教哲学

源。普罗提诺关于灵魂的神圣来源或者说下降之路和灵魂的上升之路、灵魂的离开与回归诸问题，我们在第四、五、六章以及本章都在阐述，在此，我们无须再重复这一过程。但需要重申的是，如果宗教就是人与神或神圣者的关系，那么普罗提诺关于灵魂如何走向上帝以达到灵魂与太一、人与上帝的合一的思想就是一种宗教。

事实上，普罗提诺也经常被人称为一个宗教哲学家，如果没有我们一般倾向于称作宗教的某种经验，普罗提诺根本就不能写出一个哲学单词。[①] 但是，正如我们在生平中所看到的，普罗提诺对他那个时代所流行的祭仪宗教和官方宗教似乎都没有多大的兴趣，冷淡得几近于蔑视。比如，在阿美琉斯邀请他参加一个宗教活动，而他回答说，"他们应该来参拜我，而不是我去拜他们"。（生平，10章）从这件事我们不难看出，对于普罗提诺而言，当时的这些祭拜和宗教都是与哲学家的兴趣不相适合的，因为哲学家是以太一为守护神，而不像一般民众以低级的精灵为守护神。哲学家要做的不是和低级的精灵在一起，而是要依照理智的生活，回到真正的自我及其来源——太一。对此，阿姆斯庄在《九章集》英译本序言中就指出，普罗提诺的遗言"'努力使你自身中的神回归大全之中的神'就是他整个生命和工作的总结。它们也是他的宗教的总结——这两者（生命和工作——引者注）是同一的，因为我认为这个回归的工作可以恰当地被称为一种宗教的工作。"[②] 换言之，在普罗提诺那里，生命与工作是一回事，哲学的工作就是宗教的生活，他通过把哲学神圣化而哲学地过宗教生活。格尔森引用奥宾（P. Aubin）的话说，"普罗提诺宗教哲学的核心观念就是回归"，而他本人也明确地说，他用"宗教"这个词就指"普罗提诺所肯定的这样一种活动或实践，它能使人达到高等的德性，并超越这些德性，最终与理智相联系，并通过理智而与太一合一。"[③]

[①] Rist 1967, p. 199.
[②] Armstrong 1989, Vol. 1, p. xxvi.
[③] Gerson 1994, p. 203.

第八章 灵魂与上帝的神秘合一

里斯特通过对"祈祷"（prayer）这种"典型的宗教性行为"[①] 的分析，也得出了大致相同的结论。他认为在普罗提诺那里，祈祷可以分成低级的祈祷和高级的祈祷两个等级。低级的祈祷与巫术是一个等级，确切地说就是一种巫术。祈求者在祈祷中从太阳、星星以及宇宙中的精灵那里获得一种"自动的"（automatic）和"同情的"（sympathetic）反应，祈祷的效果取决于对宇宙及活动的认识。这种低等的祈祷只涉及那些不能够生活在高等级实在中的人，而那些生活在高等世界中的人和圣贤则不关心这些，也不受它们的影响，他们所进行的是一种高等的祈祷。高等的祈祷是一种人和太一相合一的方式。当一个人孤独地走向孤独者（alone to the Alone）时，他就会意识到太一总是临在的（present），如果他希望就可以使他自己上升以观照太一。这也就是说，在最高等的祈祷活动中，我们可以再次转向太一。[②]

因此，从这个意义上再次表明：在普罗提诺那里，本体论和神秘主义是一回事，都是人（灵魂）何以走向上帝（太一）的故事；哲学和宗教是一致的，都是一种精神修炼的生活方式。这首先被他的新柏拉图学派的弟子们继承和发展，并用于抗衡日益崛起的基督教，同时也被基督教吸纳和利用以发展自己的神学。

[①] 恩斯特·图根德哈特认为"典型的宗教性行为大概是祈祷。在祈祷中，人们或祈求未来的幸运（好'运'），或感谢神曾赐予的幸运，或赞美神。"见［德］恩斯特·图根德哈特《宗教和神秘主义的人类学根源》，《求是学刊》2003 年第 6 期。

[②] See Rist 1967, p. 212.

下篇
古希腊哲学与基督教神学之桥：
普罗提诺宗教哲学的影响

　　普罗提诺被公认为新柏拉图主义的真正创始人和大师，是古希腊哲学伟大传统的最后一位最为伟大的代表。他在心向上帝的旅程中，以自己的理论思辨和修行实践最为典型地诠释和践行着作为哲学（理性）与宗教（信仰）相一致的生活方式。虽然斯人已去，但"正如欧那庇乌所言，'火仍在普罗提诺的祭坛上燃烧着'，这是因为基督教的神学变成了柏拉图学派的神学。"[①] 公元4世纪的欧那庇乌的评价以及英奇对此的阐释清楚地表明了普罗提诺及其思想对后世的影响。普罗提诺的思想之火不仅直接缔造了新柏拉图主义学派，而且对基督教神学乃至近现代世界都产生了重要影响。

[①] Inge1923, Vol. 1, p. 11.

第九章　普罗提诺与新柏拉图主义

普罗提诺的影响最直接的便是缔造了新柏拉图主义学派，而该学派在公元3世纪中叶到6世纪末的大约300年里是罗马帝国最具影响力的思想运动。正如劳埃德（A. C. Lloyd）所评价的，"新柏拉图学派的发展，不仅仅是罗马帝国的一个学术机构，而且更是在宗教时代的一种精神运动。"[1] 依据这场精神运动的活动中心，新柏拉图主义学派可以主要分为以波菲利为代表的罗马学派、以杨布利科为代表的叙利亚学派、以普洛克罗为代表的雅典学派和以希帕提娅为代表的亚历山大里亚学派。

新柏拉图学派及其代表人物"无不在普罗提诺的轨道上继续前行，但我们必须注意的是，他们几乎不提普罗提诺，而且在许多方面较大的改变了普罗提诺的思想。"[2] 这种改变主要体现在以下几个方面。其一，政治的热情在减弱。如果说普罗提诺还想在康帕提亚建立柏拉图的理想国，那么在他之后的新柏拉图主义者虽然也还教授"哲学王"的智慧，却已经没有了那种对于政治的浓厚兴趣与关注。其二，灵性生活的通神术却在加强。对于普罗提诺，心向上帝的灵性生活在于苦修、德性和神秘的精神修炼，他的继承者们保留了苦修与道德的生活，但把通神术（Theurgy，或译神功）看得同样重要，甚而认为秘仪之路比辩证法之路更能达到精神修炼的目的，而在《生平》

---

[1] A. H. Armstrong ed., *The Cambridge History of Later Greek and Early Medieval Philosophy*, Cambridge University Press, 1967, p. 277.

[2] 汪子嵩等：《希腊哲学史》（四卷下），第1354—1355页。

◈ 下篇 古希腊哲学与基督教神学之桥:普罗提诺宗教哲学的影响

中普罗提诺是坚决反对各种秘仪与迷信的。其三,注重对柏拉图与亚里士多德的综合。在普罗提诺那里,亚里士多德的影响是重要的却是隐而不现的。而在他之后的新柏拉图主义者们把亚里士多德著作也当成权威,认为柏拉图和亚里士多德在本质上没有区别,通过对后者的学习可以达到前者所要求的神圣的最高境界。其四,倾向于在最高本体与现实世界之间增加层次。新柏拉图主义者们一方面想把神(本体)和人(自然)之间的距离加大;另一方面又想使神与人之间的沟通变得容易些。他们采取的办法就是增加人与神之间的梯级,因为梯级的增加虽使得通达太一的台阶和时间增加了,但爬起来却又容易了许多。于是他们把普罗提诺的三一本体分成不同的层次,每个层次又进一步分成更多的层次或三一体,以致发展到最后变得繁杂甚而失控。这种改变的最终结果,在有些学者看来这使新柏拉图主义滑向了普罗提诺所反对的无原则的折中主义,而与许多其他学派的思想妥协,甚至去接受流行的迷信。[1] 但也有研究者认为普罗提诺之后的新柏拉图主义者们更关心现实的生活世界,比纯粹思辨的哲学更加切近现实生活的处境。[2]

第一节 波菲利和罗马学派

新柏拉图主义最早可以追溯到阿谟纽斯,但真正的创立者被公认为是他最著名的弟子普罗提诺,普罗提诺最著名的弟子是波菲利。后面的俩人主要生活的地方在罗马,因而人们通常把以普罗提诺和波菲利为代表的新柏拉图学派称为罗马学派。

波菲利(Porphyry,约232—304年)出生于叙利亚泰尔城(Tyre)一个富裕的家庭,原名叫"马尔库斯"(Malachus,即"国

---

[1] See E. R. Dodds, *The Greeks and the Irrational*, London: University of California Press, 1951, p. 286.
[2] See Lucas Siorvanes, *Proclus: Neo-platonic Philosophy and Science*, Edinburgh: Edinburgh University Press, 1996, pp. 42-43.

王"之意),波菲利是希腊文译名(意思是"王室紫袍")。年轻时,他在雅典跟随被称作"活的图书馆和流动博物馆"的柏拉图派的雄辩大师朗吉努斯(Longinus)学习。大约在262年来到罗马,师从普罗提诺6年,深得老师器重。虽非入门最早却在老师死后,以掌门大弟子的身份为老师做传并编辑了老师的作品。根据《普罗提诺生平》,波菲利约在268年患上了忧郁症,有比较严重的自杀倾向,便听从普罗提诺劝告,去了西西里定居。在普罗提诺去世后,回到了罗马。晚年,他与一个有七个孩子的妇人马其拉(Marcella)结婚。他流传后世的哲学书信《致马其拉信》便是在一次旅行时写给她的。他还写了大量其他的作品,但流传下来的除了上面提到的两篇外,还有《毕达哥拉斯生平》《论素食》[①]《亚里士多德〈范畴篇〉引论》[②]《格言集》[③]《反基督徒》[④],以及我们在第三章第三节中提到的对古代宗教传说典籍进行哲学寓意解读以强调灵性进步的《论苧芙的洞穴》等。通过这些作品和教学以及与基督教的论战,波菲利使新柏拉图主义得以广泛传播,在从希腊哲学向基督教神学的演变中起到了非常大的作用。"正是他,建立了柏拉图主义和新的上帝之城的缔造者圣奥古斯丁之间的接触。"[⑤]

[①] 这篇文章的标题是 On Abstinence from Eating Food from Animals,也译作"论禁止食荤"。

[②] 据说该引论(Isagoge)是波菲利在西西里期间,为回答罗马元老院议员克里塞欧西乌斯(Chrysaorius)关于亚里士多德《范畴篇》的问题而做的回函,后和《范畴篇》一起被译为拉丁文,汉译作《亚里士多德〈范畴篇〉引论》(Introduction to Categories)。在中世纪经波埃修斯的译介,成为经院逻辑课的必读书,被认为是对亚里士多德的逻辑概念和学说以至整个哲学的导论,在中世纪影响很大。

[③] 全称《智性对象研究辅读格言》(Starting – points Leading to the Intelligibles),通常简称为《格言集》(the Sententiae),是对《九章集》中的段落、命题的格言辑录,曾被作为新柏拉图学派的教科书。

[④] 该书共15卷,当时流传很广,但在448年被基督教会判定为异端而烧毁,现仅在基督教神父马格内斯(Magnes)反驳的文章中能找到一些片段。这些残篇后被一些学者汇集出版,如霍夫曼(R. F. Hoffman)编译、牛津大学出版的《波菲利的〈反基督徒〉残留文本》(Porphyry, *Porphyry's Against the Christians: The Literary Remains*, trans. R. Joseph Hoffmann, Prometheus Books, 1994)具有很高的学术价值。

[⑤] S. A. Cook, F. E. Adcock, M. P. Charlesworth, N. H. Baynes, eds., *The Cambridge Ancient History* XII, Cambridge University Press, 1939, p. 629.

◈ 下篇　古希腊哲学与基督教神学之桥：普罗提诺宗教哲学的影响

在波菲利看来，柏拉图和亚里士多德在本质上是相通的。在《九章集》Ⅵ.1"一论存在的种类"中，普罗提诺对亚里士多德的范畴理论进行了猛烈的抨击，但波菲利却赞同并接受了亚里士多德的逻辑学。在《亚里士多德〈范畴篇〉引论》中，波菲利把亚里士多德的"四谓词理论"（特性、定义、属和偶性）发展成"五谓词理论"（种、属、种差，固有属性、偶性），也即"波菲利树形图"。"亚氏的四谓词理论与波氏的五谓词学说的最大差异在于前者没有个体词作主词，因而只有类与类的关系．而后者有个体词作主词，因而不仅有类与类的关系而且有个体与类的关系。"① 波菲利树形图对中世纪阿拉伯逻辑学和西方传统逻辑学的发展乃至现代数理逻辑中概念的分类都起了很大的作用。在此基础上，波菲利认为柏拉图和亚里士多德的哲学在本质上没有区别，他们的分歧集中体现为"共相性质的问题"：（1）属和种是自身存在，还是仅仅存在于我们的概念之中；（2）如果它们存在，那么它们是物体的还是非物体的；（3）他们是自身独立存在，还是存在于并且依赖于感觉客体？② 这也就是著名的"波菲利问题"。波菲利自己没有给出答案，却引发了中世纪唯名论与唯实论关于共相问题的争论，在哲学史上具有重要意义。

波菲利对普罗提诺的三一本体进行了改造，增加层级。他强调了太一的独立性和优先性，认为从理智才开始形成杂多，因为理智思想是杂多，多就在理智之中。他把"理智"本体又进一步分成"存在"、"思想"和"生命"三个次一级的三一体，而其他各种实在都可分割归属于这些次级本体。在他之后的新柏拉图主义者继承了他这一做法，又再对每一个次级本体进行三重区分，从而产生出不同层次的众多本体。

波菲利非常强调哲学研究的实践目的，提出"四层德性递进说"。他认为哲学思考的目的在于拯救灵魂，而德性是灵魂摆脱肉体获得拯

---

① ［古罗马］波菲利：《〈范畴篇〉导论》，王路译，《哲学译丛》1994年第6期。
② 参见［古罗马］波菲利《〈范畴篇〉导论》，第74页。

救的唯一途径。他把《九章集》Ⅰ.2"论德性"中的德性系统化为四个层级或阶段，即公民德性、净化德性、思辨德性（静观德性）和范型德性（德性本身）。公民德性是最基本的美德，要求我们的情感有度、中道，不为肉体和外物所萦怀。净化德性进一步要求人要完全摆脱肉体和物欲的束缚，达到不动情的状态，以便为转向善做好准备。这两个阶段为现世的道德生活，对于人而言，尤其是净化德性更重要。因为它是我们转向善、与神相似的关键一步，而且我们可以通过此世精神修炼的努力获得。具体方法就是"自我认识"，即"认识到自己实际上并不是肉体，认识到自己从来就没有离开过非形体性的本质"，① 即神圣的三一本体。静观德性再进一步，灵魂完全摆脱了肉体，是在理智中的认识真理的活动。范型德性就是理智本身的美德，就是德性本身。这两个阶段分别对应于神圣灵魂和理智，是在现世生活所不能及的，只有依靠神的恩典在来世获得。沃格尔（C. J. de Vogel）认为，"公民德性和净化德性的区分是波菲利做出的，在普罗提诺那里还没有这样论述过。"② 这样，在波菲利那里，四种德性就成了从此世趋向来世的"四层德性递进"之旅，这为后来的新柏拉图主义者普遍接受。

波菲利认为德性修炼的"目标就是与灵性一致的生活"，③ 在于我们的灵魂"与神相像"。这个相像不能通过人的评判或智者的空洞言谈来获得，也不是通过不断地祈祷与献祭能获得，只能通过德性的践行才能获得。而我们的灵魂要达到与神相似，"我们必须信仰，我们的唯一得救之道是转向神；有了这一信仰之后，我们就必须尽力去认识有关神的真理；当我们认识到这一真理之后，就必须爱我们认识的对象；在爱的感召下，我们一生要充满美好希望。好人是通过美好

---

① Porphyry, the Sententiae, 41. See John Gregory, *The Neoplatonists: A Reader*, New York: Routledge Press, 1999. 凡波菲利的引文未特别注明都出自本书。

② C. J. de Vogel, *Greek Philosophy, A Collection of Texts with Notes and Explanations*, Vol. Ⅲ: *The Hellenistic-roman Period*, Leiden: E. J. Brill, 1964, p. 543.

③ Porphyry, *On Abstinence from Eating Food from Animals*, Ⅰ.29.4.

◆◈◆ 下篇 古希腊哲学与基督教神学之桥：普罗提诺宗教哲学的影响

希望而超出坏人的。"① 显然，波菲利把人与神的关系看成是人对神的信仰、真理、爱和希望，这比基督教的信、望、爱就多了一个真理。因为对波菲利而言，这个"神"还不是基督教的"上帝"，而是哲学上的"太一"。

波菲利强烈抨击当时方兴未艾的基督教。相对于普罗提诺，波菲利对基督教似乎要更加熟悉，因而批判得也更加尖锐和激烈。在《反基督徒》中，他站在希腊理性神学的立场，否认耶稣基督的神性，痛斥圣经是胡说八道、耶稣的教导是欺骗。他指出"摩西五经"的作者不是摩西，耶稣的家谱是伪造的；《但以理书》的作者不是但以理，其中的预言不过是事后的杜撰；耶稣的复活并没有令人信服的、可靠的证据，福音书的记述彼此矛盾，是不可信的。"福音书中的这些蠢话，只应当教给老妇，而非有理性的人。任何有耐心审视这些事实的人都会发现有成千上万的类似虚构，但凡有点理智的人都不会相信。"② 关于得救，耶稣说"贫穷的人有福了"，(《圣经·马太福音》5：3，《圣经·路加福音》6：20) 波菲利诘难说，一个人灵魂的得救要靠德性，怎么能因为贫穷呢？再如耶稣说，"吃我肉喝我血的人就得永生。"(《圣经·约翰福音》6：55) 波菲利认为为了永生而去吃亲人们的血肉，这实在野蛮而荒唐。③ 关于末世论所说的信徒可以随主升天，波菲利也认为这完全是违反自然规律的，即使神的道也不能违反自然。虽然波菲利对基督教的批判完全是从哲学原则进行的，但他的批判显然激怒了基督教会，他的人遭到一些护教士和圣经学家的攻击。比如，哲罗姆（Jerome）就咒骂他是恶棍、无耻之徒、诽谤者、谄媚者、疯子、疯狗等。④ 他的著作也被教会下令烧毁。

波菲利对古希腊罗马的传统宗教也同样持批判的态度，但对巫术、通神术等秘仪却予以一定程度的辩护。普罗提诺虽然也拜传统的

---

① Porphyry, *Letter to Marcella*, 2.
② Porphyry, *Porphyry's Against the Christian*, p. 36.
③ See Porphyry, *Porphyry's Against the Christians*, pp. 45, 49.
④ *The Cambridge Ancient History* XII (1st ed.), p. 634.

太阳神，但是对巫术、念咒召唤精灵等却是坚决反对的。和他不同，生于叙利亚的波菲利从小就受到迦勒底星相学和巫术影响，热心于迦勒底秘仪（Chaldean rites，又译查尔丹秘仪），认为妖魔和邪灵无处不在，充塞庙宇，常常伪装成神，在人和神之间设置种种障碍。而神功是神为了消除这种障碍而给妖魔的赎金，但通神术对于人的作用究竟有多大是值得商榷的，他倾向于普罗提诺认为是低于哲学的。多德斯就此认为，"实际上波菲利在内心深处仍然是一个普罗提诺派，但却已经往相反的方向做出了危险的让步。"[1] 这个相反的方向被他的学生杨布利科大大地继承了，认为神功高于哲学。新柏拉图主义者沿着这条道路走得越来越远，以至于"新柏拉图主义者的形而上学就蜕化为神话，他们的伦理学就蜕化为妖术。"[2]

第二节 杨布利科和叙利亚学派

波菲利去世后，新柏拉图主义的中心因其弟子杨布利科转移到了受希腊文化影响较少而东方神秘主义思潮浓厚的叙利亚，是为新柏拉图主义的叙利亚学派。该派的新柏拉图主义者把思辨哲学与巫术迷信、宗教神学与偶像崇拜相混合，反对基督教，维护多神论，试图建立起一个哲学、巫术、宗教合一的体系。但结果，"这个以柏拉图之名自称的学派眼下被引向最最极端的迷信，有时完全沦落为真正的巫术和通神术（theurgy）。"[3]

杨布利科（Iamblichus，约240—325年）出生在叙利亚的一个显贵之家，是古老的祭司-君王的后裔。他有可能前往罗马求教于波菲利，也可能是在叙利亚自读波菲利的著作。但无论如何，他一般被看成是波菲利的学生，是继普罗提诺和波菲利之后新柏拉图主义的第三号人物，叙利亚学派的创始人。他在叙利亚的阿巴米亚（Apamea）

---

[1] E. R. Dodds, *The Greeks and the Irrational*, p. 287.
[2] ［德］文德尔班：《哲学史教程》（上），第337页。
[3] ［瑞士］布克哈特：《君士坦丁大帝时代》，第158页。

◈ 下篇　古希腊哲学与基督教神学之桥：普罗提诺宗教哲学的影响

教书授徒，有两个著名弟子：一个是艾底休斯（Aedesius），开创了帕加马学派，是"背教者"朱利安皇帝[①]的老师；另一个是开创了新柏拉图主义雅典学派的普鲁塔克（Plutarch）。杨布利科非常推崇毕达哥拉斯，他流传下来的著作中《毕达哥拉斯传》《劝学篇》《算数神学》[②]等都和毕达哥拉斯有关。他也非常推崇秘仪，尤其是迦勒底神谕，只是关于它的评注已经遗失，流传下来的是《论秘仪》。此外，他还有关于柏拉图、亚里士多德等人思想的评注残篇和书信流传后世。杨布利科力图把以普罗提诺为代表的新柏拉图主义和亚里士多德主义、毕达哥拉斯学派相融合，把思辨哲学和东西方包括占卜、巫术在内的各种神秘主义相结合，构造一个综合杂糅的具有现实效应的"哲学－神功"的理论体系。这个体系与普罗提诺和波菲利的理论有很大的区别，代表了新柏拉图主义发展的一个新方向。赫卢普（Radek Chlup）认为，"自杨布利科在叙利亚建立了自己的学校，他所有的追随者都在讲希腊语的罗马帝国东部活动，我们在这里可以称之为'东方新柏拉图主义'，以区别于讲拉丁语的受普罗提诺影响的西部新柏拉图主义。"[③]

杨布利科仍然坚持从最高本体到形体世界的流溢说，但给普罗提诺的三一本体增加了更多的三一体层级。他首先把在普罗提诺和波菲利那里是纯粹的、不可再分的太一（the One）分成："绝对的一"（Absolute One），是完全超越的，完全不可说的，也是纯粹的不可分，是回归的灵魂不可达到的层级；"单纯的一"（Simple Unity），相当于

[①] 朱利安从小信仰基督教，但后来受到新柏拉图主义老师们的影响，改变了君士坦丁大帝的基督教政策，迫害基督徒，支持多神崇拜，恢复各种秘教礼仪。他非常崇拜杨布利科，称之为"神圣的杨布利科""希腊人的宝贵财富""希腊世界的拯救者""全世界的恩人"等。See Gregory Shaw, *Theurgy and the Soul—— The Neoplatonism of Iamblichus*, The Pennsylvania State University Press, 1967, p. 2.

[②] 杨布利科在自己的《论尼古马科斯的算数神学导论》中说要写一本算数神学的书，但这本《算数神学导论》现在被很多学者认为不是杨布利科本人写的。其作者不详，看起来更像学生的笔记，但学者们认为它反映了杨布利科的思想。汪子嵩等《希腊哲学史》（四卷下），第1376页。

[③] Radek Chlup, *Proclus——An Introduction*, Cambridge University Press, 2012, p. 18.

第九章 普罗提诺与新柏拉图主义

普罗提诺那里的太一或至善。单纯的一又派生出有限（Limit）和无限（Unlimited），它们的混合产生"实是的一"（One – Being），即三大本体中的第二大本体——理智。接着，他把理智（Intellect）先分为理智对象（Intelligible，理念）和理智活动（Intellectual，思维），后者杨布利科也称为"造物主"（Demiurge）。造物主又继续被分成三个层次：创世者之父、天界创世者和月下世界的创世者。最后，杨布利科把第三大本体灵魂（Soul）分成四层：神的灵魂、天使的灵魂、精灵的灵魂和英雄的灵魂（后来他又扩增到了八层）。它们的数目是根据360这个数的模式来决定和排列的：12位奥林帕斯诸神产生36位天使，再产生72位精灵，最后产生360位英雄。此外，还有21位世界主宰和42位自然神，等等。这几乎囊括了希腊罗马和外邦崇拜的全部神灵、偶像和英雄人物在内。在整个流溢序列的最后是可感的自然世界。杨布利科认为物质世界并不是像柏拉图、普罗提诺所认为的是全然的堕落，形体世界的"恶"也不是因为质料的缺乏性质；相反，物质世界因为质料的无限定性而绝不会是恶的，因为无限定是有限与无限两大神圣原则之一。因而，"说这个（质料原则）是恶或者丑恶是不合适的……说质料原则是恶，实在与真理不符。"①

这里，我们需要注意三点。第一，杨布利科把柏拉图主义与毕达哥拉斯主义结合了起来，使得理念的超越性和有限与无限的原则、流溢说与数列从第一项产生原则相结合，在保证三一本体的一元论的同时又肯定了各个层次，尤其是派生层次的相对独立性，这对于理解和解释人在宇宙中的地位及其命运至关重要。"这种把本体进一步细致区分的倾向，一直是新柏拉图主义的一个特点。杨布里丘只是把它公开化、突出化和系统化了。"② 第二，杨布利科"比起一般新柏拉图

---

① [古罗马] 杨布利科：《论一般数学科学》。转引自 Gregory Shaw, *Theurgy and the Soul—— The Neoplatonism of Iamblichus*, p. 33。
② 汪子嵩等：《希腊哲学史》（四卷下），第1378页。杨布里丘，即杨布利科（Iamblichus）。

311

下篇　古希腊哲学与基督教神学之桥：普罗提诺宗教哲学的影响

主义者要更为相信亚里士多德与柏拉图的一致性。"[①] 他虽然也同意柏拉图和普罗提诺关于神的灵魂不会下降到可感的世界中来，但坚持人的灵魂是完全下降到人的身体中的。这就与亚里士多德相似，亚里士多德在《论灵魂》中强调的灵魂与身体二者之间的紧密的内在关系；而不同于普罗提诺、波菲利认为灵魂本体没有下降到有"恶"的形体世界，下降的只是灵魂的低级能力或活动。灵魂本体完全下降到了世界，下降到身体之中，而我们的身体与所处的世界也因神圣的本体灵魂的完全下降于其中并非全然的堕落。在他之后的新柏拉图主义者基本上沿着他而非普罗提诺的方向前进，肯定灵魂进入我们的身体与所处世界的合理性。第三，杨布利科把西方希腊理性主义和东方神秘主义、哲学理论与宗教实践杂糅综合在了一起，把普罗提诺精致的三一本体理论推衍成了一个复杂的多神论的体系。在他的体系中，容纳了希腊和近东的种种传统信仰和宗教实践，把奥林帕斯诸神和奥菲斯教、犹太教和诺斯替教派汇集起来，把所有民族的神灵接纳进万神殿，也把除伊壁鸠鲁和犬儒学派之外的哲学家，如柏拉图、亚里士多德、毕达哥拉斯、赫拉克利特、德谟克利特等也放了进去，以建立起希腊哲学和神话以及东方宗教实践相综合的宗教神学体系，从而来对抗基督教文化。

杨布利科接受并改造波菲利的"四层德性递进说"为"五重德性递进说"。他同意我们的灵魂可以凭借公民德性、净化德性、思辨德性来摆脱肉身，离开形体世界，沉思理智，观照出自绝对太一的流溢序列；再凭借原型德性，使自己和理智、万物原型的理智（理念）等同起来；最后，凭借在这四种德性之上的"神功"德性，灵魂就可以上升，并最终在迷狂中"与神合一"。

杨布利科非常重视神功。"神功"（Theurgy）本意是"神的工作"，也被译为"神术""秘仪""修炼""召灵术""通神术"，强调不能只"谈论神"（神学），而且也要"为神做工作"（宗教实修）。

[①] 汪子嵩等：《希腊哲学史》（四卷下），第1378页。

第九章 普罗提诺与新柏拉图主义

在诺斯替教和当时流行的各种东方神秘主义的秘仪中大行其道,使用石头、植物、动物等经过仔细选择的具有某种神性象征之感性具体事物作为修道的办法,以与宇宙中某种神力相感应,与神或妖灵进行神秘的沟通,从而获得健康、财富等物质利益和达到某种其他目的。神功的来源,赫卢普归结为三个:传统信仰(the Traditional Cults),民众对城邦守护者的崇拜;流行的魔法实践,试图激起神力并使它们服务于魔术师;内化的哲学虔敬,在灵魂的完善中达到宗教的目的。[1]神功的种类和形式很多,比如念诵名号、祈祷和咒语、敬畏某种数字排列,崇拜雕塑、生殖崇拜、太阳神崇拜,以及巫术、魔法、占卜、星象、奇迹,等等。杨布利科也没有谈到神功的具体做法和细节,格列高利·肖(Gregory Shaw)认为可以把其神功的原则概括为三点:"1. 诸神照亮质料,并以非形体的方式存在于物质事物中;2. 在生命的神和它们的创造物之间存在着亲密而慈爱的联系;3. 在神功中献祭的次序要和诸神的层级相一致。"[2] 显然,在杨布利科看来,质料不是恶的,而是神性的体现,由质料构成的肉体和物质世界也就不是如柏拉图和普罗提诺所言的牢笼和恶丑。这样,与这个世界有关的诸神精灵和秘仪神功也就不再是普罗提诺那里被否定的怪力乱神,而是灵魂回归和向上的有效途径,具有重要的作用,所以杨布利科才说"不要怀疑神圣的占卜和任何宗教信仰"。[3] 灵魂的回归必须是依次向上,按照已经化入宇宙内的诸神或天使的层级为中介,梯级而上,但仅凭完全下降到身体中的灵魂自身是不可能的,必须依靠外在的力量,即神功才行。神功不是人的理智活动,而是在所使用的各种具体事物或符号中那不可见的神的力量之自行发挥作用,因而"神功的成功完全是神的恩赐。"[4] 如此一来,依靠神功而达到的"与神合一"

---

[1] See Radek Chlup2012, p. 169.
[2] Gregory Shaw1967, p. 48.
[3] 转引自[德]策勒尔《希腊哲学史纲》,第303页。
[4] Iamblichus, Emma C. Clarke, John M. Dillon, Jackson P. Hershbell, eds., *Iamblichus: De Mysteriis* III. 20, Atlanta: the Society of Biblical Literature, 2003, p. 172.

就是"与神相像",不是沉思而是模仿神的本质和活动,积极行动,参与神的工作。在神功中把自己重新投入有神的宇宙整体之中,认识到自己只是这个神圣整体的一部分,从而放弃对于私利和物欲的执着,恶也就随之消失。因此,对于杨布利科而言,与神合一的最高状态不是静观而是行动,不是哲学而是神功,于是神功高于哲学。

后来,很多人因为杨布利科全面肯定并引入神功而斥责他迷信而荒诞不经,丧失了希腊哲学理性思辨的光荣传承。但在当时的时代,他得到了包括皇帝朱利安在内的人们的称赞,被看作是"拯救整个希腊世界的人",其声望超过了普罗提诺。① 其因何在?格列高利·肖在其《神功与灵魂——杨布利科的新柏拉图主义》的"结论"中分析指出:面对希腊文化的衰退和基督教越来越强势的挑战,普罗提诺和波菲利的柏拉图主义退守到了一个知识精英的小圈子,越来越远离普通大众,而大众也放弃了希腊传统的宗教和仪式,转向了新兴的基督教。杨布利科希望通过对柏拉图主义的神功再释,既保留秘仪在少数人中的传承,同时也满足大众对于宗教的需求,以一种新的方式对时代问题作出具有现实效应而非纯粹理论的回应。为此,他没有遵循普罗提诺和波菲利的教诲,而是忠实于柏拉图和毕达哥拉斯的教诲建立了哲学—神功的新柏拉图主义。② 在杨布利科之后,他的学生和学生的学生沿着他的方向继续推进,在把通神术作为反抗基督教必不可少的武器的同时,也越来越把他们学说和理论中的柏拉图因素变成了附庸。

第三节　普罗克洛和雅典学派

在杨布利科之后,新柏拉图主义的中心转移到了雅典。雅典学派的创始人是杨布利科的著名弟子普鲁塔克(Plutarch,350—430年)。

---

① Gregory Shaw, 1967, p. 2.
② See Gregory Shaw, 1967, pp. 237–238.

他在担任雅典的柏拉图学园园长之后，引入了新柏拉图主义，形成了新柏拉图主义的雅典学派。在他之后继任园长的是西利亚努（Syrianus，432年继任），接下来就是著名的普罗克洛。在普罗克洛之后，直到东罗马皇帝查士丁尼（Justinian，527—565年在位）于529年关闭包括柏拉图学园在内的一切非基督教会学校，雅典学派还继续存在了40多年，比较著名的人物有马里诺（Marinus）、[①] 达马修斯（Damascius）、辛普里丘（Simplicius）等人。当然，在雅典学派中最著名、影响最大的、最能代表新柏拉图主义雅典学派思想的是普罗克洛。

普罗克洛（Proclus，约410—485年）出生在君士坦丁堡的吕西亚（位于小亚细亚）。父亲是一位富有的律师，送年轻的儿子到亚历山大里亚学习雄辩术和罗马法，希望他能子承父业成为一个律师。但普罗克洛对哲学更有兴趣，遍访名师学习数学和逻辑。19岁时来到雅典的柏拉图学园，深得普鲁塔克和西利亚努前后两任园长的喜爱和教导。25岁时接替去世的西利亚努成为园长，直到75岁去世，当了50年的学园领袖。普罗克洛终生未娶，喜吃素食，在宗教节日时还禁食守斋；他精力充沛，勤于著述，每天上课5次，写作700行文字；他也是个虔诚的宗教信徒，不仅严守希腊传统宗教的节日，也守小亚细亚和埃及的宗教节日。每天在日出、日中和日落时向太阳神做3次祈祷，晚上还要做冥想、祈祷、唱赞美歌。他自称是毕达哥拉斯主义者尼各马可的灵魂转世，常在梦中受神启示，热衷巫术。他在当时被认为是能和神交往并具有创造奇迹和预言的非凡能力之人，有人甚至说在他讲课时看到他头顶上有光环。他生前就享有盛誉，帝国境内从王室贵族到平民百姓都有许多来人来听他的课。在他的学生中，有的成为皇帝，如西罗马皇帝安特米乌斯（Anthemius，467—472年在位）；有的成为元老，如阿西来皮奥多图（Asclepiodotus）；有的成

[①] 马里诺是普罗克洛的大弟子，学园的继承人，我们现在看到的关于普罗克洛生平的资料就来自他的《普罗克洛传》。

◈ 下篇　古希腊哲学与基督教神学之桥：普罗提诺宗教哲学的影响

为学界翘楚，如后来成为新柏拉图主义亚历山大里亚学派首领的阿莫尼乌斯（Ammonius）。普罗克洛学识渊博，著述极丰，主要有《神学要义》《柏拉图神学》《论迦勒底哲学》《论天意与命运》《论恶的存在》《有关天意的四个问题》，以及关于《蒂迈欧篇》《国家篇》《巴门尼德篇》等的评注。他的著作后来流传到中世纪，被翻译成拉丁文，成为经院神学家了解希腊哲学的重要来源之一。普罗克洛是继普罗提诺之后新柏拉图主义学派最重要的代表，"他在新柏拉图派传统中的地位相当于托马斯·阿奎那在经院哲学的地位。"[1]

普罗克洛认为"知识的主要任务就是发现居中的各个阶段。"[2] 因而他把由普罗提诺创立的、经波菲利和杨布利科细密化的新柏拉图主义体系，通过增加若干三一体的中介层次发展成为一个完备而庞杂的严密体系。他演绎其理论体系、添加中介层次及其实在的原则是按照"三一发展律"来进行。首先是"统一体"，与自身同一且保持不变；其次是"生成体"，由统一体的活动或流溢而产生；最后是"复生体"，由生成体的复归活动所形成。生成体作为流溢物，必然要重新回归自己所从出的统一体。在这个三一发展律中，"统一——生成——复归"的发展原则就是"自因——原因——结果"的原则，也可以说"限定——不限定——混合"的关系。用柏拉图的话来讲，则是"不被分有——被分有——分有"的关系。所有的实在都要服从三一发展律，每一发展都包括三个阶段。统一体是既不被分有又不分有的自因，因而是不可言说的，包括太一、理智和灵魂，它们是纯粹的、真正的神。每一统一体作为自因都是一个系列的开端，太一（to en, the One）是一系列绝对存在者——神（gods）——的开端；理智（Nous, Intellect）是生成体系列——理智对象（Intelligible henads）、理智对象 - 活动（Intelligible - Intellective henads）以及理智活动（Intellective henads）——的开端；灵魂（psyche, Soul）是复生体系列——超越世

---

[1] Radek Chlup 2012, p. 1.
[2] 这句话普罗克洛是在《〈蒂迈欧篇〉评注》里面讲的。转引自 C. J. de Vogel1964, p. 572。

界（Hypercomsic henads）、超越－内在世界（Hypercomsic－encomsic henads）和自然（Encomsic henads）——的开端。

普罗克洛整个体系的开端是"太一"。严格来讲，太一不是实在，也不同于其他的统一体（henads），而是所有实在的首要原则和原因。"一切实是都源出于一个单一的第一因。否则，一切都成了无因之果，要么实是的整体是有限的，在此整体存在着因果循环；要么会无穷倒退，原因前面又设原因，对'前面原因'的设定会永无尽头。如果万事没有原因，那就没有先与后、完善与不完善、有序与无序、产生者与被产生者、主动的与被动的等等区分，如此则万事皆不可知。科学的任务就是认识原因，只有当我们找出事物的原因时，我们才能说认识了它们。"[1] 普罗克洛在《神学要义》一开始就承认世界是杂多的，但"一切多都必然以某种方式分有统一"，[2] 否则就不能保持自身的同一性，即是其所是。由于统一就意味着"完满""自立"，所以"第一因"就只能是一个，是不能被分有的。[3] 那么，太一又如何派生出世界或者被万物分有呢？普罗克洛采取了与杨布利科类似的做法，在太一之下设立了一层"可被分有的一"或者"统一体"。这个统一体仍然是先于和超越于实是，是诸多实在的"第一原则"。它与太一的区别就在于它可以被分有，"每一个真正的实是都对应于一个统一体。反过来也一样，每一种实是也只分有一种统一体。"[4] 普罗克洛把统一体又分成自足的统一体和不自足的统一体两种。"正如前面所证明的，有两种统一体，一种是自足的，另一种是由前一种照射而出的；而且因为这个神圣序列是与太一或者至善相近的、同本性的，因而诸神是自足的统一体。"[5] 自足的统一体就是诸神，来自不

---

[1] Proclus, *The Elements of Theology——A Revised Text with Translation, Introduction, and Commentary*, prop. 11., ed., E. R. Dodds, Oxford University Press, 1971. 下文凡出自《神学要义》的引文，仅标明书目和命题序号。

[2] Proclus, *The Elements of Theology*, prop. 1.

[3] See Proclus, *The Elements of Theology*, prop. 1~6.

[4] Proclus, *The Elements of Theology*, prop. 136.

[5] Proclus, *The Elements of Theology*, prop. 114. 另参见命题64。

◈ 下篇 古希腊哲学与基督教神学之桥：普罗提诺宗教哲学的影响

可分有的太一，是天意运作的结果；而不自足的统一体是由前者照射而来的，其本质不在自身中，是对前者的分有，内在与万物之中。这样，普罗克洛通过超越的一（不可分有）与诸统一体（可被分有）之间的区分解决了唯一神与多神之间的共存问题，通过自足的统一体与物中统一体（分有者）的区分又把整个世界看作了充满（不同等级的）神性的世界，低层的事物从上一层获得自己的神性，也可以沿着不同的层级向上复归自己所从出的神圣统一体。

关于第二大本体"理智"，普罗克洛在《神学要义》的第166—183命题和《柏拉图神学》第五卷做了集中的论述。理智来自太一，在本性上都是神圣的，能自己认识自己，因为理智和理智活动及其对象都是统一的。神圣的理智按照可否分有标准可以分为不可分有的理智和可被分有的理智，具体有三类：不可分有的理智（the unparticipated intelligence），直接来自太一，是自足而完满的；超世的理智（the supra-mundane intelligence），可以被超越世界之物分有，介于第一种和第三种之间；在世的理智（the intra-mundane intelligence），也可称为天体的理智（the planetary intelligence），是分有者，同时也可以被精灵或者人类的灵魂不连续地分有。[①] 普罗克洛又按照本质（是其所是的实是本性）、能力（它向下的流溢）和复归活动（流溢者的回归）的模式，构造了一个以理智为开端的生成体系列。首先，他把理智这个统一体分成一个大的三一体：理智对象——理智对象—活动——理智活动。然后，每一项再依据本质、能力、复归活动模式进一步分为实是——生命——思的三一体，这里面的每一项又有自己的三一体，如此就推衍出不同层次的三一体。例如，"人"就是人的理念（超越而不可被分有的相）——人的范型（内在的可被分有的形式）——具有人形的有机体（感性的分有者）之三一体。由于第二层的本体必须分有第一层，第三层又必须分有第一层和第二层，这

[①] 参见 Proclus, *The Elements of Theology*, prop. 166, 以及多德斯关于本条命题的评注。

第九章 普罗提诺与新柏拉图主义

样算下来,整个理智本体就应当是由 9＋27＋81 项组成。①

接下来是第三大本体"灵魂"。灵魂本体是从理智流溢而来,在本性上是永恒而神圣的,凭理智中永恒的理念创造了物质世界。因而灵魂是可感世界与超感世界的中介。灵魂同样也有三种:神圣的灵魂,在本性上就具有理智,归根结底来自太一,其本身是自足而不可分的;可分有的灵魂,也是神圣的,来自理智,并且总是分有理智,是超越世界的灵魂(Hypercomsic soul),但同时也被低于它的事物所分有;不定的灵魂,可以现在分有理智也可不再分有理智,不能像前两种总是与神在一起,而是纠缠于形体,可称之为在世的灵魂(Encomsic soul),普罗克洛有时也干脆称之为世界灵魂(the world soul)。就具有形体而言,这里的世界灵魂既包括天体灵魂,他们虽然有形体却因永恒地分有理智因而是神圣的,也包括月下世界的灵魂,如人的灵魂、动物的灵魂、植物的灵魂。但要注意的是,普罗克洛拒绝毕达哥拉斯、柏拉图等前辈的观点,坚决"否认人的灵魂能变成动物的灵魂,虽然它在一定时间里会附着于动物的肉身"。② 普罗克洛也把灵魂分成神性的灵魂、精灵的灵魂、人的灵魂。在神性的灵魂中,普罗克洛把许多希腊罗马诸神放了进来,如父神(男性神)宙斯、波塞冬、哈德斯以及朱庇特、太阳神等,母神(女性神)阿尔忒弥斯、珀尔塞福涅等。精灵的灵魂处在神圣灵魂和人的灵魂之间,又分为天使、天灵、和英雄三种。天使是传达神的旨意,天灵则守护天界,英雄引导着人向天界上升或复归。③ 值得指出的是,"普罗克洛的这些神灵的'分类定制'与传统希腊神话传说中的一般想法倒也确实有些相似之处。而且,这种'天界等级'显然直接影响了后来基督教神秘主义者(托名)狄奥尼修斯的学说",④ 尤其是《神秘神学》中

---

① See A. H. Armstrong1967, p. 309.
② 参见 Proclus, *The Elements of Theology*, prop. 184,以及多德斯关于本条命题的评注。
③ See Proclus, *Ten Doubts Concerning Providence and a Solution of Those Doubts*: *On the Subsistence of Evil*, trans. Thomas Taylor, Chicago: Ares Publishing Inc., 1983, pp. 96 - 98.
④ 汪子嵩等:《希腊哲学史》(四卷上),第 1396 页。

◈ 下篇 古希腊哲学与基督教神学之桥：普罗提诺宗教哲学的影响

所讲的"天阶体系"的思想。

　　本体流溢的最后就是自然世界，终点则是质料。这里，普罗克洛继承了杨布利科的思想，肯定宇宙和我们所处的可感世界虽然有恶存在，但总体上还是美好的，否认质料是恶的原因。他更加大胆地认为，如果说我们所处的世界有恶，那也是因为至善，因为至善是一切事物的原因和根源。就此而言，恶就是善，恶的出现乃是天意。天意能够让所有的恶变得有助于整体，从而成为善的。例如，一个事物病了、坏了，乃至于毁灭了，对该事物而言是恶，但没有毁灭就不会有产生。如果宇宙没有生灭变化，那就不会是个整体。① 至于人的恶，普罗克洛认为还和人的灵魂的自由意志有关，因而人要是作恶就得自己负责。

　　普罗克洛认为每个灵魂都积极地寻求回归太一，人的灵魂更是如此。我们的灵魂由于具有神圣的本质，它能凭借自身中相应的因素认识原初本体，并且有能力和力量能回到神、回到太一。灵魂的上升和回归与各层级的实是相对应的，需要经过爱、真理和信仰几个阶段。"爱"是与所爱的对象完全合一的强烈愿望，把我们引向对美的观照，这是每个人都可以做的。"真理"是凭哲学（理智）的帮助把我们的灵魂从对美的爱之中再向上提升，认识到什么是真正的实是，达到灵魂的统一体。但这个统一体还只是灵魂的一，"不是纯粹理智的一，而是一个可分有的一"，普罗克洛及其后继者也借用迦勒底秘仪的术语称之为灵魂的"顶峰"和"花朵"②。从这里再向上，与"不可分有的一"的统一是理智美德所不能胜任的，而只能由信仰，也就是神功来完成。在这点上，普罗克洛和杨布利科是一致的，关于上帝（太一），"既不靠意见，又不靠知识，也不靠推理和直观，而靠必然性"，③ 即靠人们所认识不到的、必然起作用的

---

① See Proclus, *Ten Doubts Concerning Providence and a Solution of Those Doubts*: *On the Subsistence of Evil*, p. 41, 172.
② See A. H. Armstrong 1967, p. 312, and note 3.
③ 赵敦华：《西方哲学通史》（第一卷），第339页。

感应力，而这种感应力只有神功才可以。神功比纯粹的哲学理论更能把灵魂提升到最高的意识状态——神秘的与神通感的迷狂，使灵魂从"灵魂的一"跃入"太一"。灵魂一旦达到了太一，也就懂得了任何语言和思考都不能言说太一，也就不再从事认知活动，而保持"深深的沉默"。

普罗克洛按照他的三一发展律建构起了一个更加庞杂的多层实是的阶梯，秉承了从普罗提诺以来的所有新柏拉图主义者们都追求的人与神、灵魂与太一的神秘合一。但他们之间却也有分别：普罗提诺在理智生活与宗教的神秘经验之交融中以哲学的方式使个人在静观中获得；波菲利虽也说神功，但更多地是普罗提诺式的强调哲学高于神功（宗教）；而杨布利科和普罗克洛则相反，在复杂的哲学理论训练的终端以一种技术的系统化的神功方式寻求人们在灵魂修炼的实践中的解脱，强调神功（宗教）高于哲学。按照赫卢普，这种区别也可看作是以普罗提诺和波菲利为代表的"西方新柏拉图主义"与以杨布利科和普罗克洛为代表的"东方新柏拉图主义"之间的争论。但无论新柏拉图主义者们之间有多少争论，"他们最终都同意理性有价值，知识有局限"，[①] 在理性的穷极之处，某种非理性的因素才能把握住更为深刻的本质。正因如此，在普罗提诺之后，"神功，或者有时也被称为'神圣的艺术'（hieratic art），成了东方新柏拉图主义的奠基石"。[②] 新柏拉图主义的神功传统在差不多300年的时间里长兴不衰，成为古代晚期异教反抗越来越强势的基督教的最后堡垒。

第四节 希帕提娅和亚历山大里亚学派

新柏拉图主义的亚历山大里亚学派与雅典学派几乎同时进入发

[①] Lucas Siorvanes1996, p. 198.
[②] Radek Chlup2012, p. 168.

◈ 下篇　古希腊哲学与基督教神学之桥：普罗提诺宗教哲学的影响

展高峰，却比后者存在的时间更久。新柏拉图主义的亚历山大里亚学派若从起源上讲，可以追溯到曾在亚历山大里亚学习和生活的普罗提诺及其老师阿谟纽斯，但是"一般人们所讲的'亚历山大里亚新柏拉图主义'是4世纪中叶开始的。"[①] 该派与雅典学派的关系非常密切，师生交流频繁，人员间还有联姻通婚，思想上更是互动影响。劳埃德甚而认为该派就是"从雅典输入的"。[②] 但两派之间的区别也是明显的。第一，雅典学派更注重本体论构建，尤其是复杂多层的实是梯级体系；亚历山大里亚学派则注重对数学和各门自然科学的研究。第二，前者强调神功高于哲学，有浓厚的宗教神秘主义色彩；而后者相对则不关心形而上学、神学的争论，以相对客观的态度进行柏拉图和亚里士多德著作的翻译和评注，特别是亚里士多德的逻辑学和心理学著作。第三，前者对抗基督教，以至于在529年柏拉图学校被关闭，其代表人物达马修斯、辛普里丘等出逃波斯；后者与基督教合作，其中有些知名人物还当上了基督教会的主教，其学校也没有被罗马帝国关闭，直到642年阿拉伯人的入侵才结束。

新柏拉图主义的亚历山大里亚学派最著名的代表人物是女数学家、天文学家和哲学家希帕提娅。希帕提娅（Hypatia，约370—415年）出生于亚历山大里亚。她的父亲塞昂（Theon）是亚历山大里亚博物馆的最后一位研究员，也是当地著名的哲学家和数学家。受父亲的影响和教导，希帕提娅在数学和天文学方面具有非凡的才华。10岁左右她就懂得了如何利用自己所掌握的算术和几何知识结合金字塔的影长去测量其高度，后来更是帮助父亲修订了托勒密的《天文学大全》和欧几里得的《几何学原本》。大约在390年她前往雅典，在普鲁塔克任校长的柏拉图学园进一步学习数学、历史和哲学。深受新柏拉图主义的熏陶，据说还曾嫁给雅典学派的伊西多罗，[③] 但也有人说

[①] 汪子嵩等：《希腊哲学史》（四卷下），第1359页。
[②] A. H. Armstrong 1967, p. 314.
[③] 汪子嵩等：《希腊哲学史》（四卷下），第1359页。

第九章　普罗提诺与新柏拉图主义

她终生未嫁。五年后回归故土，在亚历山大里亚的博物院里教授数学和哲学，有时也讲授天文学和力学，同时大力传播普罗提诺和杨布利科的新柏拉图主义，在当地博得了盛名。约400年被推举为亚历山大里亚城的新柏拉图主义学校的校长和学派领袖，被认为是新柏拉图主义的"权威解释者"。[①] 她美丽聪慧，从容沉着，才华横溢，能言善辩，吸引了很多人投入她的门下学习听课，包括后来成为托勒密教区主教的西涅修斯（Synesius）。受数学和各门自然科学研究的影响，她主张把哲学与科学，尤其是哲学与数学相结合，致力于介绍和评注关于柏拉图、亚里士多德以及相关的数学、天文学问题的作品。她不热衷于秘仪和神秘主义，对基督教也没有像其他新柏拉图学派及其成员那样对抗而是持中立的立场，却仍没有在当时亚历山大里亚城的基督教与异教之对立和冲突中幸免于难。当被教会封为圣徒的西里尔（Gyril，376—444年）就任亚历山大里亚主教后，热衷于对异端的迫害，"很快在他的指使和推动之下，让一名处女白白牺牲性命，这名女性信奉希腊的宗教，与奥列斯特（Orestes）[②] 建立很好的友谊。海帕蒂娅（Hypatia）是数学家塞昂（Theon）的女儿，从小接受父亲的教导，能够撰写见解精辟的注释，有助于阐明阿波罗尼乌斯（Apollonius）和狄奥凡图斯（Diophantus）的几何学，同时她分别在雅典和亚历山大里亚，公开教授柏拉图和亚里士多德的哲学。个性温柔的少女不仅美丽大方而且思想开明，拒绝男女之情，只愿教导门徒向学求知，许多知名之士迫不及待前来拜访这位女哲学家。西里尔看到成群的马匹和奴隶拥挤在学院的门口，心中感到极为嫉妒。在基督徒中间流传一种谣言，提及行政长官与总主教无法和解，问题出在塞昂的女儿，因此这个障碍很快就被排除。在四旬斋神圣的节期内一个可怕的

[①] T. Whittaker, *The Neo-Platonists: A Study in the History of Hellenism*, Cambridge University Press, 1918, p. 155.

[②] 奥列斯特是当时罗马帝国埃及行省的总督，与希帕提娅关系密切，但与当时亚历山大里亚主教西里尔有矛盾，他们之间的关系及其矛盾和利益争夺是导致我们的女哲学家死亡的一个重要原因。

下篇　古希腊哲学与基督教神学之桥：普罗提诺宗教哲学的影响

日子，海帕蒂娅被人从车子里拉出去，剥光衣服拖进教堂。读经师彼得带着一帮狂热的信徒，用非常野蛮而残酷的方式将她杀死。他们用锋利的贝壳将她的肉从骨头上刮下来，还在抽搐的手足被肢解下来丢进火里。公正的调查和定罪的惩处因为送礼行贿而中止，但是海帕蒂娅的谋杀案，对于亚历山大里亚的西里尔而言，在品德和宗教上都留下无法洗刷的污点。"①我们不厌其烦地引用吉本的这段文字，不只是陈述发生在公元415年的亚历山大里亚城新柏拉图主义哲学家希帕提娅被一群狂热的基督徒残酷杀害的事件，也是想借用历史学家的眼光来看待公元3—5世纪的基督教与异教的希腊文化之间的冲突及其结局。事实上，希帕提娅的死亡被看成是希腊哲学和希腊文明的消失之象征。

苏格拉底的死亡使得弟子柏拉图转向对现世之外的理念和理想国家的追求与思考，希帕提娅的死也使得她的弟子西涅修斯皈依基督教，并在411年成为基督教会托勒密地区的主教。在思想上，西涅修斯试图通过波菲利回到中期柏拉图学园，把新柏拉图主义和基督教相结合。亚历山大里亚的新柏拉图主义中还有一个知名人物就是我们前面提到的普罗克洛的学生阿莫尼乌斯，注重对亚里士多德的研究。他的学生有一个叫菲罗波努（Philoponus），认为柏拉图从"摩西五经"习得了智慧，著书立说批评普罗克洛关于世界是完美的观点，后来也皈依了基督教。该派最后一个知名人物是斯泰法努（Stephanius），后来也转而改信基督教，并应邀担任君士坦丁堡的拜占庭皇家学院的首领。

新柏拉图主义的亚历山大里亚学派代表人物的结局意味深长，象征了以新柏拉图主义为代表的希腊文化在古代晚期与基督教文化的对抗中失败了，要么像希帕提娅被彻底"消灭"而消亡，要么像西涅修斯、斯泰法努的"皈依"而湮没，或许只有像达马修斯、辛普里

---

① ［英］爱德华·吉本：《罗马帝国衰亡史》（第Ⅳ卷），第373页。

丘的"逃跑"而苟存，才能为希腊主义保留下一缕香火。但不可否认的是，包括新柏拉图主义在内的整个古希腊哲学无可挽回地终结了。在新柏拉图主义的祭坛上熊熊燃烧的是基督教，而普罗提诺的思想之火并未因新柏拉图学派的消亡而熄灭，却经由中世纪的基督教神学而在近现代世界仍然熠熠生辉。

第十章　普罗提诺与基督教

　　普罗提诺颇具神秘主义的宗教思想和精神修炼的生活不仅被他的弟子和再传弟子们发展为哲学－神功的新柏拉图主义，用于反对基督教；同时由于"从第3世纪起，综合了亚里士多德主义和柏拉图主义的新柏拉图主义，是唯一留存下来的哲学学派，"[①] 因而当基督教在建构自己的神学体系时，就自然而然地借用了当时流行的普罗提诺及其新柏拉图主义的哲学，把他们"依照精神的生活"和哲学修炼融进了基督徒的生活方式。普罗提诺宗教思想对基督教的影响是双重的。既在与诺斯替派的纠葛中为阿里乌斯派等基督教异端提供了理论来源，又为以卡帕多西亚教父、奥古斯丁为代表的正统神学所接纳，并通过他们对基督教神学乃至近现代西方宗教思想产生了弥足深远的影响。为此，我们有必要在前文，尤其是在第八章的基础上先对普罗提诺的宗教神秘主义及其影响做一概述，然后再分述普罗提诺宗教思想对基督教异端和正统的具体影响，最后在西方神论的整体框架中审视普罗提诺对基督教的总体影响。

第一节　普罗提诺的宗教神秘主义与基督教神秘主义

　　普罗提诺被称为"西方神秘主义之父"，[②] 他及其开创的"新柏

---

① ［法］皮埃尔·阿多：《古代哲学的智慧》，第276—277页。
② See Rist1967, p. 213；以及 Rufus Jone, "Plotinus, the Father of Western Mysticism", in *Some Exponents of Mystical Religion*, New York：Cincinnati Abingdon Press, 1930, p. 44.

拉图主义是后来一切神秘主义的根源。"① 然而，关于普罗提诺的神秘主义思想，尤其是他是何种神秘主义的争论却一直没有停止过。有人说他是一个泛神论者（pantheist），另有人说他是个一元论者（monist），还有人说他是一神论者（theist）。② 这个争论与神秘主义众说纷纭的界定和对神秘主义类型的不同理解有极大的关系。

就词源意义而言，神秘主义（mysticism）还是比较明确的，来自希腊文 *mysterion*，其词根为 *muein*，本意为"闭上"，尤指"闭上眼睛"。英奇在《基督教神秘主义》一书中，比较详细地对神秘主义进行了辞源上的考证。根据他的考查，神秘主义一词的起源与我们在前文提到的古希腊秘教有极为深刻的渊源关系。一个人成为秘教的成员，加入了教会，并且被传授了有关神圣事物的奥秘的知识。由于这些知识是禁止外传的，因而这个人，即使他的眼睛依然是闭着的，也应该闭上嘴巴，以免外泄。后来，新柏拉图主义者接受了这个词，对其进行了一些变化，加进去了一些技术化的术语和思想，后来就渐渐演变成了神秘主义一词。神秘主义所包含的意思就是对外界事物有意地闭上眼睛。③ 对神秘主义者而言，我们通过肉眼等感官从现象世界所感知到的东西并不是真知识、真智慧和真理，只不过是虚幻的泡影而已。但是，他们没有采取怀疑主义者的态度怀疑一切、放弃追求知识和真理；相反，他们要求闭上肉眼只是为了更好地张开心灵的眼睛，从而使自己的内心免于现象世界诸事诸物的纷扰，从而在心灵的静观或忘我的神秘状态中获得真理和智慧。这样"闭上眼睛"与"迷狂"实际上就有了异曲同工之妙。甚至可以说，闭上眼睛是迷狂的必要前提，迷狂则是闭上眼睛的目的。当肉体的眼睛闭上之后，我们的灵魂就对眼前的一切现象之物没有了意识，甚而也把自我意识摒弃了，从而达到一种物我两忘的迷狂状态，神秘地去洞见神，并与神合而为一。这样，就可以像神一样生活，达到至善、至美、至福的人

---

① ［德］文德尔班：《哲学史教程》（上），第 307 页。
② Rist1967, pp. 213–214.
③ See W. R. Inge1913, *Christian Mysticism*, London: Variorum, 1913, p. 4.

◈ 下篇 古希腊哲学与基督教神学之桥：普罗提诺宗教哲学的影响

生最高境界。正是基于这种理解，在辞书中对神秘主义的解释一般是"通过从外部世界返回到内心，在静观、沉思或者迷狂的心理状态中与神或者某种最高原则结合，或者消融在它之中"[①]。但事实上，由于不同的学科以及对概念本身切入的角度之差异，人们对神秘主义的定义并不尽相同。英奇在《基督教的神秘主义》中就列举了26种不同的定义，他本人把神秘主义定义为"在理智和感情上企图使永恒的东西暂时内在化，或者使暂时的东西永恒化的一种努力。"[②] 库辛（Victor Cousin）则坚持"神秘主义存在于直接的启示代替非直接的启示、迷狂代替理性、狂喜代替哲学之中。"[③] 杰弗里·帕林德尔认为神秘主义的中心定义是"信仰通过出神的沉思而与神性相结合的可能性。"[④] 恩斯特·图根德哈特则倾向于"神秘主义就是通过这种从'我要'的自我解脱，达到一种灵魂的平静和情绪上的安宁的实践活动"[⑤]。凡此种种，难以尽列，因而要对神秘主义下一个确切而被普遍认可的定义很难，"就像解释和评价它的意义一样意见纷呈，而各种看法又彼此冲突"[⑥]。在诸多存有差异的界定中，研究者大都认可神秘主义是一种超越的体验，是在一种神秘的直觉和静观中达到与神[⑦]的合一。

神秘主义本质上说是一种宗教现象，只有在神学的背景下，神秘

[①] 转引自李秋零《基督教神秘主义哲学与中国老庄哲学》，《维真学刊》1998年第4期。
[②] Inge1913, p. 5.
[③] Inge 1913, p. 223.
[④] [英] 杰弗里·帕林德尔：《世界宗教中的神秘主义》，第10页。
[⑤] [德] 恩斯特·图根德哈特：《宗教和神秘主义德人类学根源》，《求是学刊》2003年第6期，第5页。
[⑥] [美] 爱德华主编：《哲学百科全书》，第420页。转引自王晓朝《神秘与理性的交融》，杭州大学出版社1998年版，第10页。
[⑦] 这里的神泛指"人类的这么一种观念，它的内容或对象可能被认为具有超自然的、超在的、精灵的、人格的、高于人的、无限的、绝对的、神圣的、神秘的、终极的（或根本的）性质，也可能被认为具有内在于自然的、泛在的、物质的、非人格的、有限的、相对的、非神圣的、非神秘的、非终极的（或非根本的）性质，但无论如何，它总被认为是一种超人间的力量"。参见何光沪《多元化的上帝观》，贵州人民出版社1991年版，第6—7页。

第十章 普罗提诺与基督教

主义才能得到更好的理解，也只有在神学的术语中，神秘主义才能得到更为准确的表述。"在最广泛的意义上，宗教就是神秘主义"。[①] 鲁道夫·奥托（Rudolf Otto）在其《神圣者的观念》中认为，任何宗教都是人与神的相会，宗教的核心就是基于人神相会的直接的、神秘的体验之上而对神的恐惧、战栗、欣喜和虔敬等情感。[②] 索伦也坚持，"没有抽象的神秘主义，只有宗教体系中的神秘主义，基督教、伊斯兰教和犹太教等等的神秘主义。"[③] 比如，在基督教神学体系中，就把这种神秘主义呈现为对上帝信、望、爱相融合的神秘经验，呈现为关于上帝临在的灵性体验，从而达至神人合一的境界。在《圣经》中，这种基督教神秘主义的经验比比皆是。我们首先就能在道成肉身的耶稣基督身上看到它的最高典范。耶稣时时刻刻地意识到自己从圣父而来，要完成父交给的使命去拯救有罪的世人，而后再重新回到圣父那里。同时，我们在《旧约》中能看到希伯来人的祖先亚伯拉罕、雅各，犹太人的领袖摩西、撒母耳，以及以色列的众先知们与上帝的密切交往和灵性交感等种种神秘体验。另外，我们在《新约》中也能看到圣保罗种种充满了神秘经验的经历。保罗先是在前往迫害基督徒的路上看到了异光中的基督而蒙召皈依基督教，后来又告诉众人自己曾有被提升上天的神秘经历。这种灵性生活及其神秘体验渗透和贯穿了保罗皈依之后的全部人生和生活。为了基督，他甘愿放弃一切，乃至生命，用他自己的话来讲就是"现在活着的不再是我，乃是基督在我里面活着。"（《圣经·加太拉书》2：20）当然，这并不是说神秘主义和宗教之间就可以画等号。就严格的意义来说，"凡是宗教都具有神秘主义的性质，但神秘主义不一定就是宗教"[④]。比如，以诗人华兹华斯和威廉·布莱克为代表的自然神秘主义者寻求的就是人与

---

① 王晓朝：《神秘与理性的交融》，第9页。
② Rudolf Otto, *The Idea of Holy*, trans. Johne W. Harvey, London: Oxford University Press, 1958.
③ ［德］索伦：《犹太教神秘主义主流》，涂笑非译，四川人民出版社2000年版，第6页。
④ 王六二：《宗教神秘主义的性质》，《世界宗教研究》1996年第1期。

◈ 下篇　古希腊哲学与基督教神学之桥：普罗提诺宗教哲学的影响

自然而非人与上帝的合一。而且，神秘主义在被正统宗教接纳的同时，也会被戴上异端的帽子。因为他们的思想和体验大都趋于极端化，很容易偏离正统，从而对正统宗教的权威和稳固性构成一定的威胁。本文所探讨的神秘主义偏重宗教神秘主义，主要是指人与神相遇或者合一的神秘体验及其思想。

正是由于人们对神秘主义界定上的差异，关于神秘主义的类型也产生了不同的划分标准和形式。依据体验方式的不同，斯泰斯（W. T. Stace）把神秘主义分为"内向的神秘主义"和"外向的神秘主义"。前者向内寻求，在人格和自我的深处来寻找一；后者则向外看，通过具体的感知在外在的世界中寻找到一。在他看来，前者比后者更为重要。[①] 奥托据此也把神秘主义分成"内省的神秘主义"和"统一性幻视的神秘主义"。前者主张从外界事物中解脱出来，向内沉入自我之中，通过直觉在自我的最深处寻找至高的无限者或上帝；后者则坚持在多样性中看待世界，通过直觉——类似于一种奇异的幻想或对永恒事物的一瞥——来寻求外在世界的多样性统一。他认为这两种神秘主义虽有所不同，但彼此之间又是相互联系、相互交织和渗透的。[②] 从体验的方法或实践上，神秘主义又被区分为"虔修的神秘主义"和"思辨的神秘主义"。前者侧重于实践和修行，诸如祈祷、礼拜、隐修、瑜珈等；后者主要凭借理智的思辨以达到与神的合一。在众多的关于神秘主义的类型研究中，策纳被认为做出了最为重要的贡献。他把神秘主义主要分为："泛神论的神秘主义"，[③] 强调神与自然同一，旨在追求人与自然的合一；"一神论的神秘主义"，旨在追求人与超越的至上神之间的合一，但仍有差异的、非完全的同一；

---

① See J. A. Ogilvy, *Self and World*, New York, 1973, p. 589.

② Rudolf Otto, *Mysticism West and East*, New York: The Macmillan Company, 1932, p. 57.

③ 策纳不喜欢用 pantheistic mysticism 来表示泛神论的神秘主义，而更喜欢用 pan-en-henism（万有在神论）或 all-in-one-ism（万有在一论）这个词，以强调人与宇宙自然的同一。参见 R. C. Zaehner, *Mysticism Sacred and Profane: An Inquiry into some Varieties of Praeternatural Experience*, Oxford: Clarendon Press, 1957, pp. 28 – 29。

"一元论的神秘主义"则旨在追求人融入最高的神圣者或终极实在中，是无区别的、绝对的同一。那么，我们的普罗提诺是哪一种类型的神秘主义呢？

我们在前文，尤其是通过第八章中关于普罗提诺的迷狂、神秘合一、灵魂的下降之路和上升之路的分析讨论，已经清楚地表明：普罗提诺自身的遭遇和所处世界及其生活方式决定了其宗教思想的核心问题是我们的灵魂如何走向上帝以达到灵魂与太一、人与上帝的合一。普罗提诺的宗教思想就是一种典型的神秘主义，符合神秘主义最主要的特征，即强调灵魂的上升，并且以达到人与神的合一为最高目标。我们在第八章第一节关于普罗提诺对迷狂的理解集中表明了这点。他把迷狂看作是人与神合一的唯一方式。在迷狂的状态中，"人自身变成了那光，纯粹的、轻快的、自在飘行，或者毋宁说他就是神"，（Ⅵ.9.9）因而可以说人被神化了。就灵魂而言，人的本质是神圣的，他归根结底来自上帝。因而人的神化实际上就是堕落到形体世界的人回归到了他神圣的本质，达到了人之为人的最高境界。迷狂之境说明在普罗提诺那里，关于灵魂的神圣来源和灵魂的净化、灵魂的离开与回归、灵魂的下降之路或者说上升之路是同一条道路，只是方向不同。"下降之路和上升之路是同一的"，这既是理解普罗提宗教思想的一把钥匙，也揭开了普罗提诺神秘主义的面纱。在普罗提诺这里，灵魂的离开与下降意味着他必然要上升和回归太一，人与神、灵魂与太一的合一是必然的。但这种合一我们也已经在第八章第二节所表明：灵魂与太一的神秘合一既不是泛神论的，也不是一元论的，而是一神论的。这种人与神的神秘合一关系决定了普罗提诺的神秘主义既不是泛神论的，认为在神秘的合一中，人的灵魂与宇宙万物同一，神即一切，一切即神；也不是一元论的，认为在神秘的合一中，灵魂失去了自身而与太一完全同一，或者说融入了太一之中；而是一神论的神秘主义，坚持我们的灵魂凭借自身的努力和上帝的恩典才与神合一，在神秘的合一中，灵魂并没有完全消失于太一中，仍保持着自身并且可以与太一相区别。

331

下篇 古希腊哲学与基督教神学之桥：普罗提诺宗教哲学的影响

正是基于这种一神论的神秘主义，我们说普罗提诺既把希腊神秘主义推向了一个新的高度，对他之后的神秘主义，尤其是基督教神秘主义产生了不可估量的影响。

普罗提诺继承了前人神秘主义的传统，但对他们以不言自明为由而忽略的一个重要问题做出了自己独特的贡献，从而把希腊神秘主义推向了最高峰。在他以前的几乎所有的神秘主义者都认为：灵魂是神圣的，来自原初的神圣者，并与神同在；灵魂的上升也就是灵魂的回归，灵魂的上升过程和灵魂的回归过程是同一的。但几乎所有的神秘主义者，包括毕达哥拉斯、柏拉图等都对此语焉不详，以为这是一个不言自明的真理和事实。然而实际并非如此：原本神圣的灵魂为什么会离开他神圣的寓所？没有离开何谈回归？！它又是如何下降到这个世俗的有着恶的世界？没有下降何以有上升？！不解决这些问题，就不能够回答灵魂的上升何以就是灵魂的回归。普罗提诺看到了这种理论上的巨大鸿沟，并以极大的精力和笔墨对灵魂的神圣来源和下降过程进行了理论上的论证，充实、完备了希腊神秘主义。因此，虽然柏拉图可以说已经涉及了神秘主义几乎所有重要的问题，对神秘主义的发展起了不容忽视的影响，但他对神秘主义的阐发不是积极的、主动的、有意识的，神秘主义并不是其哲学的主要特征；斐洛虽然在犹太教的背景上对神秘主义进行了一次较为完整的整理和再现，使神秘主义恢复了其神学的本来面目。但只有普罗提诺无论是在形式上还是内容上都使希腊神秘主义达到了最高峰，正如凯尔德所言，"他把这种神秘主义呈现为整个希腊哲学发展的终极结果。此外，如果我们注意到在普罗提诺以后的思想发展，我们就会看到，正是通过他，并通过受他的影响的圣奥古斯丁，这种神秘主义变成为基督教神学，成了中世纪和近代世界的宗教中的一个重要因素。"[①]

然而，普罗提诺的宗教神秘主义与基督教神秘主义的关系异常复

---

① E. Caird1901，p. 210.

第十章　普罗提诺与基督教

杂。它们都不是泛神论的，也不是一元论的，"在普罗提诺和基督教看来，虽然神与人'神秘合一境界'极为统一，但二者仍然有差异，不可完全等同"。① 它们都是一神论的神秘主义，但二者之间仍存在很大的不同。其一，在普罗提诺的神人合一中的神不是人格化的上帝，人也不是负有原罪的被救赎之人。其二，要达到神人合一之旅的神秘顶点虽都需要上帝的恩典或神圣的启示，但基督教的天启是"历史上的权威"，而普罗提诺及其新柏拉图主义则是"个人摆脱外部一切干扰，沉浸于神的本原中的一种过程。"② 其三，普罗提诺的神秘主义后来成为波菲利、普罗克洛等弟子们反对、抗衡诺斯替主义和基督教的主要武器。虽然结果使希腊神秘主义真正进入了基督教神秘主义的渊源，对基督教及其后来的神秘主义发展产生了巨大的影响。

因而，普罗提诺及其新柏拉图主义学派对基督教及其后来的神秘主义之影响是双重的，"通过他的直接和间接的影响，神秘主义的观念变得更加广泛，在他的语言中，许多后来的神秘主义者找到了表达他们自己的神秘体验之方式。"③ 就其主要方面来看，普罗提诺的宗教神秘主义是一神论的神秘主义，和基督教正统神学有着一种天然的亲近关系，因而为基督教正统神学，尤其是教父时期的正统神学提供了理论来源。奥古斯丁基本上坚持了这种神秘主义思想，当他在表达自己的宗教情感——爱与知相融合、人与神相合一的对上帝或上帝直接临在的神秘体验时，几乎逐字逐句地重复了普罗提诺的每一个词。他把自己的神秘体验普遍化，把神秘主义看成是理性的升华，从而把"神秘主义根植于基督徒的心中，成为他们实际生活的指南。"④ 在他之后，伪狄奥尼修斯、圣维克多的雨果、波纳文图拉、艾克哈特等都在不同程度上坚持：人只有在迷狂的静观中借助于上帝的恩赐，才能达到与上帝的神秘的合一。但从消极的一面来看，普罗提诺的神秘主

---

① 汪子嵩等：《希腊哲学史》（四卷下），人民出版社2010年版，第1348页。
② ［德］文德尔班：《哲学史教程》（上），第309页。
③ Rist1967，p. 213.
④ 王亚平：《基督教的神秘主义》，东方出版社2001年版，第101页。

◈ 下篇 古希腊哲学与基督教神学之桥：普罗提诺宗教哲学的影响

义毕竟和基督教正统神学有着很大的不同，尤其是当他的弟子波菲利、杨布利科、普罗克洛等把其思想"改造"成多神论、通神论，乃至认为祈祷等"一切礼拜仪式都象征着个人与上帝的直接结合的演习"① 之后，就为基督教异端派别以及形形色色的神秘主义提供了理论支持，助长了它们的发展和流传。

第二节 普罗提诺与基督教异端：诺斯替派和阿里乌斯主义

异端（heresy）一词来自希腊文 *hairesis*，本意为"选择"。最初这个词没有贬义，指某个特定的哲学流派或犹太教派别，见于圣经和早期教父著作；但在《新约》个别章节，如《加拉太书》5 章 20 节、《彼得后书》2 章 1 节等地方有作贬义的使用，特指分裂基督教会或反对正统的行动。因而在基督教背景下，heresy 通常"主要指一种与教会的教条相反的宗教信仰，它与纯正信仰相对立"②。早期的基督教异端派别主要有诺斯替派、阿里乌斯派、马西昂派（Marcionite，也称幻影派）、孟他努派（Montanists）等，与普罗提诺发生直接或间接关系的主要是诺斯替派和阿里乌斯派。

诺斯替派（Gnosticism，又译作诺斯替教或诺斯替主义）是希腊化时期的一种混合主义宗教运动。正如我们在第三章第四节"诺斯替教"中所表明的，它广泛地体现在当时的新柏拉图主义、斐洛主义、亚历山大里亚学派、犹太教、各种神秘宗教等所有的哲学与宗教派别，特别是在基督教之中，它找到自己的永久栖身之所。诺斯替主义者常自封为"灵性的基督徒"，③ 但无论是在尼西亚会议之后还是之前，尤其是"早期教会的教父认为诺斯替主义本质上是基督教的一个

---

① ［德］文德尔班：《哲学史教程》（上），第 309 页。
② ［英］马可·泰勒编：《简明基督教全书》，"异端"词条，第 261 页。
③ 章雪富：《基督教的柏拉图主义》，第 204 页。

异端。"① 在普罗提诺的眼里，诺斯替派也是个异端，因为后者肤浅地歪曲了柏拉图的学说。因而他不仅自己当面反驳、著文驳斥，也支持学生们批判。波菲利具体地描述道："在他那个时代，有许多基督徒和非基督徒，以及抛弃了古代哲学的异端。比如，阿德尔菲乌斯（Adelphius）和阿库里努斯（Aculinus）学派的人，他们拥有利比亚的亚历山大（Alexander）、费洛科姆斯（Philocomus）、德谟司特拉图（Demostratus）、吕都斯（Lydus）的许多著作，并杜撰出琐罗亚斯德（Zoroaster）、琐罗亚斯努斯（Zostrianus）、尼扣忒乌斯（Nicotheus）、阿洛根尼（Allogenes）、美苏斯（Messus）和其他诸如此类之人②的启示录；他们自欺欺人地断言柏拉图并没有抵达理智实在的深处。普罗提诺经常在演讲中批判他们的观点，还写了我们称之为《驳诺斯替派》的文章，并且把对它的评价留给了我们。阿美琉斯写了40篇文章反驳琐罗亚斯努斯的书。我，波菲利也写了许多文章来批驳琐罗亚斯德的书，并且证明那些所谓琐罗亚斯德的书完全是伪造的，是现代作品。那些学派成员之所以炮制出这些书来就是为达到这样的效果：他们选择并坚持信奉的教义就是古代的琐罗亚斯德那些人的教义。"（生平，16章）

普罗提诺自己以及让学生批判诺斯替主义是出于希腊主义和柏拉图立场而对具有浓厚非希腊主义外来思潮的批判。作为东西方混合主义产物的诺斯替派在彰显自己的过程中，一方面贬低、嘲讽、隐藏他们理论的真理部分所从出的柏拉图等古希腊权威；另一方面又沾沾自喜于用浮华辞藻所曲解出来的荒谬的陈词滥调。在《九章集》Ⅱ.9"驳诺斯替派"中，普罗提诺从古典希腊主义的立场集中批驳了诺斯派的观点。他认为诺斯替主义者从柏拉图那里获得了关于创世、理智

---

① [美]汉斯·约纳斯：《诺斯替宗教》，第26页。
② 阿姆斯庄认为这些人都是诺斯替派的成员。在《九章集》Ⅱ.9.10的一条注释里，他又明确指出这里列举的诺斯替派应属于塞特派（Sethians）或阿卡尼派（Archontics）的老诺斯替派，而普罗提诺在Ⅱ.9所驳斥的主要是瓦伦廷派的观点。另外，这里也说明诺斯替派和古代伊朗的琐罗亚斯德教、密特拉教之间有着密切的关系。

下篇　古希腊哲学与基督教神学之桥：普罗提诺宗教哲学的影响

及其世界的多元性、灵魂、审判、冥府之河、复活等思想，却加以掩饰、歪曲，还构造出"放逐"（exiles）、"印象"（impressions）和"悔罪"（repentings）等术语，都是"为推出自己的学派而炮制出来的新行话。他们炮制出这些浮华的辞藻，好显得他们与古代希腊哲学毫不相干。事实上希腊人对这一切全都知道，而且了如指掌，毫不虚妄地教导人们如何脱离洞穴，逐步上升，越来越走向真理的世界。总的来说，这些人的理论有一部分出于柏拉图，但其余的都是他们为建立自己的哲学体系而引入的全新观念，是他们在真理之外所拣拾的东西。……他们完全歪曲了柏拉图对创造方式的解释以及大量其他的事情，贬低了这位伟人的学说，连柏拉图和其他属圣的哲学家都还没有参透的理智本性，他们却似乎已经参透了……他们不应嘲讽侮辱希腊人，他们应该根据自己的准则，全面阐述其理论的合理性、正确性和独创性，以及与希腊人观点的区别，就像真正的哲学家那样，谦恭地表明自己的真实观点，公正地对待对手的各种观点。他们应该凝视真理，而不是沽名钓誉，指责古代权威已经盖棺论定的贤人，宣称自己比那些希腊人更加优秀。要知道古人对理智世界的论述是相当精辟的，在某种程度上适合于有教养的人。那些没有完全被那种汹涌而来的谎言蒙蔽的人，很容易就能看出这些教义是后来的诺斯替派从古人那里继承而来的，只是添加了一些完全不适当的东西而已。无论如何，凡是他们企图反驳古代教义的地方，就引入各种各样的生成和毁灭"。（Ⅱ.9.6）

诺斯替主义中的希腊因素构成了它与普罗提诺之间的相通之处。（1）二者都以柏拉图为代表的古希腊哲学作为自己理论的出发点，普罗提诺自不待言；诺斯替主义，无论是哈纳克（A. Von. Harnack）的"基督教之剧烈希腊化"，还是诺克（A. D. Nock）的"柏拉图主义失控化"，也都肯定了该派与古希腊的关系。（2）二者都承认有一个由神圣者构成的超越的三重灵性世界，且最高的神圣者都是不可知和不可测度的，只是在普罗提诺那里被称作理智世界，而在诺斯替那里是由众多永在者（Aeon）构成的普累若麻（Pleroma）。（3）二者都承认灵魂从神圣的本源之下降或堕落以及回归与上升。(4) 二者都承认我们所处的世界是不完美的，有恶存在，只是程度不同。

诺斯替主义中的非希腊精神又导致了它与普罗提诺之间显而易见的区别。(1) 诺斯替派坚持极端的二元论，而普罗提诺者主张一元论。前者认为世界的主宰是两个在性质上正相对立的平行的神。至善的光明之神是绝对超越的，不创造可感世界，也和现世没什么关系；邪恶的黑暗之神——诺斯替派把它等同于旧约中的上帝和柏拉图《蒂迈欧篇》中的造物主——出于虚荣创造了可感的世界，因而这个世界充满了嫉妒、愤怒、不满等否定性因素，是绝对的恶和黑暗。正如约纳斯所概括的，"诺斯替思想的核心特征，是神与世界之关系的极端二元论，以及与此相应的人与世界之关系上的极端二元论。神是绝对地超越世俗的，他的性质是与宇宙相异的，神既不创造也不统治宇宙，他完全是宇宙的对立面：神的光明世界是自足而遥远的，与神的世界相对立，这个宇宙乃是一个黑暗的世界。世界是由低级能量所创造的，这些低级能量虽然间接地降生于神，但它们并不认识真神，并且阻碍它们所统治的宇宙去认识神。"[①] 普罗提诺虽然也承认理智世界和形体世界的区别，但这个形体世界归根结底来自神圣者，是由神——始终是善的并且关爱着他的创造物——所创造的，因而世界在本原上是一。神圣世界和可感世界在本质是统一的，神与世界、神与人、人与世界并没有像诺斯替者所讲的是分离的、疏远的甚而敌对的，而是万物都具有内在的统一性。(2) 诺斯替派倾向于把灵性世界的三重结构复杂化和繁多化，神的数目很多，如在瓦伦廷那里就有相互配对的30个神或永在者（Aeon）；但普罗提诺则认为理智世界只能有太一、理智和灵魂三层，再做进一步划分就是失去了理性。诺斯替派误解了《蒂迈欧篇》，完全歪曲了柏拉图的创世论，"他们以为，只要给大量的可理智实在按上一个名称，他们就能发现确凿的真理。然而正是由于这种多样化，他们把理智的本性降低到类似感觉世界的

---

① [美]汉斯·约纳斯：《诺斯替宗教》，第37页。

◈ 下篇　古希腊哲学与基督教神学之桥：普罗提诺宗教哲学的影响

低级程度。在理智世界中，他们应该尽量减少数目，应该把一切都归于第一者之后的那个实在，从而避免复多性，因为它就是一切，是第一本性之后产生第一理智、本体和所有其他的种种卓越。而灵魂的形式是第三位产生的，他们应当在属性或本性中探讨诸灵魂的区别。"（Ⅱ.9.6）（3）对我们所处的包括星体在内的可感世界，诺斯替主义因其极端的二元论立场对之极为否定、贬低和敌视，因为它是恶神所创造的、是纯粹的恶和黑暗。"世界的黑暗不只是意味着它与神疏远、缺乏神的光明，而且还意味着它是一种疏远神的力量。"[1] 这样，真正的神就变成了对世界的否定。而这个世界，连同被古希腊人视为天神的星体也就变得毫无价值，成为诺斯替派眼中应被轻视、诅咒与惧怕的对象。宇宙中那些本来庄严的、为人世所效仿的秩序也被夸大为神的对立面，成为羁绊和罪恶的阶梯。这对普罗提诺来说是不可接受的。虽然他在讲到灵魂的上升与回归时对月下的世界评价不高，但出于他的一元论，他把诺斯替派的看法看作是对神灵的亵渎，对这些诋毁世界者他给予了愤怒的指责，进行了详细地驳斥。普罗提诺指出：尽管诺斯替者看到了宇宙的"井然有序，完美的形式和排列，还是喋喋不休地抱怨世界的混乱与无序"。"他们不尊重这个造物或这个地球，宣称一个新的地球已经为他们生成；还说他们将离开这个地球到另一个新地球上去，说这是宇宙的理性形式。他们憎恨这个世界，却为什么又觉得必须住在这个世界的原型里呢？"（Ⅱ.9.5）"他们不满这个世界，指责灵魂与肉身的结合，侮辱这个宇宙的管理者，把创造者与灵魂等同起来，把在宇宙的各个部分里的灵魂所拥有的那些感受归于整个宇宙的普遍灵魂。"（Ⅱ.9.6）这用于我们的灵魂或许是成立的，但用到普遍的灵魂就是成问题的，"就好比有人要在一个整体秩序良好的城市里挑出一批陶工、锻工，指责他们败坏了城市的面貌。"（Ⅱ.9.7）"写这些理论的人本就是在亵渎神灵！"（Ⅱ.9.10）"只要他们有接受教导的美好意愿，那就必须告诉他们这些存在者的

---

[1] [美] 汉斯·约纳斯：《诺斯替宗教》，第 231—232 页。

本性是什么，使他们停止对那些配得上全部荣耀、应被尊重的事物的轻慢诋毁。""这个宇宙是理智世界的影像。可以肯定，整个地上充满生命的创造物和不朽的存在者，一直到天空，任何地方都充满这样的事物。那么所有的星辰，无论是在低空的还是在高空的，为什么不是有序地运转、优美地环行的诸神？难道他们不拥有美德吗？难道能有什么东西阻止它们获得美德吗？"（Ⅱ.9.8）"这个宇宙来自于神（God），并且朝向神，无论是宇宙整体还是在他里面的每个神（gods）都是如此。"（Ⅱ.9.9）"指责宇宙自然的人不知道自己在做什么，不明白这种鲁莽的指责会导致什么后果。这是因为诺斯替派不知道有第一、第二、第三直至末级这样前后相继的有序等级，第一者之后的事物都不应受到指责；我们应该平静而温和地接受万物的本性，并促使自己尽快走向第一者，不再沉溺于他们所描绘的宇宙恐怖剧。事实上，神为他们'创造了甜美而可爱的万物'"。（Ⅱ.9.13）"因此，神必然出现在一切事物和宇宙之中，无论他以什么方式出现，总之这个世界必然分有他。……无论如何，这个世界都有神的佑护，它从未被神遗弃，也永远不会被神遗弃。"（Ⅱ.9.16）总之，在普罗提诺看来，我们所处的世界相对于神圣的世界是低等的，但作为理智世界的影像仍被神意眷顾，也从未被神抛弃。神性存在于宇宙的各个层级，整个世界仍然是美的和有价值的。因此（4）在灵魂的回归与拯救上，普罗提诺认为每一个下降的灵魂在本性上仍然是神圣的，可以通过自己的德性与修炼上升到不同的层级。这些层级不是灵魂回归的障碍而恰是对努力回归的肯定，是神性在不同梯级的显现，每一次梯级上升都是更进一步接近于神。因此，灵魂的上升与回归没有捷径可走，"厌世弃生"的自杀也不可行。只能通过自己的勤于修炼、逐步净化，最终在理性的迷狂中与神合一。与此相反，诺斯替派由于把这个世界看成是纯纯的恶，从而也就把宇宙的层级看成是灵魂上升与得到拯救的障碍。他们认为只有抛弃这些中介性的障碍与束缚，灵魂，不是所有的灵魂，而只是极少数获得奥秘知识的诺斯替者及其信徒可以凭借灵智启示，凭借光明天使及其传授的各种离开现世的"道

◆ 下篇　古希腊哲学与基督教神学之桥：普罗提诺宗教哲学的影响

路的知识"——"类似于原始宗教的仪式与巫术，包括形形色色的神秘的祈祷与咒语祭祀"，① 在世界终末之际获得拯救。显然，在普罗提诺那里，灵魂的上升必须通过个人的道德修炼和哲学训练的逐步努力而实现，而诺斯替派却认为不需个人的道德修为与哲学努力，只要有外来的奥秘启示和救恩就可以获得拯救。这导致（5）普罗提诺对诺斯替派的反道德倾向做出了严厉的批判。诺斯替派由于对宇宙及整个世界的价值之否定，连带地也否定了现世道德的作用与价值。尤其对那些"属灵"的，即拥有"诺斯"的人而言，现世的道德和律法只是种枷锁，对其漠不关心或拒绝与超脱反而更有助于灵魂的解脱、自由和拯救。因而诺斯替者要么选择禁欲主义，要么选择纵欲主义，约纳斯把后者更确切地称为"放荡主义"（libertinism）。前者如马克安派和摩尼教等致力于建立普遍教会的派别，后者则主要是秘传性的派别。"这是两种对立的行为类型，但它们在诺斯替主义里面却是同根同源的，由同一种基本的论证同时支持着。放荡主义通过享乐无度来拒绝对自然的忠诚，而禁欲主义则是通过弃绝。两者都是世俗规范之外的生活，一者是通过滥用而达到自由，另一者是通过不用而达到自由。两者其实完全一样，只不过是同一种反宇宙主义的不同表现而已。"只不过，"这种反律法主义的放荡主义，比禁欲主义更强有力地展示了包含在诺斯替反宇宙主义之中的虚无主义因素。"② 在反对诺斯替派的反道德主义的倾向上，普罗提诺和伊里奈乌（Irenaeus）等基督教父们的立场是一致的。他们虽然也提倡禁欲主义，但绝不是要像诺斯替派那样"嘲笑这个世界上的一切律法和一直存在的美德，把自我节制看成笑柄，认为这个世界不可能有任何有价值的东西，弃绝自我节制，摒弃人与生俱来的并经过理性完善的正义，以及一切使个人变得高贵善良的东西。……事实上，他们从来没有写专文谈论过美德，对这类主题完全不涉及，这也表明他们对美德的漠视。

---

① 王强：《普罗提诺终末论思想研究》，第179页。普罗提诺之后的新柏拉图主义者，对神功的强调显然受到了诺斯替派的影响。

② ［美］汉斯·约纳斯：《诺斯替宗教》，第252、41页。

第十章　普罗提诺与基督教

他们既不讲何为德性，也不说德性的内容，更不提及古人对德性的出色研究。他们既不讲德性源于何处、如何获得，也不说怎样照料灵魂、怎样使它得到净化。光说'朝神看'却不同时说明如何看，那是完全没用的。……事实上，正是德性先于我们走向目标，并且当它与智慧一起进入的灵魂之后，才昭示出神。如果没有真正的美德，只是一味地谈论神，神不过是个名称而已。"（Ⅱ.9.15）显然，在普罗提诺看来，即使我们所处的这个世界是不完善的、是理智世界的影像，但它仍是我们达到真正实在的阶梯，而这个世界上的美德则是灵魂自我完善、朝神看和回归神的本性要求。然而诺斯替主义由于对宇宙的否定，从而也就在把这个世界视如无物的同时也贬黜了美德在自我完善和获得拯救中的作用，无可避免地坠入价值虚无主义的深渊。

另外，我们也要注意到作为希腊化时代混合主义的产物，普罗提诺和诺斯替派之间又是纠缠不清、相互渗透的。在《九章集》中，"普罗提诺所断言的诺斯替派那些几乎所有的令人反感的观点，也被他自己以这样或那样的形式提出过。因此，与诺斯替派的论战不仅仅是他的学说与其他学说的外在区别，更揭示了普罗提诺自己思想体系内所存在的一种重要的紧张关系。从某种意义上说，把普罗提诺看成是诺斯替派的未竟者（Gnostic manqué），就会发现他多面哲学中的一个重要方面"[1]。虽然他在文章中对诺斯替派表达了强烈反对的愤怒，但在内心深处却受着诺斯替的诱惑。"他的一半思想都隐含着类似诺斯替主义的东西，但他却视而不见，以至于忽视了他在诺斯替主义中发现的令人反感的几乎所有观点也差不多都能与他自己的思想相匹配"[2]。例如，在《生平》中，我们看到普罗提诺本人很反感巫术魔法之类的东西，但是，我们只要把普罗提诺关于最高神圣者的隐喻以及在《九章集》Ⅳ.4.43和44等处谈到的灵魂回归受到的魔咒、药物的蛊惑和幻想的隐喻加以扩展，并在仪式和活动中做出某种适当的

---

[1] Joseph Katz, "Plotinus and the Gnostics", *Journal of the History of Ideas*, Vol. 15, No. 2, Apr1954, p. 289. 另参见该文第297—298页的第54条注释。

[2] Joseph Katz, "Plotinus and the Gnostics", p. 295.

◈ 下篇　古希腊哲学与基督教神学之桥：普罗提诺宗教哲学的影响

表达，看到的就是诺斯替主义。事实上，杨布利科和普罗克洛的神功新柏拉图主义在某种意义上也可以说就是种诺斯替派的新柏拉图主义。

同样与普罗提诺思想纠缠不清的还有亚历山大里亚的教父们，尤其是后来被教会判定为异端的奥利金主义。如果把基督教立场放在一边，那么可以毫不夸张地说，新柏拉图主义和基督教的亚历山大里亚学派、普罗提诺和奥利金之间的区别有多大，他们之间的共通之处就有多深。普罗提诺与奥利金不仅在生平上相交集，在思想上更是交织互鉴，"奥利金与柏拉图主义共用一套概念体系"。① 我们在第四章的第三节已有所论述，这里不再展开。奥利金虽然后来因为"三位一体"理论等被基督教会判定为异端，但和普罗提诺一样，既对基督教的异端派别也对正统派别都产生了不可忽视的影响。这里，我们主要来看下固守奥利金传统又受到普罗提诺极大影响的基督教异端阿里乌斯派。

阿里乌斯主义（Arianism）"是 4 世纪教会最可怕的敌人。"② 该派的创始人阿里乌斯（Arius，250—336 年）出生于利比亚。在 311 年时成为亚历山大里亚的牧师，318 年被逐出教会，逃到了巴勒斯坦。他之所以被正统教会看作异端，一个很重要的原因就在于他恪守奥利金传统，坚持圣子从属圣父的"从属论"，并进而认为圣父、圣子、圣灵是三个神，否定三位格而只承认圣父的"独神论"。他承认，圣子是受造的，其神性低于圣父，圣灵又低于圣子，但在捍卫上帝的神性独一性的同时却否定了圣子和圣灵在位格上的自存性或本体性。他认为，既然圣子是受造的，那么就必定有一个开始，这也就意味着圣子在被造之前是不存在的，即"子曾不存在"而非自有永有。"就希腊哲学观念而言，阿里乌主义回到了作为非关系性的 BEING；

---

① 章雪富：《基督教的柏拉图主义》，第 426 页。章雪富在该书第五章第三节"亚历山大里亚学派与新柏拉图主义"中以奥利金和普罗提诺为各自的代表，对二者之间的关系做了非常精彩的论述，详见该书第 384—427 页。

② 汪子嵩等：《希腊哲学史》（第四卷下），第 1457 页。

就基督教的三位一体神学而言，它否定了圣子的本体地位。"① 虽然，阿里乌斯主义的三一神学的思想主要来自奥利金主义，但也不能排除它受到了基督教之外的希腊哲学传统的影响，尤其是考虑到亚历山大里亚的基督教柏拉图主义传统，普罗提诺及其新柏拉图主义对它的影响和推波助澜也就在所难免了。阿里乌斯思想中的这种危险苗头为当时的亚历山大里亚主教亚历山大所警觉，多次劝说改正无果之下，亚历山大里亚教会将阿里乌斯驱逐出了教会，但他却获得了著名的教会史作者凯撒利亚的优西比乌（Eusebius of Caesarea）等人的支持。为了解决阿里乌斯派和反阿里乌斯派之间的争端，公元325年在君士坦丁大帝的主持下召开了尼西亚会议。会议维持亚历山大里亚教会的原判，阿里乌斯和他的追随者遭到谴责和放逐；制定并通过了尼西亚信经，统一了基督教的教义，明确了"三位一体"的神学信仰。但阿里乌斯主义的影响并未消失，反而于4世纪后期在整个基督教世界获得了暂时的主导权。该派比较著名的代表人物还有埃提乌（Aetius）、"四世纪最有趣的异端之一"优诺米乌（Eunomius）等人。②

在阿里乌斯派之后，基督教还出现了许多异端派别。如古代异端聂斯托利派（Nestorius）、贝拉基主义（Pelagius）、多纳图派（Donatists）等，中世纪的保罗派（Paulician）、阿尔比派（Albigense）等以及各种基督教神秘主义思潮。这些异端派别本身并没有受到普罗提诺的多少影响。普罗提诺对中世纪基督教异端的影响主要体现在他的宗教神秘主义上，尤其是当他的弟子波菲利、杨布利科、普罗克洛等把其思想"改造"成多神论、通神论，乃至认为祈祷等一切礼拜仪式都象征着个人与上帝的直接结合的精神操练和生活方式之后，就为基督教异端派别以及形形色色的神秘主义提供了理论支持，助长了它们的发展和流传。

---

① 汪子嵩等：《希腊哲学史》（第四卷下），第1457页。
② 参见石敏敏《普罗提诺的哲学和古代晚期基督教的人论》，博士学位论文，浙江大学，2006年。

◆◆◆ 下篇 古希腊哲学与基督教神学之桥：普罗提诺宗教哲学的影响

第三节 普罗提诺与基督教正统派：卡帕多西亚教父和奥古斯丁

普罗提诺及其神秘主义宗教思想不仅影响了诺斯替派等基督教异端，对基督教的正统也产生了深远的影响。如果不算诺斯替主义，我们在《九章集》中找不到普罗提诺与基督教直接接触的证明和材料。如果我们相信斯维尼（Leo Sweeney）的分析：阿姆斯庄认为《九章集》Ⅲ.2.9 第 10～12 行，"那些变得邪恶的人，却要求别人做他们的救主，要求别人牺牲自己以回应他们的祷告，这是不合法的"，这句话有可能是在反对基督教的救赎论。如果是这样，那么这句话就是《九章集》中能找到唯一的有关基督教的文本。① 但这并不意味着普罗提诺不了解基督教，相反，如我们在他的生平和第三章第四节所分析的，普罗提诺对那个时代已经开始崛起的基督教是相当熟悉的，只是他没有像弟子波菲利等人那样直接卷入和基督教的论战中去。作为那个时代最伟大的哲学家，他不可能不对基督教提出的挑战做出回应，也必然会对基督教产生各种影响。只是在普罗提诺及其"新柏拉图主义与基督教思想的关系中，有一种单向性或非对称性：前者深深影响后者的品格；后者却未影响前者。"② 在普罗提诺的时代，基督教已经崛起，但基督教神学作为一种理论形态还在建构中，教父们顺理成章地利用和借鉴了那个时代最流行的新柏拉图主义哲学。普罗提诺通过对希腊教父卡帕多西亚教父，拉丁教父如波埃修斯（Boethius，480—524 年）、爱留根纳（John Scotus Eriugena，810—877 年），尤其是奥古斯丁以及托名的狄奥尼修斯（Pseudo - Dionysius，约 5 世纪

---

① See Richard T. Wallis ed., *Neoplatonism and Gnosticism*, State University of New York Press, 1992, p. 419, n. 45.
② 汪子嵩等：《希腊哲学史》（四卷下），第 1343 页。阿姆斯庄、里斯特等人也有这样的看法，参见该页的第二条注释。但若考虑到诺斯替派、奥利金主义与普罗提诺及其新柏拉图主义之间的复杂关系，这个观点有商榷之处。

末—6世纪初)、维克多里努斯(Marius Victorinus, 300—363年)等基督教思想史上关键人物的影响,使得"基督教的神学变成了新柏拉图主义的神学,"[①] 对基督教产生了深远的影响。其中,卡帕多西亚教父和奥古斯丁被公认为分别代表了希腊(东方)和拉丁(西方)基督教神学的两大典范,因而我们这里以他们为主来说明普罗提诺对基督教正统神学的影响。

卡帕多西亚教父(Cappadocain Fathers)是对公元4世纪中叶活跃在希腊(东方)基督教世界的三位大思想家巴西尔(Basil, 329/330—379年)、拿先斯的格列高利(Gregory of Nazianzus, 329/330—391年)和尼萨的格列高利(Gregory of Nyssa, 335—395年)之称谓。由于奥利金的学生行奇迹者格列高利(Gregory the Wonderworker, 约231—237年)是卡帕多西亚的主教,使基督教成了卡帕多西亚的主流宗教,把奥利金的基督教柏拉图主义也传播到了这里。这使得卡帕多西亚神父自小就受到奥利金主义的熏陶,可以说,基督教的亚历山大里亚学派的神学传统成了他们神学思想的重要因素。后来,拿先斯的格列高利和巴西尔先后到雅典求学并成为挚友,前者还与朱利安也到雅典求学、后来的背教者朱利安皇帝是同学。这时的雅典是新柏拉图主义的天下,他们在这里学习并接受了新柏拉图主义。巴西尔应该对普罗提诺思想印象深刻,后来还引用《九章集》论证神学。尼萨的格列高利没有到雅典接受高等教育,通过自己的兄长巴西尔自学成才,却在柏拉图和普罗提诺哲学的功底上最为厚实,是三人当中最柏拉图主义化的神学家,也是受奥利金影响最深的神学家。在奥利金主义和柏拉图主义基础上,三位卡帕多西亚神父形成了自己的神学和风格。巴西尔被看作是卡帕多西亚教父的领袖。公元370年成为卡帕多西亚的主教,制定了卡帕多西亚神学的典范,自觉担当起反对阿里乌斯主义的重任,同时也是基督教隐修主义和修道院制度的开创者之一。拿先斯的格列高利擅长演讲,以深入浅出的方式宣讲神学教义,

---

[①] Inge 1923, Vol. 1, p. 14.

下篇 古希腊哲学与基督教神学之桥：普罗提诺宗教哲学的影响

重视个人苦修。在巴西尔去世后脱离隐修生活，于381年出任君士坦丁堡主教，毅然接过反阿里乌斯异端的大旗。尼萨的格列高利神学造诣很高，理论最具原创性，是被后人研究的最多的教父之一。卡帕多西亚教父神学的思想来源或基础是奥利金及其亚历山大里亚传统、尼西亚信经的正统神学和普罗提诺及其柏拉图主义哲学；他们的神学主题是围绕三一神学批驳阿里乌斯主义，尤其是新阿里乌斯主义的代表人物优诺米乌的异端思想，把希腊哲学限定在信仰之内来捍卫尼西亚正统教义，以及以共同体（koinonia）为核心的隐修主义（monasticism）或苦修主义（asceticism）。其结果就是确立了一个把圣经研究与哲学寓意、神学教义与灵魂救赎、个人隐修与教会共同体相契合的神学典范，从而使得"神学之于救赎的意义不只是透过教义的准确回到获取圣经的准确启示，而是教义本身成为不断回到神并不断以神为起点的实在之路。这既是普罗提诺哲学的实在之路，也是卡帕多西亚教父作为四世纪三一神学典范的意义。"[①]

奥古斯丁是西方拉丁基督教神学的集大成者和典范，也是整个基督教思想史上最伟大的教父。在拉丁教父中，维克多里努斯、安布罗斯（Ambrose）等人都受到普罗提诺明显而深刻地影响，但把新柏拉图主义最广泛、最深程度地融入拉丁神学并且建立起系统全面的基督教神学体系的只有奥古斯丁。

奥勒留·奥古斯丁（Aurelius Augustinus，354—430年），因后来担任希波的主教，故又被称为希波的奥古斯丁（Augustinus Hipponensis），出生在北非努米底亚省的塔加斯特镇，即现位于阿尔及利亚的苏克阿赫拉斯（Souk Ahras）。父亲是个有点地位却无很多财产的异教徒，母亲莫尼加是个虔诚的基督徒。奥古斯丁在幼年时跟随母亲加入基督教，但19岁在修辞学校读书时成为摩尼教的追随者，长达9年之久。此后在精神上经历了从摩尼教徒转变为基督徒的艰难的灵性转向，在这一转向中新柏拉图主义起到了至关重要的

[①] 石敏敏：《普罗提诺的哲学和古代晚期基督教的人论》，博士学位论文，浙江大学，2006年。

第十章　普罗提诺与基督教

作用。① 从修辞学校毕业后,奥古斯丁先在迦太基城,后到罗马和米兰,教授修辞学和演讲术。在米兰,他加入了受新柏拉图主义影响甚深的以米兰主教安布罗斯为核心的"米兰圈子"(the Milanese Circle),② 阅读了许多新柏拉图主义的著作,尤其是普罗提诺和波菲利的作品,并在安布罗斯的循循引导下,弃绝了放荡不羁的生活,脱离摩尼教,皈依基督教。奥古斯丁在精神上皈依基督教的标志性事件是他在《忏悔录》八卷十二章里所讲的"花园奇迹"。这个事件发生在386年的某一天,奥古斯丁因为信仰问题而在所住的花园里彷徨挣扎之际,听到一个童声让他拿起书来读。于是他把书"抓到手中,翻开来,默默读着我最先看到的一章:'不可耽于酒食,不可溺于淫荡,不可趋于竞争嫉妒,应被服主耶稣基督,勿使纵恣于肉体的嗜欲。'③ 我不想再读下去,也不要再读下去了。我读完这一节,顿觉有一道恬静的光射到心中,溃散了阴霾笼罩的疑阵。"④ 花园奇迹后来被研究者看作是仅次于圣保罗"突然改宗"的灵性事件。奥古斯丁一生经历了从"基督教、摩尼教、西塞罗怀疑主义、物欲主义、新柏拉图主义、基督教"的漫长而曲折的心灵转向之旅,⑤ 新柏拉图主义给他扫清了最后走向(基督教)上帝的思想障碍。387年,他接受安布罗斯的洗礼,正式皈依基督教。388年末,他回到北非的家乡迦太基。隐居3年之后被推选为省城希波教会执事,395年升任主教。从此他以极大的精力参与教会事务、讲经布道、组织修会,同时也著述论说、制定以"三位一体"为核心的基督教神学体系,反驳异端异教。430

---

① 布朗(P. Brown)在他的大作《希波的奥古斯丁》中对此有非常详细的描述。参见 Peter Brown, *Augustine of Hippo——A Biography*, University of California Press, 2000。
② 这个概念最早是由法国学者、现代奥古斯丁研究的权威人物之一索利尼亚克(Solignac)在1962年首次提出的,用以描述从维克多努斯、安布罗斯直至奥古斯丁的深受柏拉图主义影响的基督教柏拉图主义学说的传承。在1999年出版的《奥古斯丁百科全书》中这一概念作为研究奥古斯丁的共识被接受。参见 A. Fitzgerald, J. C. Cavadini ed., *Augustine through the ages: An Encyclopedia*, Grand Rapids: W. B. Eerdmans, 1999, pp. 135-142.
③ 《新约·罗马书》,13:13~14。
④ [古罗马]奥古斯丁:《忏悔录》,周士良译,商务印书馆1996年版,第158页。
⑤ Garry Wills, *Saint Augustine's Conversion*, Viking Press, 2004, pp. 5-6.

◈ **下篇　古希腊哲学与基督教神学之桥：普罗提诺宗教哲学的影响**

年，汪达尔人（Vandali）入侵北非，奥古斯丁8月23日病逝于被围的希波城。奥古斯丁是基督教教父神学的集大成者，他的著作卷帙浩繁，堪称神学百科全书，尤以《忏悔录》《论三位一体》《上帝之城》为代表。此外还有《反学园派》《论幸福生活》《论秩序》《独白》《论自由意志》《论灵魂不朽》《论灵魂的量》《论音乐》《论教师》《灵魂及其起源》《基督学说》等。

在奥古斯丁的《忏悔录》（开始写作于397年）等著作以及后期的布道中，"我们遇到了作为普罗提诺真正追随者的奥古斯丁"。[1] 普罗提诺及其新柏拉图主义不仅是奥古斯丁从摩尼教转向基督教的中心环节，而且也是奥古斯丁整个神学体系的基本特征和不可分割的组成部分。根据英奇，奥古斯丁很熟悉普罗提诺的《九章集》，明确地指名道姓的引证该书不少于5次。[2] 在奥古斯丁的心目中，柏拉图主义就是福音的准备，认为只有先读柏拉图主义者的著作，然后再去读《圣经》，才能接受《圣经》的教义，一窥其奥秘。[3] 因此，他非常推崇柏拉图和普罗提诺。虽然柏拉图距离他那个时代已经很遥远了，但"人们对普罗提诺记忆犹新，称赞他对柏拉图的理解超过其他任何人，"[4] 甚而把普罗提诺看成是柏拉图的化身，"柏拉图的学说是一切哲学中最纯洁、最光辉的言论，尤其在普罗提诺那里大放光芒。普罗提诺是一位柏拉图主义哲学家，他和柏拉图如此的相似，以至于人们不禁相信他们是同时代的人。但他们之间毕竟相隔那么久，我们只好说柏拉图在普罗提诺身上复活了。"[5] 当然，奥古斯丁对普罗提诺及其柏拉图主义并不是照单全收，而是依据基督教的信仰而有所甄别的。正如后来的圣托马斯所评价的，

---

[1] Peter Brown 2000, p. 241.
[2] Inge 1923, Vol. 1, p. 20.
[3] 参见［古罗马］奥古斯丁《忏悔录》第7卷第20节，第134页。
[4] ［古罗马］奥古斯丁：《上帝之城》9卷10章，王晓朝译，人民出版社2006年版，第456页。
[5] ［古罗马］奥古斯丁：《驳学园派》，3卷18章41节。Augustine, *Against the Academics*, trans. John O'Meara, Westminster: Newman Press, 1951, p. 148.

"圣奥斯定（即奥古斯丁——引者注）对柏拉图派的学说非常熟习，所以那些学说中有合于信仰的，他都采纳了；与我们的信仰不合的，他都修改了。"① 总之，奥古斯丁在信仰之上把普罗提诺及其柏拉图主义和《圣经》的信仰启示融合起来，建构了拉丁神学乃至整个基督教神学的光辉典范。

鉴于奥古斯丁在教父神学乃至整个基督教思想史中的地位和影响，我们这里主要以奥古斯丁为主，兼及卡帕多西亚教父和其他基督教神学家，从以下几个方面来看看普罗提诺对基督教的影响。

第一，三位一体。在基督教神学中，三位一体学说是其核心的教义之一，若"就四世纪基督教思想的思考重心来讲，三位一体神学几乎是基督教神哲学的所有内容"②。该学说的内容非常丰富，③ 大致来说就是：上帝只有一个，但包含圣父、圣子、圣灵三个位格；这三个位格本质上没有区别，是统一的，是同一本体。但是，关于这一教义的形成和确立在基督教，尤其是早期基督教那里存在很大的争议和分歧。后来奥古斯丁借助古希腊哲学，尤其是柏拉图和普罗提诺的三一体理论，对散见于《圣经》中的但又不尽一致的相关论述进行了系统的论证和调和之后，才真正成为基督教的核心信条。普罗提诺在柏拉图的三种领域或三种本体的思想基础上，进一步明确地提出了太一（上帝）—理智—灵魂的三一体理论，他"甚而把三位一体中的第一位格称作圣父，把第二位格叫作'逻各斯'（道）和圣子。"④ 与普罗提诺大约同时代的教父奥利金有着大致相似的思想。他认为圣父、圣子、圣灵都是"是者"（to on，Being），其意义都可归结为"本质"

---

① ［意］圣多玛斯·阿奎那：《神学大全》（第三册），1集84题5节正解，周克勤等编译，高雄中华道明会/台南碧岳学社联合出版，2008年版，第152页。
② 汪子嵩等：《希腊哲学史》（四卷下），第1462页。
③ 关于"三位一体"在当代神学的讨论中常常被分为"救赎三一"（Economic Trinity）、"内在三一"（Immanent Trinity）和"本质三一"（Essential Trinity）来加以论述，（详见许志伟《基督教神学思想导论》，第四章"三位一体"，第71—103页），这里的论述不作此严格的区分。
④ 范明生：《基督教神学和晚期希腊哲学》，第411页。

◈ 下篇　古希腊哲学与基督教神学之桥：普罗提诺宗教哲学的影响

(*ouisa*, essence)，而上帝本身就是"本体"(*ousia* 或 *hypostasis*)，是独一无二的、不动的、至高的、绝对无形的且不可知的三一体(Triad)；如此，上帝作为一个不可知的最高本体，圣父、圣子、圣灵则是加之于这个本体之上的可知的本质，这样实际上就是"三种本质，一个本体"的上帝观了。就三者的具体关系而言，奥利金主张：圣父是最高的，是第一位的；圣子低于圣父，是第二位的，由圣父所生，因分有圣父而与圣父是同一性质；① 圣灵在父与子之后，是第三位的；这样，圣父、圣子、圣灵就是三个本体，是种从属关系，处于不同的等级。这种主张在神学上的潜在危险后来被阿里乌斯主义发展成"三神论"的异端观点，奥利金本人后来也被教会判为异端。问题的症结就在本质与本体、*ousia* 或 *hypostasis* 之间意义的模糊和混乱使用。② 后来的尼西亚会议虽然对阿里乌斯派进行了批判，但在尼西亚信经中对本质(*ousia*)与本体(*hypostasis*)仍没有加以区分的使用，教义与思想的混乱并未得到解决，也使得阿里乌斯主义的影响绵延不绝。卡帕多西亚教父继承了普罗提诺和奥利金的思想，但又修改了他们思想中不符合尼西亚信经的地方，把三位一体神学作为自己的"首要教义"，③ 对阿里乌斯主义进行了坚决的批判。卡帕多西亚教父提出了"一体三位"说，明确区分了 *ousia* 和 *hypostasis*。用前者是就内在的、本质意义而言，圣父、圣子、圣灵是一个统一的本体，换言之，上帝是一个本体而非三个，圣父、圣子、圣灵在本质上是同一的；而用后者是就外在的、显示的意义而言，圣父、圣子、圣灵是上帝这个神性统一体的三个位格，换言之，圣父、圣子、圣灵在本性上具有同等的

---

① 按照希腊"本质"与"本体"、*ousia* 与 *hypostasis* 是同意而言，圣父与圣子本质相同；但按照基督教柏拉图主义的原则，分有者与被分有者在性质上完全相同，因而它们的关系只能是"本质相似"。这与尼西亚信经的同一本质的正统教义显然不相容。

② 关于 *hypostasis* 与 *ousia* 和下面的 *hypostasis* 与 *persona* 之间的关系及其区别、争论，见本书第五章第一节 *hypostasis* 释义。

③ ［古罗马］巴西尔：《驳优诺米乌》，2卷22节。参见 Philip Schaff and Henry Wace, eds., *Nicene and Post - Nicene Father of the Christian Church* (second series), Vol. Ⅶ, Edinburgh: T&T Clark, 1989。

第十章 普罗提诺与基督教

神性，是上帝的"三个客观的、独特的及彼此可以区别的客体"①。但是，hypostasis 与 ousia 的相通之处仍然让人迷惑，特别是对最初并不是很精通希腊语的拉丁神父们而言。比如哲罗姆就把 hypostasis 与取代了 ousia 的拉丁词 substantia（实质）相混淆，而指责用 hypostasis 来描述三位格的人为异端。甚而连奥古斯丁也奇怪希腊教父们何以会用三个"本质"来描述上帝呢？"我们的希腊同道说'一个存在，三个实体'，而我们拉丁人则说'一个存在或实体，三个位格'"。②奥古斯丁这里用的"位格"是拉丁语 persona，有"面目""角色"的意思，被拉丁教父用来取代 hypostasis 的位格之意。唯一的神具有三张面目而其本质同一，这比希腊教父们的 hypostasis 的独立实体更易让信徒理解且减少歧义，从而更好地表达"一个本质，三个位格"的正统三一神学。在这个问题上，奥古斯丁受惠于普罗提诺的颇多，但又做了符合基督教教义的修改，使三位一体成了基督教正统教义的核心内容之一。在普罗提诺那里，太一不能由任何东西所派生，相反，它是理智、灵魂和其他事物所从出的本原；奥古斯丁也同样认为圣父是全部神格的原理（the Principle 或者 the beginning，亦即本原），不可能由任何其他东西所产生，而只能是"父生产，子受生，父也差遣，子也奉差"，而且，圣灵"乃是从父生出来"③。与普罗提诺所不同的是，奥古斯丁始终坚持圣子不像理智那样具有生育的能力，它不能直接生出圣灵，圣灵出自圣父；而且更为重要的区别是圣父与圣子、圣灵是一个本体，而不是三个本体。换言之，圣父、圣子、圣灵三个位格只是区别三个位格间关系的不同称谓，并不意味着有三个上帝或本体，三者在本质上是完全没有区别的，上帝有且只有一个。此外，他们在逻各斯问题上也不尽一致。奥古斯丁发挥了柏拉图和新柏拉图学派的逻各斯思想论证了基督教的"道成肉身"教义，主张耶

---

① ［加］许志伟：《基督教神学导论》，第89页。
② ［古罗马］奥古斯丁：《论三位一体》7卷3章7节，周伟驰译，上海人民出版社2005年版，第203页。
③ ［古罗马］奥古斯丁：《论三位一体》，第4卷第5章第29节。

❖ 下篇 古希腊哲学与基督教神学之桥：普罗提诺宗教哲学的影响

稣作为圣子，就是圣父的 Logos，即道、逻各斯和话语。但普罗提诺及其新柏拉图主义者们却无论如何不能接受作为三大本体的中间者，神圣而纯洁的理智要肉身化为上帝与可感世界之间的中介者，因为这对他们而言，实际上就是堕落。然而，奥古斯丁却不这么认为，反而就此为普罗提诺以及波菲利们感到惋惜，认为新柏拉图主义者是因为耶稣出身低贱而羞于成为基督徒，羞于承认"耶稣基督道成肉身"。[①]而他本人对此欣然接受并深信不疑，所以最终皈依了基督教而没有成为一个新柏拉图主义者。

第二，神正论。莱布尼茨（Leibniz）在他1710年的著作《神正论：论神的善、人的自由和恶的起源》中正式提出了"神正论"（Theodicy）这一术语，但它的基本问题却早就由波埃修斯提出来了，即"如果神是公正的，那么为什么有恶？"[②]具言之，上帝是全能、全知、至善的，并且爱着他的造物，那为什么上帝所创造的这个世界却有恶？历史上，一些无神论者和怀疑论者认为，既然现实世界中存在恶，那么上帝要么是有能力但不愿阻止恶，这样上帝就不是全善或公正的；要么上帝愿意阻止却又无能为力，这样上帝就不是全能的。因此，全善、全能、全知和公正的唯一的上帝的存在就是有问题的。神正论的任务就是协调上帝和世间的恶的关系，或者说就是面对世间有恶存在的这一事实，为神的存在及其正义进行辩护。普罗提诺关于"恶的来源和本性的阐明可以说是一种最早的'神正论'"。[③]普罗提诺认为，形体世界是由灵魂流溢而来的，形体世界的诸物都是由质料和形式复合而成的。这个质料是承受形式的载体和基质，没有任何性质和规定性，因其绝对的缺乏而就是恶，因而形体世界充满了恶和丑的东西。但由于这个形式来自理智世界，更确切地说应该是形式的影像，为可感世界的事物所分有。所以他在承认形体世界有恶存在的同

---

① 参见［古罗马］奥古斯丁《上帝之城》，第10卷第29章。
② 参见［英］尼古拉斯·布宁、余纪元编著《西方哲学英汉对照辞典》"神正论"词条，第990页。
③ 赵敦华：《柏罗丁》，第72页。

第十章　普罗提诺与基督教

时,又坚持认为:我们所处的世界也是美和善的,它是神圣的理智世界的影像,尽可能最大限度地具有了原型所具有的最高的美和善;在整体上它是完善的,具有其最好的秩序与和谐,组成部分的不完善以及恶的存在并不能否认太一的全能与全善;何况,恶只是相对于善的缺乏或无知而言的,因而恶的存在并不能否定太一的全知、全善;而且更重要的是,根本就没有一个恶的造物主,因为太一是一切存在的创造者,而质料并不是一个存有,因此恶的存在并不能否认太一/上帝的存在及其善和正义。这里,普罗提诺又表现出了与被指责为异端的诺斯替教派的不同。后者坚持一种善恶二元论,否认我们所处的世界有任何美和善可言。奥古斯丁接受了普罗提诺的神正论思想,不仅成功地消除掉了摩尼教善恶二元论的影响,而且合理地解释了恶而又不违背基督教的教义,使神正论成了基督教神学的重要内容。他的辩护几乎就是对普罗提诺的重复。上帝是万物产生的原因,但"神不是恶的主宰,因为神不是趋向非存在的原因。"[①] 所谓的恶只不过是(完善的)缺乏,自然灾害、生老病死等"物理的恶"是由于自然事物缺乏完善性、愚昧无知、不信上帝等;"认识的恶"是由于人类理智的不完善,而贪恋美色、无视责任等;"伦理的恶"则是由于人类意志的缺陷。因此世间诸恶的原因不在于上帝,也无损于上帝的善,而是相反,恰恰体现、彰扬出上帝的善和公义。"那位全能的上帝——连不信基督教的人都承认祂是如此——即是至善者,那么,若是祂不能从恶事中结出善果来,祂就绝不会让恶存在于祂的事业中。事实上我们所谓恶,岂不就是缺乏善吗?"[②] 这也为托马斯·阿奎那(Thomas Aquinas)所坚持,"容许有恶存在,并从恶中引发出善来,这属于或合于天主的无限仁善。"[③] 这也就是说,恶及其存在不仅不

[①] [古罗马]奥古斯丁:《论八十三个不同问题》,第24问题。转引自范明生《晚期希腊哲学和基督教神学》,第441页。

[②] [古罗马]奥古斯丁:《教义手册》,第11章。见奥古斯丁《奥古斯丁选集》,汤清等译,宗教文化出版社2010年版,第308页。

[③] [意]圣多玛斯·阿奎那:《神学大全》(第一册),第1集2题3节释疑1,周克勤等编译,高雄中华道明会/台南碧岳学社联合出版,2008年版,第30页。

下篇 古希腊哲学与基督教神学之桥：普罗提诺宗教哲学的影响

是上帝的无能或过错，相反，它彰显了上帝的至善及其作用。他容许恶的存在，只不过是要从恶中产生出善，让人认识到上帝的怜悯、慈爱与至善。这样，经过奥古斯丁和托马斯·阿奎那对神正论的发展和充实，以上帝的万能和至善来解释现实世界中的恶，或者说世间的恶并没有否证反而更加印证了上帝的万能和至善，成为基督教为上帝进行辩护的有力工具和方法。

这里还需进一步讨论"伦理的恶"。这是三类恶中奥古斯丁最为关注的，他称之为"罪恶"，并把其溯源于人的"自由意志"。在普罗提诺那里，人的灵魂也可以自由选择。如果灵魂选择了善，就会得到奖赏而回归理智和太一；如果灵魂选择沉溺于形体世界，即"邪恶"（kakia），那么就会遭受在形体中轮回的惩罚。奥古斯丁继承并发展了这点，认为上帝赋予了人以自由意志，就其本性而言是热爱与持守永恒之善，一旦当人违背了这个本性就会做出种种的恶。因而，人有行善和作恶的选择自由，上帝不干涉人的选择自由，但对选择的后果进行奖惩，上帝的恩典就表现在对人自由选择的后果进行公正的赏罚。奥古斯丁把自由意志的问题和圣经中的"原罪"相联系。一方面人有自由意志，他有权选择听蛇的话而不听上帝的告诫，其结果就是人在开始自己的尘世生活时就已经有了罪，并且要为这种罪担负起绝对的责任；另一方面，上帝是全能的，他可以并且必然要对人的自由意志的抉择进行追究，并通过追究赏罚来贯彻自己的意志、维护自己的全能。就此而言，奥古斯丁为维护基督教信仰而对人的自由意志的追问，意味着人开始对自己自由存在的觉悟，以及对自己绝对权利、尊严和责任的意识。可以说，在普罗提诺和奥古斯丁关于人的自由意志的思索中，隐含了近现代启蒙思想关于人的尊严、自由、平等、权利和责任等精神。

第三，时间学说。无论是在希腊哲学还是基督教中，时间问题都是一个被高度关注的问题。因为时间既涉及世界的起源问题，也关乎《圣经》中神创论的成立与否的问题。奥古斯丁的时间观基本上是完全接受了柏拉图和普罗提诺的主张。普罗提诺的时间学说是对柏拉图和亚里士多德的继承。"在哲学史上,这一学说构成了继亚里士多德之后的又一完整的时间学说,对基督教神学影响尤为深远。"① 柏拉图认为时间是"运动着的永恒影像",② 普罗提诺继承了这点,但又融进了亚里士多德"时间乃是就先与后而言的运动的数目,并且是连续的"③ 思想,提出时间就是灵魂从一种生存方式到另一种生存方式之流逝运动的生命。(Ⅲ.7.11) 在普罗提诺那里,永恒是神圣的理智之物的生命,而时间则是作为理智之影像的灵魂的生命,这样实际上就把在柏拉图和亚里士多德那里客观的时间变成了主观的时间。这个时间没有过去和将来,只有现在:当灵魂向"前一个"东西运动时,"现在"就延伸为将来;而当灵魂向"后一个"东西运动时,"现在"就回溯为"过去"。奥古斯丁几乎毫无保留地接受了这种时间观。他把时间定义为思想或心灵的伸展,"我以为时间不过是伸展,但是是什么东西的伸展呢?我不知道。但如不是思想的伸展,那就奇怪了。"④ 既然时间在本质上是我们思想的伸展和持续,那么这就意味着:第一,时间与我们一样是被造的,至少是随着我们被造,或者说是随着可感世界被造而出现的,所以时间总是和受造物连在一起;第二,在我们/受造物还没有被造时,也就没有时间,也就根本不存在"创世之前有无时间"的问题;第三,既然没有时间,也就没有"之前"与"之后",所以也就没有理由追问上帝在创造世界之前做什么;第四,在我们/世界被造之前不存在时间,所以上帝不在时间之中,他是绝对自由的;第五,绝对自由的上帝是在时间之外创造了时间中的一切,也就是说是从无中创造出了有,因为一切"有"的东西也就是能在时间中显现的东西,而在创世之前没有时间,只是无。在奥古斯丁看来,作为思想延展的时间显然是依赖于人的心灵的主观性东

---

① 赵敦华:《柏罗丁》,第80页。
② [古希腊] 柏拉图:《柏拉图全集》(第三卷),第288页。
③ [古希腊] 亚里士多德:《亚里士多德全集》(第二卷),第120页。
④ [古罗马] 奥古斯丁:《忏悔录》,第253页。

◈ 下篇　古希腊哲学与基督教神学之桥：普罗提诺宗教哲学的影响

西，"它在你、我的心中，因为是我在度量时间。"① 因而，这样的时间就是当下的，只有现在，"将来和过去并不存在。说时间分过去、现在和将来三类是不确当的。或许说，时间分过去的现在、现在的现在和将来的现在三类，比较确当。这三类存在在我们的心中，别处找不到；过去事物的现在便是记忆，现在事物的现在便是直接感觉，将来事物的现在便是期望。"② 这种内在时间意识，不仅"捍卫了上帝的超时间的绝对自由、全知全能以及关于上帝无中创有的基督教创世图景"，③ 对后来的基督教神学产生了深刻影响；也对后来的西方哲学，例如康德关于作为先天感性直观形式的先验时间、柏格森关于作为生命绵延的真正时间、胡塞尔现象学的内在时间意识以及海德格尔作为此在（人）生存之本真时间等都产生了很大影响。

第四，灵魂论。三位一体的上帝创造世界的高潮是造出了存在于时间中的由灵魂与肉体相复合而成的人。由于身体作为消极的甚而恶的质料而不被古代的主流传统所重视，因而在古代西方哲学和宗教中，关于人的理论就其核心和实质而言就是灵魂论。普罗提诺如此，奥利金、卡帕多西亚教父和奥古斯丁也是如此。普罗提诺对灵魂极其关注，在《九章集》中不仅第四卷的整卷而且在其他卷中都在讲灵魂问题。普罗提诺及其柏拉图派对灵魂集中而深刻的论述深深影响了基督教神学家们。阿姆斯庄在《九章集》 V.1.2 中找到了普罗提诺对卡帕多西亚教父和奥古斯丁影响的文本依据，认为后者在其《忏悔录》 Ⅳ.10 中改编普罗提诺这里的内容来描述自己的灵魂修炼体验。④ 奥利金由于古典的柏拉图主义立场，在灵魂问题上和普罗提诺更为接近，认为灵魂可分为高级和低级两个部分。前者是灵魂的本质，即理智，是无形体的神圣的；后者则受到肉体的影响，在其自由意志的牵

---

① G. T. Whitrow, *Natural Philosophy of Time*, Oxford: Oxford University Press, 1980, p.48.

② ［古罗马］奥古斯丁：《忏悔录》，第247页。

③ 黄裕生：《宗教与哲学的相遇——奥古斯丁与托马斯·阿奎那的基督教哲学研究》，江苏人民出版社2008年版，第94页。

④ See Armstrong1989, Vol. V.1.2, pp.14–15, n.2.

第十章 普罗提诺与基督教

引下去犯罪。灵魂的涤罪或救赎就是灵魂的净化和上升，也要经历尘世的知识、天国的知识、神的知识三个阶段。只是奥利金把普罗提诺的宇宙灵魂或普遍灵魂改造成由圣父所生，在地位和实在性上低于父和子的第三本体；而圣灵（灵魂）的本体性存在则意味着圣灵（灵魂）的先在性，即相对于其他被创造的具体存在物而言，灵魂始终是先在的。这既说明了灵魂的下降和堕落只是灵魂本身个体化之使然而不损灵魂本体的神圣，也保证了灵魂即使存在于下界也不会因具体之物的毁灭而毁灭，其理智之光的本性也只是被遮蔽而没有败坏。卡帕多西亚教父同样把灵魂的救赎（回归）作为灵魂论的核心，肯定了灵魂的理智本性的永恒性和不会因人性的败坏而败坏，但出于尼西亚正统神学的教义，否定和修正了普罗提诺和奥利金关于灵魂（圣灵）的本体性和先在性的观点。否定灵魂本体的存在以避免奥利金的异端危险对卡帕多西亚教父来说是顺理成章的事，因为在正统神学的三位一体教义中只有独一的神，而没有灵魂本体存在的空间，圣灵只是神的一个位格而已。反对先在灵魂说则在于卡帕多西亚教父们认为上帝照着自己的形象造出来的人是个整体或统一体，换言之，不可能出现构成人的灵魂这部分先于人自己而肉体这部分却后于人自身，因而灵魂与肉体是同生同长的。"神在创造人的时候，不是把一种成分放在另一种成分之前，不是灵魂先于肉体，也不是相反。"① 但这样一来，如何保证灵魂的理智本性及其不被败坏呢？卡帕多西亚教父在普罗提诺及其柏拉图派的原型说（理念论）基础上提出了二次创造说：上帝先是创造了人的理念，而后据此原型再创造出具体的个别的人。尼萨的格列高利明确说道，"人的受造有两重含义：一是指人按神的形象被造，二是指神造人有男女之分"②。第一次在《圣经·创世纪》1 章 26 节 "神

---

① ［古罗马］尼萨的格列高利：《论人的造成》29.1。参见 Philip Schaff, Henry Wace eds., *Nicene and Post-Nicene Father of the Christian Church* (second series), Vol. Ⅶ, Edinburgh: T&T Clark, 1989。

② ［古罗马］尼萨的格列高利：《论人的造成》16.8。

下篇 古希腊哲学与基督教神学之桥：普罗提诺宗教哲学的影响

说'我们要照着我们的形象造人'",这是作为原型或理念的普遍的人,没有男女之别,或者说就是作为一切人都具有的普遍的本性,即理性、理智和神性,体现的是被造中人对神的服从关系。第二次是在《圣经·创世纪》1章27节神就"照着他的形象造男造女,"这是作为具体的个别的人,有了男女之别、理性与非理性之异,或者说是作为个体的人的身体、生理结构以及感性方式等特殊的属性,而且这种非理性成分使人通过男女之交而具有生殖能力,采取了"兽类的繁殖方式",① 更多体现的是被造之后人与人之间的对等关系。具体的人性的败坏和灵魂的堕落是因为第二次创造中的诸如非理性等特殊的个体化属性所致,是由于（如亚伯和该隐）在处理人与人的关系时没有以人与神的关系为基础；反过来,以人与神的关系来关照人与人的关系,堕落的灵魂必然会因为神性的理智本性而被拯救或得到救赎。换言之,具体的人及其灵魂堕落了,有罪了,但作为灵魂的普遍本性之理智并没有堕落,因而每一个堕落的灵魂仍然会渴望神性、追求至善,希冀拯救并回到神那里。奥古斯丁同样出于基督教的信仰立场也否定了普罗提诺的先在灵魂说,但没有像卡帕多西亚教父那样在灵魂内确立起理智本性的永恒与救赎的必然关系,而是在理智本性与人的罪或沉沦状态关系上显得犹豫不决。他坚持普罗提诺关于灵魂的本质是理智、理性和神性,普遍地存在于一切具体的人身上,但神性的灵魂是如何进入的,他既不同意普罗提诺的流溢说,也对基督教神学内部卡帕多西亚教父主张的"要生养众多,遍满地面"（《圣经·创世纪》1：28）之"繁殖说"和维克提乌·维克多（Vincentius Victor）等主张的神"将生气吹在他的鼻孔里,他就成了有灵的活人"（圣经·创世纪》4：7）之"吹气说"的争论保持沉默,因为"尽管争辩双方各执一辞,针锋相对,在我看来,他们所依凭的证据都不是不确定的,也不是对自己所不了解的问题作出狂妄论断。……在这个问题上,《圣经》

---

① ［古罗马］尼萨的格列高利:《论人的造成》22.4。

第十章 普罗提诺与基督教

绝口不置一词，它完全保持了沉默，我们完全不得而知。什么也没有否定，同什么也没有肯定。……该问题也仍然处于无法定论的状态"。①但为了维护灵魂理智本性的永恒性和神圣性，奥古斯丁对"吹气说"做了批判，因为"这样做就是对神性的侮辱，可耻地把可变性归入神性。"②另外，奥古斯丁似乎对卡帕多西亚教父所关注的灵魂的本体问题不是很关注，而更关心灵魂的形体性问题。他借助普罗提诺无形体的存在才真正具有实在性的思想对维克多和德尔图良等拉丁教父们关于灵魂是有形体的看法提出了严厉批判，尤其是德尔图良，因为他认为"正如灵魂是有形体的，同样神也是有形体的"。有形体的东西都是可朽而非永恒的，神是永恒而完美的，作为最高的神圣本体只能是无形体的，无形体的神不可能从自身吹出有形体的灵魂，"因为他自身与他的本性乃是一回事，不是两个不同的东西。"③因此，灵魂也是无形体的，是由神从无中创造出来的，灵魂由此才有永恒的神性，才能遍存于一切生命之物，因自由意志（选择悖逆神）而有罪的人也才能依对善或神性的追求从沉沦状态中觉醒并依靠上帝的恩典得以救赎。

当然，普罗提诺对希腊神学和拉丁神学，尤其是古代最伟大的教父奥古斯丁的影响不只这些。正如麦肯纳所指出的，我们要理解奥古斯丁，必须熟悉普罗提诺的语言和思想。奥古斯丁从普罗提诺那里所接受的不只是零星的思想，而是普罗提诺思想的核心部分，有关灵魂、天命、上帝的超越性、恶是善的缺乏、自由、时间和永恒的理论。④无论如何，普罗提诺及其新柏拉图主义以各种形式通过各种途径广泛而深入地进入教父神学之中，并通过亚历山大里亚学派、卡帕多西亚教父和奥古斯丁汇聚成基督教的柏拉图主义，进而对整个基督

---

① ［古罗马］奥古斯丁：《论灵魂及其起源》1卷30章，石敏敏译，中国社会科学出版社2004年版，第216页。
② ［古罗马］奥古斯丁：《论灵魂及其起源》2卷21章。
③ 以上引文见［古罗马］奥古斯丁《论灵魂及其起源》2卷9章。
④ G. H. Turnbull1948, p. 249.

◆◆ 下篇　古希腊哲学与基督教神学之桥：普罗提诺宗教哲学的影响

教神学和西方神论产生了弥足深远的影响。

第四节　西方神论中的普罗提诺：古希腊哲学与中世纪神学之桥

无论是就积极的意义而言，还是就消极的意义而言，普罗提诺对基督教神学的影响都是极其重要的，这在西方神论思想史的演进中也得到了充分的体现和说明。在西方宗教传统中，神／上帝（God）一方面作为人的信仰对象，被理解成永恒的、无始无终、不生不灭的；另一方面作为人认识和了解的对象，上帝的观念则是发展变化的。通过我们第三章"兼容并蓄的宗教世界"和第四章"文化融合的思想世界"之勾勒与叙述，我们大体上可以说，西方神论的历史演变是从古希腊的多元神论开始，经过理性思辨的上帝观的洗礼，并与希伯来唯信传统的上帝观相结合，终而形成基督教的上帝观。那么，普罗提诺在这一演进过程扮演了什么角色，起到了什么样的重要作用呢？

无论是正统的奥林帕斯教，还是民间的奥菲斯教和狄奥尼索斯教，乃至几乎全盘继承了古希腊的罗马多神论宗教（以至于可合称为希腊罗马宗教），其实质就如伊迪丝·汉密尔顿（Edith Hamilton）所言，希腊的宗教不是由祭司、先知或者是圣人以及任何其他离普通生活很遥远、具有特别的神性的人创造发展起来的，而是由诗人、艺术家和哲学家们发展起来的。[①] 虽然希腊人讲究实际，却更讲究自由的思想与想象。希腊人没有权威的圣书，没有教规，没有十诫，也没有固定的教条，但他们有神话和史诗。在荷马和赫西奥德的史诗与神话中我们看到的是一个多神充斥的古希腊的世界。每一个神都有其特定的职能、专管的领域、特别的行动方式、独有的权力类型，它们构成了一个彼岸的世界。在此，诸神的权限和特权受到严格的界定。它们彼此之间既相互限制、相互制衡，同时又相互补充、相互协商。显

---

① 参看［美］伊迪丝·汉密尔顿《希腊精神》，第213页。

360

第十章 普罗提诺与基督教

然，在诗人们激情四溢的笔触下，神并不意味着至高权力、全知、全善、全能、完美、无限和绝对。换言之，古希腊的多神宗教与任何启示形式无关，它既没有启示，也没有救世主。①

古希腊的哲人们却不满意这种对神的感性的描构，他们更情愿用他们那智慧的头脑理智地、思辨地去对待神，以及与之相关的包括我们所处世界在内的一切。如果说诗人们是用神来解释自然的生成和变化，那么哲学家们就颠倒了过来，用自然和理性来说明神。作为古希腊最早的米利都学派的代表人物之一，阿那克西美尼就"不相信气是由神创造的，而是认为神是由气产生出来的。"② 赫拉克里特更为明确地把神看作和灵魂一样，都是一团永恒的活火，并首次对传统的偶像崇拜和祭仪进行了批判。这表明在希腊早期的自然哲学家那里，当他们开始运用自己的理性去观察这个世界的时候，也就开始对原始的神话思维进行反思和批判，这促使古希腊神观由传统的神人同形同性的观念向单一的精神实体的观念过渡。克塞诺芬尼（Xenophanes）以"世界统一性以及神和自然不可分离的思想为基础"③ 彻底动摇了传统的宗教观念，认为"神是一个单一的整体"，"他无论在形体上或心灵上都不像凡人"，"它永远在一个地方，根本不动"，"以它的心灵使万物活动"。④ 恩培多克勒也把神与理性相联系，认为神与凡人不同，"在他的躯体上并没有人的头，没有两肢从他的双肩生出来，他没有脚，也没有反应灵敏的膝盖，也没有毛茸茸的部分；他只是一个神圣的不能言状的心灵，以敏捷的思想闪耀在整个世界中。"⑤ 虽然他们力图把神性和理性相联系，但这种理性神的观念毕竟还是非常原始和幼稚的，多多少少还带有一些多神论的痕迹。真正用哲学和理性的思维成果来建立古希腊的理性神论是从苏格拉底开始的。根据苏

---

① ［法］让-皮埃尔·韦尔南：《古希腊的神话与宗教》，杜小真译，生活·读书·新知三联书店2001年版，第11页。
② ［古罗马］奥古斯丁：《上帝之城》，8卷2章。
③ ［德］策勒尔：《古希腊哲学史纲》，第46页。
④ 转引自王晓朝《希腊宗教概论》，陈村富所做的"序言"，第5—6页。
⑤ 转引自汪子嵩等《希腊哲学史》（第一卷），第865页。

◈◈◈ 下篇　古希腊哲学与基督教神学之桥：普罗提诺宗教哲学的影响

格拉底的学生色诺芬（Xenophon）的记载，苏格拉底坚持一种理性神的观念。这个神不同于古希腊传统的奥林帕斯诸神，他不拈花惹草、争风吃醋，干那只有凡人才会干的丧德败兴之事，而且"能够同时看到一切的事情，同时听到一切的事情，同时存在于各处，而且关怀万有。"① 他的另一个学生柏拉图在《申辩篇》中记载了老师的奇行异事。理性神指派苏格拉底像只牛虻一样不停地"叮人、唤醒、劝导、指责"雅典人，② 但冥顽偏执的雅典人却投票处死了苏格拉底。他本有机会逃避，却坦然接受死刑，并说他的遭遇是神的旨意，是神暗示了所发生于他的好事。一些学者把苏格拉底的申辩与死亡和《圣经·新约》四福音书中耶稣的传道与蒙难相提并论，指出"苏格拉底在《申辩篇》及柏拉图其他前期著作中所阐述的内容，同基督教关于神——启示——罪恶——救赎的理论相近"。"从某种意义上说，苏格拉底是当时希腊人的耶稣。"③ 苏格拉底的殉道更加坚定了柏拉图对传统神话观念和城邦宗教的批评，他沿着老师的方向继续前进，建立起了古希腊的理性神学。柏拉图是第一个使用"神学"（Thologia）这个术语的哲学家。④ 他认为神有两个特性，即"不变"与"完善"。"不变"，即是其所是、始终如一，强调了神的永恒和不朽；"完善"，是说神的自足完满、至善至美和公义智慧，强调神不同于人、超越于人的道德。在《蒂迈欧篇》中，柏拉图比较集中地论述了这种理性神的观念。我们知道，柏拉图主张有两个世界，理念的世界和可感的世界。前者是永恒的、不变的、真实的，后者是生成的、变化的、虚幻的。"凡是生成的东西必定由于某种原因方才产生"，"凡是被创造出来的事物必定有被创造的原因"。⑤ 因而我们生活的可感世界，从高处的星辰到地上的万物和人都是由造物主创造出来的。这个造物主

---

① ［古希腊］色诺芬：《回忆苏格拉底》，吴永泉译，商务印书馆1984年版，第32页。
② ［古希腊］柏拉图：《申辩篇》，31a。
③ 转引自王晓朝《希腊宗教概论》，陈村富所做的"序言"，第8页。
④ 王晓朝：《希腊宗教概论》，陈村富所做的"序言"，第10页。
⑤ ［古希腊］柏拉图：《蒂迈欧篇》，28a～c。

第十章 普罗提诺与基督教

就是万有之有和万物之因，是万物之父和万物的创造者。他是全善和全能的，不像奥林帕斯诸神有强烈的忌妒心，因而他愿意一切由他所创造的东西像他一样只有善而没有恶。于是为了世界的和谐，他把我们所处的世界创造为一个圆球，因为球形是最圆满的；为了让创造之物更加完善，他让躯体具有灵魂，又让灵魂具有了理性；为了使世界和万物能有序运转，他创造了时间，从而有了岁月轮转、四季变化和昼夜更替。这个神实际上就是世界的创造者和主宰者，统摄着万物的开端、中间和终结的全过程。亚里士多德进一步充实、完备和体系化了柏拉图的理性神学，提出了一套相对完整的神学理论。他把"第一哲学"与神学等同起来，认为形而上学就是神学，因为哲学所研究和追求的最高目标就是成为神或与神相似。正如我们在前文所分析的，这个神是单一的、纯形式的、至善的、永远现实的；是第一和至高者，是不变和永恒者，是万事万物的"第一因"、"不动的推动者"；是纯精神的、纯理性的，永远以自身作为认识和追求的对象。显然，这样的神不再是诗人笔下的虚构和热情的想象，而是哲人哲学范畴的理性思辨和逻辑的推理演绎；神不再是荷马宗教中与人同形同性的拟人化神，而是古希腊哲学中单纯完美、永恒不朽、全能全善、理性思辨的精神实体。但这种对理性的强调在某种程度上压抑了人对上帝的体认和情感，毕竟信仰的问题是难以理性化的，信仰更多是要依靠信念和人自身的体验来完成。就此而言，理性神学还必须继续发展。因为作为西方神论最主要的基督教神学，单单是希腊的理性主义土壤是不能孕育出来的，它的产生还必须有另一种不同于希腊神论传统的启示神学。

虽然神学（theology）一词是由希腊词 theos 引申而来，但神/上帝的观念在西方宗教中除了希腊神论传统外，还有另外一个非常重要的来源，即犹太教所代表的希伯来文化传统。[1] 在希伯来文化中，《圣

---

[1] 关于 God 宗教辞源的分析，参照了卓新平《中西天人关系与人之关系》（载于《基督教文化学刊》1999 年第 1 辑，第 42—43 页）一文。

下篇 古希腊哲学与基督教神学之桥：普罗提诺宗教哲学的影响

经·旧约》用"雅赫维（Yahweh，亦译为'雅畏'）"和"厄罗音（Elohim）"来指称上帝，尤以前者最为常用。在古代犹太人那里，按习惯不能直呼神的名，写时也只能写不发音的辅音 JHWH，是而以"阿特奈（Adonai，意即'主'）"代替其称呼，所以在以后的历史的流传中便把神名的辅音和"阿特奈"的元音相结合为 J-e-H-o-W-a-H，即"耶和华（Jehovah）"。"雅赫维"在古希伯来信仰中指与其古代游牧生存密切相关的雨神，后来发展成以色列人信仰的民族神。而到犹太民族遭受"巴比伦之囚"等不幸时，其对"雅赫维"的神性理解才升华为世界万民的最高神的观念。后来，基督教诞生时就从这种绝对一神论发展出其上帝观，进而发展出上帝的诸多含义，如全在、全知、全能、全善，是三位一体的创造者和救世主，等等。犹太人的上帝观总体来讲是唯一的人格神论，强调上帝的独一性、外在超越性和救赎性。上帝既是慷慨的救世主，给人以爱和救恩，又是严厉的审判者，给悖逆神的言行和意愿的任何人都予以斥责和惩处。犹太教的上帝观就其本质而言是神人对立的：神是牧羊人，而人是上帝的羔羊；神是伟大而无所不能的，而人是渺小而无能为力的；神是慈爱而公义的，而人是有恶且有罪的。犹太教是一种启示宗教，坚持神及其活动的神秘性和绝对超越性，是人的理性根本不可能理解和把握的，从而突出人对神的内在的情感心理因素和外在的道德律法之恪守，要求认信、皈依、顺从和与神的神秘交感。

　　基督教正是通过把希腊理性神学传统与希伯来启示神学传统、重理性思辨的希腊精神和重信仰启示的希伯来精神、抽象神论与人格神论相结合融汇，从而形成了自己的上帝观。一方面，基督教以希腊哲学的理性主义来说明犹太教的信仰主义，从而使自己的上帝观念得以合理化、清晰化；另一方面，它又承认上帝是超越于人的理性之上的，并指出这种理性探究的间接性和局限性，从而为启示真理的奥秘留下了巨大的空间。可以说，基督教的上帝既是哲学家追索的上帝，也是宗教先知和信徒所信奉膜拜的上帝。事实上，这一结合在晚期希腊哲学家斐洛那里就开始了，经过普罗提诺及新柏拉图主义的努力，以及基督教的柏拉图主义的发展，终而在奥古斯丁那里得到了充分体现。

关于斐洛，我们在第四章第二节已经说过，这里主要从西方神论角度看看他如何调和希腊哲学与犹太教、理性神和人格神的问题。作为犹太人，他对犹太民族的神圣典籍，尤其是对"摩西五经"怀有最为深切的感情；作为学者，他又对古希腊哲学，如毕达哥拉斯、赫拉克利特和斯多亚派，尤其是柏拉图倍加推崇。这些都在斐洛的神学思想中表现了出来，他致力于调和犹太经典和希腊哲学，使犹太教和柏拉图思想相综合。正如黑格尔所说的，"他特别擅长柏拉图的哲学，此外他更以引证犹太圣书并加以思辨的说明出名，他把犹太族的历史当作基础，加以注解。但是历史上的传说和叙述，在他眼睛里都失去了直接的现实意义，他甚至从字句里找出一种神秘的、寓言式的意义加到历史上去，在摩西身上他找到了柏拉图。"[1] 无论是从方法还是内容上，在斐洛身上都体现出了这种融合的特征。他认为希腊哲学和希伯来经典都来自上帝，二者之间是相通的，因而可以用"寓意释经法"来沟通哲学与神学、理性和启示、希腊哲学和犹太教。他用此方法，借希腊哲学来诠释《旧约》，制定了他的宗教神学体系。这一方法深深影响了新柏拉图主义者和基督教神学家。例如，受他的影响，早期教父哲学家奥利金在他的《论首要原理》中，就力图用希腊哲学，尤其是柏拉图哲学来解释《圣经》，而托马斯·阿奎那用此方法制定了四重解经体系，后来就成了天主教的信条。在上帝的观念上，斐洛把柏拉图的理念和希伯来的雅畏相结合，认为理念就是神，神就是太一或一元，是独一无二的实在，既在万物之中，又在万物之外。查德威克认为斐洛在哲学史上第一个提出了"理念是神的思想"，[2] 这一思想后来为新柏拉图主义、基督教教父哲学家和中世纪的经院学派所继承。在人与神的关系上，斐洛把柏拉图的洞见与迷狂和犹太教的启示与恩典相结合，认为要认识上帝必须净化灵魂，灵魂只有摆脱

---

[1] [德]黑格尔：《哲学史讲演录》（第三卷），第 162—163 页。
[2] See A. H. Armstrong 1967, p. 142.

下篇 古希腊哲学与基督教神学之桥：普罗提诺宗教哲学的影响

了肉体的束缚、离开可感的世界、上升到神圣的世界，才能在类似于柏拉图所言的神圣迷狂中洞见到上帝。当然，这种洞见和迷狂还必须要等待上帝的启示和恩典才可以达到。因而，对上帝的认识归根结底不是凭借理性，而是凭借直觉达到的。① 在创世说上，他把柏拉图的创世说、斯多亚派的逻各斯和圣经中的神创论相联系，认为我们的世界是上帝通过逻各斯借助质料创造出来的。质料不是由上帝产生的，是第二个本原，它是一种没有生命的、不动的、没有形式的混沌，是种物质性的基质。因而，斐洛在创世说上坚持的是一种二元论，"不是和《圣经·旧约》而是和柏拉图的《蒂迈欧篇》有着更多的一致之处"。② 逻各斯是上帝和世界的中介，它是上帝的长子，是第二位的神，又是世界和人类理性的原型，它既是创造世界万物的力量，又赋予世界以秩序的原则。后来，早期基督教神学家查士丁认为希腊哲学中的逻各斯就是耶稣③。诺沃提尼（F. Novotny）着重强调了这一点，"正是通过逻各斯学说，斐洛对基督教哲学家们产生了极其巨大的影响。"④ 总之，无论是从调和的方法还是神学的内容上来看，斐洛对古希腊哲学和犹太教、柏拉图的《蒂迈欧篇》和希伯来《圣经》、理性主义和启示运动的汲取互鉴与调和汇融，都坚持的是哲学服从宗教、理性服从信仰原则，从而在某种意义上为制定基督教神学奠定了理论基础。对此，恩格斯就指出，斐洛"这种西方观点和东方观点的调和，已经包含着基督教全部的本质观念——原罪、逻各斯（这个词是神所有的并且本身就是神，它是神与人之间的中介）、不是用牺牲而是把自己的心奉献给神的忏悔"。⑤ 斐洛所开始的这条道路，也为后来的哲学家和基督教神学家所继承，"首先是普罗提诺，遵循斐洛调和柏拉图和希腊宗教，接着是奥古斯丁，调

---

① Philo, *On the Embassy to Gaius*, 5~6.
② 范明生：《基督教神学和晚期希腊哲学》，第220页。
③ 范明生：《基督教神学和晚期希腊哲学》，第231页。
④ F. Novotny, *The Posthumous Life of Plato*, Hague: M. Nijhoff, 1977, p.78.
⑤ ［德］恩格斯：《布鲁诺·鲍威尔和原始基督教》，《马克思恩格斯全集》（第25卷），第551页。

和柏拉图和基督教；接着是阿尔—法拉比，调和柏拉图和伊斯兰教。"① 斐洛对新柏拉图主义有着非常显著的影响，以致有人认为斐洛是"新柏拉图主义的首要奠基人。"②

作为新柏拉图主义的真正创始人，普罗提诺无疑受到了斐洛很深的影响，查德威克就认为，"在许多方面，普罗提诺看起来就像斐洛的摹本。"③ 虽然普罗提诺没有像斐洛那样直接把希腊哲学的最高实在（太一）与犹太教或新兴的基督教的独一神结合起来讲，却沿着斐洛的方向继续前进，在理性神与启示神相调和的西方神论思想史中起到了双重的影响。他的三一本体在许多基督教思想家眼中就是对三位一体的上帝之最好的哲学-神学诠释。太一就是三个位格中的圣父，理智就是圣子，灵魂则是渗透于每个信徒的圣灵。太一通过自我规定而呈现为理智，就是道成肉身。理智通过流溢出灵魂而与太一重新合一，就是基督的救赎和复活。普罗提诺与基督教相契合的诸如此类思想正如我们上文所表明的，既助长了诺斯替派和阿里乌斯主义等异端的流传，也为卡帕多西亚教父和奥古斯丁等正统神学提供了理论来源。

同样，普罗提诺的肯定神学（Positive Theology）和否定神学（Negative Theology）④ 对后来的基督教神学的影响也是双重的。"肯定神学"，即肯定人的理性能对上帝及其存在做出积极的、确切的言说和理解。普罗提诺肯定我们的理性能够对太一做出积极的、肯定的理解和谈及（speak about it）。如太一/上帝是单纯、自足的（Ⅱ.9.1，Ⅴ.2，4，Ⅴ.4.1等）；是完美、至善、永恒的（Ⅰ.5.7，Ⅵ.5.1，Ⅲ.7.3 等）；是绝对超越的，超乎万物之上又内在于万物之中（Ⅴ.4.2）；是万事万物的终极的、

---

① J. K. Feibleman, *Religious Platonism: The Influence of Relation on Plato and the Influence of Plato on Religion*, London: Routledge, 1959, p. 103.

② See Feibleman1959, p. 96.

③ See A. H. Armstrong1967, p. 154.

④ 人们通常熟悉和称道的是普罗提诺的否定神学，而忽略了他的肯定神学。韩穗在他的《普罗提诺的肯定神学》（《清华西方哲学研究》2015 年第 1 期）一文中对这个问题做了非常精彩的分析。

下篇 古希腊哲学与基督教神学之桥：普罗提诺宗教哲学的影响

唯一的最高本原和源泉，也是万物的最终目的（Ⅵ.7.32）。奥利金、卡帕多西亚教父和奥古斯丁基本上循此去表述《圣经》中的上帝，把我们语言所能描述的最好属性都归诸上帝，把上帝描述为神圣而至善的，超乎所有的恶和人间的善；是单纯而完满的，不包含任何对立物；是超越而永恒的，超乎时间和空间却又无处不在、无时不在；是万物的本原和最终目的，变动不居的世界及其万事万物都以他为唯一不变的本质，最终的来源、依靠和希望。受普罗提诺的启发，奥古斯丁把柏拉图的太阳喻改造成了"光照说"。他把上帝比作真理之光，把人的灵魂比作眼睛，把人的理性比作视觉；正如只有在光照之下，眼睛才能通过视觉看到某物一样，只有借助上帝的光照，人才能认识真理，达到作为真理之源的上帝。这样，他既承认了人的理性，又坚持我们的理性只有在上帝的恩典和光照下才能发挥作用、认识真理，从而在"信仰便于理解"的前提下把哲学与宗教、理性与启示相调和统一。圣托马斯·阿奎那继承并发挥了这一思想，以更为严密的概念、命题、推理，尤其是关于上帝的五个逻辑证明对基督教的上帝及存在进行了最为深刻而系统的概括和说明。他既肯定了自然神学是可能与必要的，认为通过我们本就具有的理性，从经验事实和自然现象出发，凭借逻辑就能推论出上帝及其存在；同时又强调了启示神学的真理与优先性，只有依赖上帝的神秘启示，我们的理性才能认知上帝的奥秘和获得真理。所有的这些都为16世纪宗教改革之后的新教神学与天主教神学、自由神学与新正统神学，以及新正统神学内部卡尔·巴特（Karl Barth）与艾米尔·布鲁内尔（Emil Brunner）之间的诸多争议和纷纭聚讼做好了伏笔，影响深远。

另外，从否定的方面来说，普罗提诺又意识到人是有限的、不完善的，我们难以用自身有限的理性和贫乏的语言去思考和言说无限、完善、超越的太一/上帝。因此我们与其说上帝是什么，倒不如说上帝不是什么，这种对上帝的言说和理解被称为"否定神学"。当然，否定神学最早的始作俑者还是柏拉图。在《巴门尼德篇》中，柏拉图在谈到"一"时说，"它不能拥有名字或被谈论，也不会存在任何

第十章 普罗提诺与基督教

关于它的知识、感觉或意见。它没有名称，不被谈论、不是意见或知识的对象，不被任何生灵所感知。"① 普罗提诺把这个"一"从与"存在"相并列的通种提升为首要的本体，它就是太一、至善和上帝。这个上帝是超越于万物的，甚而连"是"这个词也不能用于它。因此，太一是我们人有限的理性所不可知的，也没有办法以我们贫乏的语言来肯定和表达，只能姑且用"它不是……"这类否定方式来谈及它。（V.3.14）② 当然，我们需要牢记的是，普罗提诺用这种"以负说正"的方式来言说太一，是要"以否定的方式，来言及太一的'不是'，同时把'所不是'理解成对于太一的'正'，即言说中的真正的'是'。"③ 换言之，他是要用太一不是"多"来言说太一是"一"，用太一"不可思"告诉我们如何去"思"（认识）太一，用太一的"不可说"告诉我们如何去"说"太一。亚历山大里亚的教父奥利金也如此这般来理解基督教的上帝。他认为神是如此的神圣、伟大和至上以至于我们人有限的理性无法去形容、言说和理解他，我们贫乏的语言更难以表述上帝这个概念所包含的全部内容。奥古斯丁也承认，我们的理性是有限的，我们知道的只是上帝不是什么，而不能说知道上帝是什么。我们对上帝的认识是"对不可知的认识"，人们正是在深感自己无知的基础上才意识到上帝的存在，因此他才教导说"在信仰中思想，在思想中信仰"。其后，爱留根纳、艾克哈特、库萨的尼古拉等也坚持认为，我们只能说上帝不是什么，而不能说他是什么，上帝超越一切理解之上，我们只能以否定的方式在理性的领域之外领悟上帝和达到上帝。

黑格尔曾指出，普罗提诺及其新柏拉图学派的"哲学思想延长到很晚时期，甚至连续到整个中世纪"。④ 中世纪最初的几个世纪是欧洲历史上最黑暗的时期，哲学处于几乎灭绝的境地，古代哲学的典籍

---

① ［古希腊］柏拉图：《柏拉图全集》（二卷），第777页。
② 另参见《九章集》Ⅲ.8.9，V.3.13，Ⅵ.9.3以及Ⅵ.9.5的相关论述。
③ 石敏敏：《普罗提诺的"是"的形而上学》，上海人民出版社2005年版，第95页。
④ ［德］黑格尔：《哲学史讲演录》（第三卷），第226页。

369

◈ 下篇　古希腊哲学与基督教神学之桥：普罗提诺宗教哲学的影响

几乎丧失殆尽，只是在修道院里还依稀延续着古代哲学的火种。由于以普罗提诺为代表的新柏拉图主义比较容易与修道院的隐修士们的神秘主义思想相结合，因而新柏拉图主义成为此时神学理论和灵修实践的重要来源。① 例如，"申明者"马克西姆（Maximus the Confessor）就根据新柏拉图主义的三一结构，把整个存在领域分为上帝自身、理智领域和可感领域。上帝是个神圣的三元，可分为"存在""力量"和"活动"，再下一层次的理智领域被分成"定在""善在""永在"的三元，而最低层次的可感领域被分为"生成""运动""静止"的偶然三元。人的灵魂之拯救首先从可感领域开始，上升、归复理智领域并进而与上帝合一。这种回归和上升的最高境界也是灵魂"在纯粹的静观中与上帝的神秘合一，不需要思维，不需要知识，也不需要语言，因为上帝根本就不是认识的对象，是灵魂的认识能力所不能达到的，他是超越知识的一，不可言说与解释的道，只有上帝知道他，并将这一不可说的恩典赋予一切值得消受的人。"② 显然，他的这种神秘主义观点与语气都充满了普罗提诺的气息。此外，9世纪时的僧侣爱留根纳，根据普罗提诺本体的流溢与回归思想，提出了他的具有神秘主义气息的"自然的四重划分"思想。他把"自然"推为最高的哲学概念，认为"自然是关于一切所是的东西和不是的东西的普遍名称。"③ 这里，"所是的东西"就是上帝所"创造"的东西，而这种创造活动是"能动的"；"非所是的东西"则不是上帝所创造的东西，它们是"非创造"的，"被动的"。据此，爱留根纳具体把自然划分为四种："能创造而不被创造的自然"，即作为创造世界及其所有的存在和非存在的东西之最初原因的上帝；"能创造且被创造的自然"，即作为上帝所创造的并且被利用来创造万物的理念原型，即理念世界；"被创造且不能创造的自然"，即上帝按照理念原型所创造出来的可感世界，其中的事物可以生灭变化，但不能创造出新的事物；

---

① 赵敦华：《柏罗丁》，第174页。
② See A. H. Armstrong 1967, p. 504.
③ 转引自赵敦华《西方哲学通史》（第一卷），第411页。

第十章 普罗提诺与基督教

"不被创造且不能创造的自然",即作为万事万物的终极目的之上帝。他把自然的四重区分看作是一个以上帝为起源和归宿之创世活动,万物产生于上帝又复归于上帝,因而可以说这也是自然的上升与下降的回环往复之现实运动。先是下降之路,即先从第一重自然(作为最初的原因之上帝)下降到第二重自然(理念世界),再下降到第三重自然(可感世界);然后再从可感世界上升到理念世界,最后上升或回归到第四重自然(作为终极目的的上帝)。这与普罗提诺关于灵魂的下降之路和上升之路是同一条道路是何其相似!此外,当爱留根纳说上帝是超越存在与非存在的活动、创世说是"展开""流溢"等时,我们都可以看到普罗提诺的影子。

当希腊哲学在12世纪中期开始由阿拉伯世界传回西方时,普罗提诺及其新柏拉图主义思想在亚里士多德神学的名义下流传。例如,13世纪的德国神学家艾克哈特就按照新柏拉图主义的思想解释上帝和世界、神与人之间的关系。他区分了"原神"(Godhead)和"神"(God)。前者相当于太一,是单纯的、绝对的、超越的神圣本原,他是无法言说、不可规定、不可思议的;后者则相当于基督教"三位一体"中的上帝,从中创生出自然或世界。他也非常强调下降之路和上升之路。从原神到神再到世界的流溢过程,这是下降之路;人(灵魂)通过神秘的灵魂修炼和肉身化了的耶稣基督之拯救,拥有了对神的信仰,原神的光照就会呈现在那些信仰神的灵魂中,从而使灵魂从可感世界提升,返回到神那里,并最终在神秘的静观中与原神相合一,这是灵魂的上升和回归之路。显然,艾克哈特的这种思想更合于普罗提诺而与基督教正统神学相冲突,因而艾克哈特和爱留根纳一样被正统教会指责为异端。但他的影响却是深远的,中世纪最后一位哲学家15世纪库萨的尼古拉(Nikolaus Cusanus,1401—1464年)就受其影响,把上帝说成是"无限的一",而世界既是无限的又是有限的一,至于世界中的事物则是有限的一。他认为我们对上帝的认识是"有限的无知"或"有学问的无知",因为有限的人用有限的知识只能直接认识有限之物而不可能把握无限的上帝,但可以通过有限来类

371

下篇 古希腊哲学与基督教神学之桥：普罗提诺宗教哲学的影响

比无限，用"神秘的仰望""心灵的体验"来弥补人的理性认识之不足，从而从有识达到无知，通过认识宇宙来认识上帝，最终在神秘的直观中达到与神的合一。从艾克哈特到尼古拉被看作是德国哲学的开始阶段，因而在德国哲学产生之初就包含了浓厚的普罗提诺及其新柏拉图主义因素，这大概也就是后来的德国哲学之所以具有更为浓烈的思辨性和神秘性，追求统一性和系统性，辩证法思想等特点的原因之一吧。[①]

在 14、15 世纪的文艺复兴时期，柏拉图主义也迎来了自己的复兴。比尼古拉稍晚些的马尔西利奥·费奇诺（Marsilio Ficino，1433—1499 年）首次把《柏拉图全集》和普罗提诺的《九章集》由希腊文翻译成拉丁文[②]，极大地推进了柏拉图主义和新柏拉图主义在近代世界的传播，扩大了他们的影响。之后，在 16 世纪的路德神学、17 世纪和 18 世纪以斯宾诺莎和莱布尼茨等为代表的欧陆哲学、19 世纪以谢林和黑格尔为代表的德国神秘主义，乃至 20 世纪柏格森的生命哲学，以及"但丁、席勒和华兹华斯这些神学家、哲学家、诗人和艺术家中的佼佼者在各自时代的入口都以某种形式或方式汲取了普罗提诺的神秘主义哲学"，[③]通过他们，普罗提诺及其思想对后世产生了难以估量的影响。

普罗提诺就是一座桥，通过这座思想之桥，西方的雅典与东方的耶路撒冷互通有无，柏拉图和奥古斯丁携手前行，希腊哲学和基督教神学交流互鉴，哲学的生活方式与宗教的生活方式交相辉映，古代世界和中世纪乃至近现代世界继往开来。

[①] 参见赵敦华《柏罗丁》，第 177 页。
[②] 参见赵敦华《柏罗丁》，第 177 页。
[③] C. Wayne Mayhall 2004，p. 85.

结语　哲学生活方式与宗教生活方式的合流与分流

在基督教世界，每每谈到保罗到雅典布道时，人们总是兴奋不已。因为雅典是西方理性主义的发源地，而保罗是在雅典的亚略巴古议会（Council of Areopagus）——苏格拉底曾在这里接受审判，雅典的公民在这里讨论城邦事务，外来的学说和新宗教在这里辩论和接受审查——宣讲了基督的福音。这不仅仅是基督教的宗教生活方式与古希腊的哲学生活方式的相遇，而且也意味着希腊对基督教的皈依，表明基督教信仰征服了希腊世界。这确实是令人兴奋的事件，对其津津乐道也是完全可以理解的。然而反过来也可以说，基督教皈依了希腊哲学。因为基督教的产生和发展也离不开希腊哲学，基督教神学的理论化和系统化同样也意味着希腊理性哲学征服了基督教世界。无论是希腊皈依基督教还是基督教皈依希腊哲学，归根结底都是作为生活方式的哲学与宗教之相遇融合。毕竟，雅典和耶路撒冷之间既不遥远也不陌生，哲学与宗教在本源之处就殊途而互通。在这一东西方文化交汇融合、双重皈依与征服的过程中，普罗提诺以自己的理论思辨和生活实践最为典型地诠释和践行了哲学与宗教是一致的，都是精神修炼的生活方式，从而开启了作为哲学（理性）的生活方式和宗教（信仰）的生活方式之合流。

"灵修是古代哲学的生活方式。"[①] 自从荷马和赫西奥德时代以

[①]　[法]皮埃尔·阿多：《古代哲学的智慧》，译序，第6页。

结语　哲学生活方式与宗教生活方式的合流与分流

来,古希腊人就认为通过劝说、申斥、抚慰、开导以及仔细选择说辞(修辞)就有可能改变一个人的选择和生活方式。在前苏格拉底哲学的残篇中,尤其是毕达哥拉斯、德谟克利特等哲人在谈到灵魂的平静时,我们就能发现存在一个完整的哲学生活及其相关联的践行与精神练习的史前史。比如,毕达哥拉斯就要求其学派的成员通过体操、音乐、数学和禁欲苦修以及遵守各种莫名其妙的教条禁忌来进行身心的修炼以获得灵魂的宁静,他本人也严格践行这个共同体的生活方式,甚而为遵守"不吃豆子"的教条而付出生命。当然,哲学作为精神修炼的生活方式更为典型地体现在苏格拉底及其古代哲学的六大流派中,即在柏拉图及其学派、亚里士多德及其学派、犬儒主义、斯多亚派、伊壁鸠鲁派、怀疑主义那里,虽然这些派别之间存在明显的差异,但它们都有某些显著的特征,首先也是最重要的是把自己呈现为一种精神修炼的生活方式。这既是它们共同的特征,也是古代哲学共有的本质,这一点贯穿古代哲学的全部发展历程而不曾有过实质性的改变。即使罗马帝国时期的哲学偏重于书写文本和对先贤文本的评注,也仍然是种生活方式的选择和实践,每一次的评注和阅读都致力于自己的改变或灵性的提升。可以说,每个哲学流派都有各自独具特征的精神修炼和生活方式,"一种生活方式的选择,一种存在态度的选择,在某种程度上,代表了每个流派的特殊性。"[1]

在苏格拉底那里,精神修炼的生活方式使他成为哲人形象的典范,[2] 并以他的生和死为"爱智者"立下了一个光辉的纪念碑。在柏拉图及其学园(包括中期学园和新柏拉图主义)那里,精神修炼的

---

[1] [法]皮埃尔·阿多:《作为生活方式的哲学》,姜丹丹译,上海译文出版社2014年版,第149页。

[2] 柏拉图在《会饮篇》中为我们树立了一个"爱智"的哲人典范苏格拉底。他被当作丰富神珀洛斯(Poros)和贫乏神庇尼埃(Penia)的儿子爱神厄洛斯(Eros),厄洛斯缺少智慧,却热爱并知道如何追求智慧。苏格拉底也自知自己无知,不仅对自己也对他人进行精神修炼,不断地审查自己、认识自己,并通过对话也让他人去认识自己,去追求智慧,获得内心的宁静和自由,过上美好的正当的生活。

结语　哲学生活方式与宗教生活方式的合流与分流

生活方式就是转向理智的和灵性的生活，强调以追求卓越的对话伦理来"塑造"人，以不变的理念来保证论辩和行动的正确，以沉思、遭遇痛苦却保持平静以及死亡练习来修炼灵魂，并与美的上升、爱的升华和辩证法的神秘一跃密切结合起来，以确保一种善的生活和由此而来的堪比神性的"灵魂得救"。在亚里士多德那里，精神修炼的生活方式就是"符合理性的生活"，即对宇宙万物，尤其是神（不动的推动者）的理智静观或沉思。这种精神生活摆脱了日常生活带来的重负和烦恼，不掺杂痛苦和不洁的快乐，也不让人产生厌倦，是纯粹的快乐和幸福，因为它只以自身为目的，不依靠他人，也不寻求别的结果。因此，静观的活动是最高的幸福，这样的生活方式也就是人类最高的幸福。犬儒主义的生活方式要求拒绝文明的陈规陋习（*nomos*）而回到没有文明教养前的自然本性（*physis*），拒绝奢侈和虚荣、完全不依赖任何不必要的物质需要，通过忍饥挨饿、风餐露宿、贫寒流浪如狗般的苦修和精神练习，以便自己能随遇而安于一切情况、适应任何环境，从而治疗苦难世界中的不幸灵魂，获得自我的独立和自由、灵魂的宁静与不受打扰，还有不断增长的内心力量。伊壁鸠鲁派的生活是以合理的方式寻求纯粹的生存快乐，要求遵循和效仿伊壁鸠鲁的言行，借助共同体和师生之间的友谊来改造自身，通过对欲望的节制和苦修来放弃生存必需之外的多余之物以避免痛苦，通过沉思、自省和忏悔来细心照料和治疗有病的灵魂以获得灵魂的平静和健康，通过对自然的研究（物理学）来摆脱对死亡以及诸神的恐惧以坦然接受并超越生命的有限性去享受当下的生存快乐，从而选择并达到一种与学派的根本教条和准则相符合的生活。斯多亚主义的生活选择就是按照理性前后一致的生活。这种理性普遍地存在于所有事物中，既存在于个人的思想中作为精神修炼的逻辑学，也存在于宇宙自然中作为精神修炼的物理学，更存在于人类共同体中作为精神修炼的伦理学。而逻辑学、物理学和伦理学都是作为生活方式的哲学的构成部分，从根本上要求每个人依照事物的本性去思考和泰然对待所遇到的一切，服从命运的安排，时刻寻求净化和端正自己的道德意图（为善或为

结语 哲学生活方式与宗教生活方式的合流与分流

恶),服务于人类共同体,在自己的生活实践中不断地进行与理性相一致的精神修炼。怀疑主义的生活方式是"不动心"的生活,即通过把我们自己对世界万物的存在及其约定俗成的价值规定进行"中止判断",在好与坏、崇高与卑微、苦难与快乐乃至生与死之间不做区分,使万物无区别,顺从自然而不动心,抵达事物本身,回归日常生活的自由踏实,治疗因理论的束缚和价值观念所造成的精神疾病和痛苦,找到生命的自我更新之路,实现真正的自我转化,以便享受达至大全本身的被皮浪称作"神灵的状态",即完全无动于衷、绝对无所依赖、内心自由而没有激情的真正的灵魂安宁。总之,在古代,"哲学学派尤其与某种生活方式的选择和生存抉择相一致"。① 无论是理论上的论辩和书写,还是实践中的静观苦修和对话教学,古代哲学都是种智慧的练习、精神的修炼,一种包罗了所有存在和整个内心生命的生活方式及其实践。

基督教吸纳了古代哲学这种精神修炼的资源并以之构成了自己灵魂修炼的宗教传统,从而使基督教无可争辩地成为一种生活方式。但是,在早期或某些情况下,"基督教更多地是一种灵魂的生活,而不是人的世俗生活",② 也就是说并没有囊括人的生存的所有方面。这对于作为一种新的宗教或宗教生活方式而出现在世俗主义盛行的罗马帝国的基督教而言,一方面要坚持启示主义以持守自身的信仰特质,另一方面也要和当时主流的生活方式相调和以在帝国生存下来。于是,基督教很自然地求助于当时在古希腊罗马世界还处于主流的强调精神修炼的古代哲学,尤其是唯一留存的新柏拉图主义——由普罗提诺综合亚里士多德和柏拉图以及斯多亚派等古代思想而成就的柏拉图主义——所代表的哲学生活方式。因而,从圣保罗开始,基督教就把从古希腊哲学那里借来的各种要素杂糅在一起,力图把"自己作为一种哲学:基督教的生活方

---

① [法] 皮埃尔·阿多:《古代哲学的智慧》,"前言",第 3 页。
② [法] 皮埃尔·阿多:《古代哲学的智慧》,第 272 页。

结语 哲学生活方式与宗教生活方式的合流与分流

式。"① 这并不难理解：如果哲学是与理性相一致的生活，那么基督徒的生活也是种哲学生活，因为基督徒就是按照上帝的旨意即神圣理性而生活。因此，对于基督徒而言，宗教生活的真谛不是像犹太教所要求的肉体得救，而是像古代哲学所倡导的灵魂得救。换言之，基督教的生活方式也可以成为一种世俗哲学家或柏拉图所宣扬的那种精神修炼的生活：脱离肉身和尘世的羁绊，寻求灵魂的平静和自身的转变，通过神秘的体验达到至高的神圣者（上帝）。灵魂修炼是基督徒生活的首要任务，正如古代哲人所遵守和践行的。当然，对于基督徒，尤其是对早期的基督教教父们而言，这种灵魂修炼早就在圣经中被宣告了，他们所做的只是要把自己对世俗哲学的使用基督宗教化。比如，把古代哲学的逻各斯基督教化为上帝之道、神圣化为上帝之子，或者以寓意释经的方法从圣经中发现灵性的指引，把圣经的福音表达解释为哲学上的东西。

基督教把自己呈现为一种哲学、一种精神修炼的生活方式，这在公元2世纪的保罗那里就已经开始了。作为在希腊文化氛围中成长起来的具有罗马公民身份的犹太人，保罗一方面承认启示是基督信仰的基础，而理性是希腊哲学的基础，彼此之间有着质的区别；另一方面也着手用希腊语书写"保罗书信"，借助希腊哲学的词汇和柏拉图主义哲学来谈论灵魂不朽等问题。当然，把基督教定义为一种哲学，或者说把基督教与古希腊哲学相调和，在保罗这里严格来讲还是潜在的，而将之开始明确化的则是另一个犹太人斐洛。斐洛通过逻各斯寻找到了《圣经》和古希腊哲学之间的血缘关系——永恒的逻各斯既是上帝之道和独生子，又是内在于世界、人类以及每个人之中的神圣理性。亚伯拉罕从吾珥（Ur）到哈兰（Haran）再到迦南（Canaan）的迁徙（《圣经·创世纪》11—12）就是灵性修炼和进步的三个阶段，并由此把犹太教表现为一种哲学，把宗教的生活方式与哲学的生活方

---

① ［法］P. 哈道特：《作为生活方式的哲学》，李文阁译，《世界哲学》2007年第1期，第8页。另也可参见皮埃尔·阿多在《古代哲学的智慧》第276页的相关论述。

结语 哲学生活方式与宗教生活方式的合流与分流

式相调和。亚历山大里亚的基督教教父们更是把基督教看作是逻各斯的完全启示,是真正的哲学,与神圣逻各斯(神)相一致的生活就是与理性相一致的生活。查士丁就此甚而认为"那些按理性生活的人都是基督徒,尽管他们一直被认为是无神论者。比如在希腊人中有苏格拉底、赫拉克利特以及诸如此类的人。"① 然而,我们切不可忘记,查士丁们是基督教的护教士,虽然不得不把上帝之道与希腊哲学的理性相等同,不得不借助亚里士多德尤其是柏拉图的哲学来使自己呈现为一种哲学,但在他们说"基督教是真哲学"时,实际上"否认哲学是神学之外一种独立的真理","而是把信仰本身置于哲学的地位,因为他们把信仰解释为智慧的真正形态,而哲学按照其概念的词义仅仅是寻求智慧。"② 这决定了早期的基督教教父们把哲学扬弃在了神学中,把宗教生活方式置于哲学生活方式之上;就如同古代的哲学家们把宗教扬弃在了哲学中,把哲学生活方式置于宗教生活方式之上,这都不可能真正把哲学的生活方式与宗教的生活方相调和。真正来讲,只有普罗提诺以自己的哲学思辨和修行实践把哲学与宗教看成同等的灵修生活方式,从而真正开启了作为哲学(理性)的生活方式和宗教(信仰)的生活方式之合流。

古代世界的精神修炼传统使普罗提诺在面对时代的问题,即选择什么样的生活方式才能过上"美好的生活"时,既没有独选哲学生活方式而秉承传统的理性主义,也没有偏择宗教生活方式而迷恋于当时流行的各种神秘宗教,而是致力于人如何依照理性进行精神的修炼而趋向上帝并最终与神合一,通过把哲学神圣化而哲学地过宗教生活,从而在"喋血如海"的世界过上"美好的生活"。普罗提诺以自己的生活和理论最为典型地诠释和践行了作为生活方式的哲学(理性的生活方式)与宗教(信仰的生活方式)相谐和的古代智慧,开启了作为理性生活方式的古希腊哲学和作为信仰生活方式

---

① [古罗马]查士丁:《护教首篇》,Ⅰ.46,石敏敏译,三联书店2014年版,第37页。
② [德]潘能伯格:《神学与哲学》,第18、19页。

结语　哲学生活方式与宗教生活方式的合流与分流

的基督教之合流。这种合流之所以成为典范，在于对普罗提诺而言，哲学生活方式与宗教生活方式的合流正如人与上帝的合一，不是非此即彼的对立统一而是合而不同的和合共生，不是你死我活的消灭与被消灭而是求同存异的共在与发展，在与上帝的合一中，人始终持有自身的是其所是，在合流中，宗教的生活方式与哲学的生活方式并行无碍。

　　普罗提诺不仅自己坚持不懈地进行精神练习和灵性修炼，而且也劝告和引导其他人过灵性指引的生活。无论是学园中师生的共同体生活还是教学中的论辩对话，无论是身体的操练还是灵魂的修炼，无论是对柏拉图对话文本的选择阅读还是对柏拉图的评注与书写，无论是苦修沉思的灵性实践还是梯级多层的三一体理论，都是在强调并践行依照精神的生活，旨在通过精神修炼使我们的灵魂实现转变，超越自我而回归太一/上帝。普罗提诺关于实在世界从太一——理智——灵魂本体——形体世界的创生次序意味着心向上帝之旅必然按照相反的方向上升和回归太一/上帝。在同一条道路上，我们的灵魂不断沿着从低到高的方向梯级而上以回到自己最初的神圣本源。首先，通过禁欲苦修、德性净化，逃离肉身的牢笼，弃绝物质的诱惑，从有恶的可感世界上升和回到灵魂本身；接着，通过美和爱的引导，凭借理性的沉思、自我的内在关注以及个体性的自我超越，进一步上升到神圣的理智世界；然后，通过辩证法的神秘一跃，在神秘的迷狂状态中静观太一；最终，灵魂回归太一并与上帝合而为一。普罗提诺的哲学与宗教相一致的生活方式，首先被他的新柏拉图学派的弟子们继承和发展、并用于抗衡日益崛起的基督教，同时又被基督教吸纳和利用以发展自己的神学。随着基督教的天下一统，结果就造成了古代晚期从古希腊的哲学生活方式向基督教的宗教生活方式之转变与合流。

　　普罗提诺之后的新柏拉图主义，一方面发展和复杂化了他的三一体的等级体系，繁杂多级的层级使灵性的进步与爬升变得容易起来，但同时也增加了与至高的神圣者之间的距离；另一方面，波菲利、杨

结语　哲学生活方式与宗教生活方式的合流与分流

布利科、普罗克洛等人积极致力于对整个古代世界那些异质的因素之综合，以期获得一种能有效抗衡基督教的生活方式。这种综合表现为三点，一是把在普罗提诺那里不明显的柏拉图与亚里士多德因素明显地综合起来，不仅要阅读、评注和学习柏拉图与普罗提诺的对话与作品，也要注释学习亚里士多德的文本。二是将古希腊罗马世界的奥菲斯主义、伊西斯秘仪、密特拉教、炼金术、迦勒底神谕乃至巫术等杂糅综合，把普罗提诺所反对的巫术秘仪转变成了通神术，并使通神术成了灵魂修炼和达到人神合一的主要方式。三是把古代的哲学传统和宗教传统相综合，把普罗提诺的精神修炼的生活方式转变成了哲学－神功的教义与践行，并以此来对抗基督教。在古代晚期行将结束之时，新柏拉图主义者们之所以引入通神术，既出于捍卫希腊文化传统并以之对抗基督教的生活方式这一文化心理和现实需要，也出于和普罗提诺不同的理论自觉。普罗提诺相信，人的灵魂是神圣的，总是不知不觉地与理智和灵性世界相接触；而后来的新柏拉图主义者则相信，坠落在肉体中的灵魂必须经由物质和感觉的礼仪，才能够上升到神。新柏拉图主义者的这种人神关系倒是和基督教有些类似，因原罪而堕落的人，需要道成肉身的逻各斯（上帝之子）的牺牲与复活以及十字架、圣礼等可感觉符号的感召才能与上帝接触。就此而言，新柏拉图主义者的哲学—神功不仅没有打倒基督教，反而使古希腊的哲学生活方式通向了基督教的宗教生活方式：人仅仅依靠自己的力量不能拯救自己，还必须等待神明的恩典。

普罗提诺精神修炼的生活是古代哲学生活方式的典范，深深地影响了早期基督教的教父们要努力把基督教改造为一种哲学、一种精神修炼的生活方式。亚历山大里亚的基督教教理问答学校采用了和这个时期的哲学学校，尤其是柏拉图学校同样的教育和精神修炼的方式。导师和学生之间是个充满了爱与友谊的共同体，理论的论辩也是精神的练习，阅读文本同样也是灵性修炼的进步过程。在早期的教父们看来，灵性生活已经由《圣经》指明，但还需要借用古代哲学的概念进行寓意解释和表达。因此，基督徒对《圣经》的阅读次序可以对应并采用柏

结语　哲学生活方式与宗教生活方式的合流与分流

拉图主义者选择的与灵性发展阶段相对应的柏拉图对话的阅读次序。[①] 奥利金就让自己的学生先阅读《箴言》，而后是《传道书》，再后是《雅歌》，以对应于古代哲学所提供的精神修炼进步阶梯：先是禁欲净化的伦理学，然后是超越可感事物的物理学，最后是与上帝（至高的神圣者）合一的形而上学或神学。或许，在早期教父们看来，净化的道德实践是作为上帝之子的人在尘世中首先应做的，因而把它放在基督徒修行生活的最初阶段；而物理学对包括太阳、星辰在内的自然世界之沉思就是对月上的天体世界的静观，意味着人的灵魂上升到了善的理智世界；而对比天体更高更善的善理念之静观，意味着灵魂上升到最高境界，与神相遇或者合一了。显然，这种灵魂修炼的阶梯与柏拉图主义，尤其是普罗提诺关于人的灵魂由形体世界而灵魂本体、理智（包括天体诸神）、太一的精神修炼之旅是一致的。在修行的活动上，早期的基督徒们践行着作为灵性修炼的世俗哲学的生活方式，通过禁欲苦修和沉思、意识的省察和死亡的练习达到心灵的宁静和泰然自若。卡帕多西亚教父不仅在理论上把上帝的福音解释为某种哲学，如拿先斯的格列高利之弟子庞仪筏认为"基督宗教是关于我们的主，基督的教义；它由修行、物理学和神学组成"；[②] 而且在实践上，巴西尔、拿先斯的格列高利（某种程度上也可算上阿塔那修、安东尼等）通过听从基督的福音劝告和对他生活的效仿，把苦修主义和神秘主义变成了基督徒有组织的隐修运动，他们隐退到沙漠，过着完全宗教的苦修和沉思的生活。至于圣奥古斯丁，受普罗提诺的影响如上文所述更为深刻。在他看来，柏拉图主义的逻辑学、物理学、伦理学和形而上学都旨在把人引向上帝从而过上一种灵性的生活：逻辑学教导我们，必须使自己的灵魂从因感官影像而带来的错误和虚假的意见之

[①] 这种精神修炼的进步阶梯一般先是从伦理学开始，经物理学而后上升到形而上学或神学。比如，从教导使灵魂与肉体相分离的伦理对话《斐多篇》开始，接着是关于万物被造以及教导超越可感世界的物理学对话《蒂迈欧篇》，然后是教导发现至善或太一的神学对话《巴门尼德篇》等。

[②] ［法］庞仪筏：《修行研究》，1 节。转引自皮埃尔·阿多《古代哲学的智慧》，第 270 页。

◈ 结语　哲学生活方式与宗教生活方式的合流与分流

病态中觉醒和康复，以便发现神灵实在；物理学教导我们，生灭变化的具体事物只有凭借造出它们的上帝（造物主）之存在才有自己的实存，因而我们的灵魂应厌恶感觉事物而去静观那不朽的、永恒的形式/理念，即上帝；伦理学教导我们，只有理性的、理智的灵魂才能在对上帝永恒性的静观中获得快乐，享受发现永恒生活的幸福；最后，形而上学或神学教导我们，在神秘静观的迷狂状态中我们就可与上帝相遇或合一。因此，柏拉图主义的本质就是基督教的本质，都把逃离肉身和可感世界、追求心灵的平静与幸福、静观并与上帝合一作为灵魂的首要任务。但是，柏拉图主义和基督教，也可以说古代哲学的生活方式与基督教的宗教生活方式之间也存在根本的差异：前者只能使少数人（爱智者）改变生活方式、摆脱世俗事物，从而面向灵性的事物，过依照灵性的生活；而后者，自基督降临以来，使更多人的灵性发生了转变，各种社会地位的人都接受了基督教的生活方式。

正是基于这种区别及其时代变迁，到了古代世界的晚期，古希腊哲学与基督教的态势开始互换，古希腊哲学的生活方式让位于基督教的宗教生活方式。尤其是在基督教成为中世纪的唯一的意识形态后，哲学成了神学的婢女，"哲学在中世纪已经变成了一种纯粹理论和抽象的活动。它不再是一种生活方式。古代的精神练习不再是哲学的部分，它们被揉进了基督教的精神性（spirituality）之中。"[①] 正如我们在前文所看到的，普罗提诺及其新柏拉图主义的神秘主义被发展成了基督教的神秘主义，普罗提诺心向上帝之旅最终通向了基督徒皈依上帝之旅，古代世界的哲学生活方式合流并最终让位于中世纪唯一有价值的生活方式——基督教的宗教生活方式。而基督教本身则又明显地表现出一种哲学论辩和生活方式之间的分离。哲学不再是古代那种与人的灵性转变相关的生活方式，而变成了一种纯粹理论和抽象的活动。那种古代哲学的论辩虽然在中世纪的僧侣修道院中多少还有保留，但在基督教一统天下的世界里不再是引导灵魂转向的力量，而只

---

① ［法］P. 哈道特：《作为生活方式的哲学》，李文阁译，《世界哲学》2007 年第 1 期。

结语　哲学生活方式与宗教生活方式的合流与分流

是为神学服务的工具或者充其量为论证上帝教义提供一些概念的、逻辑的、物理的和形而上学的材料罢了。那种属于古代哲学学派-学校的哲学生活方式，要么像伊壁鸠鲁学派那样完全消失了，要么像斯多亚派、柏拉图派和亚里士多德派那样融入基督徒的生活方式。当近代的大学取代了日渐衰微的修道院学校，哲学在名义上还在类似于古代学园的学校里被教授和学习，大学的哲学教授也取代了中世纪的神学家，但这些教授哲学的大学教授用康德的话来讲不过是些"理性的艺术家"（Vernunftkünstler）[①]，因为他们的兴趣依然是经院哲学的纯粹思辨，而不是古代那种作为生活方式的哲学。哲学，充其量只是大学教授们的生活方式，而不是人的生活方式。17、18世纪以来的哲学流行着这种根深蒂固的观念，即只有思辨的、理论的和体系的哲学才是真正的哲学。正是这种由来已久的观念，导致现代的人们把哲学理解为一种纯粹的理论科学，而遗忘了哲学在本源处就是种与生命的整全相关的生活方式。而且，为了尽快挣脱中世纪神学的囚笼，使哲学不同于宗教且独立于宗教之外，哲学家们借鉴、模仿、借用日渐显赫的自然科学的方法和模式来努力使哲学成为一种像科学一样的"科学"理论。如此一来，哲学生活方式与宗教生活方式的分流被进一步加剧，雅典与耶路撒冷的距离被不断强调，甚而处于严重的对立和尖锐的冲突之中。当然，在现代世界，处于紧张和冲突之中的不只是哲学与宗教，哲学、宗教与科学之间以及各种主义之间亦是如此。如果就我们所言的生活方式而言，科学以及各种主义又何尝不是一种生活

[①] Vernunftkünstler 为康德在《纯粹理性批判》所使用，汉译各有不同。如李秋零译作"理性艺人"（参见李秋零译《康德全集》第3卷，中国人民大学出版社2004年版，第535页）；邓晓芒译作"理性的专门家"（参见邓晓芒译《纯粹理性批判》，人民出版社2004年版，第634页）；蓝公武译作"理性领域之技术家"（参见蓝公武译《纯粹理性批判》，商务印书馆1997年版，第574页）；韦卓民也译作"理性领域的技术家"（参见韦卓民译《纯粹理性批判》，华中师范大学出版社1999年版，第690页）。本文译作"理性的艺术家"，以更确切形象地表达康德用此词描述那些只对纯粹思辨感兴趣的哲学家，他们偏爱旧有的经院的哲学概念，这是康德所批判的；康德主张的是理想的哲学家，或者说是作为未来的科学形而上学的哲学家，他们偏爱世界的哲学概念（conceptus cosmicus），是人类理性的立法者，践行一种与自己的教导相一致的生活方式。

结语 哲学生活方式与宗教生活方式的合流与分流

方式?! 就此而言，它们及其彼此之间的关系，也就是不同的生活方式之间的关系。那么，当下的我们为什么不能像普罗提诺等先贤那样去调和不同的生活方式而去过一种美好的生活？

事实上，这种纯粹思辨的哲学观念一直遭受着来自各个方面的批评，这种对古代思想观念的遗忘也并非是全部的和彻底的，这种调和不同的生活方式以实现美好生活的努力也从未停止过。从中世纪直到现在，普罗提诺所代表的那种致力于安顿自己的灵魂、改变自身及其共同体的存在方式、选择美好生活的精神修炼的生活方式，我们仍旧可以在中世纪的隐修主义和修道院以及奥古斯丁、托马斯·阿奎那、艾克哈特等人那里看到，乃至在基督教已经衰退的近代和现代世界里，在诸如笛卡尔、斯宾诺莎、康德、卢梭、叔本华、克尔凯郭尔、马克思、尼采、柏格森、巴塔耶、施特劳斯、科耶夫、维特根斯坦、海德格尔、梅洛-庞蒂、福柯、罗蒂、皮埃尔·阿多等人那里，发现这种生活方式仍或多或少地被拥有和践行。

就此而言，普罗提诺心向上帝的旅程不仅为古希腊和中世纪乃至现代世界搭起了一座神秘之桥，也为多元化时代的我们启示了一条多元生活方式之间的调和共融之道，更为当下世界的人们启示了一条灵魂脱困的生活方式。虽然我们与普罗提诺处在两个完全不同的时代，他生活在一个政权迭替、战争频繁、经济萧条、社会动荡的黑暗时代，一个灾祸横行、人人自危、恐惧无助、灰色绝望的喋血如海的世界；我们身处的则是一个政治昌明、社会稳定、经济繁荣、科技发达的时代，一个看起来富足、美好而欣欣向荣的世界。但是，我们与普罗提诺一样也处在一个多元价值与文化综合的生活世界，一个天灾人祸以及现代技术不断催化着的不确定性世界，因而同样面对着一个不可回避的问题：如何安顿自己的灵魂，过上一种美好的生活？实现美好生活的生活方式既是理论的，也是实践的，都关乎人生存的整体性转变与提升。就理论而言，哲学与宗教以及科学都是引导个体及其共同体实现根本转变的生活方式，在本源处就殊途而同归。在这个多元化的21世纪，现实的世俗生活中诸多不同的生活方式可以共存而相

结语　哲学生活方式与宗教生活方式的合流与分流

互无碍地展现着各自的色彩，为什么我们不能放下雅典与耶路撒冷彼此之间的隔阂与成见，把科学、哲学、宗教以及各种主义和文化传统也看作是种生活方式而互鉴共融于实现人类的美好生活呢?! 就实践而言，美好生活不在于对外物的求得，而重在于个体内心的转变和灵性的修炼与提升。21世纪的我们不断享受着科技发展和经济全球化带来的丰盈空前的物质生活，却又越来越悲哀地发觉甚或根本还不自知自己堕入了一个"没有灵魂的物欲主义"（soulless materialism）时代。选择什么样的生活方式，才能使我们在这个物质丰盈而浮躁虚无的现代世界获得灵魂的宁静与身心的和谐，持守精神的高贵品格与泰然风骨？对于现代中国的我们，显然不能也没必要去寻求灵魂与神的神秘合一，但也不能否认普罗提诺"心向上帝的旅程"可以给我们安顿自己的灵魂以某些启发。我们大可以不去相信神，但却不能放弃信仰；我们当然可以选择世俗地生活，但却不能活得苟且而丧失精神；我们不能没有引导灵性转变的理论和主义，但更要把理论践行为实现自身整体转变和提升的生活方式。即使在这个物欲的消费主义时代，只要我们能以自己的德性净化和放弃那些外在的诱惑和可鄙的东西，以发自内心的爱和美去发现、培育和坚守我们灵魂中那些善、美好和高尚的东西，以哲学的、宗教的、科学的诸种生活方式引导我们实现个体灵性的根本转变，我们就能寻获自己的美好生活方式，使自己的灵魂得到安顿和澄明，使自己的身心得以和谐与发展。每个人选择并过上美好的生活，就是人民对美好生活期待的实现！

参考文献

一 普罗提诺原著

[古罗马] 普罗提诺：《九章集》（上、下），石敏敏译，中国社会科学出版社 2009 年版。

Plotinus, *The Enneads*, 7 vols., trans. A. H. Armstrong, London：Harvard University Press, 1989. Loeb Classic Library.

Plotinus, *The Enneads*, trans. Stephen MacKenna, Abridged by John Dillon, London and New York：Penguin Group, 1991. Penguin Books.

二 主要中文著作

[德] E. 策勒尔：《古希腊哲学史纲》，翁绍军译，山东人民出版社 1996 年版。

[美] G. E. 穆尔：《基督教简史》，郭舜平等译，商务印书馆 1981 年版。

[英] G. 汤姆逊：《古代哲学家》，何子恒译，生活·读书·新知三联书店 1963 年版。

[英] M. 罗斯托夫采夫：《罗马帝国社会经济史》（全两册），马雍、厉以宁译，商务印书馆 1985 年版。

[英] W. C. 丹皮尔：《科学史》（上卷），李珩译，商务印书馆 1995 年版。

[英] W. E. 罗斯：《亚里士多德》，王路译，张家龙校，商务印书馆 1997 年版。

［英］爱德华·吉本：《罗马帝国衰亡史》（上、下），黄宜思、黄雨石译，商务印书馆1997年版。

［英］爱德华·吉本：《罗马帝国衰亡史》（第Ⅰ—Ⅳ卷），席代岳译，吉林出版集团有限责任公司2011年版。

［英］爱德华·泰勒：《原始文化》，连树声译，上海文艺出版社1992年版。

［古罗马］奥古斯丁：《奥古斯丁选集》，汤清等译，宗教文化出版社2010年版。

［古罗马］奥古斯丁：《忏悔录》，周士良译，商务印书馆1996年版。

［古罗马］奥古斯丁：《论灵魂及其起源》，石敏敏译，中国社会科学出版社2004年版。

［古罗马］奥古斯丁：《论三位一体》，周伟驰译，上海人民出版社2005年版。

［古罗马］奥古斯丁：《上帝之城》，王晓朝译，人民出版社2006年版。

［古罗马］奥利金：《驳塞尔修斯》，石敏敏译，生活·读书·新知三联书店2013年版。

［古希腊］柏拉图：《柏拉图全集》（四卷），王晓朝译，人民出版社2003年版。

［古希腊］柏拉图：《理想国》，郭斌和、张竹明译，商务印书馆1986年版。

［英］鲍桑葵：《美学史》，张今译，商务印书馆1985年版。

北京大学哲学系外国哲学史教研室编译：《西方哲学原著选读》（上、下），商务印书馆1981年版。

［古罗马］查士丁：《护教篇》，石敏敏译，生活·读书·新知三联书店2014年版。

陈康：《陈康：论希腊哲学》，汪子嵩、王太庆编，商务印书馆1995年版。

［古罗马］德尔图良：《德尔图良著作三种》，刘英凯、刘路易译，上

387

海三联书店 2013 年版。

［古罗马］第欧根尼·拉尔修：《名哲言行录》（上、下），马永翔等译，吉林人民出版社 2011 年版。

范明生：《晚期希腊哲学和基督教神学》，上海人民出版社 1993 年版。

［法］菲斯泰尔·德·古朗士：《古代城市——希腊罗马宗教、法律及制度研究》，吴晓群译，上海世纪出版集团 2006 年版。

龚方震、晏可佳：《祆教史》，上海社会科学院出版社 1998 年版。

［美］汉斯·约纳斯：《诺斯替宗教》，张新樟译，上海三联书店 2006 年版。

何光沪：《多元化的上帝观》，贵州人民出版社 1991 年版。

［古希腊］荷马：《荷马史诗·奥德赛》，王焕生译，人民文学出版社 2003 年版。

［德］黑格尔：《哲学史讲演录》（第 1—4 卷），贺麟、王太庆译，商务印书馆 1983 年版。

［美］胡斯都·L. 刚察雷斯：《基督教思想史》（第一卷），南京：译林出版社 2010 年版。

黄裕生：《宗教与哲学的相遇——奥古斯丁与托马斯·阿奎那的基督教哲学研究》，江苏人民出版社 2008 年版。

［伊朗］贾利尔·杜斯特哈赫选编：《阿维斯塔：琐罗亚斯德教圣书》，元文琪译，商务印书馆 2005 年版。

江晓原：《12 宫与 28 宿——世界历史上的星占学》，辽宁教育出版社 2004 年版。

［英］杰弗里·帕林德尔：《世界宗教中的神秘主义》，舒晓炜、徐钧尧译，今日中国出版社 1992 年版。

［德］康德：《纯粹理性批判》，邓晓芒译，人民出版社 2004 年版。

［德］康德：《实践理性批判》，邓晓芒译，人民出版社 2003 年版。

［苏］科瓦略夫：《古代罗马史》，王以铸译，生活·读书·新知三联书店 1957 年版。

［古罗马］克莱门：《劝勉希腊人》，王来法译，生活·读书·新知三联书店 2002 年版。

李磊：《信仰与理性的汇融——斐洛思想研究》，博士学位论文，清华大学，2004 年。

李雅书、杨共乐：《古代罗马史》，北京师范大学出版社 1994 年版。

李雅书选译：《世界史资料丛刊·罗马帝国时期》（上），商务印书馆 1985 年版。

林悟殊：《古代摩尼教》，商务印书馆 1983 年版。

刘玉鹏：《自净其心——普罗提诺灵魂学说研究》，浙江大学出版社 2008 年版。

［法］罗斑：《希腊思想和科学精神的起源》，陈修斋译，商务印书馆 1965 年版。

［美］罗伯逊：《基督教的起源》，宋桂煌译，生活·读书·新知三联书店 1958 年版。

［英］罗纳尔德·威廉逊：《希腊化世界中的犹太人：斐洛思想引论》，徐开来、林庆华译，华夏出版社 2003 年版。

［英］罗素：《西方哲学史》（上、下），何兆武、李约瑟译，商务印书馆 1997 年版。

［英］马可·泰勒：《简明基督教全书》，李云路等译，中国社会科学出版社 1999 年版。

［德］马克思、恩格斯：《马克思恩格斯全集》（第 25 卷），中央编译局编译，人民出版社 2001 年版。

［德］马克思、恩格斯：《马克思恩格斯全集》（第 40 卷），中央编译局编译，人民出版社 1982 年版。

［美］米尔恰·伊利亚德：《宗教思想史》，晏可佳、吴晓群译，上海社会科学出版社 2004 年版。

苗力田主编：《古希腊哲学》，中国人民大学出版社 1989 年版。

缪灵珠：《缪灵珠美学译文集》（第 1 卷），中国人民大学出版社 1987 年版。

参考文献

[英] 尼古拉斯·布宁、余纪元编著:《西方哲学英汉对照辞典》,人民出版社 2001 年版。

[德] 潘能伯格:《神学与哲学》,李秋零译,商务印书馆 2014 年版。

[法] 皮埃尔·阿多:《古代哲学的智慧》,张宪译,上海译文出版社 2012 年版。

[法] 皮埃尔·阿多:《作为生活方式的哲学》,姜丹丹译,上海译文出版社 2014 年版。

[法] 皮特·戈曼:《智慧之神——毕达哥拉斯传》,石定乐译,湖南文艺出版社 1993 年版。

[俄] 普列汉诺夫:《论个人在历史上的作用问题》,王荫庭译,商务印书馆 2010 年版。

[古罗马] 普鲁塔克:《论埃及神学与哲学:伊希斯与俄赛里斯》,段映红译,华夏出版社 2009 年版。

[古罗马] 普鲁塔克:《希腊罗马名人传》(第二卷),吉林出版集团有限公司 2011 年版。

[法] 让-皮埃尔·韦尔南:《古希腊的神话与宗教》,杜小真译,生活·读书·新知三联书店 2001 年版。

[古希腊] 色诺芬:《回忆苏格拉底》,吴永泉译,商务印书馆 1984 年版。

[意] 圣多玛斯·阿奎那:《神学大全》(第一、三册),周克勤等编译,高雄中华道明会、台南碧岳学社联合出版 2008 年版。

石敏敏:《古代晚期西方哲学的人论》,中国社会科学出版社 2007 年版。

石敏敏:《普罗提诺的"是"的形而上学》,上海人民出版社 2005 年版。

[美] 斯塔夫里阿诺斯:《全球通史:1500 年版以前的世界》,吴象婴、梁赤民译,上海社会科学出版社 1998 年版。

宋继杰主编:《Being 与西方哲学传统》(上、下卷),河北大学出版社 2002 年版。

［古罗马］苏维托尼乌斯：《罗马十二帝王传》，张竹明、王乃新、蒋平译，商务印书馆1995年版。

［德］索伦：《犹太教神秘主义主流》，涂笑非译，四川人民出版社2000年版。

［古罗马］塔西佗：《编年史》（上），王以铸，崔妙因译，商务印书馆1981年版。

汪子嵩、范明生、陈村富、姚介厚：《希腊哲学史》（第一卷），人民出版社1997年版。

汪子嵩、范明生、陈村富、姚介厚：《希腊哲学史》（第二卷），人民出版社1993年版。

汪子嵩、范明生、陈村富、姚介厚：《希腊哲学史》（第三卷），人民出版社2003年版。

汪子嵩、陈村富、包利民、章雪富：《希腊哲学史》（第四卷），人民出版社2010年版。

王强：《普罗提诺终末论思想研究》，人民出版社2014年版。

王晓朝：《罗马帝国文化转型论》，东方出版社1997年版。

王晓朝：《神秘与理性的交融》，杭州大学出版社1998年版。

王晓朝：《希腊宗教概论》，上海人民出版社1997年版。

王亚平：《基督教的神秘主义》，东方出版社2001年版。

［美］威尔·杜兰：《奥古斯都时代》，台北幼狮文化公司译，东方出版社2005年版。

［美］威尔·杜兰：《世界文明史·凯撒与基督》，台北幼狮文化公司译，东方出版社1999年版。

［美］威尔·杜兰：《世界文明史·文明的建立》，台北幼狮文化公司译，东方出版社1998年版。

［美］威利斯顿·沃尔克：《基督教会史》，孙善玲、段琦、朱代强译，中国社会科学出版社1991年版。

［奥］维特根斯坦：《逻辑哲学论》，贺绍甲译，商务印书馆1996年版。

参考文献

［德］文德尔班：《哲学史教程》（上、下），罗达仁译，商务印书馆1987年版。

［波］沃·塔塔尔凯维奇：《西方美学史——古代美学》，理然译，广西人民出版社1990年版。

夏遇南：《罗马帝国》，三秦出版社2000年版。

［苏］谢·亚·托卡列夫：《世界各民族历史上的宗教》，魏庆证译，中国社会科学出版社1985年版。

［加］许志伟：《基督教神学思想导论》，中国社会科学出版社2001年版。

［瑞士］雅各布·布克哈特：《君士坦丁大帝时代》，宋立宏、熊莹、卢彦名译，上海三联书店，2006年版。

［古希腊］亚里士多德：《物理学》，张竹明译，商务印书馆1982年版。

［古希腊］亚里士多德：《形而上学》，吴寿彭译，商务印书馆1995年版。

［古希腊］亚里士多德：《亚里士多德全集》（十卷），苗力田主编，中国人民大学出版社1990年版。

杨共乐：《罗马史纲要》，商务印书馆2007年版。

杨庆球：《俗世寻真：基督教与现代哲学》，香港宣道出版社2002年版。

［美］伊迪丝·汉密尔顿：《希腊方式》，徐齐平译，浙江人民出版社1988年版。

元文琪：《二元神论——古波斯宗教神话研究》，中国社会科学出版社1997年版。

［英］约翰·麦克曼勒斯：《牛津基督教简史》，张景龙等译，贵州人民出版社1993年版。

［美］约翰·B.诺斯、戴维·S.诺斯：《人类的宗教》，江熙泰等译，四川人民出版社2005年版。

［英］詹姆斯·乔治·弗雷泽：《金枝》，徐育新、汪培基、张泽石

译，中国民间文艺出版社 1987 年版。

张新樟：《诺斯与拯救：古代诺斯替主义的神话、哲学与精神修炼》，生活·读书·新知三联书店 2005 年版。

张映伟：《普罗提诺论恶——〈九章集〉一卷八章注评》，华东师范大学出版社 2006 年版。

张志刚主编：《宗教研究指要》，北京大学出版社 2005 年版。

章雪富：《基督教的柏拉图主义——亚历山大里亚学派逻各斯基督论》，上海人民出版社 2001 年版。

赵敦华：《柏罗丁》，台湾东大图书公 1998 年版。

赵敦华：《基督教哲学 1500 年》，人民出版社 1994 年版。

赵敦华：《西方哲学通史》（第一卷），北京大学出版社 1996 年版。

朱光潜：《朱光潜全集》（第 6 卷），安徽教育出版社 1990 年版。

三　主要外文著作

Armstrong, A. H., ed., *The Cambridge History of Later Greek and Early Medieval Philosophy*, Cambridge: Cambridge University Press, 1967.

Armstrong, A. H., *Plotinian and Christian Studies*, London: Variorum, 1979.

Augustine, *Against the Academics*, trans. John O'Meara, Westminster: Newman Press, 1951.

Beard, Mary; North, John; Price, Simon, *Religions of Rome*, Vol. 1, Cambridge: Cambridge University Press, 1998.

Beck, Roger, *The Religion of the Mithras Cult of the Roman Empire*, Oxford: Oxford University Press, 2006.

Brehier. E., *The Philosophy of Plotinus*, trans. J. Thomas, Chicago&London: University of Chicago Press, 1958.

Brown, Peter, *Augustine of Hippo—A Biography*, California: University of California Press, 2000.

Caird, E., *The Evolution of Theology in the Greek Philosophers*, 2 Vols, Glasgow: Glasgow University Press, 1901.

参考文献

Chlup, Radek, *Proclus—An Introduction*, Cambridge: Cambridge University Press, 2012.

Clauss, Manfred, T*he Roman Cult of Mithras —the God and His Mysteries*, Edinburgh: Edinburgh University Press, 2000.

Clement of Alexandria, *Clement of Alexandria: The Exhortation to the Greeks. The Rich Man's Salvation. To the Newly Baptized*, trans. G. W. Butterworth, London: Harvard University Press, 1919. Loeb Classical Library.

Cook, S. A., Adcock, F. E., Charlesworth, M. P., Baynes, N. H., *The Cambridge Ancient History* XII (1st ed.), Cambridge: Cambridge University Press, 1939.

Cook, S. A., Adcock, F. E., Charlesworth, M. P., eds., *The Cambridge Ancient History. Vol. X: The Augustan Empire, 44B. C. - A. D. 70*, Cambridge: Cambridge University press, 1934, Repeinted, 1979.

Cornford, F. M., *Form Religion to Philosophy*, NewYork: Dover Publications, 2004.

Cumont, Franz, T*he Mysteries of Mithra*, trans. Thomas J. McCormack, New York: Dover Publications, 1956.

Dillon, J., *The Middle Platonism*, New York: Cornell University Press, 1977.

Dillon, J., Gerson, Lloyd P., eds., *Neoplatonic Philosophy—Introductory Readings*, Indianapolis/Cambridge: Hackett Pub Co Inc, 2004.

Dodds, E. R., *Pagan and Christian in an Age of Anxiety*, Cambridge: Cambridge University Press, 1965.

Dodds, E. R., *The Greeks and the Irrational*, London: University of California Press, 1951.

Eusebius, *The History of the Church from Christ to Constantine*, trans. G. A. Williamson, New York: Dorset Press, 1984.

Feibleman, J. K., *Religious Platonism: The Influence of Relation on Plato and the Influence of Plato on Religion*, London: Routledge, 1959.

Finan, T., Twmey, V., eds., *The Relationship between NeoPlatonism and Christianity*, Four Courts Press, 1990.

Fitzgerald, A., Cavadini, J. C., ed., *Augustine through the Ages: An Encyclopedia*, Grand Rapids: W. B. Eerdmans, 1999.

Frend, W. H. C., *Saints and Sinners in the Early Church*, Michael Glazier, Inc., 1985.

Fuller, B. A. G., *The Problem of Evil in Plotinus*, Cambridge University Press, 1912.

Gerson, Lloyd P., *Plotinus*, London and New York: Routledge, 1994.

Gerson, Lloyd P., *The Cambridge Companion to Plotinus*, Cambridge: Cambridge University Press, 1996.

Gibbon, E., *Decline and Fall of the Roman Empire*, Vol. 1, ed. J. B. Bury, London, 1899.

Gregory, John, *The Neoplatinists: A Reader*, London and New York: Routledge, 1999.

Guthrie, W. K. C., *A History of Greek Philosophy*, Vol. 1, Cambridge: Cambridge University Press, 1962.

Guthrie, W. K. C., *A History of Greek Philosophy*, Vol. 6, Cambridge: Cambridge University Press, 1981.

Hadot, Pierre, *Plotinus: or The Simplicity of Vision*, trans. Michael Chase, Chicago and London: The University of Chicago Press, 1993.

Harnack, Adolf, *Outlines of the History of Dogma*, trans. Edwin Knox Mitchell, New York: Funk & Wagnalls Company, 1893.

Harris, R. Baine, ed., *Neoplatonism and Indian Thought*, New York: State University of New York Press, 1982.

Iamblichus, *Iamblichus: De Mysteriis*, ed. By Emma C. Clarke, John M. Dillon, Jackson P. Hershbell, Atlanta: The Society of Biblical Literature, 2003.

Inge, W. R., *Christian Mysticism*, London: Variorum, 1913.

Inge, W. R., *The Philosophy of Plotinus*, 2vols., London: Longmans, Green and Co., 1923.

Jone, Rufus, "Plotinus, the Father of Western Mysticism", *Some Exponents of Mystical Religion*, New York: Cincinnati Abingdon Press, 1930.

Jones, A. H. M., *Augustus*, London: Chatto & Windus, 1970.

Jones, Cheslyn, *The Study of Spirituality*, Oxford: Oxford University Press, 1986.

Koester, Helmut, *Introduction to the New Testament*, Vol. 1, Berlin and New York, 1982.

Livinstone, R. W., ed., *The Legacy of Greece*, Oxford: Clarendon Press, 1921.

Long, A. A., Sedley, D. N., *The Hellenistic Philosophers*, Vol. 1, Cambridge: Cambridge University Press, 1987.

Louth, Andrew, *The Origins of the Christian Mystical Tradition*, Oxford, 1981.

MacKenna, S., *The Essence of Plotinus*, Oxford: Oxford University Press, 1948.

Miles, M. R., *Plotinus: On Body and Beauty*, Oxford: Blackwell, 1999.

Novotny, F., *The Posthumous Life of Plato*, Hague: M. Nijhoff, 1977.

O'Daly, Gerard, *Platonism Pagan and Christian: Studies in Plotinus and Augustine*, Burlinton: Ashgate Publishing Company, 2001.

O'Meara, D. J., *Plotinus: An Introduction to the Enneads*, Oxford: Oxford University Press, 1993.

Ogilvy, J. A., *Self and World*, New York: Harcourt Brace Jovanovich, 1973.

Origen, *The Song of Songs, Commentary and Homilies*, trans. R. P. Lawson, London: Longmans Press, 1957.

Origen, *Homilies on Jeremiah and I Kings 28*, trans. J. C. Smith, Washington: The Catholic University of America Press, 1998.

Origen, *On Frist Principles*, ed. by G. W. Butterworth, Ave Maria

Press, 2013.

Otto, Rudolf, *The Idea of Holy*, trans. J. W. Harvey, London: Oxford University Press, 1958.

Otto, Rudolf, *Mysticism West and East*, trans. Bertha L. Bracey and Richenda C. Payne, New York: The Macmillan Company, 1932.

Philo Judaeus, *Philo*, 10 Vols, trans. F. H. Colson and G. H. Whitaker, London: Harvard University Press, 1929 ~ 1962. Loeb Classical Library.

Philo of Alexandria, *The Contemplative Life, the Giants, and Selections*, trans. David Winston, Preface by John Dillon, New York: Paulist Press, 1981.

Philo of Alexandria, *The Works of Philo: Complete and Unabridged*, trans. C. D. Yonge, Hendrickson Publishers, 1993.

Porphyry, *Porphyry on the Cave of the Nymphs*, trans. Robert Lambertonm, Station Hill Press, 1983.

Porphyry, *Porphyry's Against the Christians: The Literary Remains*, trans. R. Joseph Hoffmann, New York: Prometheus Books, 1994.

Porphyry, *Porphyry's Launching – Points to the Realm of Mind: An Introduction to the Neoplatonic Philosophy of Plotinus*, trans. Kenneth Sylvan Guthrie, Phanes Press, 1988.

Proclus, *Ten Doubts Concerning Providence and a Solution of Those Doubts: On the Subsistence of Evil*, trans. Thomas Taylor, Chicago: Ares Publishing Inc., 1983.

Proclus, *The Elements of Theology—A Revised Text with Translation, Introduction, and Commentary*, ed. by E. R. Dodds, Oxford: Oxford University Press, 1971.

Rist, J. M., *Platonism and It's Christian Heritage*, Variorum, 1985, Reprinted 1997.

Rist, J. M., *Plotinus, The Road to Reality*, Cambridge: Cambridge University Press, 1967.

Robinson, J. M., *The Nag Hammadi Library in English*, San Francisco:

Harper & Row, 1988.

Schaff, Philip, ed., *ANF 02. Fathers of the Second Century: Hermas, Tatian, Athenagoras, Theophilus, and Clement of Alexandria*, Grand Rapids, MI: Christian Classics Ethereal Library, 2004.

Schaff, Philip and Wace, Henry, eds., *Nicene and Post-Nicene Father of the Christian Church* (second series), Vol. Ⅶ, Edinburgh: T&T Clark, 1989.

Shaw, Gregory, *Theurgy and the Soul— The Neoplatonism of Iamblichus*, Pennsylvania: The Pennsylvania State University Press, 1967.

Shelton, Jo-Ann, *As the Romans Did: A Sourcebook in Roman Social History*, Oxford: Oxford University Press, 1988.

Sinnige, Th. G., *Six Lectures on Plotinus and Gnosticism*, Boston: Kluwer Academic, 1999.

Siorvanes, Lucas, *Proclus: Nneo-Platonic Philosophy and Science*, Edinburgh: Edinburgh University Press, 1996.

Spencer, Sidney, *Mysticism in World Religion*, NewYork: Penguin, 1963,

Tarn, W. W., Griffith, G. T., *Hellenistic Civilisation*, Cleveland and New York: The World Publishing Company, 1964.

Tollinton, R. B., *Clement of Alexandria: A Study in Christian Liberalism*, Vol. 1, London: Williams and Norgate, 1914.

Ulansey, David, *The Origins of the Mithraic Mysteries—Cosmology and Salvation in the Ancient World*, Oxford: Oxford University Press, 1989.

Vermaseren, M. J., *Mithras, The Secret God*, London: Chatto & Windus Ltd, 1963.

Vogel, C. J., *Greek Philosophy, A Collection of Texts with Notes and Explanations*. Ⅲ: *The Hellenistic - Roman Period*, Leiden: E. J. Brill, 1964.

Wallis, Richard T., ed., *Neoplatonism and Gnosticism*, New York: State University of New York Press, 1992.

Whitrow, G. T., *Natural Philosophy of Time*, Oxford: Oxford University

Press, 1980.

Whittaker, T. , *The Neo - Platonists: A Study in the History of Hellenism*, Cambridge: Cambridge University Press, 1918.

Wills, Garry, *Saint Augustine's Conversion*, Viking Press, 2004.

Wolters, A. M. , *Plotinus "On Eros": A Detailed Exegetical Study of "Enneads"* III. 5, Toronto: Wedge Publishing Foundation, 1972.

Yhap, Jennifer, *Plotinus on the Soul: A Study in the Metaphysics of Knowledge*, London: Associated University Press, 2003.

Zaehner, R. C. , *Mysticism Sacred and Profane: An Inquiry into Some Varieties of Praeternatural Experience*, Oxford: Clarendon Press, 1957.

Zeller, E. , *The Stoics, Epicurean, and Sceptics*, trans. O. J. Reichel, London: Longmans, Green, and Co, 1870.

附录一 《九章集》各卷篇目编排次序和写作顺序对照表

（一）依据波菲利编排的《九章集》目次排列

编排次序 (Enn)	写作顺序 (chron)	篇章名[①]
Ⅰ.1	53	什么是有生命的存在？什么是人？
Ⅰ.2	19	论德性
Ⅰ.3	20	论辩证法
Ⅰ.4	46	论幸福
Ⅰ.5	36	论幸福是否随时间而增加
Ⅰ.6	1	论美
Ⅰ.7	54	论至善和其他诸善
Ⅰ.8	51	论诸恶是什么及其来自何处
Ⅰ.9	16	论超脱肉体
Ⅱ.1	40	论天

[①] 《九章集》的 54 章标题是波菲利在编订老师的手稿时自己加上去的，但在生平中出现的 2 次和在正文中作为目录出现的 1 次，以及作为标题出现的 1 次，都不尽相同。这里的篇章标题是根据 Armstrong 英译《九章集》正文中的标题翻译的。

附录一 《九章集》各卷篇目编排次序和写作顺序对照表

续表

编排次序 （Enn）	写作顺序 （chron）	篇章名
Ⅱ.2	14	论天体运动
Ⅱ.3	52	论星辰是否是原因
Ⅱ.4	12	论质料
Ⅱ.5	25	论潜在的和现实的事物
Ⅱ.6	17	论实在或论性质
Ⅱ.7	37	论完全混合
Ⅱ.8	35	论视觉或论远处的事物何以显得小
Ⅱ.9	33	反诺斯替派
Ⅲ.1	3	论命运
Ⅲ.2	47	论神意Ⅰ
Ⅲ.3	48	论神意Ⅱ
Ⅲ.4	15	论指派给每个人的守护神
Ⅲ.5	50	论爱
Ⅲ.6	26	论无形体事物的不受影响
Ⅲ.7	45	论永恒和时间
Ⅲ.8	30	论自然、静观和太一
Ⅲ.9	13	多种考虑
Ⅳ.1	21	论灵魂的本质Ⅰ
Ⅳ.2	4	论灵魂的本质Ⅱ
Ⅳ.3	27	论灵魂问题的困难Ⅰ
Ⅳ.4	28	论灵魂问题的困难Ⅱ

附录一 《九章集》各卷篇目编排次序和写作顺序对照表

续表

编排次序 (Enn)	写作顺序 (chron)	篇章名
Ⅳ.5	29	论灵魂问题的困难Ⅲ，兼论视觉
Ⅳ.6	41	论感知和记忆
Ⅳ.7	2	论灵魂不朽
Ⅳ.8	6	论灵魂堕入形体
Ⅳ.9	8	论所有灵魂是否是一个
Ⅴ.1	10	论三个原初本体
Ⅴ.2	11	论第一者之后的诸物之生成和秩序
Ⅴ.3	49	论认知本体和超越者
Ⅴ.4	7	论第一者之后的东西如何来自第一者，兼论太一
Ⅴ.5	32	论可知者不在理智之外，兼论至善
Ⅴ.6	24	论超越实是者不思想，兼论什么是第一和第二思想者
Ⅴ.7	18	论是否有关于个体的理念
Ⅴ.8	31	论理智美
Ⅴ.9	5	论理智、形式和实是
Ⅵ.1	42	论实是的种类 Ⅰ
Ⅵ.2	43	论实是的种类 Ⅱ
Ⅵ.3	44	论实是的种类 Ⅲ
Ⅵ.4	22	论实是、太一和同作为整体普遍呈现 Ⅰ
Ⅵ.5	23	论实是、太一和同作为整体普遍呈现 Ⅱ
Ⅵ.6	34	论数

附录一 《九章集》各卷篇目编排次序和写作顺序对照表

续表

编排次序 （Enn）	写作顺序 （chron）	篇章名
Ⅵ.7	38	论形式的多样性如何生成？兼论至善
Ⅵ.8	39	论自由意志和太一的意志
Ⅵ.9	9	论至善或太一

（二）依据普罗提诺写作《九章集》的顺序排列

Chron	Enn	Chron	Enn	Chron	Enn
1	Ⅰ.6	19	Ⅰ.2	37	Ⅱ.7
2	Ⅳ.7	20	Ⅰ.3	38	Ⅵ.7
3	Ⅲ.1	21	Ⅳ.1	39	Ⅵ.8
4	Ⅳ.2	22	Ⅵ.4	40	Ⅱ.1
5	Ⅴ.9	23	Ⅵ.5	41	Ⅳ.6
6	Ⅳ.8	24	Ⅴ.6	42	Ⅵ.1
7	Ⅴ.4	25	Ⅱ.5	43	Ⅵ.2
8	Ⅳ.9	26	Ⅲ.6	44	Ⅵ.3
9	Ⅵ.9	27	Ⅳ.3	45	Ⅲ.7
10	Ⅴ.1	28	Ⅳ.4	46	Ⅰ.4
11	Ⅴ.2	29	Ⅳ.5	47	Ⅲ.2
12	Ⅱ.4	30	Ⅲ.8	48	Ⅲ.3
13	Ⅲ.9	31	Ⅴ.8	49	Ⅴ.3
14	Ⅱ.2	32	Ⅴ.5	50	Ⅲ.5
15	Ⅲ.4	33	Ⅱ.9	51	Ⅰ.8
16	Ⅰ.9	34	Ⅵ.6	52	Ⅱ.3
17	Ⅱ.6	35	Ⅱ.8	53	Ⅰ.1
18	Ⅴ.7	36	Ⅰ.5	54	Ⅰ.7

附录二　人名、神名译名对照表

Abraham	亚伯拉罕
Abram	亚伯兰
Aculinus	阿库里努斯
Adelphius	阿德尔菲乌斯
Aedesius	艾底休斯
Aetius	埃提乌
Aineias	埃涅阿斯
Alaxander of Aphrodisia	阿芙洛狄西亚的亚历山大
Albius	阿尔比努
Alcimus	奥西姆斯
Alexander	亚历山大
Al – Farabi	阿尔–法拉比
Allogenes	阿洛根尼
Ambrose	安布罗斯
Amelius	阿美琉斯
Ammonius Saccas	阿谟纽斯·萨卡斯
Amphicle	阿菲瑟琳
Andronicus	安德罗尼科
Angra Mainyu	阿赫里曼·曼纽
Anthemius	特米乌斯
Antioch	安提俄克

附录二 人名、神名译名对照表

Aphrodite	阿佛洛狄忒（神）
Apollo	阿波罗（神）
Apollodorus	阿波罗多鲁
Apollonius	阿波罗尼乌斯
Apuleius	阿普列乌斯
Arcesilaus	阿尔凯西劳
Ares	阿瑞斯（神）
Arius	阿里乌斯
Armsrong, A. H.	阿姆斯庄, A. H
Arnou, R.	阿尔努, R
Arp, Robert	阿尔普, 罗伯特
Artaxerxes	阿尔塔薛西斯
Artemis	阿耳忒弥斯（神）
Asclepiodotus	阿西来皮奥多图
Ashtart	阿施塔特（神）
Athena	雅典娜（神）
Attis	阿提斯（神）
Aubin, P.	奥宾, P
Augustinus	奥古斯丁
Baal	巴力（神）
Bacchus	巴库斯（神）
Bahram I	瓦赫兰一世
Barth, Karl	巴特, 卡尔
Basanquet, B.	鲍桑葵, B
Basil	巴西尔
Beck, Roger	贝克, 罗杰
Beierwaltes, W.	拜尔瓦尔特斯, W
Berossus	柏罗索斯
Beutler, R.	博伊特勒, R

附录二　人名、神名译名对照表

Boethius	波埃修斯
Bonaventura	波纳文图拉
Brehier, E.	布雷耶，E
Brisson, L.	布里松，L
Brown, P.	布朗，P
Brunner, Emil	布鲁内尔，艾米尔
Bussanich, J.	布萨尼奇，J
Caird, E.	凯尔德，E
Caligula	卡里古拉
Calypso	卡里普索
Caracalla	卡勒卡拉
Carneades	卡尔内德斯
Carnutum	卡尔努图
Castricu Firmus	卡斯崔纽斯·菲尔姆斯
Ceres	克瑞斯（神）
Chadwick, H.	查德威克，H
Chaos	卡奥斯（神）
Chlup, R.	赫卢普，R
Chrysaorius	克里塞欧西乌斯
Chrysippus	克律西普
Circe	喀耳刻（神）
Clark, S. R. L.	克拉克，S. R. L
Claudius	克劳狄乌斯
Claudius Ⅱ	克劳狄乌斯二世
Clauss, Manfred	克劳斯，曼弗雷德
Clement	克莱门
Cleopatra Ⅶ	克里奥帕特拉七世
Colson, H.	科尔森，H
Commodus	康茂德

Corrigan, K.	科里甘，K
Cronos	克洛诺斯（神）
Cumont, Franz	库蒙特，弗兰兹
Cybele	库柏勒（神）
Damascius	达马修斯
Daniel	但以理
David	大卫
De Corte, M.	德·科尔特，M
Decius	德西乌斯
Demeter	德墨忒耳（神）
Demostratus	德谟司特拉图
Diana	狄安娜（神）
Diocletian	戴克里先
Diogenes Laertius	第欧根尼·拉尔修
Dione	狄俄涅（神）
Dionysios of Alexandrian	亚历山大里亚的迪奥尼修斯
Dionysus	狄奥尼索斯（神）
Diophantus	狄奥凡图斯
Dodds, E. R.	多德斯，E.R
Dupre, L.	杜普雷，L
Will Durant	威尔·杜兰
Eckhart	艾克哈特
Elijah	以利亚
Epicharmus	厄庇卡玛斯
Erennius	艾尔纽斯
Eriugena	爱留根纳
Eros	厄洛斯（神）
Eunapius	欧那庇乌
Eunomius	优诺米乌

附录二 人名、神名译名对照表

Eusebius	优西比乌
Eustochius	欧斯托斯
Ezekiel	以西结
Ezra	以斯拉
Feibleman, J. K.	费布尔曼, J. K.
Frazer, J. G.	弗雷泽, J. G
Fuller, B. A. G.	富勒, B. A. G.
Gaia	盖娅（神）
Gallienus	伽利埃努斯
Gemina	吉米纳
Gentilianus	奇尼特例努斯
Gerson, L. P.	格尔森, L. P
Gillet, P.	吉莱, P
Gordian Ⅰ	戈尔迪安一世
Gordian Ⅱ	戈尔迪安二世
Gordian Ⅲ	戈尔迪安三世
Gregory of Nazianzus	拿先斯的格列高利
Gregory of Nyssa	尼撒的格列高利
Gregory the Wonderworker	行奇迹者格列高利
Gyril	西里尔
Habermas, Jürgen	哈贝马斯, 尤尔根
Hades	哈得斯（神）
Hadot, Pierre	阿多, 皮埃尔
Hadrian	哈德良
Hamilton, Edith	汉密尔顿, 伊迪丝
Hannibal	汉尼拔
Harder, Richard	哈德, 理查德
Harnack, A. Von	哈纳克, A. Von
Helleman – Elgersma	海勒曼－埃尔格斯玛

Henry, P.	亨利，P.
Hephaestus	赫淮斯托斯（神）
Hera	赫拉（神）
Heracleon	赫拉克利昂
Hermes	赫耳墨斯（神）
Hesiod	赫西奥德
Hestia	赫斯提亚（神）
Hoffman, R. F.	霍夫曼，R. F
Homer	荷马
Horaces	贺拉斯
Horus	荷鲁斯（神）
Hugues de Saint – Victor	圣维克多的雨果
Hypatia	希帕提娅
Iamblichus	杨布利科
Ibn Ishaq	伊本·伊萨克
Io	伊俄（神）
Irenaeus	伊里奈乌
Isaac	以撒
Isaiah	以赛亚
Isis	伊西斯（神）
Jacob	雅各
Jehovah	耶和华（神）
Jeremiah	耶利米
Jerome	哲罗姆
Jesus	耶稣
John Gregory	约翰·格列高利
Josephus, Flavius	约瑟福斯，弗拉维乌斯
Juda Ha – Nasi	犹大·哈-纳西
Julian	朱利安

❖ 附录二　人名、神名译名对照表

Juno	朱诺（神）
Jupiter	朱庇特（神）
Justin	查士丁
Justinian	查士丁尼
Katz, Steven	卡茨，斯蒂芬
Livianius	利维安努斯
Livy	李维
Lloyd, A. C.	劳埃德，A. C
Longinus	朗吉努斯
Lucian	路西安
Lydus	吕都斯
Mackenna, S.	麦肯纳，S
Magnes	马格内斯
Malinowski	马林诺夫斯基
Mamo, P.	马莫，P
Mani	摩尼
Marcella	马其拉
Marcellus Orrontius	马塞拉斯·俄戎提斯
Marchal, J.	马夏尔，J
Marcus	马库斯
Marinus	马里诺
Mars	马尔斯（神）
Marsilio Ficino	马尔西利奥·费奇诺
Maximianus	马克西米安
Maximinus	马克西明
Maximus the Confessor	申明者马克西姆
McGinn, B.	麦金，B
Meijer, P. A.	迈耶，P. A
Mercury	墨丘利（神）

附录二 人名、神名译名对照表

Merlan, Philip	墨兰，菲利普
Messus	美苏斯
Michael Psellus	麦克·普赛洛斯
Miles, M. R.	迈尔斯，M. R
Minerva	密涅瓦（神）
Minueius Felix	米努西乌斯·费勒克司
Misitheus	米西特姆斯
Mithra	密特拉（神）
Moses	摩西
Neptune	尼普顿（神）
Nero	尼禄
Nicotheus	尼扣忒乌斯
Nikolaus Cusanus	库萨的尼古拉
Nock, A. D.	诺克，A. D
Novotny, F.	诺沃提尼，F
Numenius	努美纽斯
O'Brein, Elmer	奥布莱恩，埃尔默
O'Brien, Denis	奥布赖恩，丹尼斯
O'mear, D. J.	奥马拉，D. J
Oceanus	俄刻阿诺斯（神）
Odysseus	奥德修斯
Olympias	奥林庇亚斯
Orestes	奥列斯特
Origen	奥利金（柏拉图主义者）
Origen	奥利金（基督教护教士）
Orphcus	奥菲斯
Osiris	奥西里斯（神）
Otho	奥托
Otto, Rudolf	奥托，鲁道夫

❖ 附录二 人名、神名译名对照表

Ovid	奥维德
Page, B. S.	佩奇, B. S.
Palmyra	帕尔米拉
pamphilus of Caesarea	凯撒利亚的帕菲罗斯
Pannenberg	潘能伯格
Pantaenus	潘代诺斯
Persephone	珀耳塞福涅(神)
Pherecydes	斐瑞居德
Philip	菲利普
Philo Judeaus	斐洛·尤迪厄斯
Philocomus	费洛科姆斯
Philoponus	菲罗波努
Pistorius, P. V.	皮斯托留斯, P. V.
Plinius Secundus	普林尼·塞昆德斯(老普林尼)
Plotinus	普罗提诺
Plutarch	普鲁塔克(柏拉图主义者)
Plutarch	普鲁塔克(历史学家)
Porphyry	波菲利
Poseidon	波塞冬(神)
Posidonias	波西多纽
Potaman	波塔玛
Proclus	普罗克洛
Propertius	普罗佩提乌斯
Pseudo-Dionysius	伪狄奥尼修斯(又译托名的狄奥尼修斯)
Ptolemaeus	托勒密
Ptolemy XIV	托勒密十四世
Pyrhon	皮浪
Quintus Ennius	昆图斯·恩尼乌斯
Quirinus	奎里努斯(神)

附录二 人名、神名译名对照表

Ratzinger, J. K.	拉辛格, J. K
Renan, Ernest	勒南, 恩斯特
Rhea	瑞亚（神）
Rist, J. M.	里斯特, J. M
Rogutianus	拉甲提努斯
Romulus	罗慕路斯
Rostovtzeff, M. I.	罗斯托夫采夫, M. I.
Sabinillus	萨比尼卢斯
Salonina	萨罗尼娜
Sarapis	萨拉比斯（神）
Saul	扫罗
Schlette, H. R.	施莱特, H. R.
Schwyzer, H-R.	施魏策尔, H-R.
Semele	塞墨勒
Serapion	亚拉皮尼
Set	塞特（神）
Severus	塞维鲁
Shaw, Gregory	肖, 格列高利
Simons, J.	西蒙斯, J
Simplicius	辛普里丘
Siorvanes, L.	索沃尼, L
Siythopolis	西索波利斯
Solomon	所罗门
Spencer, Sidney	斯潘塞, 西德尼
Spenta Mainyu	斯潘塔·曼纽
Speusippus	斯彪西波
Stace, W. T.	斯泰斯, W. T
Stephanius	斯泰法努
SuetoAnius	苏维托尼乌斯

附录二 人名、神名译名对照表

Suso, H.	苏索, H.
Sweeney, Leo	斯维尼, 列奥
Synesius	西涅修斯
Syrianus	西利亚努
Taqiz?deh, S. H.	塔吉扎代, S. H.
Tartarus	塔尔塔洛斯
Tatarkiewicz	塔塔尔凯维奇
Tertullian	德尔图良
Tethys	泰西斯
Theiler, W.	泰勒尔, W.
Theodorus of Pontus	本都的塞奥多洛
Theodosius	狄奥多西
Theon	塞昂
Theophrastus	塞奥弗拉斯特
Titus	提图斯
Trajan	图拉真
Tullus	图鲁斯
Tylor, E. B.	泰勒, E. B
Ulansey, David	乌兰瑟, 大卫
Uranus	乌剌诺斯(神)
Valentinus	瓦仑廷
Valerian	瓦列里安
Varuna	伐楼那(神)
Varus	瓦鲁斯
Venus	维纳斯(神)
Vespasianus	维斯帕西安(又译为韦帕芗)
Vesta	维斯塔(神)
Victor Cousin	维克多·库辛
Victorinus	维克多里努斯

Vincentius Victor	维克提乌·维克多
Virgil	维吉尔
Vulcan	伍尔坎（神）
Whitaker, G. H.	惠特克，G. H
Whittaker, T.	惠特克，T.
Wolters, A. M.	沃尔特斯，A. M
Wundt, M.	文特，M.
Xenophanes	克塞诺芬尼
Yhap, Jennifer	雅普，珍妮弗
Zaehner, R. C.	策纳，R. C.
Zeller, E.	策勒尔，E.
Zethus	泽苏斯
Zeus	宙斯（神）
Zoroaster	琐罗亚斯德（又译苏鲁支、查拉图斯特拉）
Zostrianus	琐罗亚斯努斯
Zoticus	佐提库斯

后　记

　　终于可以坐下来写后记了，但我并没有当初想象得如释重负和轻快，涌上心头的反而是愧疚与遗憾。想当年，博士毕业答辩结束离校之际，导师黄颂杰先生叮嘱我好好修改论文以出版，并答应给我写个序。毕业多年，一路辗转，从长三角到珠三角再到大西北，研究的具体领域也换来换去，而出书却成了遥遥无期的事情。尤其看到国内关于普罗提诺的研究成果和著作从一（本）而二而三……不断增加，在欣喜普罗提诺这位古代晚期最伟大的思想家被越来越多地受到关注的同时，也更感惭愧。现在，书稿终就，黄师却已仙逝。阙如序言，憾谢恩师！

　　这本书是我博士论文的延续，甚而直到现在，仍觉得当时的题目"心向上帝的旅程——普罗提诺宗教思想研究"更贴合于本书的主旨和我想要的言说，然时移事易，出版时还是选用了现在这个更为便宜的题目。由于自己的懈怠，10多年来，读读写写、修修补补，其中的一些内容以论文的形式发表，也弥补了博士论文的某些缺憾，却又留下了新的遗憾，更不要说因能力之所限而存在的诸多问题和不足了，还请方家不吝批评指正。精神的修炼没有终点，而人生及其精力确乎有其限度。虽仍有诸多不满意，却也得终了，此书权作给以往的自己和思索打个结罢。

　　本书的完成，首先要感谢恩师黄颂杰先生，是他引领我和普罗提诺相遇相识；同时也要感谢这一路走来所遇到过的诸多师长、朋友和同学，以及相关领域的各位专家学者，恕不一一列举，你们给我完成

后　记

本书提供了诸多的帮助。这里，我还要特别感谢我的妻子王华女士，无论是在漂泊还是安定的日子都始终给予我支持，在琐屑的日常中使我得以安心书写。

　　本书的出版，我要感谢中国社会科学出版社，尤其是本书的编辑孙萍老师，她细致认真的工作校正了书中的疏漏，并给出了很多中肯的建议。本书是国家社科基金项目"普罗提诺宗教思想研究"（批准号14XZJ020）的结项成果，同时也得到了中央高校基本科研业务费专项资金、西安交通大学人文社会科学学术著作出版基金和西安交通大学马克思主义学院基本科研业务费专项资金的资助，在此一并谨致感谢！

寇爱林
2020年10月10日于明德安居